课堂教学艺术（第二版）

孙菊如 陈春荣 编著

图书在版编目(CIP)数据

课堂教学艺术/孙菊如,陈春荣编著. —2 版. —北京:北京大学出版社,2018.4

(21 世纪教师教育系列教材)

ISBN 978-7-301-29331-7

Ⅰ.①课… Ⅱ.①孙…②陈… Ⅲ.①课堂教学—教学艺术—高等学校—教材 Ⅳ.①G424.21

中国版本图书馆 CIP 数据核字(2018)第 036905 号

书　　　　名	课堂教学艺术（第二版）
	KETANG JIAOXUE YISHU
著作责任者	孙菊如　陈春荣　编著
责 任 编 辑	李淑方
标 准 书 号	ISBN 978-7-301-29331-7
出 版 发 行	北京大学出版社
地　　　　址	北京市海淀区成府路 205 号　100871
网　　　　址	http://www.pup.cn　新浪微博:@北京大学出版社
微信公众号	科学与艺术之声（微信号:sartspku）
电 子 信 箱	zyl@pup.pku.edu.cn
电　　　　话	邮购部 62752015　发行部 62750672　编辑部 62767857
印 刷 者	三河市博文印刷有限公司
经 销 者	新华书店
	650 毫米×980 毫米　16 开本　20.75 印张　240 千字
	2006 年 8 月第 1 版
	2018 年 4 月第 2 版　2023 年 4 月第 5 次印刷
定　　　　价	59.00 元

未经许可,不得以任何方式复制或抄袭本书之部分或全部内容。

版权所有,侵权必究

举报电话: 010-62752024　电子信箱: fd@pup.pku.edu.cn

图书如有印装质量问题,请与出版部联系,电话: 010-62756370

内 容 简 介

《课堂教学艺术(第二版)》一书以党的教育方针政策为依据,以《教育部基础教育课程改革纲要》为指导,以最新颁布的课程标准为依据,把教育教学理论和实践有机地结合起来,系统地研究课堂教学的规律和实践,探讨"课堂教学艺术"的基本理论和技能,研究课堂教学艺术。

开设"课堂教学艺术"课程,可以有效地拓展高师院校大学生的教育视野、提升其教育理论素养、促进其专业发展以及对未来教师职业的适应性。在具体教学中,将在保证其思想性和科学性的前提下,注重运用大量的生动翔实的教学案例,力求突出其知识性、技巧性和艺术性。因此,本课程对于教师职前教育的有关课程学习中,有着其他课程不可替代的作用。

通过"课堂教学艺术"课程的学习,学生应明确课堂教学的各个教学环节以及运用技巧,初步掌握课堂教学技巧,提升课堂教学的理论水平与课堂教学实践能力,为从事教学研究奠定良好的基础。因此,有志于从事教育事业,想当一名教师的大学生,都有必要去学习、研究课堂教学艺术,为今后做一名合格的教师做好充分的准备。

《课堂教学艺术》的内容主要有:第一编 课堂教学;第二编 课堂教学基本功艺术:包括教师教态、心态调整艺术、备课与教学设计艺术,课堂教学语言艺术,课堂教学节奏艺术,课堂教学启发艺术、幽默艺术;第三编 课堂教学基本环节艺术:包括课堂教学导入艺术,提问艺术,讲授艺术,应变艺术,举例艺术,结课艺术,板书艺术;第四编 课堂教学方法创新艺术:包括课堂教学情境创设艺术,拓展艺术,课堂教学资源开发利用艺术,自主、合作、探究学习艺术,说课艺术,以及微课、微课视频及课件制作艺术等内容。

本书既适用于教师教育专业的在校大学生,也适用于日后想做教师的非教师教育专业的大学生,同时还适用于想获取教师资格证以及参加教师招聘考试的各类考生,它将对考生的面试考试起着较大的帮助指导作用。

第二版前言

教育是一门科学,更是一门艺术。教育需要激情,需要全身心的投入;教育需要诗意,需要洋溢着浪漫主义情怀;教育需要活力,需要以年轻的心态创造性地工作;教育需要恒心,需要坚持不懈的努力和发展。教育是一种感动,这种感动源于课堂教学的魅力。就像苏霍姆林斯基所说的,教育是一种最为精细的精神活动。只要我们走入了学生的精神世界,教育并没有什么高深莫测的东西,只要我们用心寻找和体会,教育处处都是美的乐章。

课堂教学应该是在用神奇的力量点化课堂的美丽,在给学生带来幸福和快乐的同时,也给自己带来无穷的快乐。当智慧和艺术充盈教室空间,教学过程时时流淌着诗意,处处洋溢着温馨,天天充满着激情,师生共同享受着课堂,享受着生活,享受着学习,在课堂上让学生和教师都沉浸在艺术的境界中,教师努力追求教学中各环节的艺术。比如教师充满激情的课堂教学语言艺术;独具特色的备课与教学设计艺术;引人入胜的课堂导入艺术,新颖别致的教学情境创设艺术,幽默风趣的讲课艺术;潇洒大方的教学板书艺术;强劲有力的教学小结艺术,都会给整个课堂增加一道亮丽的风景线。因为艺术是建立在科学之上的,创新有赖于常规教学。

课堂教学艺术应该讲究本色,研究课堂教学,通常人们总是把目光更多地投向"教什么""怎么教"这两个层面上,关注的是教材的剪裁、教学内容的安排,教学策略和教学方法的运用和选择。其实解决好"为什么教"的问题远比上述两个问题更为重要。

课堂教学艺术,不为艺术而艺术,艺术是教师基本素质的一种表达,它拒绝花拳绣腿,无须标新立异,不必特意雕琢,不为生计而教,不为功利而教,不为完成任务而教,不为应付检查而教,不为表演作秀而教,更不必着意迎合他人的口味。尽管事有例外,情有特殊,但教师的主观意识上,也就是课堂教学的理念上应该如此。那么"为什么教"?一切为了学生、为了学生的一切,为了一切学生,一切从学生的实际(身心特点,认知水平,发展需求)出发,精心组织和开展切实有效的教学活动(讲授、提问、讨论、质疑、小组合作、个别点拨等),为孩子的发展而教,为孩子的一生幸福而教,为若干家庭的希望不致破灭而教,寻求学生在知识的累积、能力的提升和积极的情感体验等方面都有实实在在的收获和得益。艺术也就自然而然地产生了。

课堂教学艺术是教师娴熟地运用综合的教学技能技巧、遵循教学规律以及美的规律、在与学生的互动中引导学生发展而进行的独创性教学实践活动。新课程理念也强调,教师讲课,不是简单地读教材、念讲稿,而是一种讲为主,演为辅,边讲边表演的艺术性活动。它是各级各类教师最重要,也是最主要的基本功。从夸美纽斯创立班级授课制,直到当今现代社会的学校,课堂教学成为教育最主要的一种形式,是完成教学任务、达到教学目标、提高教学质量最重要的途径,而课堂教学的效果则主要取决于教课教师的讲授质量与水平,取决于教师的课堂教学艺术。

为了满足市场的急需,适应新课程基础教育改革与发展的要求,以确保大学生具备良好的教师教育专业素养和专业技能,及时将基础教育新课程改革的有关内容纳入教师教育课程的教学当中,进一步加强教师教育专业学生教学实践能力的培养,积极构建教育教学技能训练平台,在深入研究教师教育专业化理念的基础上,本书大胆地将这些思考,再次梳理出来,供大家借鉴与参考。

本书特点在于:

第一,针对性。本书的突出点是重视新课程理论知识与实践能力的结合;贯彻理论联系实际的原则。重点探讨了在新课程背景下,在课堂教学各个环节中的多种操作方法和实践过程,将课堂教学艺术的讨论落在具体的、情景化的实践之中,力求使读者明确为了培养教师教育基本能力,全面提高师范类学生的科学素质,教师应该"教什么"和"怎么教",并思考"怎样教得更好"。在介绍每种教学方法和手段时,将教学理论与具体实践相结合,适当地讨论"为什么教"的问题。

第二,可读性。案例研究是一种与教学行为研究融为一体的课题研究。这种研究不作单纯的理论阐述,而是从教学中的疑难问题出发,以解决这些问题为归宿。

第三,时代性强。传统的教师教育课程教材,大到整个理论体系,小到具体表述,多是老套陈旧的东西,不仅学生学起来不新鲜,就是教师教得也厌烦。本书编写注重反映新课程理念并提供新课程改革所需要的教育学和心理学的内容和观点。这使得本教材富有时代气息,具有时代特色。

第四,基础性。本书以21世纪中小学教师必须确立的教育教学观念为主线,精选教育学和心理学的基础知识和基本理论。不求面面俱到,不在概念和原理上兜圈子,而是在提高师范生的认识和能力上下功夫。

第五,实践性。本书立足于课堂教学实际,着眼基础教育新课程改革,重视新课程理论知识与课堂教学实践能力的结合,着重对新课程背景下的课堂教学技能作了一些有益探讨,重点探讨在新课程背景下,在课堂教学各个环节中的多种操作方法和实践过程,将课堂教学艺术的讨论落在具体的、情景化的实践之中,写作的视角、研究的方法都带有浓浓的实践性。

孙菊如

2017.5.20

目　　录

第一编　课堂教学

绪论……………………………………………………………（3）
　一、课堂教学艺术的概念…………………………………（3）
　二、课堂教学艺术的研究对象……………………………（3）
　三、课堂教学艺术研究的意义……………………………（4）
　四、课堂教学艺术的特点…………………………………（5）
　五、新课程呼唤新的课堂教学艺术………………………（11）
　六、新课程课堂教学的新变化……………………………（14）

第二编　课堂教学基本功艺术

第一章　教师教态、心态调整艺术……………………………（21）
　一、教态的内容与作用……………………………………（21）
　二、教态的具体体现形式…………………………………（22）
　三、心态调整艺术…………………………………………（37）

第二章　备课与教学设计艺术…………………………………（41）
　一、备课的基本含义………………………………………（41）
　二、备课的新含义…………………………………………（41）
　三、传统备课与教学设计之间的区别与联系……………（42）
　四、新课程备课的新特点…………………………………（42）
　五、新课程教师备课的新思路……………………………（43）
　六、新课程备课的主要内容………………………………（44）
　七、教案编制的基本方法…………………………………（51）

第三章　课堂教学语言艺术……………………………………（53）
　一、课堂教学语言艺术的特点……………………………（53）
　二、课堂教学语言艺术的类型……………………………（57）
　三、课堂教学语言的基本要求……………………………（62）
　四、运用课堂教学语言的艺术……………………………（65）

五、课堂教学中的忌讳语言 …………………………………… (66)
第四章　课堂教学节奏艺术 …………………………………………… (67)
　　一、节奏及节奏的意义 …………………………………………… (67)
　　二、课堂教学节奏的构成 ………………………………………… (68)
　　三、课堂教学节奏的种类 ………………………………………… (69)
　　四、课堂教学节奏的基本要求 …………………………………… (71)
　　五、课堂教学节奏调控的原则 …………………………………… (71)
　　六、课堂教学艺术节奏的主要表现 ……………………………… (73)
　　七、掌握课堂教学节奏的艺术 …………………………………… (75)
第五章　课堂教学启发艺术 …………………………………………… (79)
　　一、课堂教学启发艺术的含义 …………………………………… (79)
　　二、课堂教学启发艺术的基本要求 ……………………………… (80)
　　三、启发式教学法的原则 ………………………………………… (83)
　　四、课堂教学启发艺术的方法 …………………………………… (85)
第六章　课堂教学幽默艺术 …………………………………………… (89)
　　一、课堂教学幽默艺术的含义 …………………………………… (89)
　　二、课堂教学幽默艺术的类型 …………………………………… (90)
　　三、课堂教学幽默艺术的基本要求 ……………………………… (91)
　　四、课堂教学幽默艺术的技巧与方法 …………………………… (93)
　　五、教学幽默艺术的误区 ………………………………………… (97)
　　六、培养教师课堂教学幽默的策略 ……………………………… (98)

第三编　课堂教学基本环节艺术

第七章　课堂教学导入艺术 …………………………………………… (105)
　　一、课堂教学导入艺术的含义 …………………………………… (105)
　　二、课堂教学导入艺术的作用 …………………………………… (105)
　　三、课堂教学导入艺术的要求 …………………………………… (107)
　　四、课堂教学导入的方法 ………………………………………… (109)
　　五、课堂导入艺术训练策略 ……………………………………… (116)
第八章　课堂教学提问艺术 …………………………………………… (120)
　　一、新课程课堂教学提问的新特点 ……………………………… (120)
　　二、新课程课堂教学提问的新要求 ……………………………… (121)
　　三、课堂教学提问的基本原则 …………………………………… (126)
　　四、课堂提问的步骤 ……………………………………………… (130)

五、课堂教学提问艺术的类型 …………………………… (131)
　　六、课堂教学提问艺术的技巧 …………………………… (135)
　　七、课堂教学提问应注意的问题 ………………………… (140)

第九章　课堂讲授艺术 …………………………………………… (144)
　　一、课堂讲授的含义 ……………………………………… (144)
　　二、新课程课堂讲授的新要求 …………………………… (144)
　　三、课堂讲授的原则 ……………………………………… (146)
　　四、把握课堂讲授的范围和时机 ………………………… (148)
　　五、课堂讲授语言的转换 ………………………………… (149)
　　六、新课程课堂讲授的方法 ……………………………… (152)
　　七、范例教案设计模式 …………………………………… (157)
　　八、基本概念和基本原理的教学艺术 …………………… (165)

第十章　课堂教学应变艺术 ……………………………………… (168)
　　一、新课程课堂教学应变艺术的新要求 ………………… (168)
　　二、课堂教学应变应遵循的原则 ………………………… (170)
　　三、课堂教学应变的内容 ………………………………… (172)
　　四、课堂教学应变的方法 ………………………………… (174)
　　五、随机应变应注意的几个问题 ………………………… (180)

第十一章　课堂教学举例艺术 …………………………………… (182)
　　一、课堂教学举例的基本要求 …………………………… (182)
　　二、课堂教学举例的基本原则 …………………………… (185)
　　三、课堂教学举例的类型与方法 ………………………… (188)
　　四、课堂教学举例的技巧 ………………………………… (190)
　　五、课堂教学举例创造性的培养 ………………………… (191)
　　六、课堂举例的忌讳 ……………………………………… (191)

第十二章　课堂教学结课艺术 …………………………………… (194)
　　一、课堂教学结课的含义 ………………………………… (194)
　　二、课堂教学结课艺术的功能 …………………………… (195)
　　三、课堂教学结课艺术的要求 …………………………… (195)
　　四、课堂教学结课的基本原则 …………………………… (197)
　　五、课堂教学结课的一般过程 …………………………… (198)
　　六、课堂教学结课艺术的基本类型 ……………………… (198)
　　七、课堂教学结课的基本方法 …………………………… (201)
　　八、课堂教学结课应加以避免的几个方面 ……………… (205)

第十三章　课堂教学板书艺术 …………………………………… (206)

一、课堂教学板书的内涵……………………………………(206)
二、课堂教学板书的构成……………………………………(206)
三、课堂教学板书的特点……………………………………(207)
四、课堂教学板书的基本要求 ………………………………(209)
五、课堂教学板书的原则 ……………………………………(213)
六、课堂教学板书的分类……………………………………(216)
七、课堂教学板书书写技法…………………………………(220)
八、课堂教学板书板位安排与行列要领……………………(223)
九、课堂教学板书内容设计…………………………………(224)

第四编 课堂教学方法创新艺术

第十四章 课堂教学情境创设艺术……………………………(229)
  一、教学情境创设的含义……………………………………(229)
  二、教学情境创设的意义……………………………………(229)
  三、创设教学情境的基本要求………………………………(230)
  四、教学情境的类型…………………………………………(231)
  五、创设课堂教学情境的误区………………………………(237)
  六、教学情境创设的基本原则………………………………(239)
  七、教学情境的创设…………………………………………(241)

第十五章 课堂教学拓展艺术…………………………………(243)
  一、新课程教学需要课堂教学拓展…………………………(243)
  二、拓展延伸在教学中的作用………………………………(244)
  三、新课程课堂拓展的原则…………………………………(246)
  四、新课程课堂教学内容的拓展与延伸……………………(246)
  五、新课程课堂教学方式的拓展与延伸……………………(248)
  六、新课程综合应用的拓展与延伸…………………………(251)
  七、课堂教学拓展艺术的运用………………………………(254)

第十六章 课堂教学资源开发利用艺术………………………(256)
  一、课堂教学资源的概念……………………………………(256)
  二、课堂教学资源的特点……………………………………(256)
  三、课堂教学资源的开发利用的原则………………………(257)
  四、课堂教学资源开发利用的方法与途径…………………(258)

第十七章 自主、合作、探究性学习艺术……………………(262)
  一、自主学习艺术……………………………………………(262)

二、小组合作学习艺术 …………………………………………（268）
　三、探究性学习艺术 ……………………………………………（272）
第十八章　说课艺术 ………………………………………………（279）
　一、说课的含义 …………………………………………………（279）
　二、说课的基本要求 ……………………………………………（280）
　三、说课的具体内容 ……………………………………………（282）
　四、说课的方法艺术 ……………………………………………（286）
　五、说课与备课的关系 …………………………………………（289）
　六、说课与上课的关系 …………………………………………（290）
　七、说课中应注意的几个问题 …………………………………（291）
第十九章　微课、微课视频及课件制作艺术 ……………………（293）
　一、微课 …………………………………………………………（293）
　二、慕课 …………………………………………………………（298）
　三、翻转课堂 ……………………………………………………（300）
　四、翻转课堂与传统课堂的区别 ………………………………（304）
　五、微课教学设计脚本 …………………………………………（305）
　六、微课课件制作能力的培养 …………………………………（306）
参考书目 ……………………………………………………………（311）
后记 …………………………………………………………………（313）

第一编
课堂教学

绪 论

教学是一门艺术。教学之所以称得上艺术,是因为课堂教学能给予教师充分自由的创作空间,使教师可以像美术家、音乐家以及文学家那样进行艺术创作。但与美术家、音乐家以及文学家的创作不同的是,教师不仅要以独特的个性来发挥和施展教师自己的才能,教师还必须与学生配合。学生既是这一创造活动的对象,又是这一创造活动的积极参与者和主要受益者。这种创作的成果,不是被人称颂的巨幅画卷,不是流传百世的乐章,也不是脍炙人口的诗文名篇,而是年轻一代学生的灵魂。

教学艺术是教师钻研教材、研究学生、进行创造性劳动的智慧之果。

一、课堂教学艺术的概念

课堂教学艺术一般是指教师富有创造性地运用各种教学手段唤起学生的学习兴趣,使学生愉快、主动地获取知识,并得到深刻印象的教学方式。也就是说,课堂教学艺术是教师本身所具有的独特创造力和审美价值定向在课堂教学领域中的结晶,是一个教师在长期课堂教学实践中积累起来的"教学经验""教学技能""教学技艺"发展的高级阶段和理想境界。教师在课堂教学实践中,根据教学目标,针对学生的心理特点和教材特点,富于创造性地选择恰当的教学方法,安排精巧的教学过程,运用新颖的教学手段,都属于教学艺术应用的范畴。

二、课堂教学艺术的研究对象

教学艺术作为一门独立学科,它的研究对象是什么呢?目前,人们的看法并不一致。如有一种观点认为:"教学艺术论研究的对象是教学艺术,即存在于教学活动过程中,使教学得以成功进行的内部机制或性能。"另有一种观点认为:"教学艺术论的研究对象,是教学艺术的双重特性:科学性和艺术性,即科学再现教学内容而求实的科学性和艺术表现思想情意(心灵)而求活的艺术性。"还有一种观点认为:"教学艺术论的研究对象是教学艺术的本质、规律及其提高的途径、方法和技巧。"这些观点在表述上虽然还不够完善,但由于是在教学艺术论立论之初提出来的,且都力图将教学艺术作为相对独立的领域纳入科学研究的对象范畴,所以尤为可贵。我们认为,教学艺术论的研究对象应该是教学艺术活动规律及其具体运用。这就是说,教学艺术论研究的对象范畴是由两个密切联系、不可分割的方面组成的。因为教学艺术活动规律是在具体运用中表现出来的,离开教学艺术具体运用的现象形态,其所谓活动规律就成为虚无缥缈、不可捉摸的东西;而教学艺术活动规律的揭示和把握,可以大大提高教学艺术具体运用的水平和效果。两个方面一内一外,构成了教学艺术的整体。

三、课堂教学艺术研究的意义

教学艺术论的研究具有重要的理论意义和深远的实践意义。

从理论方面来看,教学艺术的深入研究,可以促使教学艺术论得到系统的理论论证,作为教学论发展中的分支,成为一门相对独立的学科。其研究成果可以丰富和充实教学理论,弥补长期以来教学艺术问题理论研究异常薄弱的不足。教学艺术研究由于一直处于自发状态和经验水平,所以对它的理性认识还远未能揭示其基本原理和规律,甚至连什么是教学艺术这样的基本概念都没有明确公认的定义。而至于为什么说教学是艺术这样的问题,很多人对此认识尚相当模糊。因此,教学艺术论通过对这些问题做出明确而富有说服力的论证和回答,帮助教师从理论上认识教学艺术问题,并在此基础上形成教学艺术论学科,应该说这是很有价值的理论建设工程。

再从实践方面来看,教学艺术论的深入研究,强化了人们对教学理论与教学实践中介的认识,在教学理论与教学实践之间架起了一座桥梁,可以促进教学理论与教学实践的联盟。同时,教学艺术论非常重视应用性的微观教学技术研究,这可以帮助广大教师切实掌握教学艺术的规律,大幅度提高其教学质量和效率。由于教学艺术论将科学精神与人文精神有机地统一了起来,所以教师提高教学艺术水平,对培养知情并重、全面发展的人才也有积极的意义和不可替代的价值。日本东京大学教授东洋先生曾意味深长地指出:"一个蕴藏着可贵的才华的青年,只是由于他落到了某位半瓶子醋的老教书匠之手,于是大大丧失了英才的光芒,结果以无名小卒告终。"像这样因教师缺乏必要的教学艺术而贻误人才的现象,在现时代再也不能容忍它继续存在了。

四、课堂教学艺术的特点

作为一门艺术,毋庸置疑,教学艺术具有一般艺术的特点,比如形象性、创造性、审美性、情感性、个性化等。而作为一门特殊的、具体的、复杂的艺术,教学艺术又有与其他艺术不同的地方。即便在一般特点上,教学艺术也有其特殊性。

(一)教学艺术是一种特殊的艺术活动

与一般艺术相比,教学艺术在目的、主体、客体和创作手法上,均有特殊性。

1. 教学艺术活动的目的是使学生全面发展

一般艺术的目的是认识世界和改造世界,而教学艺术的目的则是更好地塑造年轻一代的身心素养,使他们实现德、智、体、美全面和谐地发展,这就使得教学艺术更为复杂。乌申斯基曾精辟地指出:"任何一种力求满足高度的道德要求和人的一般精神需要(即只属于人和构成人性中的特征的那些需要)的实践活动,就已经是艺术了。就这个意义讲,教育当然就成了最高级的一种艺术,因为它力求满足人类最伟大的要求——人的本性的完善。"

2. 教师和学生是教学艺术活动的主体

一般地说,人是艺术活动的主体。在教学活动中,教师和学生都是具有特殊角色和地位的人。教师主导着教学活动的任务、方法、手段、内容等,决定着教学的方向;学生则是教学活动的主体,决定着教学活动的成败。他们共同承担着创造艺术性教学的重任,都是教学艺术创造的主体。在这点上人们很容易只看到教师是艺术创作的主体,特别注重教师在教学艺术创作中的作用,在很大程度上会忽视学生在教学活动中的主体地位。其实,如果教学艺术没有学生的主体参与和创造是不可能实现的。教室不是教师个人表演的舞台,而是师生共同创作的工作室。只有教师个人努力,没有学生参与的教学,这样的教学是不成功的,更谈不上艺术了。

3. 教学活动是教学艺术的客体

一般艺术的客体是大千世界,包括了生活的方方面面。虽然教学的目的是塑造学生的身心，但教师和学生在教学活动中试图改造的却是教学活动本身。被我们称之为艺术成果的是一幅幅充满魅力的教学活动画面，而不是其他的什么东西。

4. 师生创作教学艺术的手法与众不同

教学艺术的表现手法具有高度的综合性。既有音乐的表现手法，又有绘画的艺术手段，还有建筑、舞蹈等的空间表现力，它还综合了戏剧等表演艺术的动作、表情、姿态、语调。它像是表演，但又是真实发生的场景。创造教学艺术的教师则集音乐家、画家、表演艺术家的素质素养于一身，通过综合各种艺术的手段，完成教学任务。

（二）教学艺术是教师追求的特殊教学境界

在教学中，教师总是把教学艺术作为事业奋斗的理想目标和特殊精神境界来追求。教学艺术作为特殊教学境界，有着特殊的艺术魅力，这主要表现在它有以下特点：

1. 形象性

教学艺术注重形象性，它运用语言、表情、图像、音响等方式表达思想、抒发情感和解释知识。教师教学需要选用不同的方法、手段向学生传授知识，但对于以形象思维为主的小学生，以及正在从形象思维向抽象思维过渡的中学生来说，教学必须具有形象性。

（1）教学语言的形象性。有人说，平庸的教师只是叙述，优秀精明的教师会生动地讲解，会恰当地比喻。绘声绘色的语言能使学生产生如见其人、如闻其声、如临其境的感受，给学生留下深刻印象。教学语言是最主要的教学工具，所以，作为教师一定要不断锤炼自己的教学语言，不仅要做到准确简练、通俗易懂，而且要生动形象，有吸引力，有感染力。

（2）体态语言的形象性。毛泽东同志在讲授教学法时指出："教师说话要通俗化，要明确，要有趣味，以姿势助说话。"所谓"以姿势助说话"，就是以各种生动形象的体态语言辅助教学。有的特级教师讲："在关键的时候，哪怕是老师的一个眼神也具有启发意义。"可见，教师如果在教学中能正确地使用目光、表情、手势、体位这些体态语言，必定能增加教学的形象性。

（3）教学手段的形象性。随着教学改革的发展，仅仅注意教学语言和体态语言的形象性就远远不够了，因为有些教材的内容难以用语言作形象化的讲解，必须借助现代化的教学手段。以《白杨》一课为例：为了教学"不管遇到风沙还是雨雪，不管遇到干旱还是洪水，它总是那么直，那么坚强，不软弱，不动摇"这一句，老师设计了一张复合幻灯片。

固定片为一行高大挺拔的白杨树,其他四张活动底片上分别画风沙、雨雪、干旱和洪水。教到"不管遇到风沙"时,幻灯片上打出白杨在风沙中如城墙一般傲然挺立的伟岸身影;教到"不管遇到雨雪"时,幻灯片上打出白杨在风雪中如青松般挺拔高洁的身姿……画面和语言的高度结合,变无声的文字为有形的画面,增加了教学的形象性和新奇性,有助于学生理解白杨不畏恶劣条件、坚强不屈的精神,学生从心中油然而生了对白杨、对像白杨那样献身边疆的建设者的崇高敬意。"教育要面向现代化"在呼唤着现代化的教学手段。

2. 情感性

情感是教学艺术的核心,情感是教学艺术的生命。赞科夫特别重视教师的情感教育,他说:"教学法一旦触及学生的情感和意志领域,触及学生的精神世界,这种教学法就会发挥高度有效的作用。"教育者应当具备怎样的素质才能在教学中拨动学生情感的心弦,引起学生内心世界的强烈的反响和共鸣呢?

(1) 要有高尚的情操。大凡优秀的教育工作者无一不具有高尚的情操。"捧着一颗心来,不带半根草去"的无私奉献精神感召着多少后来者。只有以满腔的热情和神圣的使命感投入到教学工作中去的人,才能迈进教学艺术的殿堂。

(2) 要有较深的艺术修养。艺术修养是教师极为重要的素质。具有较高艺术修养的教师有一双"特别"的眼睛,他能够发现美、识别美、鉴赏美、品味美,他能够用自己的智慧去创造美,他能在课堂教学中谱写一首令人回肠荡气的诗篇,作一曲令人心驰神往的乐曲,演一幕惊心动魄的戏剧。

(3) 要有丰富的生活积累。有人曾说过:30岁以下的人是不能真正读懂鲁迅作品的,因为他们缺乏深刻的人生体验,缺乏对社会、对人生真切的深刻理解。生活积累越丰富,对作品的含蕴就体会越深刻。青年教师人生经历短,就需要更多地参加社会实践,尤其要多阅读古今中外的文学名著来丰富自己的生活积累。

(4) 要对课文作深入的钻研。苏霍姆林斯基在论教育素养时说过:"教师越是能够运用自如地掌握教材,那么,他的讲解就越是情感鲜明,学生听课后需要花在教科书上的时间就越少。这是教师素养的一个非常微妙而又非常重要的特征。"老师只有深钻教材,与作者同喜同忧、同欢乐共悲伤,才能用自己的感情感染学生,在教学中共同演奏一首感情奏鸣曲。

(5) 要有情感丰富的语言。马卡连柯说过:"只有在学会用15种至20种声调说'到这里来'的时候,只有学会在脸色、姿态和声音的运用上做出20种风格韵调的时候,我才变成了一个真正有技巧的人。"富有丰富情感的语言,表现在:讲到庄严处,学生肃然端坐;讲到豪壮处,学生热血沸腾;讲到义愤处,学生横眉立目;讲到欢快处,学生笑意盈盈。

3. 审美性

审美性是教学艺术最突出的特点。教学艺术的审美性表现在教学设计的美、教学过程的美、教学语言的美、教态的美、板书的美等方面。

教学设计的美表现为教学计划、方案新颖、别具一格而又具有可行性、富有成效。

教学过程的美表现在整个教学过程自然流畅:起(开始)能引人兴趣;承(上下衔接)能环环紧扣,别具匠心;转(转化)能自然畅达、波澜起伏、引人入胜;合(结尾)能令人顿开茅塞,豁然开朗,或者余味无穷,发人沉思。

教学语言的美表现为生动形象、言简意赅、精确明快、富有情感。

教态的美表现为衣着打扮美观大方,仪态端庄,态度真诚、热情,举止潇洒、自然等。

板书的美表现为布局设计比例协调,对比鲜明,有系统而又重点、难点突出,书写规范而且漂亮、工整等。

必须明确指出,在教学艺术中,审美仅仅是手段,是从属于教学效益,并以教学效益为取舍标准的。只有当既美又能发挥更大的教学效益时,才能称得上是真正的教学艺术。

4. 独创性

教育家第斯多惠说:"教师必须有独创性。"实践证明,创造性乃是教学艺术的又一大特点。因为艺术的生命在于创造,同时最忌模式化。艺术贵在创新。在每一堂成功的课例中,都体现着教师对美的独特感受、对教材的个性理解,体现着教师新颖的设计和创新的方法。教学工作是创造性很强的工作,教育对象不同,班级基础不同,每一篇课文不同,时代对我们的要求不同……所有这些都要求我们教师发挥自己的聪明才智,走出模仿的圈子,去不断探索,不断改革,不断创新。

课堂教学的独创性表现在:

(1) 处理教材的独创性。教师处理教材就好像是导演处理剧本,需要一个艰苦的再创造过程。教材的处理也要体现教师个性,尽可能地表现出自己的特色。

(2) 教学结构的独创性。课堂教学结构应忌平淡无奇,求出奇制胜。如老师在教《春望》一诗时,可以设计对比式的教学结构,不仅把以前学过的春季诗和《春望》作对比,而且特别把《春望》和《闻官军收河南河北》对比起来教学。春季诗感情平缓喜悦,《春望》一诗感情沉郁顿挫,《闻官军收河南河北》感情热情奔放,喜情喷发。这些诗虽然内容不同、情感不同,但都共同表现了诗人杜甫渴望社会安定、人民安居乐业的思想,设计这样的结构有出人意料之外,又在情理之中的独特效果。

(3) 板书设计的独创性。板书设计得恰当、巧妙,能产生奇特的效果。比如,老师在教严文井的《小溪流的歌》时,不仅可以精心设计教学结构,优选教学方法,而且可以在板书设计上作独特处理,把板书和板画揉为一体,使得板书形象、新奇、独特。

5. 实践性

实践性是许多大教育家公认的教学艺术特性。因为整个教学艺术过程都是与教学实践紧密联系、不可分割的,像教师的备课,是为教师作为教学艺术家的课堂表演创造活动"运筹帷幄"的,上课则是教师教学艺术"决胜千里"的实践,只有取得了丰富的实践经验,才能使教学艺术既合于教学规律,又合于师生的个性特长和心理特点。教师组织教学与课堂管理、板书与语言、讨论与提问,也都是教学实践的一部分。所以说,教学艺术是实践性非常鲜明的艺术,一切夸夸其谈如纸上谈兵者都与教学艺术无缘。

(1) 整个教学艺术过程都是与教学实践紧密联系、不可分割的。教学艺术是实践性非常鲜明的艺术。教师的备课、课堂组织必须有的放矢,在充分了解学生的基础上进行。只有取得了丰富的实践经验,才能使教学艺术更符合教学规律,并尊重师生身心发展特点。

(2) 教师的教学艺术水平也是在教学实践中不断提高的。课堂才是教师真正的舞台,通过实践而有实际效能的,才称得上是技艺精湛的教学艺术。教学艺术的实践性恰恰验证了我们关于教学艺术是实践艺术或过程艺术的基本观点。

可以说,课堂乃是永恒的教学艺术实验室,而真正意义上的教学艺术,只有那些在教学第一线上坚持不懈地进行实践探索的教师才能创造出来,也只有他们才有可能摘取教学艺术家的光荣桂冠。我国特级教师们的教学艺术实践也有力地说明了这一点。可见,教学艺术的实践性是个非常重要的特点,是不能被忽视的。每个教师都应注意在教学实践中追求教学艺术的发展。

当然,强调教学艺术的实践性,并不等于排斥教学艺术理论学习的必要性。因为理论学习是课堂教学经验的补充,既可激发教学艺术所必需的、多种角度的接触和思考，又可保证教师相互学习表演艺术，而不仅仅停在欣赏的层次上。这是值得教师们注意的。

6. 表演性

教师在课堂教学中的行为，如同演员在舞台上的表演，具体体现在教师的衣着打扮、表情态度、身姿动作、实验操作、口语板书等方面。教师讲台形象自我塑造得如何，直接影响到课堂教学艺术的效果。在语言表达方面，在准确、流畅、富有启发性的基础上，应特别注意声调的特殊意义。同时，还应注意以适当的板书、身姿、实验等来配合语言表演。教师可以边说边写边画，说到哪里，写到哪里、画到哪里。就像有些独唱演员可以自弹自唱或自拉自唱似的，演员可以尽情自如地表演，演出的气氛也会更热烈。如果教师讲课时顾上说，顾不上写，或者顾上写，顾不上说，就会给人以时断时续之感，也会拖延时间，影响教学的效果。

教师的表演生动形象，可以丰富学生的感知表象，促进学生的理解和思维。优秀教师们总是把讲台当舞台，把一节课表演得生动活泼，富有艺术感召力，如同一幕扣人心弦、发人深省的话剧。如特级教师斯霞在给一年级学生讲解"颗颗稻粒多饱满"这句话时，学生对"饱满"一词理解不深，老师反复启发，学生不是回答说"麦子长得饱满"，就是说"豆子长得饱满"。她为了让学生全面弄清这个词的意思，忽然走到教室门口，转过身来，胸脯略略一挺，头微微一扬，两眼炯炯发光。然后她问学生："你们看，老师现在精神怎么样?"大家不约而同地回答说："老师的精神也很饱满。"她又说："那让我看看，你们的精神怎么样?"学生们也一个个挺起小胸脯，坐得端端正正。她靠自己生动形象的表演，使学生不仅理解了"饱满"这个词的本义，还懂得了它的引申意义和用法。这样的课堂即兴表演，显示了教师深厚的教学功力，将教学提高到了艺术的境界。

教师的表演，关键要能动情感人。这就要求教师首先对教学内容有深刻的情感体验，对教学对象有深厚的热爱之情，这样才能在教学表演中进入角色，产生"移情"效果。但要注意表演得适度，做到质朴自然、毫不矫揉造作、恰到好处，即所谓"增一分则太长，减一分则太短""常行于其当行，止于其不可不止"。教师在教学时要注意有效地支配情感，而不是受情感所支配，特别是受不良情感的支配。

教师的教学艺术表演还应注意与学生的密切配合，要采取学生可接受的方式，要考虑到不同年龄学生的特征。要始终抓住学生的注意力，首先自己就得精神饱满，注意力集中。同时，在教学中还要注意与学生之间的信息、情感、个性等方面的直接交流，并获得反馈，以便及时调控。因为学生不仅是教师教学艺术活动的鉴赏家,而且也是教师教学艺术活动的参与者。所以,有时教师还不能只当演员,更应作为导演,多给学生的才华以表现机会,让学生参与到教学艺术创造活动中来,师生双方在教室这个舞台上共同演出精彩的剧目。

五、新课程呼唤新的课堂教学艺术

1. 基础教育新课程要求转变教学观念

(1) 教学是课程创生与开发的过程

新课程所倡导的教学观认为,教师和学生不是外在于课程的,而是课程的有机构成部分,是课程的创造者和主体,师生共同参与课程开发。教学不只是课程传递和执行的过程,而更是课程创生与开发的过程。因此,教学过程成为课程内容持续生成与转化、课程意义不断建构与提升的过程。这样,教学与课程相互转化,相互促进,彼此有机融为一体。在这种背景下,教学改革才能真正进入教育的内核,成为课程改革与发展的能动力量,成为教师与学生追寻主体性、获得解放与自由的过程。

(2) 教学是师生交往、积极互动、共同发展的过程

教与学的关系问题是教学过程的本质问题。新课程强调,教学是教与学的交往、互动,师生双方相互交流、相互沟通、相互启发、相互补充,在这个过程中教师与学生分享彼此的思考、经验和知识,交流彼此的情感、体验与观念,丰富教学内容,求得新的发现,从而达成共识、共享、共进,实现教学相长和共同发展。在这种情况下,传统的严格意义上的教师教和学生学,将不断让位于师生互教互学,彼此将形成一个真正的"学习共同体"。在这个共同体当中,教师不再仅仅去教,而且也通过对话被教,学生在被教的同时,也同时在教。他们共同对整个成长负责。

(3) 教学重在体验、重在过程

现代教育心理学研究认为,学生的学习过程不仅是一个接受知识的过程,而且也是一个发现问题、分析问题、解决问题的过程。这个过程一方面是暴露学生产生各种疑问、困难、障碍和矛盾的过程,另一方面是展示学生发展聪明才智、形成独特个性与创新成果的过程。正因为如此,新课程强调过程,强调学生探索新知的经历和获得新知的体验。当然,强调探索过程,意味着学生要面临问题和困惑、挫折和失败,

这同时也意味着学生可能花了很多时间和精力结果表面上却一无所获,但这却是一个人的学习、生存、生长、发展、创造所必须经历的过程,也是一个人的能力、智慧发展的内在要求,它是一种不可量化的"长效"、一种难以言说的丰厚回报,而眼前耗费的时间和精力应该说是值得付出的代价。

2. 新课程需要学习方式和教学方式的变革

教学观念的变化给教师的教学方式带来了新的变革。而教学方式变革可能是这个时代教育将要发生的变化中最突出的特征。教学方式如何转变才能体现新课程教学的需要呢?

(1) 从注重知识传授转向注重学生的全面发展

以往教学重视知识的传授,却忽视了人的全面发展。学生是一个个有思想、有自主能力的人,而不是一个有待灌输的"知识容器"。在教学中,学生既要掌握知识,又要获得情操的陶冶、智力的开发和能力的培养,同时还要形成良好的个性和健全的人格。因此,新课程要求教师以人为本,突出培养学生的创新和实践能力、收集处理信息的能力、获取新知识的能力、分析解决问题的能力,以及交流协作的能力,发展学生对自然和社会的责任感。另外,还要求让每个学生拥有健康的身心、优良的品质和终身学习的愿望与能力、科学和人文素养,养成健康的审美情趣和生活方式,从而实现全体学生的发展,以及学生个体的全面发展。

(2) 从"以教定学"转向"以学定教"

一堂课究竟应该怎样上?传统教学是教师牵着学生走,学生围绕教师转。这是以教定学,让学生配合和适应教师的教。显然,这种以教师"讲"为中心的教学,使学生处于被动状态,不利于学生的潜能开发。这种教学方式也培养不出有创造精神和实践能力的人才来。

新课程倡导,教师的"教"是为了学生的"学"。新课程教学应根据学生的个性发展、自身需要、特长以及独特的认知方式和学习方式施教。为此,教师教学时要把学习的主动权交还给学生,要全面关注学生,能从学生角度去看待学生的问题和观点。更多考虑的是知识与能力、过程与方法、情感态度与价值观三位一体,更加注意与学生情感的交流,关注师生共同合作完成教与学的任务、注重教学过程中师生信息的交流,引导学生主动地去追求知识,学会学习。总之,要把学生适应教师转变为教师关注每一位学生的发展。教学评价标准也应以关注学生的学习状况为主。评价教师"教"的好坏要用学生"学"的效果来衡量。衡量教师教学是否成功应该看学生的主体性是否得到发挥,学生有无进步或发展。

(3) 从注重教学的结果转向注重教学的过程

"重结果,轻过程"这是传统课堂教学中的弊端。教师在传统教学中,只重视知识的结论,忽略知识的来龙去脉,有意无意压缩了学生对新知识学习的思维过程,而让学生去重点背诵"标准答案"。只注重结果的做法导致学生一知半解,似懂非懂,造成思维断层,降低了教学的质量。如有的教师喜欢直接告诉学生结论,并要求学生马上应用,出现严重"消化不良",加重了学生学习负担。

重过程就是教师在教学中把重点放在揭示知识形成的过程上,暴露知识的思维过程,让学生通过感知——概括——应用的思维过程去发现真理,掌握规律。使学生在教学过程中思维得到训练,既增长了知识,又发展了能力。就课堂教学而言,教师适应学生是教学过程的核心。真正有效的教学是要将学生的智力特点与教师的教法相配合。教师如何去适应学生?首先应对学生进行正确的角色定位。学生是主体,是学习的主人,这是现代学生观。而启发式教学是能开发学生内涵的自主、自尊、适应性与创造性等主体性特征的,能培养与挖掘学生的主体意识与竞争意识的有效教学方式。它不仅符合教育信息传递与教学规律,而且保障了学生是学习的主体这一地位的达成。

可以说,过程与结果同样重要。没有过程的结果是无源之水,无本之木。如果学生对学习的概念、原理、定理和规律的推理、总结过程不了解,就没有能力开发和完善自己的学习策略,那就只能是死记硬背和生搬硬套的机械学习。

(4) 从统一规格的教学模式转向个性化教学模式

让学生全面发展,并不是让每个学生,及其每个方面都要按统一规格平均发展。备课用一种模式,上课用一种方法,考试用一把尺子,评价用一种标准是以往教育中存在的一个突出问题。这样做,只能把千姿百态、风格各异的学生"培养"成一种模式化的人。这种"加工厂"般的学生生产模式不符合学生实际,且压抑了学生个性和创造力的培养,导致现行课堂教学中的许多问题和矛盾的产生。

在实际教学中,我们找不到两个完全相同的学生,也不可能会有适合每一个学生的教学方法。每个学生都有自己独特的内心世界和内在感受,每位学生都有差异。为此,教师教学中需要制订丰富而灵活的教育计划,来适合不同的学生。要正视学生的独特性,要承认并正视学生之间的差异。只有认识到学生的差异性,我们的教学才会从统一规格的教学模式转向个性化教学模式,才会真正做到因材施教。

(5) 从教师权威的"给"转向师生平等交往与对话式的"导"

在传统教学中,教师处于绝对权威地位,学生无条件地接受教师的灌输。教师习惯性地满足于"讲授"而剥夺了学生参与讨论、发表意见的机会,教学中教师无私大度的"给",几乎没有学生与教师的回应与对话,也就没有了学生思维的主动发展。新课堂教学呼唤打破传统的"教师独角戏",而走向师生"对话",构建互动课堂。

对教学而言,"对话"是一种以沟通与交流为基本特征的动态行为。它将以往教学中常常存在的"课堂权威"转变为"课堂民主"。对话式的"导"不仅能凸显学生的主体地位,更能培育新型师生关系。师生之间在传播知识信息的同时也在传播着情感,在进行着沟通与交流。在这种对话式的"导"中,教师由教学中的权威变成合作者,从传统的知识传授者转向现代的学生发展的促进者。

在新课程背景下,教师要面向全体学生,注重个性化教学已成为广大教师的共识。新课程的实施需要教学方法随之变化,课程理念的变化要求课堂教学技能也要随之变化。为此,新课程课堂教学技能需要在继承传统的基础上加以更新与发展。

六、新课程课堂教学的新变化

1. 新的课程观

课程是教师、学生、教材、环境四个因素动态交互作用的"生态系统"。学生与教师的经验即课程、生活即课程、自然即课程。分门别类的教材只是课程的一个因素,只有在和其他因素整合起来,成为课程"生态系统"的有机构成时,这个因素才发挥应有的作用。

(1) 课程不是固定知识的载体,也不再是绝对真理的代表。课程是教师和学生共同地进行知识交流的中介,是教师和学生共同地生成知识的有效手段。因为,新课程的知识观要求学生不仅要掌握陈述性知识,更要掌握程序性知识和策略性知识;要求教师在教学中,要处理好书本知识与实践知识以及知识、技能与方法之间的关系。

(2) 教师和学生都是课程的有机组成部分,他们是互动式课程的创造者,共同参与课程的开发。

(3) 课程资源主要来自于社会、学生和地方,教材只是众多课程资源中的一种。新课程的教学要综合吸纳各种课程资源,形成丰富多彩的课程内容。

（4）在课程评价上，要重视发展性评价。课程评价由过去注重结果性评价，改为重视过程性评价，使评价发挥促进课程发展的目的。

（5）课程本身正在由结果走向过程，因为课程也是一个不断建构、不断生成的过程。

2．新的学生观

学生观的核心内涵是，学生是人，然而，在实际教学中，却普遍存在着把学生当作任人摆布的物。这涉及一个如何看待人的问题。这次课程改革对于学生的看法坚持了以下要点：

（1）作为生活在一定社会条件下的人，人与人之间错综复杂的关系，使学生具有"被决定"的一面。马克思主义关于人的本质是一切社会关系的总和的阐述，清楚地说明了这一点。因此，新课程必须具有必要的统一性、规范性。

（2）作为具有主动性生命形式的人，学生与无生命的物和有生命的植物、动物有着本质的区别。正是这种主动性，使人能不断地"更新"和超越自我。因此，在课程实施的每一个环节，都必须充分考虑如何保护并发挥学生的主动性、积极性。

（3）学生具有"未完成性"。这种未完成性是指在学生身上，具有丰富的潜能，存在着广阔的发展空间。促进每一个学生的充分发展是这次课程改革的一项重要使命。

新课程认为，每一个学生既是具有独特性、自主性的存在，又是关系中的存在。学生首先是人，需要走向生活的人；学生是"文化遗产中的人"，是"关系中的人"，是"世界背景中的人"。

3．新的教学观

从本质上说，教学不是教师教、学生学的过程，而是师生交往、积极互动、共同发展的过程。在传统教学中，所谓教学就是教师将自己的知识传授给学生。学生只能跟着教师学，复制教师讲授的内容。学无条件地服从于教，教师越教，学生越学不会、越不爱学。总之，传统教学只是教与学两方面的机械叠加。

新课程强调，教学是教与学的交往、互动，师生双方相互交流、相互沟通、相互启发。对教学而言，交往意味着人人参与，意味着平等对话，意味着合作性意义建构，它不仅是一种认识活动过程，更是一种人与人之间平等的精神交流。对学生而言，交往意味着主体性的凸显、个性的表现、创造性的解放。对教师而言，交往意味着上课不仅是传授知识，而是一起分享理解，促进学习；上课不是单向的付出，而是生命活动、专业成长和自我实现的过程。交往还意味着教师角色定位的转换：教师由教学中的主角转向"平等中的首席",由传统的知识传授者转向现代的学生发展的促进者。

4. 新的教师观

所谓教师观是指关于教师职业的基本观念,从广义上看是人们对教师职业的认识、看法和期望的反映。从狭义上看是教师对教师职业的特点、责任,教师的角色以及科学履行职责所必须具备的基本素质等方面的认识。新课程改革背景下的教师观主要表现在:

(1) 现代教师角色转换

第一,教师由知识的传授者转变为学生学习的引导者和促进者。首先,教师不能以传授知识作为自己的主要职责,而应把激发学生学习动机,指导学生学习方法,组织管理和指导学生的学习过程,培养学生自主学习、合作学习的能力作为自己工作的主要目标。其次,现代社会的发展要求教师不仅仅是向学生传播知识,更要关注学生人格的健康成长与个性发展,真正成为学生发展的促进者。

第二,教师从课程的忠实执行者转变为课程的建设者和开发者。新课程要求教师具有强烈的课程意识和参与意识,改变以往学科本位的观念和被动实施课程的做法。教师要整体理解基础教育课程的结构系统,熟悉理解国家课程、地方课程、校本课程的关系,正确认识教材在课程中的地位和功能,创造性地使用国家课程教材,积极进行国家课程地方化、校本化的实践探索。

第三,教师要从"教书匠"转变为教育教学的研究者和反思的实践者。新课程要求教师应是一个研究者,在教学中以研究者的心态置身于教学情境中,以研究者的眼光审视和分析教学理论与教学实践中的各种问题,对出现的教学问题进行研究,并形成规律性的认识。

(2) 教师行为的转变

第一,在对待师生关系上,新课程强调尊重、赞赏。首先,"为了每一位学生的发展"是新课程改革的核心理念。为了实现这一理念,教师必须尊重每一位学生做人的尊严和价值,尤其是学习成绩不好的学生,有缺点和过错的学生。其次,尊重学生要求教师不能体罚学生,不大声训斥学生,不随意当众批评学生。最后,教师不仅要尊重每一位学生,还要学会赞赏每一位学生。

第二,在对待教学上,新课程强调帮助、引导。教师的本质在于引导,引导的特点是含而不露,指而不明,开而不达,引而不发;引导的内容不仅包括方法和思维,也包括价值观和做人。

第三,在对待自我上,新课程强调反思。教学反思是教师专业发展和自我成长的重要因素,促使教师形成自我反思的意识和自我监控的能力。

第四,在对待与其他教育者的关系上,新课程强调合作。强调课程的综合,这种趋势特别需要教师之间的合作。

5. 新的教材观

新一轮课程改革在使用教材方面提出了许多新的观点,如:教师在教学中要"用教材教",而不是"教教材";要"用好教材,超出教材";要"走进教材,走出教材";要注重"开发课程资源""整合课程资源"等。

所谓"用好教材",就是教师首先要引导学生把书本上的知识学好。如果学生连书本上最基本的概念和公式都没有学会,联系实际又有什么用?不管课程怎样改革,教师都要认真钻研教材,把握教材,吃透教材,这是教师永远的基本功。

所谓"超出教材",就是开发课程资源和整合课程资源。在实际教学中主要有以下做法:

(1)替换教材的例子。新课程提倡要开发课程资源,要结合学生的生活实际和自身体验学习知识。用学生熟悉的例子和情境学习新知识,学生更容易理解,对学习更有兴趣,也更容易记忆。更符合学生认识和记忆的规律,更能激发学生的学习热情和积极性。

(2)拓展教材主题。一般说来,教材主题是比较明确的。如果教师能结合当地的实际情况引导学生来谈,学生就会对课文的主题有更深刻的理解,教材的主题就会得到深化和拓展。

(3)改变教材的呈现方式。开发条件性课程资源,如制作成挂图、幻灯片、录像、录音等。这样平面的教材就变成了立体的教材,枯燥单调的书面资料就变成了丰富多彩的多媒体资料,学生对教材就会有兴趣,就愿意学习,也更容易理解。

(4)整合不同学科的内容。除了教材中已有的学科渗透外,教师在教学时可有意识地进行多种学科的交叉与整合。

(5)鼓励学生提出不同的见解。与传统教材不同,新教材允许学生对问题有自己的独特见解,为学生的个性发展留出了空间。引导学生不唯书,不唯上,教师在教学中尊重学生的个性化表现,对于鼓励学生的批判性思维、独立思考与感悟能起到十分重要的引导作用。

第二编

课堂教学基本功艺术

第一章 教师教态、心态调整艺术

教师的教态变化艺术也即课堂上的非语言行为的表现艺术。根据举止行态学的研究和教学实践,非语言行为的作用:首先,是可以引起学生的注意,使之集中于语言所指向的内容;其次,可以补充、加强甚至代替语言,使它更加明确、有力、精确,关键地方能够得到强调;再次,以非语言行为伴随语言行为,可以使学生在接受语言信息的同时得到生动的形象。从心理学上说,这样就能使多种形式的信息同时作用于学生的大脑,可以刺激大脑两半球同时活动,使抽象思维与形象思维得到和谐的统一,这样产生的多种神经联系能使理解更为深刻,记忆更为牢固。另外,特别要指出的是语言传授中教师情绪对学生的感染问题。教师对讲授内容的热情和兴奋,固然可以在语言中为学生接受,但更多的是通过举止、神态、语言传递的。有研究发现,进入角色、感情充沛的教师,将身子倾向学生,脸上就更富于生气勃勃的表情,他的言谈也更充满激情和兴奋,这样他的姿态就更容易使学生感受到他的情绪,帮助学生自觉掌握讲授内容的精神实质。因此,教师在讲课时,必须在注意教学语言的同时,充分估计教学姿态的效果。但如何表演才能打动人心,却是一种科学。为了让学生充分掌握教学内容,教师应充分发挥非语言行为的作用。

一、教态的内容与作用

教态是指教师上课时出现在学生面前的整体形象,它的一个重要特点是综合性。教态主要包括面部表情(其中主要是眼神)、手势和身体姿势三项。教态不仅仅指教师在教学过程中运用的一些动作、姿势,而且是一项特殊的艺术——非语言的教学艺术。所谓无声语言,即体态语言,是指伴随说话的表情、手势及其他动作。这些有形无声的体态语言有时能够直接表示某种意义,有时能够起到增强有声语言表达效果的作用,有时也能够表达出有声语言所无法表达的意义。

美国心理学家艾伯特·梅拉别恩根据实验指出,人们获得的信息,7%来自文字,38%来自有声语言,55%来自面部表情。由此可见,体态语言在信息传递中起着重大的作用。富有表现力的面部表情,恰当、自然的动作,都可以创造丰富多彩的语言环境,给学生以深刻的感染和启迪。

教态的另一个特点是辅助性。尽管没有语言配合,教态也能起到某种作用,但在多数情况下,教态是辅助语言讲授的,使语言讲授因之而变得丰富、生动起来。

教师站在讲台前,如果不是用亲切和蔼的目光去关注学生,而是眼睛朝上盯着"天花板",或者只顾看备课笔记,不是精神抖擞,而是萎靡不振,那么无论如何是不能吸引学生的注意,使他们对学习活动产生浓厚兴趣的;而如果以良好的教态出现在学生面前,则会使学生受到鼓舞,对学生学习活动的顺利进行起到十分积极的促进作用,这也是显而易见。具体说来,良好教态对学生学习活动至少能起到以下作用:

首先,能使学生集中注意力。教师在讲课时充满自信、富有激情,同时辅之以适当的手势,学生是很容易被教师吸引住的,此时,无须教师督促,他们便会自觉专注地听教师讲课。

其次,能提高学生的学习兴趣。如果教师讲课时用亲切、和蔼的目光关注学生,即使在学生一时回答不出教师提出的问题时也不流露出失望的神色,而仍是面带微笑地期待,那么学生对学习活动的兴趣显然会不断增强。

再次,能营造良好的教学氛围。教师面对学生时尊重、信任、鼓励的面部表情,结合教学内容辅以具有鼓舞力量的手势以及能使学生获得信心和力量的站点和行走的姿势,为营造良好的教学氛围提供了极其有利的条件,学生在这样的教学环境中学习,效果当然也就会十分理想。

二、教态的具体体现形式

教师站在学生面前,与学生之间的情感交流是面对面的。教师的面部表情最易为学生注意和理解,如喜欢、欣慰、信任、尊重、鼓励,或是反感、鄙视、厌恶等,无须说出口来,学生便心领神会了。在不同的情境中,根据教学上的不同需要,教师能否恰当地选择不同的面部表情展示在学生面前,会对教学效果产生较大的影响。一般说来,教师在上课时应该尽量多用肯定的面部表情,如在学生问题回答得较出色时露出赞许的神色;看到学生听课时露出不解的神色时表示理解并及时加以调整;学生产生畏难情绪时投以信任和鼓励的目光,学生便会从教师身上获得巨大的精神力量。在这种状况下,便能取得较佳的教学效果。如果不适当地多用否定的面部表情,如学生不能正确地回答教师提出的问题时用鄙视的目光对待他,学生因对教学内容理解不透而向教师发问时,教师露出不耐烦的神色等,都会极大地挫伤学生的自尊心。当然,并不是说否定的面部表情一概不能用,在有些场合,适度运用不但是可以的,而且是应该的。如看到个别学生不静心时,教师可露出不满的神色来暗示他要静下心来。

(一) 面部言语艺术

前文提到,在传递信息的形式中,言语信号占 7%,声音信号占 38%,面部信号占 55%。有人在一系列研究之后推断,在绝大多数情况下,言语交流仅仅表达了我们思想的 30%~35%。在教学中,利用非言语传递方式,则能在总体上加强教学信息传递的真实性、形象性和科学性,增强对学生各种感官的刺激,从而促进他们对教师传递的信息的深刻理解,收到理想的教学效果。

1. 面部言语

面部言语是指教师通过脸上的肌肉活动,眉、眼、口、鼻形状的变化而传递信息的操作。面部言语操作技术要领是把握目光和面带适度的微笑(笑意适度)。

事实上,面部的表情是成功的语言,比嘴里讲得更复杂千百倍。据推测,人的脸能做出大约 25 万种不同的表情。研究表明,在解释相互矛盾的信息过程中,人们更加看重的是脸部表情而不是语言内容或声调。教师的脸部表情往往是学生注意力最集中的地方。教师拉长面孔板着脸,学生就会感觉压抑、恐慌,唯恐"今夜有暴风雪"。有位教师性格内向,工作责任心强,学生都很钦佩赞赏他的才华和事业心,但受不了他那张整天阴沉沉的面孔,就推举班长为代表向他建议,恳请他不要老是板着面孔。而教师温和可亲的面部笑容,却有神奇的教育功能:教师的微笑,是阳光,可以排除脸上的冬色;是春风,可以催开心灵的蓓蕾;是栈桥,可以沟通师生的心灵;是军号,可以给人以力量;是天使,可以唤起学生对美的追求。

教师要学会恰当地利用面部表情,有效地传递信息和形成良好的育人氛围。具体要做到以下几点:

(1) 要有鲜明感。脸上所表达的情感,不仅要准确,而且要明朗,要能使喜、怒、哀、乐全通过其反映出来,使学生心目中有一个鲜明的印象。笑就是笑,哭就是哭,喜就是喜,怒就是怒。不能含糊、模棱两可。

不能老是一本正经、无动于衷。

（2）要有示意性。教师的表情要能给学生以示意，使学生在教师的表情和目光中感觉到自己应做出怎样的反应。当教师引导学生或启发学生思考与回答问题时，往往微蹙眉头，发出炯炯有神的目光，这种目光是示意积极思考和准确回答。当教师讲到重点、难点等关键之处时，往往稍作停顿，平瞪双眼，目光扫视全班，这种目光是示意学生把注意力集中到教师的讲述上来。

（3）要有形象性。教师在讲授一些课文时，除语言要形象外，表情亦须具有形象性。即通过仿效和夸张使学生获得具体而直观的感知。如常用微笑表示发自内心的高兴，大笑表示开朗、欣喜，扬眉、昂头表示骄傲，低头、蹙眉表示忧虑、悲哀，圆睁双目、嘴角向下表示无比愤怒，眼视前方、微张口鼻表示渴望等。不仅如此，如讲长颈鹿忧愁时，可以伸长颈部、微蹙眉头；讲猪八戒照镜子时，可以促长嘴巴，张着双眼，左右摇摆等。这些都能使讲课形象生动。

（4）要有启发性。要使学生从你的表情中加深对教学内容、教师意图、生活哲理的理解，则须从一个微笑、一个眼神、一次锁眉出发去传递情感和信息，使学生从你的面部表情去感受、了解那含意丰富的世界，去理解生活中的爱和恨、知识中的正确与错误、人生的思考与追求……教师的表情可以教给学生热爱生活、万事乐观的态度，不断探索、永远追求的精神，光明磊落、一身正气的品格。

（5）要适时适度。丰富的表情固然可以省略一些有声语言，使教学变得生动、活泼，但表情要依据教学内容而适当运用，要适时适度。不该笑处则不笑，不该怒处不怒；该微笑处不大笑，该大笑时不狂笑；该沉默时则沉默，该平静时平静。不要整节课眉飞色舞，乱作姿态。否则，不但无助于教学，而且会弄巧成拙，扰乱视听，不利于学生冷静地思考、理解问题。因此，老师在教学中应该做到：一是自然大方。教师表情必须是真情的自然流露，切忌矫揉造作、皮笑肉不笑。要让自己的内心活动与外在表情相一致，在学生面前坦诚自然、表里如一。二是温和适度。师生关系是一种具有高度社会责任感和高级情感的特殊人际关系，这就要求教师在运用脸部表情时恰如其分、恰到好处，做到嬉笑而不失态，哀痛而不失声，端庄中见微笑，严肃中有柔和，科学、理智地调控自己的情绪与面部表情的变化。三是宽容大度。要求教师对学生友善、信任和宽容，这是教学民主的反映，是师生关系融洽、和谐的前提。

2. 眼神

眼神是指从教师眼睛里面放射出来的光亮。

教师的眼神是借以传达教学信息、组织教学的重要手段。在教学中,教师对眼神的艺术性运用,能使师生在无声的交流中达到"心有灵犀一点通"的境界。比如,学生听不懂或听得不耐烦时,眼睛就会发出情绪的信号;反之,学生答错了题,或答非所问时,教师的眼睛也会发出指示的信号。一个善于辨识目光语的教师,就会根据学生的眼神来不断修正自己的教案。学生也应该从教师的目光语中,洞察教师情感的微妙变化。恰如其分地把握运用目光的视角、长短和软硬程度,都会使教师和教学具有丰富的表达力。目光环视能覆盖教室里的每一位同学,表明教师对全班同学学习的关心和较强的课堂局面控制力;目光逼近并坚持指向某位同学,则表明对某同学的批评或提示;目光柔和,表示教师的慈爱和关切等。而目光呆滞、闪烁不停、游移不定等,都会影响教学效果。

(1) 对教师眼神的要求。

第一,教师的眼神应该是自信的和充满活力的。

眼睛的炯炯有神或黯然失色,将会把教师的精神状态良好与否毫无遮掩地暴露在学生面前。自信的、充满活力的眼神会使学生精神振奋,产生愉快和敬佩的心情,学生即使较长时间专注在教学内容上也不觉得吃力。要注意谈话时视线接触的方向,一般说来"俯视"表示爱护、宽容,"正视"表示平等,"仰视"表示期待、尊敬。要根据具体的情境来解释。如斜视有"轻蔑"的含义,俯视有"傲慢"的内涵,久视有"憎恶"的味道,正视或表示自信、坦率,或表示情感的真诚。

第二,教师的眼神应该是温和的和亲切的,而不应该是冷淡的,更不应该是凶神恶煞般的。

温和的、亲切的目光不但可以消除学生对教师的畏惧心理,缩短师生之间的心理距离,而且还能使学生对教师产生信赖感。在信赖感的包围下,学生将会特别喜欢聆听教师的讲授,遇到问题也会毫无顾虑地向教师请教。而如果教师的眼神是失望的或是鄙视的,那将会极大地挫伤学生的自尊心,很容易使学生产生抵触、反感情绪,产生极其消极的影响。

第三,教师的眼神应该是周全的、洒向全体学生的,而不应该只是注视那些自己特别喜欢的学生。

学生是很敏感的,在某些场合,成绩较差的学生往往会比较好的学生更为敏感,更容易体察教师的用心和期望。教师的眼神如果是公正的,没有亲疏之分,那么他便会受到全体学生的尊重和爱戴,课堂教学的效果将会更出色。成绩比较好的学生会从教师肯定、赞许的目光中获得力量,会"更上一层楼";成绩比较差的学生也会从教师对他们投去的鼓励的目光中汲取力量,会"后来者居上"。

(2) 眼神的运用艺术。

在教学中,眼神的表达运用可以成为沟通师生心灵、建立和维持师生关系的窗户和纽带。眼神可以用来表扬、赞同、默许,也可以用来批评、限制、否定,还可以用来启迪、提示。

当教师步入教室,用目光环视全班学生时,将胜过喋喋不休的劝告,能使几十双眼睛都放射出满怀信心的光芒。当教师走上讲台,以传神的目光讲授着新的教学内容,又以和谐的目光捕捉着学生的视线时,学生会感到教师在时刻关心着自己。眼神可以使后进的学生因受到鼓舞而努力,也会使遇到困难、思路受阻的学生因看到希望而增添力量。

教师还要运用眼神进行反馈,进而调节教学。如当学生眼睛总是凝视某一点时,说明学生的思想有可能开了小差;当学生面对提问坦然地望着老师时,说明学生回答问题有把握。在讲授中,学生眼带笑意、频频点头,说明学生对所讲内容已经理解;如果皱眉、眼神困惑,说明有疑问,遇到了困难。教师要根据学生的眼睛反馈,发挥临场机智,及时进行教学调节,不可拘泥于既定教案。

在课堂教学中,教师运用眼神的方法大体有:

第一,扫视。教师的视线有目的、有节奏地前后左右移动,把学生尽收眼底,以便观察全体学生的心理状态和情绪反应,也可满足学生希望得到教师注意的心理要求。一流的教师是用眼神组织课堂教学的,在上课开始时,或在讲重点内容前,都要作一番扫视,起着"一言未发先有情"的作用。

第二,注视。将目光较长时间地固定于某人或某物。注视辅以不同的视线、视角或不同的神情,可以表达不同的情感。严肃的神情、低缓的语调,加上不动声色的注视,会让学生感到一种威严。比较调皮的学生,会慢慢收敛放纵,教师这时再给予语言的说服教育、开导,自然而然会收到较好的教育效果。亲切的态度、和蔼的面容,加上鼓励的注视,会让学生感到温暖。课堂上回答不出问题的学生,会调动起学生的自信和勇气,他们会静下心来深入思考,打通思路,提高学习效率。亲切的注视是一种鼓励,是一种鞭策。教师要有耐心,要相信学生。

第三,虚视。教师眼睛似乎盯住了什么,给学生一种定点透视的感觉,但老师实际上是"视而不见",这就是虚视。新教师初登讲台,常常有胆怯之感,眼睛不敢看学生,就可采用虚视,视线飘落在第三、四排桌,再适当辅以扫视,这样学生就会觉得老师在看着自己,从而达到维护正常教学秩序的目的。

第四,环视。目光在讲话对象范围内作较大范围的扫描。这是在教学教育活动中的一种无声的组织教学手段。环视时教师的面部表情应显得自然、灵活、安详、亲切,像春风拂面,使烦躁的学生安静,使萎靡的学生振奋,使自卑的学生自信。环视一般用在教室内,面向全体学生授课时;在教室外,多用于排队集合、开会等集体活动。

在开始上课之前,上课铃声响过,学生刚刚坐在自己的位子上还没有完全安静下来,这时教师站在讲台前,安静、亲切、慈祥地环视一周,能引起学生注意,集中学生的注意力,为开始上课做好准备。教师在全班学生情绪普遍躁动不安之时,运用目光给予鼓励,促使学生稳定情绪,树立信心,教育教学活动获得良好的开端,使得后面的活动自然展开,最终获得好的效果。

在讲课、组织班会过程中,教师也经常通过环视调控课堂气氛。这时环视的节奏、表情要根据当时课堂的情况而定。如果当时课堂纪律涣散,学生交头接耳,教师的环视要严肃、庄重,让学生感到一丝威严;如果当时学生精神不振,教师的环视要亲切,并说上几句振奋精神的话……

在课堂教学或在班级教育活动中,在教师提出一个有难度的问题后,如果暂时没有学生能够回答,这时教师可以环视全体学生。其作用有以下两个方面:一是借助环视以发现哪位学生能够回答。因为题目比较难,学生对自己的答案拿不准是对是错而不敢举手时,面部表情是犹豫的,这时教师给予鼓励,他也许能大胆举手回答。二是借助环视以鼓励每一个学生开动脑筋,积极思考。这时的环视,目光饱含鼓励与期待,在重点学生身上可以稍停片刻,给予鼓励,效果更好。

3. 微笑

微笑是指用略带笑容、不出声的笑来传递信息的体态教学语言。微笑可以表示多种意思,在讲课中恰当地运用微笑可以起到事半功倍的效果。上课开始,教师面带微笑走进教室,表示上课的愉悦和对学生的亲近;上课过程中的微笑,表示教师对教学内容的自信,对教学过程的从容,对上课表现的满意或赞许,对学生答问的肯定和称道,对学生思想、行为的理解,对学生表现的信任;当学生提出问题时,教师边微笑边解说,则让学生觉得亲切、可信,容易沟通思想感情;当学生回答问题出现错误时教师边微笑边摇头,则不会使学生感到难堪,反而更加激起学生积极思维、探求正确答案的兴趣。

课堂教学过程中,微笑同样是最佳的方式。教师应使自己的微笑成为一种示范,一种内心世界豁达开朗的示范。教师常以微笑对待学生,不但会使学生增强克服困难、热爱生活的信心,也有助于他们形成无忧无虑的开朗性格。内心世界如明镜一般开朗豁达是形成笑的基本因素。教师提高自身的素质,加强自身的修养,排除心理干扰,及时进行心理调节,那么微笑将永远存在于师生之间,这是创造和谐的课堂气氛、良好的智力环境的重要因素。

我们提倡真诚的微笑、会心的微笑、理解的微笑、宽容的微笑、鼓励的微笑……微笑几乎可以应用到任何教育场合而不出错,只要你的微笑是真诚的、善意的。我们希望每位教师每天微笑着站在教室门口,微笑着说出每天的第一句话……当学生犯了错误,我们建议,先不要发火,而是微笑着对学生说:"你来想一想这样做对不对?"当我们微笑着开始一天的教育工作的时候,我们会发现一天的工作变得更舒畅了。

(二) 手势言语艺术

1. 手势言语艺术规程要领及功能

手势是课堂教学中强化教学效果的重要方式,是口语表达的第二语言。手势指能够传情达意的手指、手掌和手臂的姿势动作。恰当的手势不仅可以增强语言的表现力和传递感情,使语言更富有感染力,而且是一种美的显露,是艺术的表演。它具有渲染课堂气氛、活跃课堂情绪的辅助作用,可以使教师更充分地表达自己的情感,大大增加信息传输率,使学生听起课来感到有一种无形的力量紧紧地吸引他们的注意力,督促他们自觉地学习,调动他们的求知欲。

手势言语指老师运用自己的双手双臂传达教学信息和管理教学的操作。其操作技术要领是自然大方,手位恰切,有表情达意功能,并与其他教学操作技术相配合。

(1) 自然大方。指老师手与臂的运动放松、随意,不拘谨、不僵硬。

(2) 手位恰切。即手的姿势和行止位置恰当,切合教学需要。

(3) 表情达意。指老师手上臂的每一个动作都应多少具有一定表达教学信息、情绪和管理意图的价值。尽管手势不像口语词语操作那样精确,但一定的手势总有一定的表意范围。应排除没有任何意义的机械手势。

(4) 配合度。指老师的手势动作应与其他教学操作如口语和其他动态、静态的体态言语以及头脑里面的逻辑操作相配合,相辅相成。

手势是传达教学信息最富有形象的动感部分,是最简便、最丰富、最可利用的教学动态言语。即使一位教师上课时的体态言语简单,面部毫无表情,站着完全不动,但他的手总要动一动的,或翻书,或擦黑板,或加强口头言语语气语义等。连手也不动的老师虽然口中念念有词,但在讲台上却是完全僵硬的,如同没有了灵魂。

2. 手势语的分类

手势语从教学功能方面大致可分为四类:

(1)指示性手势。这种手势主要用于指示具体对象或数量,含义具体明确,易于辨别和理解,如教学中要求学生注意黑板上的某字某句某图,常用手指点,或扳手指头算数等。

(2)感情手势。这种手势主要用来表达喜怒哀乐的感情,使之形象化、具体化。如欢呼时举手挥动,怒斥时用手直指对方,对学生赞许时拍拍学生的肩膀等等。它可以使学生受到感情上的震动和感染,产生共鸣。

(3)摹状手势。这种手势用以摹形状物,往往给学生一种形象可感的印象。如方圆、大小、长短的模拟。它所模拟的事物特征,一般应是形象性、直观性强,容易为学生所接受的。

(4)象征手势。这种手势用于表达抽象的意念,如前程、未来、希望、高尚等。它难以使抽象的概念真正变得具体可感,关键是把握说话的内容并做出相应的动作,以启发学生的思维,让学生产生联想,形成感情上的共鸣。如两臂斜上方一举表示:"胜利一定是属于我们的!"象征性手势在课堂上用得不太多,但运用恰当却有很强的表现力。

教师教学中的动作手势运用,必须做到自然、适度、真挚、优美、与语言协调一致。优雅的手势不仅能有效地帮助传递教学信息,而且也有助于优化教师的教学形象。教师必须了解和懂得各类手势的意义和表现技巧,努力掌握和提高手势表现的艺术水平。

3. 教师手势语运用的要求

手势看似简单,教师在上课时运用的各种手势好像是无意识做出的,然而如果细细考察的话,便会发现实际上并不是所有的手势语言都有助于取得良好的教学效果。如何正确、恰当地运用手势语言是大有讲究的。如若运用不当,便收不到预期的效果。在运用手势来辅助有声语言进行教学时,教师应该注意这样两点:

(1)无论在何种情况下,运用手势都要做得自然些,让学生在关注这自然手势的同时迅速地理解教师的教学意图,而生硬的手势甚至比不用手势更糟糕。

(2)运用手势要适度,该用手势时才用,不该用时不用,该夸张时才夸张,不该夸张时就应平实些,而不应频率过高,因为"过犹不及",使用手势过密会流于形式,反而会分散学生的注意力。

4. 教师手势语的运用艺术

(1) 拇指手势语(翘大拇指)。这是人们在社会交际中经常运用的一个肯定性的体态语,它的含义是肯定与赞扬。多用来肯定、赞扬学生思想品德方面或学习活动中的突出表现。我们发现,在一般性的肯定赞扬中较少运用这一手势语,它常常用在一些出乎意料的场合,因为这一体态语是用来表达非常满意、欣喜的心理的。比如,学生在回答出一个非常难的问题,或者学生的答案出乎教师的预料时,老师会情不自禁地伸出大拇指,同时说:"太棒了!"这时学生在心理上会有一种非常强烈的满足感。我们认为,表扬比起批评来副作用要小得多。当学生取得成绩的时候,老师给予口头表扬,同时竖起大拇指,也许一位后进生会因此而抬起头来走路。翘大拇指的动作需要与面部表情密切配合,若面部表情真诚、惊喜、满意,那么翘大拇指是表示赞扬;反之,面部表情是不屑、冷漠,或无动于衷,则会适得其反。

(2) 食指手势语。食指是五指中非常重要的手指,人类的许多创造性活动多以它为中心来完成。最常运用的是静止性食指体态语——食指靠近嘴唇并与嘴唇交叉成十字形,嘴唇成努出状,同时嘴里发出轻轻的"嘘"声,表示"请安静""不要出声"的意思。这一手势,经常用来组织课堂教学秩序。比如,教师叫几名同学到黑板上做练习题,下面的学生发现了错误,便小声议论起来,这时教师最恰当的制止学生议论以免干扰上面学生思维的手势,莫过于这个手势了,这个手势表示教师的一种善意友好的制止,学生一般是会接受的。另外,用食指轻点学生额头,同时说出赞美的话,表示一种亲昵和喜爱。例如小学低年级或幼儿园的教师经常对犯了小错误的学生说:"你这个小调皮啊!"同时以食指轻点学生额头,表示批评,也表示对他的喜爱。学生在这种批评中很自觉地改正了自己的错误言行。食指手势语有时被教师误用。比如,课堂上叫某某学生回答问题,有的教师喜欢用食指一点。这种食指手势是不适宜的,我们建议与其用手指指,不如手心向上平伸出去指向被你邀请的学生,同时说:"请你来回答,好吗?"这样的手势语,学生会感受到老师对自己的尊重。学生得到了他人的尊重,他常常会因此变得自尊,而自尊是人们进步永不会折断的阶梯。

(3) 手掌体态语。手掌各种态势在教育教学中有着非常重要的作用,经常被用来辅助教育教学活动。最常用的是鼓掌。鼓掌是一种积极的体态信号,鼓掌的含义是"赞许、肯定"。教师运用鼓掌表示对学生的赞许时,往往是想鼓励全体学生一同鼓掌,对某一学生给予鼓励与赞扬。有时,教师在鼓掌时还用语言号召学生一同鼓掌:"来,大家为他鼓掌。"在教师的号召示范下,学生自然而然鼓起掌来,从而形成浓郁的激励、团结的氛围,产生巨大的激励效应。当教师把掌声献给学习较差或性格内向的学生的时候,会更强烈地激发起他们的自信心,唤起他们主动参与集体活动的意识。鼓掌这一体态语与其他体态语有所不同的是:它伴有声音,而且这种声音与赞扬肯定的程度有关,掌声越响,节奏感越强,它所表示的鼓励和赞扬的情绪越强烈。

鼓掌有时没有赞扬与鼓励的含义,而只是制造一种气氛,主要是在组织学生唱歌时,以拍掌来增强歌唱的节奏。注意,用做节奏的鼓掌,必须与乐曲的节拍相和,掌声要响亮。

掌声有时还用来表示提醒的意思。例如,分小组的讨论结束时,老师可先鼓几下掌,当学生的讨论停下来时,教师可以宣布分组讨论结束。

总之,鼓掌是一种积极的体态语,运用适时适当会给教育教学带来非常好的效果。

(4) 双臂体态语。在上肢体态语中,双臂的体态是其他体态语的基础,无论是拇指、食指,还是手掌的体态语,都是在双臂位置变化的基础上进行的。换句话说,双臂的体态语所传达的信息是在其他体态语的辅助下发生的。我们在这里单独提出双臂体态语进行讨论是因为双臂体态有时会表露教师的一些心理变化,从而对教育教学活动产生一些影响。

第一,双臂倒背。最常见到的双臂体态语是双臂倒背,这一体态所传达的是一种自信,一种权威显示信号。

据观察,在教师中较普遍地存在倒背双臂的习惯,教师在对学生不满或批评学生时经常倒背双臂。倒背双臂会让学生感觉到教师的威严。因此,教师在一些适当的场合,比如监考、巡视学生做课堂作业时可以适当采取这种体态。但是在一些场合教师不应采取这种体态。比如和学生个别谈话时,不应把双臂倒背起来,因为这样做会给学生一种高高在上、盛气凌人的感觉,学生心理上会产生一种压力,妨碍师生间的情感交流。

第二,双臂交叉于胸前。双臂交叉于胸前这种体态传达的人的内心情绪比较复杂。我们在日常生活中发现:在参与同自己关系不大的事件的时候,人有时双臂抱肩;对某件事感到无所谓时,有时双臂抱肩;而悠闲自得时,人们有时也喜欢两臂抱肩。中国体态语研究人员曾做过一个实验:要求某校高二学生在听课时双臂交叉于胸前。学生以这种体态上了不同教师的两堂课。结果一位老教师在讲课时表现得无精打采,一位年轻教师表现得紧张而不知所措。老教师说:学生像一个旁观者,我讲得没有劲,提不起情绪。年轻教师说:学生似乎很漠视教师,好像是在审视教师的讲课而不是在学习,让我感到一种无形的压力。

通过以上的实验和我们实践生活的感觉,我们可以断定,双臂抱肩(双臂交叉于胸前)对于教师来说是一种消极性体态语,在教师教学教育活动中不宜于使用。尤其是当教师与学生之间发生不快时,这种体态尤其不宜,因为这时双臂抱肩会给学生一种压力或蔑视的感觉,不利于师生间的感情沟通与交流。当然,这种体态并非完全是消极的,有时会给人一种休闲自在的感觉。教师与学生在课下谈心时,如果辅以微笑,也能给人以老师平易近人、和蔼可亲的感觉。所以,对于双臂交叉于胸前这一体态,教师要仔细体会,灵活掌握,避免副作用。

第三,双手叉腰。双手叉腰所传达的信息也不是单一的,有时是讲话者对听众的威慑,有时只是讲话者对某一事件的威慑态度,而不指向听众。总之,这种体态是一种富于进攻性的体态,给人的感觉是咄咄逼人的气势。教师在生气时或是批评学生时喜欢采取此体态。所以,我们建议教师,当你的讲话是直接针对学生时,最好不要采取这种体态,因为这种体态容易造成对学生心理的伤害。但是,当教师的讲话是针对令人气愤的第三者的时候,这种体态会有助于教师感情的表达。例如,谈到社会上某种丑恶现象,讲到激昂时,不妨采用这种体态,并辅助以其他体态,以增强讲话的感染力。

第四,双手插兜。把一只手或双手插入口袋。对于教师来说,这是一种消极性体态。这种体态给人的印象是随意。如果双手插兜的同时,其他体态也表现出无精打采的话,那么,给人的印象将不是随意,而是懒散了。所以,教师在教育教学活动中应尽量避免使用这种体态。

第五,双手撑桌。将双臂支撑在讲台上。我们认为这是一种中性体态,它传达的信息可能是讲话者体力上的疲倦。它不具有进攻性,也不具有威慑性,但它给人的感觉不是振奋,而是低迷。如果教师在教学过程中长时候采取这种体态,学生会变得无精打采。所以教师应该尽量避免长时间采取这种体态。

(三)身体姿态语艺术

身体姿态又称身姿语,指人的身躯(包括躯干、臂、腕、臀部、腿、颈部等)发出某种信息的姿态。这是一种常用的体态语言,往往又称之为教态。在课堂教学中,教师举止得体、稳重洒脱的身姿配合有声语言传递教学信息,将收到良好的效果。因此,教师要特别注意课堂上的举止,坐、站、行、走都要表现出教师应有的文明、庄重、洒脱的气质和风度。

1. 站姿

它是指教师在课堂上静态站立时的姿态。其要领是:身正,即身躯正,重心垂直不扭腰;脚稳,即脚平稳,不歪脚扭腿;头平颈正,即不垂头歪脖;头平抬,颈正直;挺胸收腹,即不弓腰驼背,不含胸挺肚。

教师上课一般是站在黑板与讲桌之间,站姿要端庄、稳重、挺直,并与全体学生保持相对稳定的距离。教学时,为了表达喜悦、悔恨等感情和肯定、否定的态度,头部可以作适度的左右上下活动,但要少而精,幅度不能太大。躯干部要求直身平肩,作长时间讲述要挺胸、收腹。站立时两腿应挺直,不能弯曲,两脚自然分开。根据教学需要应有适当活动,或侧向部分学生或侧向黑板,或在讲台与课桌间走动。这样的站姿有利于稳定学生的情绪、振作学生的精神。在教学中,最能表现人的特征的是站姿。教师在教室里的站姿可以体现出教师的信心和风度。教师的站立应该时时注意"正面、垂直"两个原则,它最能体现一个人的精神面貌。所以教师应尽量取正面姿态。同时要有力度感,站如松,显得富有力量。总之,教师讲课时的站姿要以安静、端庄为宜,切忌给学生懒散、拖沓、无精打采的感觉。

2. 行姿

它是指教师根据教学的需要在课堂上开步走或身体位移的姿态。其操作要领是在标准站立的基础上,开步从容、适度、适时。

开步从容:指行走姿势自然大方,不拘谨,不紧张。

适度:指走动速度和幅度适中,速度徐缓,每步幅度自然,保持稳健。

适时:则指走动时间长度和间隔时间(停止时间)合理。不能总是站立不动,也不能总是走个不停。配合教学内容,讲述性内容可边走边讲;解说性内容宜走停相间,尤其是在概念和原理解析的关键部分或关键词表述时,应停止走动;教学提问时或进行教学管理时也都需要走向学生。走动,是课堂教学不可或缺也不可避免的体态言语操作之一。尽管有些教师在整个教学过程中也不曾走动半步,只是躲在讲台背后念讲稿,但是从教室门口走上讲台也必须走动。老师走上讲台,步子是否稳健大方、从容不迫,教学过程中是否合理走动等,都是其教学经验和教学水平的一个动态的表现。

教师在课堂上来回走动是必不可少的。如在学生讨论、阅读、做练习时就可以巡视或走动指导,讲课时偶尔围着讲台缓慢走动,板书时随势走至讲台左右。但教师的活动不能过度,总是走来走去,或晃来晃去,缺乏稳定性,那会造成学生的视觉疲劳,分散他们的注意力。行走时,要步伐稳健,步幅不大不小,步速不快不慢,上身直立,两肩要平,不要弯腰曲背。

3. 坐姿

坐姿是指教师在课堂上曲体而坐时的姿态。

年纪不大和身体健康的教师,在课堂教学中最好是不坐。坐着讲课本身就意味着体力或精力不支,而且会失去许多体态言语机会和信息,也很难激发起学生足够的兴奋情绪,影响学生对教学信息的理解和接受。然而,教师在课堂教学中,"坐"总是不可避免的,例如在学生做课堂作业的时候,学生课堂自习的时候等。

坐姿的要领是:标准站姿,腿位适当。在标准站姿(身躯正、头平抬、挺胸收腹)基础上,变化腿位,双腿曲弯,两腿平行并靠,或两腿低位(小腿部位)交叉。

坐姿也是教师气质、素养和个性的显现。优美得体的坐姿可以给学生以美感。坐姿要求身体挺直,双腿并拢或略微分开。女教师还可以并拢双膝或脚踝交叉,并要坐稳当,这种坐姿显得文雅、庄重。切忌在讲课中摇摇晃晃,或者跷着二郎腿不断抖动。

4. 人际距离的动作技巧

在课堂教学中,教师可通过掌握与学生的不同空间距离达到某些目的,并能够在学生身上产生更大的"情感效应"。一般说来,教师在教学中的位置和与学生的距离远近表明与学生情感关系的疏密。所以教师要经常接近学生,尤其是在课间和课余时间,要经常置身于学生中间。这样师生之间就会感到亲密无间,拉近师生之间的心理距离,进行轻松愉快的交流,建立良好的师生关系。

教学中,师生之间的人际距离要因地制宜、灵活掌握运用。如教师在与学生个别交谈时,人际距离应保持在 0.5~1.3 米之间,超过这个距离声音太小听不清,过大就成了训斥,很难交谈。如果过近,也不利于师生情谊的表达。对于年龄小的学生可以稍近一些,拍拍头、抚抚肩,表示亲切、关心、爱护,对于年龄大的或异性学生则要远一些。同时,也要根据学生不同的个性特点,保持适宜距离。但教师要切忌经常站在某个同学的边上或长期不接近某个同学,这样易使他们产生一种紧张和冷落感。如果教师面向全班学生讲问题,那么站在讲台上就能起到应有的效果;如果教师想制止某个同学的违纪行为,到他面前去劝告比在讲台上劝告效果好得多;如果教师想倾听学生小组意见或知道课堂讨论结果,可参与进去或靠近学生坐下,最好坐在学生的同侧了解情况,听取意见,不要站在过远的地方或坐在学生对面。总之,教师可根据教学的需要及时调节与学生的距离,组织好教学和进行课堂管理。

(四) 外表修饰艺术

1. 外表言语

指教师的服饰、发型、美容化妆等传递出来的信息。其共同的要领是职业规范化和个性化。如有可能,还可以根据教学内容需要进行外表修饰,使外表修饰也成为教学信息传达及目标达成操作技术的有机组成部分。

2. 衣着服饰端庄大方

教学服饰指教师穿到课堂上来的服装、配饰。职业规范要求教师服饰在款式上不透明、不过紧、不暴露太多及不摇晃过强,在色彩上不宜过艳或过于深暗;个性化要求在职业规范基础上款式、色彩、质地搭配有独到之处并有文化内涵和品味,符合教师自己的年龄、性格、气质,又能积极引导学生的审美倾向;进一步可追求与教学需要相配合,使服饰有更深刻的教学价值与审美价值。衣着、服饰,既是一个人的外表装饰,又是一个人心灵的外在表现。它是一个人思想情操、情感意志、气质性格、文化修养、审美情趣和审美标准的综合反映。几千年来人们形成的对教师职业衣着、服饰的审美标准,要求教师的衣着、服饰庄重、整洁、典雅、大方。这样,既能显示出教师丰富多彩的精神世界,又能给学生以美的享受,还能给教师以安全感和自信心。

教师的服饰打扮要符合教师的年龄、性别、性格,以及自身的体态、脸型、肤色等方面的特点,力求做到协调、平和,使服饰与人融为一体,既有个性色彩,又没有装饰感。打扮要朴素大方、明暗适度,既不能过分奇特、花哨,也不可过分俗套;既不能古板僵化,也不能过分随便、裸露。穿得整洁、文雅、合体,这样才能使课堂保持一种严肃而又不失活泼的气氛,并表现出教师美好的气质和风度。教师的服饰还要考虑时代风貌、社会风尚和民族习惯,要根据服装发展趋势来选择大众化的服装款式、质料,要与当地群众生活水平、文化传统和风俗习惯相适应。

3. 发型或教学发型

指课堂上学生能见到的教师的头发样式。职业规范要求教师发型样式大方,梳理整齐;个性化要求在规范基础上发式有自我特点和文化品位。教师发型宜相对稳定,不宜多变,尤其不宜不断随社会流行发式进行改变。

4. 化妆或教学化妆

指课堂上学生能见到的教师面部的美容修饰。职业规范要求教师如果化妆则必须是淡妆,个性化也只是指化妆技巧的微弱不同。

外表言语虽然实际上是在教学开始之前已经操作好的一种行为的静态结果,在大多数情况下,也不直接传达教学内容信息,但也是老师内心修养的一种外部流露,是影响教学进行和教学效果的一个潜在的也是不可忽视的因素。

(五) 消极体态语

所谓消极性的体态语,是指对教育教学效果起副作用的体态、姿势、动作。研究表明,消极的体语损坏教师形象,分散学生的注意力,是教育教学活动的破坏性体态。

1. 抠鼻孔

教师在课堂上或与学生谈话时,有时会用手抠鼻孔。这是一种非常不好的体态习惯,一不文雅,二不卫生。老师上课用粉笔写字,手上必沾上许多粉笔灰,如果用右手抠鼻孔,便会在鼻孔里沾上许多粉笔灰,既影响教师的身体健康,又分散学生的注意力,又不卫生,所以这种习惯必须坚决改正。如果鼻痒难挨,必须给予处理时,可背过脸去用手纸去处理。

2. 挠头皮

这也是一种不好的体态动作,给人一种不卫生的感觉。在课堂上必须避免。

3. 打哈欠

本来这是人的一种疲乏时的生理反应,我们列在这里是因为这种行为如果发生在课堂上,会把疲倦感传染给学生,从而降低学习效率。如果教师实在疲倦,可以背过脸,或以手掌遮住嘴部,轻轻张开嘴,打一小哈欠。如果教师有幽默感,还可以对学生说:"老师的瞌睡虫千万不要传染给你们。让我们唱支歌,把瞌睡虫赶跑,好不好?"这时课堂气氛会活跃起来,同时也消除了教师打哈欠的尴尬。如果在与学生个别谈话时要打哈欠,可以站起身来去佯装倒水或做其他的事情,以掩盖之。

4. 拍脑门

用手掌轻拍额头一次或数次。这是一种轻度自我谴责行为,一般是在忘记完成某些事情,或忘记了某些知识时的习惯性动作。我们认为,拍脑门的动作的效果要视课堂情况而定。如果课堂上师生关系和谐融洽,在老师忘记了某事时,拍拍脑门也无妨,可能增加教学教育效果。如果师生关系紧张,教师随意拍脑门,会更降低教师威信。所以,这样的教师还是不拍脑门,或少拍脑门为好。

5．腿部抖动

有的教师讲话时,喜欢一脚踏在讲台的横木上并不停地抖动,采取坐姿时,将一条腿搭在另一条腿上,不停抖动。这是一种不好的体态。在成年人中,这种腿部抖动动作比较常见,但作为教师应尽量避免,因为它会给学生留下轻浮、不稳重的印象。

6．瞪眼

瞪眼是发怒时的一种自然的面部表情,本来是无可厚非的。但对于教师,却应该有意加以控制。如果教师在生气发怒时二目圆睁,双眉倒竖,一副凶神恶煞的样子,对教育教学工作没有什么益处。对于调皮的学生,看到老师的这副样子,他会觉得好玩;对于老实学生,他会觉得害怕,不知所措;对于优秀学生,可能会伤害他的自尊心,造成师生关系的隔阂。所以,我们认为,教师在生气时最好先不要瞪眼发怒,静下心来,想一想对策最好。

三、心态调整艺术

(一) 教师的心态对教学的影响

心态,泛指人的思想、感情的表现状态。人的心态具有某些共性,如思想稳定时通常能显露出较强的自信心,思想不稳定时通常会暴躁不安、喜怒无常,受到表扬时情绪则高昂,受到批评时情绪便低落等。

教师的心态是指教师在走进课堂之后的思想、感情的表现状态。由于教师在教学过程中所处的特殊地位,因此,教师心态如何会对学生的学习行为及学习效果产生十分重要的影响。教师上课时自始至终保持着良好的心态(如自信、乐观),不但有利于充分发挥自己的教学水平,而且更重要的是能对学生的学习心理产生积极的影响,学生在良好的思想情绪感召之下会对学习活动产生浓厚的兴趣;如果教师上课时心态不佳(如精神不振、情绪低落),那么不但自己课讲不好,而且会影响学生的听课情绪,无法激发起他们对学习活动的兴趣,更不要说激发他们产生强烈的求知欲望了。

(二) 教师初上讲台最容易产生的情绪

新教师初上讲台讲课,自己的行为角色起了巨大变化,面对自己从未接触过的学生,面对完全陌生的环境,最容易产生隐隐担心的情绪:

看看教材,这内容倒是浅得很,但不知道自己能讲清楚吗?学生能很快地理解和接受吗?自己备课已经很充分了,不知道在讲课时会不会出现备课时没有考虑到的问题?一旦出现,该如何处置?不知道学生调皮不调皮?上课时能否静心听我的讲解?自己在上面讲,学生在下面小声说话、做小动作,怎么办?不知道轮到自己教的那批学生的基础怎样?自己是新教师,毫无教学经验,如果统考起来自己教的班级名次排在最后怎么办?……

真是越想问题越多,越想心里越不踏实。很明显,这种隐隐担心的情绪是不利于新教师尽快地适应新的环境和完成角色转变的,必须尽快地加以消除。

(三)隐隐担心情绪的消除

一般说来,新教师初上讲台时隐隐担心的情绪是他们反复考虑走进课堂后可能会遇到的种种问题的产物,他最想得到的是如何解决这些具体问题的答案,而且希望这些答案最好是一些十分详细具体的、可以"依样画葫芦"般的操作方法。这种心情是可以理解的,但如果不从大的方面(用术语表达的话,即"宏观方面")着眼,采用各种有效的方法来使自己的心态调整到最佳状态,便不能从根本上解决问题。因此,新教师在走进课堂之前,最好不要过多地设想可能遇到的种种具体问题(当然不是说绝对不要想),而应当把主要精力放在心态调整上,心态调整好了,这种担心情绪是很容易消除的。

新教师当然要看到"自己年轻""没有经验"等不利因素,但同时也应当看到自己身上的有利因素,如教学理论基础知识较扎实、富有热情、善于学习等。由此看来,新教师适当变换一下思维角度,调整好自己的心态是十分必要的。

以上是从大的方面说,具体说来,还应注意以下几点:

一要理清自己的思路。自己头脑里比较凌乱,没有想清楚,这时走进课堂当然就不会踏实;对要讲的内容加以整理,使之中心明确、结构层次清楚,配上些生动的例子,这时进课堂就不会心慌了。

二要态度认真。对某些细节加以考证和推敲,对教学过程中学生可能产生的疑问要认真考虑并备好正确答案,这样讲课时便会因"胸中有数"而"神态自若"的。

三要多向同事"讨教"。不光是向老教师请教,而且尤其重要的是向刚踏上教育岗位的新教师取经(他们的经验特别是教训最实用),分门别类地逐条加以分析(比如说"第一堂课应该怎么上""学生不听话时怎么办""课堂上讲错后怎么办"等),并结合自己的性格特点和心态,准备好应付的办法。这样准备后,隐隐担心的情绪自然而然会消失的。

(四)初上讲台特别亢奋的心态

与大多数新教师普遍具有隐隐担心的情绪相反,也有一些新教师会特别亢奋,主要表现在以下方面:

第一,渴望"一炮打响",近则开头几堂课就受到领导、同事的一致好评,远则第一个学期便使自己任教的班级成绩"名列前茅"。

第二,过高估计自己,看不到自己的不利因素,盲目乐观,认为凭自己的实力教中(小)学生还不是"小菜一碟"。

第三,对自己过于苛求。上课时绝对不允许有什么"闪失",课后其他工作(如班主任工作等)也要做得"完美无缺",还规定自己一年内要在报刊上发表几篇教学方面内容的文章……

显然,以上所述的新教师这种特别亢奋的心态是不利于他们踏踏实实地取得进步的。产生这种心态的主要原因是看不到教学工作的艰巨性,因而不切实际地对自己提出"高标准""严要求",带有较为浓厚的理想主义色彩。刚走上讲台的青年教师具有较强的自信心无疑是值得肯定和值得称赞的,但也不能过于自信,过于理想化。要知道,与其他途径相比,实践是增长才干的最重要途径,特别是对于刚从学校毕业、毫无实践经验的新教师而言,更是如此。这种心态如若不及时加以调整,其消极作用便会很快显现出来——理想与现实相差越大,热情会消失得越快,自信心也就迅速随之消失。

(五)最佳心态的调整

毋庸置疑,新教师刚走进课堂时的心态如何对于他能否取得良好的教学效果至关重要,上面提到的大多数新教师的隐隐担心情绪和少数新教师特别亢奋的心态都是不利于良好教学效果的取得的。当然,这两种心态也并非一无是处。如前者表明了新教师对即将开始的工作的重视,是责任心强的一种表现;后者则表明了新教师对即将开始的工作充满信心,而自信心则是适应新的工作的必要前提。因此,新教师在进教室之前把自己的心态调整到最佳状态也并不是一件十分困难的事,只要把握一个"度",不走两个极端就行。具体到某一个人而言,要因人而异,要根据自己的实际情况,强化自己心态中的健康因素,剔除其中的不健康成分。如对于具有过多的担心情绪的新教师来说,不要过多考虑自己的短处和不利因素,整天忧心忡忡,而应当多看自己的长处和有利因素,乐观地面对暂时还比较陌生的新工作,同时要对刚开始的几堂课特别加以重视,争取有一个良好的开端,这样,自信心就比较容易确立起来。而对于具有特别亢奋心态的新教师而言,则应该务实一些,应当多想些走进课堂后可能碰到的问题并准备一些必要的应对之策,要有意识地适当抑制一下自己的亢奋情绪,以较为平和的心态对待暂时还不太熟悉的新工作,这样,便能较快地完成"从学生到教师"这一角色的转变。

第二章 备课与教学设计艺术

一、备课的基本含义

所谓备课,实际上指教师在课堂教学之前进行的设计准备工作,即教师根据课程标准的要求和本门课程的特点,结合学生的具体情况,对教材内容作教学法上的加工和处理,选择合适的教学方式方法,规划教学活动。

一般地,备课有狭义的备课与广义的备课之分。

狭义的备课,是指针对当次课程内容的备课。广义的备课,是指教师的自我装备、自我成长和持续发展。这是教师更好地完成教学任务、教书育人的前提和重要保证。

二、备课的新含义

过去关于备课的界定:备课是上课前的准备工作,具体说就是根据教材编写上课的教案,据此有人认为备课就是写教案。

新课程背景下关于备课的界定:备课称为系统的教学设计,即使用系统的方法,把各种教学资源包括人和物的因素有机组织起来,对教学中相互联系的各个环节做出具体安排,以促进学生有效学习,达到预期目标。换句话说,备课就是对教什么、怎么教和教出什么效果进行的设计。这个含义的理解至少要把握以下几点:

1. 备课要以系统论、教学论、学习论等科学理论为指导,是一项专业劳动,如同工程设计,是一个解决问题的过程(跳出经验本位)。

2. 备课的目的是为了促进学生有效学习,以达到预期目标,而不是为了教师教得便捷,教得精彩。(跳出教师本位)

3. 备课的重点在于对教学资源和程序做出有利于学生学习的安排。教学设计赋予教师对教学内容进行整合重组的权力。(跳出备课的教材本位)

4. 备课的操作是"设置教学事件"。教学事件是师生在教学中的活动,如导入设问、课堂讨论、演示、评价等。

三、传统备课与教学设计之间的区别与联系

　　传统备课与教学设计的关系,可以理解为:备课是教学设计的初级阶段,教学设计是备课的专业化要求。教学设计不是对传统备课的全面否定,而是对传统备课的继承、发展、深化和提高。

　　教师进行教学设计不能仅限于研究教材和教法,着眼于自己怎样教。和备课相比较,教学设计的重心转到更多地考虑学生的有效学习,或者说转到对学生的培养,更多着眼于学生的全面发展。例如要以人为本,要体现人文精神、科学精神;要改革课堂教学模式,改变学生的学习方式;要设计一系列探究的课题;要用信息技术跟教学整合;要开发各种教学资源等。这都是教学设计要考虑的问题。

　　总之,教学设计的范围很广,它也是备课的内容,是教案的一部分。但它不等于教案,教学设计的内容较详细具体,涉及面较广,而教案相对较简约,它的容量有限,它不可能囊括所有与教学有关的内容。

四、新课程备课的新特点

1. 由静态备课向动态备课转变

　　传统意义上的备课,基本上是教师按着"我教你学"思路来编写教案,教学过程完全是由教师来控制的。因此,这种教学设计基本上是预设的、有计划的,是可控的。甚至每一个教学环节、具体活动内容、什么时间学生发言、教师讲什么都由教师课前做了规定。显而易见,这种方案是静态的、单一的、机械的。与之相反,新课程教学设计是"以学定教"。教学设计始于体现学生学习需求的"教案",但又不等同于过去的"教案"。因此,教学设计是一个动态的过程。教学设计是通过教师与学生、学生与学生、学生与教材之间的多向互动,在"发现问题——解决问题——引发新问题——解决新问题"的循环中进行。正因为这样,教学设计不应是对课堂情景进行面面俱到的预设,它只能是描述大体的轮廓,要给学生留有更多空间,让他们在动态中不断得到充实和完善。

　　新课程的教学设计,教师在课前可以进行比较粗线条的第一次设计。而随着课堂教学的进程,以及新情况的不断出现,则应随时调整教

案乃至进行二度设计。所以,新课程的教学方案,是动态的、灵活的和粗线条的,教师的课堂应变能力就显得特别重要。教师可以根据课标要求,灵活地掌握教学目标,用教材来教,而不是教教材。课堂上学生的思路就是教学"线索",教师只是引导学生前进,以促进学生的终身发展为己任,陪着学生走向知识,让世界成为学生的教科书。

2. 由经验型备课向研究型备课转变

传统备课是封闭式的,教师往往满足于一本教材、一本教参,讲的是自己知道的,把自己关在办公室独自钻研教材,选择教法。十几年乃至数十年,备课上课主要凭自己的经验。如今,实施新课程,备课是开放式的,备课内容、形式、方法都发生了较大变化。备课不仅备课内还要备课外,回答学生提出的意想不到的问题。

新课程备课本身就是一种研究活动,因为每一个新课程教学方案的设计就是对旧教学方案的创新,教学设计的推陈出新,就是在进行教学改革。所以,时下教师备课应由经验型向研究型转变。

3. 由个人备课向集体备课转变

新课程实施中教师的合作备课显得特别重要,这是因为新课程问题多、困难多。而且其中大部分是新问题,往往靠一个人的头脑来解决比较困难,而靠集体智慧就会提高备课质量,而且节省时间。学校可以专门设立集体备课教研室,采取模块备课方式,整合集体智慧,实现资源共享、知识互补。

教师在备课中必须精心设计教案,在教学目标上,必须按照学生的不同基础,设计不同的教学目标。不仅要写好教案,还要挑选其中的一篇课文制作多媒体课件,在备课组内开一次展示交流课。

五、新课程教师备课的新思路

1. 教学生活化

"从生活中来,到生活中去"是教学生活化的基本内涵。新课程教材的编写特别重视生活化的教学内容,学生学习的不再是抽象的文字符号,而是在现实生活场景中学习。教师要有效地利用教材,将教学内容具体化、形象化到生活中去。让学生学得有趣,同时注重让学生在生活中应用所学知识解决问题,从中体会到知识的价值,更应该让学生用知识去创造新的更加美好的生活。

2. 尊重学生的独特性

多元智能理论主张没有差生,只有差异。教师要善于发现学生差异,尊重学生差异,发展学生。针对差异进行因材施教的教学,让不同智能的学生都体验到成功的快乐和喜悦,增强学生的成就感,培养学生的自信心。

3. 教学生学会学习

学习方式的转变是新课程改革的核心任务,教会学生学习,培养学生的创新精神和实践能力。由于知识是不断发展变化的,所以,学会学习比学会知识更重要,学会检索、搜集、分析、应用知识。鼓励学生质疑书本、超越教师,鼓励学生不同于别人的理解和富有个性的表达,积极引导学生参加实践,培养学生动手的实践能力。

4. 有效整合课程资源

课程的实施需要课程资源的强力支持,发现和利用课程资源,对课程资源进行有效整合,为教学服务的课程资源才有价值。教师要善于从生活中、从现实中去寻找有关资源:从有利于学生发展的高度,有利于改变学习方式的高度,有利于教师与学生成长的高度对其进行有效整合。

六、新课程备课的主要内容

1. 备课程标准,明确教学方向

课程标准是依据教育部《基础教育课程改革纲要(试行)》的要求制定的,是国家对基础教育相应课程的基本规范和要求,是国家管理和评价课程的基础。在实际教学中,备课程标准常常被忽略,人们更多的是备教材,这要引起教师的重视。

(1) 课程标准是教科书编写的依据

了解课程标准的设计特点,有助于教师更准确地把握国家课程标准,增强课程意识,提高对教材的驾驭能力,降低对教材的过分依赖,有利于拓展课程资源,创造性地开展教学。课程标准从知识与能力、过程与方法、情感态度与价值观三个维度来表达课程目标,是基础教育课程改革的一项标志性成果,也是教材的编写原则。

(2) 课程标准提供的教学建议是备课的重要参考

课程标准明确规定了课堂教学的基本属性,即课堂教学是积极参与、交往互动、共同发展的过程;同时,课程标准对教师的角色进行了界定,明确指出"教师是组织者、引导者与合作者"。在备课中,这些教学建议实际上为教师制定课堂教学策略提供了重要参考。

（3）课程标准提供的评价建议是教案设计的重要来源

它更加关注人的发展过程，并呈现出多元化的趋势。在备课中，无论课堂教学过程中形成性评价的设计，还是课堂教学中的练习环节的设计和课后习题的编制，都要求我们认真思考评价的设计宗旨。尽管课程标准更多地表述内容标准，而没有表述评价标准，但课程标准提供的评价建议（包括课程标准提供的若干案例），确实能给我们进行课堂教学中的评价设计提供重要参考。

（4）课程标准是课程资源开发和有效利用的重要参考

首先，课程标准在设计时，充分考虑到教师课堂教学的实际，不仅提供了大量教学案例，而且给出了比较细致的案例描述。这些案例可以帮助教师更好地把握课程内容及其目标，其中的许多案例实际上可以直接用到课堂教学中来。

其次，课程标准提出了"课程资源的开发与利用"建议，提醒教师必须关注身边的资源，及时加以开发和有效利用。在备课中要及时关注我们身边可利用的课程资源，既要大力开发，更要有效利用。

总之，必须钻研课程标准，理解课程的性质、基本理念、设计思路、课程设置的总目标和分类目标、具体内容目标和教学建议等。

2. 备教材，明确教学目标，找准教学重难点

所谓备教材，就是从各方面把教材弄懂弄通，使教材中的知识完全化为自己的认识。另外，还要研究传授这些知识所运用的方法、手段和艺术。教师在钻研教材中，主要解决以下几方面问题：

（1）掌握教材的知识结构

教材中的每课、每节、每框，都有严格的知识结构。这个知识结构是指学科理论整体与部分之间的关系；概念、观点、原理之间的内在联系和逻辑关系；知识之间的关联性、过渡性和系统性。教师掌握教材的知识结构，有利于结构式的输入知识和掌握知识；有利于认识各部分知识在整个知识结构中所处的地位、作用；有利于对知识的认识和记忆。

（2）分析教材，弄懂基本概念和基本原理

要讲解基本概念和基本原理，就必须把概念和原理弄明白。基本概念构成原理，原理是教材主要传授的理论。教师只有在备课时把基础理论的根子扎得深一点，课堂讲课时才能做到胸有成竹。在分析概念和原理的基础上找出重点和难点。

（3）把精力用在解决重点和难点上

教材的重点是指教材中最基本、最主要的内容，即在大量知识的相互关系中它是主要矛盾，处于主导地位，起着主要的支配作用。这个主

要问题(重点问题)解决了,其他问题都比较容易解决。重点问题解决得好,学生再理解其他知识,就比较容易,而且能正确而深刻地把握。具有重点性的基本技能掌握了,其他有联系的各种技能也能很好地掌握,这样的知识和技能就是教材的重点。

突出重点是指不但师生明确教学中的重点问题,还要在教学实践中,将其摆在突出的重要位置上,集中主要精力,力求将这一重点问题彻底地解决好。

第一,指出重点问题的重要意义,引起学生重视。有的教师在教案之首就明确写出本单元或本节课所要着重解决的重要问题,有的教师首先写明这一基本概念或基本理论的重要意义和长远影响,引导学生格外关心这一重点问题。

第二,对重点问题的讲解,要做好充分准备,估计好可能遇到的障碍,力求对重点问题有较透彻的了解和巧妙的解决办法,争取在教学实践中能很快地扫清障碍,透彻地解决好重点问题。

第三,对重点问题要设计好板书、提问和作业,做必要的巩固和练习,使学生能牢固地掌握,能在需要时再现重点知识和能灵活地运用知识。例如,在板书中用彩色粉笔标示重点问题,使视听结合。讲完之后及时对学生检查提问或做作业,使学生既动脑,又动口、动手,及时巩固强化。

第四,突出重点,带动一般。教学既要解决重点问题,还要解决一般问题。突出重点不是单纯为了解决重点,而是为了在突出解决好重点问题之后能较顺利解决其他一般知识、技能问题。因此,突出重点不能忽略一般知识。重点问题,要集中较大的精力去突出地加以解决。对其他一般性问题,可以略讲,少讲,可以在学生透彻掌握重点知识的基础上,指导学生自己去看,自己练,逐步学会利用基本概念、基本理论、基本技能去举一反三,灵活地解决一些与此有联系的具体问题。

所谓教学难点是指那些教学内容比较抽象、深奥、复杂或坡度太陡,学生学习比较困难的知识。另外,距离学生生活比较远的内容,无论从生活经验、旧知识,学生都难以独立思考或想象、揣摩的内容也应确定为难点。

根据各种难点的具体特点,要思考出一些相应解决方法:

第一,由于知识抽象,难于理解的难点。有的知识(理论性的知识),由于缺乏与此有关的感性认识基础,就很难理解。对这类难点,解决的办法有:讲解时,多联系学生所熟悉的实际,用活生生的实例来讲解抽象的东西,或以形象的比喻方法,在一定形象的基础上加以类推解决。或运用板书、板画、挂图、模型、标本、幻灯、录音、录像等进行讲解，这样比较直观，为学生理解抽象理论创造条件。或组织学生参观或现场教学，在实际体验的基础上讲清楚难以理解的抽象知识。

第二，由于缺乏基础知识，难以理解的难点。学生新知识的获得是由浅入深，由近及远，由已知到未知，循序渐进的。如果学生对新知识缺乏必要的知识基础就难以理解新知识。有的是学生未学过的，教师就要先讲一些基础知识使学生掌握了一定基础知识，然后以此为阶梯来解决难点。有的是学生已经学过与此有关的旧知识，由于时间较久，不常用，一时不知道如何运用已学过的旧知识，此时应首先带领学生复习旧知识，然后运用旧知识引导学生进一步掌握新知识。这就是由旧引新，以旧带新，温故而知新的方法。

第三，由于学生对新知识过于生疏，所造成的难点。有的知识，学到一定阶段，运用过去思维逻辑很难理解，需要在认识上有个新飞跃，对这种知识，学生需要用新的思维方式来理解它。例如，思想政治课中对资本主义经济危机的生产过剩现象的理解，与知识水平有差距的，先用粗浅的说法解释，只说表现不追求原理，逐步地再讲清严密而完整的定义。

第四，由于难点较多，对难度较大的问题，需要解决几个小的难点，才能最后解决好大难点。对此，教师应把难点分散。有些小难点在讲其他问题时就有意加以逐个解决。等到解决大难点时就化难为易，很容易解决了。由于重点、难点分散，学生就比较容易接受。

第五，错综复杂的难点。有的问题涉及大量理论知识，需要同时综合地运用多种理论知识去分析解决。对这类问题，切勿急躁，先要细致地分析问题的复杂因素，把有关因素逐个加以解决，然后再使学生学会综合地运用所掌握的现有知识，灵活地运用于新的难题。

第六，内容相近、相似，容易混淆或容易误解的难点。有些知识和已有的知识很相似，学生容易按自己的主观想象来理解，结果造成差错。

教学中的难点是多种多样的，对待各种类型的难点，要具体分析，区别对待，切不可千篇一律地用一种方法去解决各种难点。

（4）选学一些与教学内容有关的教学参考资料

第一，学习教学参考书，这是教材编辑部门组织编写的与教材配套的教学指导性资料，有教学内容的目标要求、教学提纲、教材分析、教学重点、教学难点、教学建议、名词解释、问题解答和教学参考资料。这种书反映教材作者的意图，具有指导作用，作为教师要尽量参考指导书中的内容。但也可根据自己对教材的正确分析和对学生具体情况的了解,对教参内容作些变动。

第二,要查找一些与教材有关的参考资料。如报刊文章、有关教学研究成果、教育部门文件、经典著作、历史书籍等。教师要想把课讲好、讲活,必须掌握丰富的资料,那样才会使学生对学习内容产生兴趣,缩短课程内容同学生接受能力之间的距离。

3. 备学生,使课堂教学更有针对性

要想顺利地教会学生,必须先了解学生。备学生的目的是为了做到根据学生的实际水平,结合学生实际情况,因材施教,高质量地完成教学任务。教学中要备学生的知识基础、能力基础、认知特点及规律等,更重要的是备学生的家庭环境、思想、情绪、生活关注点等。

(1) 了解学生知识和能力基础

一是班级整体基础,二是个人学习基础,还要了解班级中优中差生所占的比例。在学习新课前,特别要了解学生对原有知识的预习准备是否充足;新课学习中可能出现的困难和障碍以及学生对新知识的兴趣是否浓厚等。

现在学生的学习渠道拓宽了,他们的学习准备状态有时远远超出了教师的想象,许多课本上尚未涉及的知识,学生已经知道得很清楚了,教师要遵循学生的思维特点设计教学过程。为此,教师需要清楚了解:学生是否已经掌握或部分掌握了教学目标中要求掌握的知识和技能?掌握的程度怎样?没有掌握的是哪些知识?哪些新知识学生自己能够自主学习?哪些需要教师的引导和点拨?通过对学生的了解,确定哪些知识应重点进行辅导,哪些可以略讲,甚至不讲,有针对性地设计教学过程,突出教学的重点,提高课堂教学的效率。

(2) 了解学生家庭成员的情况

包括住址、职业、经济状况、文化程度等,同时应了解其家庭所处的社会环境,分析哪些是教育的有利条件,哪些是不利条件,并适当利用各种条件协助教育工作的开展。

(3) 了解学生的个性品质

学生的个性品质包括学生的观察记忆能力、思维想象能力、解决问题能力、信息接收处理能力、现代化教学技术掌握运用能力等。还包括学生的气质、性格、动机、兴趣等非智力因素。新课程更加重视对学生非智力因素的开发和培养,更加凸显了解学生个性品质的重要性。

(4) 了解学生动态变化

教师既要从静态了解学生,更要从动态熟悉学生。新课程要求,一切为了学生的发展,及时了解学生在各方面的变化和进步。如学习进退、作业完成的变化,组织纪律、兴趣爱好的变化,受到表扬、批评和同学之间纷争、矛盾后的变化等。特别要关爱成绩较差学生的情绪变化。他们是学生中的弱势群体,对他们的微妙进步,教师应及时给予肯定鼓励,并强化引导,使之体验成功的愉悦和增强前进的动力。

(5) 了解学生的思想基础

生长在开放化、信息化时代的学生,他们既能看到社会中光明的一面,体味现实生活的美好,党的路线方针政策的正确性,也会看到许多丑陋的社会现象,使他们产生种种不正确的认识。他们还会对种种社会现象以及他们个人面临的困难提出各种问题。对此,教师不能回避,必须面对学生的思想实际进行教学,要深入了解不同年级的学生普遍存在的思想倾向,了解个别学生的思想问题,并善于区别这些问题产生的不同条件,有针对性地加以教育。

4. 备教学资料——实现"死课活教"

(1) 要博览精选,厚积薄发

教师要充分利用平时时间,随时随地从报纸杂志、广播电视、网络上摘抄、摘记、下载有用的资料,进行点滴积累。

(2) 要消化吸收,贵在创新

在搜集资料过程中,注意对资料进行识别、筛选,把那些真实可靠、准确无误的资料记录下来。对以前搜集整理好的资料,还应逐年进行"检阅",逐步剔除那些陈旧过时的资料,多补充真实准确富有时代感和新鲜度的资料,资料的使用要讲究创新,坚持以我为主,要经过我们的筛选,用自己的知识经验和学生的实际作为选择判断的标准。

(3) 要注意引用资料的科学性

资料的引用一定要科学可靠,否则宁可不用。

(4) 引进的资料应尽可能地是新鲜的

教师在选择资料时要尽可能选新近的学生最喜欢的,这样做同时也反映了教师的敬业精神和搜索占有信息的能力,并且也是教师人格魅力的一个具体体现。

5. 备教学方法——掌握新课程新方法

备教学方法应根据学生的认识特点,考虑如何由浅入深、由近及远、从具体到抽象、从感性至理性,循序渐进地进行教学,怎样突出重点,分解难点,抓住关键点,处理弱点;如何导入新课,讲授新课,复习巩固,课后小结;怎样引发兴趣,强化动机,吸引注意,启迪思索,鼓励创新;如何联系实际,使用什么仪器设备,采用哪些教学手段,进行什么演示和示范;安排哪些练习和作业及语言的组织,板书的设计,例题的筛选,教具的使用等。具体教学方法在本书相关章节有详细介绍。

6. 备学法——体现灵活多样,立足因人而异

目前,学生的学习方法有很多,归纳起来可以分为两种:接受性学习和探究发现式学习。

接受性学习可分为机械接受性学习和有意识接受性学习。探究发现式学习可分为指导性的探究发现、独立探究发现和创新性学习。在教学中,教师要根据教学内容、教学目标和学生的实际情况来选择相应的学习方法。

新课程教师要以培养学生的良好学习方法为重点,引导学生养成良好的学习习惯,激发学生的求知欲,帮助学生树立学习信心。因此,教师在备课中还要备学生的学法。

7. 备教学过程

教学过程是教案的主体,是对课时内教学内容展开和教学活动的具体计划安排。教学进程与课型密切联系,不同课型有不同的教学进程。下面着重介绍学习新课教学进程诸环节的写作要领。

(1) 复习旧课

用简明的语言扼要写出提问的问题。所提问题应与新课内容有较大关联。答案不必写出,亦可简要写出。

(2) 导入新课

以简练的语言,紧扣新旧知识的内在联系,自然地把学生的思路从对旧知识的回顾或其他场景,引导到对新知识的探索上来。

(3) 新课学习

这个环节是教学进程的核心,也是整个教案的重头戏。

首先,学生带着老师提示的问题自主学习,这样可以解决一些基本问题。

其次,开展小组讨论,学生将不懂的问题提交小组讨论,又可以解决一些问题。

再次,进行全班交流思辨,将各小组还没有解决的问题,进行全班交流思辨,又能解决一些问题。

最后,将还没有解决的问题,由教师来进行精讲提炼,教师就是讲重点、讲难点、讲关键点;教学时怎样与学生熟悉的生活相联系,怎样与学生已有的旧知相联系,最终制订出详细的、切实可行的教学方案,以帮助学生化难为易,帮助学生理解和掌握所学知识。

(4) 巩固新课

教师在组织学生学习完新课内容后在对新授知识进行复习、检查巩固的环节中,只需写上提问的问题或书面练习题(包括板演)的内容即可。

(5) 结束新课

教师在巩固新课后,用归纳和启发性语言结束全课,要求语言简练,高度概括本课内容,并引起学生回味和思索。

(6) 课后拓展

主要布置思考题进行课后拓展,注意题型多样,题量应比巩固新课时出的题更多些,难度更大些。还可以以作业超市的形式出现,学生可以在超市中选择其中一个作业来做,更体现人性化。

(7) 板书设计

板书设计要依据教材内容,做到提纲挈领,条理分明,详略得当,工整规范。

(8) 教学反思

新课程要求教师提高反思能力。教学反思就是平时星星点点的启发和顿悟、有特色的教学经验以及典型问题,这是一笔丰厚的实践理论,既要记成功之举,也要记败笔之处,更要记改进教学的具体措施。这样可以提高自己的知识水平和教学能力。

教学反思的内容主要有:

第一,反思教学过程。课堂教学过程激发和维护学生的学习动机做得如何?学习动机是学生积极主动学习的内部动力,是影响学生学习活动的重要因素。

第二,反思教学方式、教学手段。课后要仔细审查课前选定的教学方法和教学技术是否恰当有效,与学科特点及学生实践结合得紧密与否,效果怎样,何有改进。

第三,反思教学目标实现程度。确定的教学目标通过课堂教学的实施和测评是否切合学生的实际。教学目标对于学生来讲,他们的体会是明确具体的还是模糊不清的。

七、教案编制的基本方法

1. 文字表达法

文字表达法是教师编制教案时主要用文字形式,将备课的结果表达出来。它可以编写成详细教案和简略教案两种。详细教案是把教学过程中的教学内容、教学步骤和教学方法都详细地写出来,类似讲稿。简略教案是只写教学内容的要点、主要教学步骤和主要教学方法,类似讲课提纲,它的优点是节约编写时间,可以用更多的时间去研究教法、熟悉教材等。教案是详写还是略写,应根据教师的个人经验和教学经验来决定,一般提倡编写详案。

2. 列一览表法

列一览表法是教师根据教学要求,按照课时教学内容而设计的一张"教案一览表"。它具有言简意赅、一目了然的特点,有利于教师熟记教学内容,避免产生教学失误。如果将"教案一览表"事先印发给学生,作为学习提纲,则可以减少教师课堂讲解时间,从而留出较多的时间让学生自学、讨论。这种方法既能使课堂教学生动活泼,又能提高教学质量。"教案一览表"的设计要简明扼要,力戒拖泥带水;要纵横联系,避免顾此失彼。

3. 卡片提示法

卡片提示法是教师将教案纲要、重点、难点和易忘记的内容以及需要补充的内容写在卡片上,以便在课堂教学中提示自己。卡片提示有两种形式:一种是教案纲要提示;另一种是教学内容提示和资料补充。卡片提示形式灵活、方便,便于教案的修改和补充,也是一种较好的方法。

在运用教案时,为了使用方便,可设计特写教案。特写教案是指编写教案时,对教材内容的要点、关键(定理、定律、公式)、要诀、名言警句等,加以"特写"。其方法主要有:脱离上下文,独立成行;放大字号,变换字体;用符号作标记;在内容下面划点圈等;用彩色笔作标记、旁批(如在正文旁批写"重点""略讲""要领"等),也可对教学方法、教学行为或学习行为等进行"特写"(如导入、演示、板演等),还可将教案加以微缩,以便运用时能一目了然。

第三章　课堂教学语言艺术

教学语言是教师在课堂上根据教学任务,针对特定的学习对象,使用规定的教材,按照一定的方法,在有限的时间内,为达到某种预期效果而使用的语言。

一、课堂教学语言艺术的特点

(一) 主导性

教学语言主导性的强弱,是教师主导作用发挥如何的一个重要标志。善于引导学生学习的教师的教学语言,总是能沟通师生的思维,拨动学生的心弦,引起学生的共鸣,制造出好的教学气氛,调节教学节奏,从而带领他们进入教学意境,探索未来世界的奥秘。有主导性的教学语言是积极的、能动的,它犹如教师留给学生的路标,有一种提示作用,可以少走弯路,提高效率,产生吸引人的无穷魅力。正如列夫·托尔斯泰所说:"我们不仅能够把思想观念,而且还能够把最复杂的、色彩最细腻的图画用语言表达出来。可以这样说,在人的大脑里好像有着成千上万个,也许还是成百万个键子,一个正在讲话的人,就好像是用无形的手指在大脑这个键盘上弹奏一样,而讲话人所奏出来的那支交响乐也就在知音者的头脑里回响起来。"但愿我们每个教师在讲台上用语言弹出的交响乐,能在知音者——学生的头脑里回响共鸣,收到最佳语言效果。

(二) 科学性

教学语言的科学性,体现在教学语言的准确、规范、精练和逻辑性、系统性上。要求在语法上用词恰当、简洁明快、干净利索。教师教学语言的规范,是指教学中的语言表述要符合科学或事实。如有的历史教师将"五四运动后,马克思主义在中国得到广泛的传播"一语中的"马克思主义"说成"马列主义"或"马克思列宁主义",这就不够规范确切了,因为当时还没有"列宁主义"这个名词。教师教学语言的精练,是指教学的语言表述要做到言简意赅。据优秀教师们的体会,准确、精练的语言"像敲钉子——声声入耳"。在教学中应注意避免言不及义的废话和不必要的重复,不说不着边际的空话,不讲套话,不说半截子话,不要口头禅。有些学生把在教学中常用"这个""那个""也就是说""嗯""啊""是不是"等多余字词的教师称为"哼哈先生",这也反映了学生对教学语言的要求。

教学语言的科学性,还要求推理富于逻辑性,论述问题富于系统性。教学语言给学生的逻辑感受有两大范畴:一是语言本身要准确,不能含糊其词;二是语言链条要清晰,不能前言不搭后语、似是而非、模棱两可。系统性要求教学语言层次清楚,结构合理,抓住精华,突出重点,取舍有致,而不是挂一漏万,以点代面。可以说逻辑性和系统性是教学语言的深层结构力量,好比是建筑物里的钢筋。富有逻辑性和系统性的语言往往具有征服人的力量。而那种不讲究语言的内在逻辑,颠三倒四,一盘散沙的教学语言是不足取的。总之,教学语言的科学性要求教学语言像鲁迅先生说的那样:"用最简练的语言表现最丰富的内容。"

(三) 讲解性

学生对教师所讲内容有听懂、理解、消化和记笔记的需要,就决定了教师教学语言要有讲解性的特点。重点问题需要强调一下,疑难问题需要解释一下,没说清楚的地方需要重复一下,以便增加教学语言的时值。"所谓增加时值就是念得慢一些(比念普通的字而言),念得重一些,念得响一些。慢、重、响是一种手段,目的是使主要信息准确地有效地传递到接收者的感觉器官。"这就使得教学语言与朗诵语言、评书语言、播音语言有了区别,在语言的行进性的基础上,又带上了回复性的特点,可以说教学语言的讲解性就表现在是行进性语言与回复性语言的统一。在教学语言中,分析与综合、演绎和归纳、类推及比较,都可以使讲解的内容更容易为学生迅速接受,取得好的教学效果。教师有效地把握教学语言具有讲解性这一特点,就不会把教学同演讲、朗诵等语言表达方式混同起来。

(四) 教育性

教师在任何情况下,都应将教书与育人有机结合起来。相应地,其教学语言都要文雅、纯洁、有分寸感和教育性,努力做到不说粗话、野话、脏话,不讲哗众取宠的大话和违背事实的假话,不强词夺理、恶语伤人,更不能用讽刺、奚落、挖苦性的语言去批评学生,伤害学生的自尊心。所谓"良言一句三冬暖,恶语伤人六月寒"。富于哲理性、教育性的教学语言是深受学生欢迎的。但要注意不要脱离教学语言的科学性去片面追求教育性。另外,"人之患在好为人师",具有教育性的教学语言,态度还应民主,不要总以教训人的口吻说话,要以理服人,不要以力服人、以"势"压人,以培养学生的民主精神。同时教学语言直接影响学生知识的掌握、品德的形成和语言表达能力的发展,因而对学生来说,教学语言又具有示范性。这就更要求教师在教学时"言不可不慎",对学生思想可能发生不良影响的话不要随便说,应做到"闲话不闲""笑语有意",要在语言上为学生做出精神文明的表率。

(五)启发性

教学语言的启发性,就是在教学时"用语言把人们的心灵点亮"。教师的教学是为了发展学生的思维能力,这就要求教学语言相应地含蓄蕴藉、耐人寻味、发人深思,富有启发性的艺术效果。在教学时,教师的教学语言应富有问题性,给学生留下想象的余地,让学生能由"此"想到"彼",由"因"想到"果",由"表"想到"里",由"个别"想到"一般",收到"一石激起千层浪"的效果。也就是说,教学语言应追求张力或弹性美。启发性教学语言的激思作用由此可见一斑。同时,教师还应注意把握启发教学的火候,"不愤不启,不悱不发",在适当时机施教,才能充分发挥教学语言的启发作用。正如有人总结的:"教师的语言如钥匙,能打开学生心灵的窗户;如火炬,能照亮学生的未来;如种子,能深埋在学生的心里。"

(六)灵活性

教学语言的对象感是很强的,因此要受到学生的年龄特征和个别差异的制约。针对学生的不同年龄特征和个别差异,教师要运用不同的语言形式:直观的,还是抽象的;委婉的,还是直率的等等。著名特级教师吕志范谈过这方面的体会。他根据学生年级、岁数的不同选用语言。在高年级较多使用限制词,运用表达比较周密的长句,选用一定数量的议论性词语,从某一个角度组织语言,就能使学生理解。而在初中一年级,用语则须简短明快,不能过多使用限制词,可更多地使用描述性语言,并往往需要从几个角度组织语言才能使学生理解一个问题。吕老师勤于观察学生语言现象,熟悉学生语言规律,能和学生弹在一根弦上,达到心心相印、息息相通的地步。学生反映说:"吕老师年岁大,却有我们小孩的语言和性格,教得活,我们特别喜欢他。"

同时,教学语言还要受教学内容的制约,不同的教学内容要用不同的语言去表达:描写的、说明的、议论的、陈述的、抒情的;悲哀的、激壮的;明快的、黯淡的;藻丽的、朴素的;简洁的、丰繁的;庄重的、诙谐的……一般说来,叙述则细致入微,栩栩如生;评论则条分缕析,鞭辟入里;说明则不蔓不枝,条理清晰;遇悲凉处当沉寂,遇激昂处当迅急。正如琵琶女的弹奏技巧一样,变化万端而各臻其妙。另外,还要看不同时间、不同场合里学生的具体情况而定,"常行于所当行,常止于所不可不止"。这就更要求教师的教学语言具有机智灵活性,注意吸取学生的反馈信息,及时调节教学语言的速度、基调、音量、节奏、语气等,使整体语言效果有起承转合,波澜起伏,以有效地完成教学任务。

(七) 趣味性

教学语言的趣味性是指教学语言生动、形象,富于理趣、情趣,像磁石一样吸引学生的注意力。教学语言的生动、形象,是指以生动的表述将抽象的东西具体化。如讲到万里长城,说"长城工程浩大",这不够形象;而如说"用造长城的砖石土块筑成一道高两米半、宽一米的长堤,足足可绕地球一周",这就形象多了。教学语言的生动形象性要求教师在教学时多用大众化的谚语、歇后语、习惯用语,多用比喻性词语充分发挥语言的直观功能,在描述事物时具体逼真,力求给学生留下深刻的印象,使之"如临其境,如见其人,如闻其声",唤起学生丰富的联想,从而帮助他们顺利地掌握知识。要求教师的教学语言声情并茂、妙语连珠,妙趣横生。要尽量多给学生点"兴奋剂",少制造点"疲劳素"。教育家乌申斯基也曾提醒教师:"如果你把课讲得生动些,那么,你就不会担心儿童闷得发慌,但是要记住,在学习当中,并不是所有的东西都是有趣的,一定有,而且也应当有枯燥无味的东西,应当教导儿童不仅去做有趣的事,而且要做没有趣味的事,即为了完成自己的责任而做的事。"所以,教师的教学语言不要为了趣味而趣味,要将趣味性与科学性和教育性结合起来。

(八) 时空性

课堂教学语言是受着较严格的时间和空间的限制,一般是在规定时间内,于指定地点传播完教学计划预定的教学内容,因此,研究教学语言就不能忽视它与时间和空间的关系。一方面,教学语言在时间上要注意充分合理利用,教学语言的速度、节奏要适中,所表达的内容与相应的时间分配上要科学,前松后紧、前紧后松都是不好的。在空间上,教师应根据教学空间的大小,有效地控制和调节教学语言的音量,做到声声出口,句句入耳,前排听了不觉震耳,后排听了不觉吃力。另一方面,教学语言在某种意义上应突破这种时空限制。教师运用教学语言在"有限中求无限",创造出超时空的教学意境,使学生感到课虽下了,但教师的教学语言所引起的思考却在脑中回响不绝,这就要求教师自觉地追求教学语言的最优效果"言有尽而意无穷""此时无声胜有声",而不是仅仅满足于消磨时间的照本宣科。

二、课堂教学语言艺术的类型

教学语言艺术的分类研究,是建立在教学语言艺术丰富多彩的基础之上,应教师运用教学语言提高教学质量与效率的实际需要,而提出来的既具理论价值又富实践意义的重要课题。

(一)根据教学语言的功能性质分类

1. 系统讲授语言

系统讲授语言主要是指教师在课堂教学中以全班学生为对象系统讲解和传授科学文化知识的教学语言。这类教学语言的特点是:

(1)能够充分体现教师在教学中的主导地位和教学艺术才能,易于形成教师独特鲜明的教学语言艺术风格。

(2)教学语言表达的内容科学性强、专业特点突出。

(3)教学语言的形式逻辑性强、系统完整、层次分明,利于学生感知、理解和记忆。

(4)教师可以根据学科内容、学生特点预先精心设计、巧妙安排,增强教学语言表达的艺术效果。

(5)可以高效率、高质量地完成系统讲解和传授科学文化知识的教学任务,促进学生的知识、技能、品德等方面的发展。系统讲授语言可以适用于各级各类学校的各门学科的教学,是教师教学使用最广泛的语言类型。

2. 个别辅导语言

个别辅导语言主要是指教师以个别学生为对象辅导学生学习的教学语言。这类语言的特点是:

(1)高度尊重学生的主体地位,充分调动学生的学习积极性,关注学生的个别差异和个性特点。

(2)教学辅导语言针对性强、利于因材施教,使学生能够了解自己的优缺点,以补偏救弊、长善救失;要尽量适应学生的不同要求,语言形式灵活多变,一般难于事先设计。

(3)辅导语言要求精于启发、巧于点拨、善于激励、长于指导。

(4)可以帮助学生查缺补漏、解疑释惑,使学生形成正确的学习态度,掌握有效的学习方法,培养良好的学习习惯。个别辅导语言与系统讲授语言紧密配合,互为补充,相得益彰,是提高教学质量、促进所有学生全面发展的不可缺少的语言类型。

3. 组织协调语言

组织协调语言主要是指教师在教学中组织教学活动、协调教学关系、控制教学进程的语言。组织协调语言又可分为：

(1) 指令语言。如"请把书翻到第 10 页""请看黑板上的例题""××同学,请回答问题""大家一起来思考",等等。指令语言应当明确具体、简短精练、热情文明,切忌模糊抽象、冗长杂乱、冷淡无礼。

(2) 商讨语言。如"这堂课我们这样上好不好?""你们希望老师讲什么呢?""下面我们就做练习吧?"等等。商讨语言应当体现民主的精神,尊重学生的选择,培养学生的参与意识,使教学真正成为双边活动。

(3) 衔接语言,或称过渡语言。教学要点的衔接、教学活动的转换,都需要有中间过渡语言,才不致使教学要点间缺乏联系、教学活动的变化显得突兀。衔接语言应当前后呼应、穿线贯珠、起承有序、转合明度,才能将整堂课组织得严谨细密、天衣无缝。

(4) 调节语言。通过恰当的褒贬评价,强化或改变学生的学习活动,以调节控制教学进程。教学调节语言应当实事求是、程度适当,方法因人而异,形式丰富多样。正确利用评价的调节功能,是语言控制要深入研究的一大课题。

(二) 根据教学语言的信息流向分类

1. 单向传输语言

单向传输语言又称独白性语言,是指教师在教学中向学生进行单向输出的语言。此类教学语言的特点是:

(1) 语言信息密集、讯道流畅;能较好地体现教师的教学意图;语言传输的效率高、质量好。

(2) 语言表达过程易于自主调控,因而可以精心设计。

(3) 要求学生具有相应的语言接收能力;可以给学生以良好的语言示范,培养学生的语言鉴赏能力、语言感受能力和语言表达能力。

(4) 语言信息的单向输出缺乏反馈能力。

(5) 语言效果取决于教师的语言艺术水平高低等。单向传输语言的运用要十分讲求语言表达技巧,增强其语言本身的吸引力,才能激发学生的接收兴趣,避免因单调枯燥使学生感到语言疲劳。

2. 双向对话语言

双向对话语言,是指教师和学生以平等的身份,在民主融洽的气氛下,进行生动活泼的双向对话的语言。此类教学语言的特点是:

(1) 语言的情境性增强,要求教师具备灵活机智的语言应变能力。

(2) 语言流程出现曲折,语言信息传递效率受到影响。

(3) 语言反馈的即时性增强了语言的实际效果。

(4) 语言主体的平等地位，使师生双方都有了主动参与的积极性。

(5) 语言信息的不断交换，提供了师生教学相长的可能性。

(6) 可以增加学生语言实践的机会，锻炼学生思维的灵活性和即时口头表达能力。双向对话语言常用于课堂问答、个别辅导、交换意见、了解情况等教学活动。其运用要求注意语言的对象特点和对话双方的互相尊重、默契配合。

3. 多向交流语言

多向交流语言是指教师在教学中有目的地组织学生进行座谈、讨论、争辩的语言。此类教学语言的特点是：

(1) 教师以主持人的身份，组织和导演教学话剧。

(2) 教师的语言具有鲜明的主导性和组织功能。

(3) 语言流程具有不确定性，这增加了教学语言设计的难度。

(4) 语言信息的多向流通，使教学活动结构呈现立体交叉网络状态。

(5) 语言气氛的活跃，会激发师生思维的积极性和语言表达的兴趣。

(6) 语言信息的碰撞，增加了语言活动的教育价值。多向交流语言的运用，要求教师具有较高的语言控制调节能力，使多向交流语言"形散而神不散"，通过激发兴趣、点拨思维、引导言路，而达到预定目的。

（三）根据教学语言的表达方式分类

1. 说明式语言

说明式语言是指教师在教学中给学生解说事物、剖明事理的语言。它要对事物的形态、性质、构造、成因、种类、功能，或事理的概念、特点、来源、关系、演变等作清晰准确、通俗易懂的解说剖析，以帮助学生加深理解、形成概念。常用语句有："这就是说""它的意思是""换句话说""我们可以把它理解为""打个比方说""它的理由是"等。这可以分为定义说明、诠释说明、比较说明、分类说明、比喻说明、举例说明等具体方法。

(1) 定义说明。就是用简练、概括的语言给事理下一个明确的定义，以揭示其本质内涵。如："什么是词？词就是最小的能够独立运用的语言单位。"

(2) 诠释说明。或称解释说明。它不同于定义说明，定义是对事物本质属性的简明而抽象的揭示，而诠释是对事物的各方面特征作具体而详细的解说。

(3) 比较说明。是把两个以上的、彼此存在一定联系和相同点的事理放在一起,从对照、比较中说明它们各自的特点和区别。

(4) 分类说明。是为了揭示事理的类属性,而把它分成若干亚类逐一说明,从而达到明确事物的对象范围或概念外延情况的目的。如,"人类社会有原始社会、奴隶社会、封建社会、资本主义社会、社会主义社会和共产主义社会等社会形态"。分类说明有上行归类、下行分类,一次分类、连续分类等不同方式。

(5) 比喻说明。是指使用恰当的比喻来揭示某一抽象事物的含义。如有位老师为帮助学生理解"原子结构"的含义,就作了比喻说明:"假如原子是万人体育馆,那么原子核就相当于悬挂在万人体育馆中央的一粒玻璃弹子。可见,原子内部的绝大部分是空的,电子就在这'空间'里不停地高速运动。"比喻生动形象、新颖有趣,可起到化难为易、辅助说明的作用。

(6) 举例说明。举出具体、典型的事例也可在一定程度上达到说明有关事理的目的。一般对列举的事例要作精当的分析,揭示它与有关事理的联系,才能起到辅助说明的作用。选取的事例要贴切、通俗、针对性强、富于启发,才会增强说明的效果。举例不加选择、既多且滥、缺乏分析或分析不当,对说明问题非但无益,反倒有害。

此外,说明式语言还有数字说明、图解说明等方法,此不赘述。

2. 叙述式语言

叙述式语言是指教师在教学中将科学文化知识内容向学生作较客观的陈说介绍的语言。特别是把人物的活动、经历,事情的发生、发展或事理的变化过程具体表达出来,使学生获得脉络清楚、系统完整的有关知识或事实。它可以分为:

(1) 纵式叙述。就是根据事理在时间上的联系性进行叙述。纵式叙述适用于介绍具有时间性联系的事理知识,如历史事件、人物经历、故事情节、工艺程序、技术措施等。纵式叙述又有顺叙、倒叙、插叙、补叙、分叙等区别。

顺叙是按人物的经历或事件发生、发展的先后顺序进行的叙述。它的特点是线索清楚、层次分明,符合人们认识事理的习惯,是一种最常见、最基本的教学叙述方式。

倒叙是把事物的结局或事件中最突出的片断提在前面,然后再按时间顺序叙述过程的起始和展开。其特点是突出结果、造成悬念、激发兴趣、引人入胜,但要切忌故弄玄虚、倒人胃口。

插叙是叙述事件时暂时中断原叙述线索而插入另一事件的介绍、交代。其特点是加大了叙述容量,使叙述富于情趣和变化。许多优秀教师都好用"课堂插曲"来活跃教学气氛。

补叙又称追叙,是指叙述到一定阶段,对前面的内容作某些补充叙述。其特点是位置后移,起丰富、补充的作用。

分叙又称平叙,是对同时发生的两件(或多件)事进行分别平列的叙述。通常采用"花开两朵,各表一枝"的方法。其特点是使头绪多的事理叙述得层次清楚、有条不紊、扣人心弦。

(2) 横式叙述。又称并列叙述。就是根据事理的非时间性联系进行的叙述。横式叙述适用于介绍具有非时间性联系的事理知识。横式叙述,按其所叙内容的逻辑关系,可有空间远近关系排列的横式叙述、内容主次轻重关系排列的横式叙述、因果先后关系排列的横式叙述等具体方法的区别。

(3) 交叉叙述。又称纵横式叙述。就是把纵式叙述与横式叙述结合起来进行。其特点是纵横交叉,组成立体网络结构。它又可分为纵纲横目式和横纲纵目式两小类。如要讲授中国历代教育家的思想,就要使用纵纲横目式叙述,即以历代时间纵向线索为纲,以各代著名教育家横向联系为目进行讲述。而如要讲授西方近代各国的教育发展史,就得采用横纲纵目式叙述,即以西方各国横向关系为纲,以各国教育的纵向发展为目进行讲述。

3. 描述式语言

描述式语言是指教师在教学中把有关内容直观形象、生动逼真地描绘出来的语言。其特点是通过摹态传神,使学生如见其人、如闻其声、如临其境,从而丰富感知、加深印象,并受到强烈的艺术感染。它可以分为:

(1) 写意描述。又称白描。是指教师在教学中用朴素简练的语言,寥寥数语即将描述对象的主要特征勾勒出来。如有位教师讲秦朝灭亡时就采用了写意描述法。他说:"公元前 206 年,刘邦率领的起义军进入咸阳。继位只有 46 天的秦王子婴,乘白马素车,脖子套着丝绳,双手捧着玉玺,在城外躬身迎接,表示投降。至此,陈胜、吴广在大泽乡点燃起来的革命烽火,终于烧毁了想要万世一系的秦王朝。可见事与愿违,秦王朝不仅没能万世一系,到头来只落得个二世而亡,历史又翻开了新的一页。"

(2) 工笔描述。又称细描。是用细腻的语言,对描述对象的某些方面作精雕细刻的描述。其特点是语言细密、色彩浓郁、细腻逼真、可知可感。

三、课堂教学语言的基本要求

（一）语音音量适中

课堂教学班级授课制的客观要求限定教师的教学口语必须有必要的音量。因此，教师应该根据学生的多少、教室的大小设定自己语音的音量。如果音量过大，则会使学生的听觉易于疲乏，高音量就成了噪音。而音量过小，则会使学生听起来感到费力。教师的音量应该以让坐在后面的学生能听得清晰为标准。

（二）语速快慢适度

教师教学口语语速的快慢固然和教师的性格有关，但易于为学生所接受的语速应该有比较稳定的标准，那就是适度。一般地说，教师在进行单向表述式阐释时以 1 分钟 250 个音节左右为宜。如果过快，学生没有思考反应的时间；如果过慢，单位时间内语言包含的信息量偏少。两种情况都将对教学效果产生不良影响。

（三）节奏抑扬顿挫

抑扬是指语言中字调句调的高低配合，顿挫是指音节间、语句间的停顿与衔接。语速也是构成语言节奏的要素之一。教学口语的节奏感就是这些因素综合作用的结果。没有节奏的教学口语会让学生感到单调乏味，而且会造成表意不完满、信息损耗的不良后果。

首先，从音量、声调、速度三者的变化看，要抑扬顿挫。平铺直叙、呆板单调的讲话，会使听者昏昏欲睡。所以，要根据教材的内容和听者的情况，适当地控制语音的大小、调子的速度。例如，表示激昂慷慨和兴奋愉快，可以把声音放大一点、高一点；表示庄严肃穆和疑惧感叹，声音可放小一点、低一点；表示宁静，要慢；表示紧张，要快；遇到重要的地方，关键词句，应有重音、加重语气，以引起注意；次要的地方，则可以讲快一点。总之，声音的变化要随教学内容和听者情况的变化而变化，若从头到尾高低、快慢、语气一个样，就显得单调平板。但抑扬顿挫不等于矫揉造作，不要像演说家或演员一样对学生演讲，不要让学生看到表演的痕迹。须知，在课堂上给学生讲课，与街头演说家对群众演说或舞台上演员们的表演相比，毕竟是有区别的。

其次，节奏和重音的处理。节奏的使用，一般体现在讲课的快慢和强弱上面。课讲得有张有弛，要以学生既不感到精神过度紧张，又不至于精力分散为准。要使课讲得富有节奏感，必须在教学内容上区分主次,突出重点,不能面面俱到。重点和难点要重锤敲打,加深印象,枝节问题要轻拍击,点到即止。在讲课的语调上要轻重结合,高低错落有致,一堂课要有高潮、有低潮,要抑扬顿挫。

再次,停顿的运用。停顿是保证说话清楚、加深印象的一种重要方法,也是学生领会和思考问题的时间来源。正确的停顿时机应该是说完一句话后,要由一个意思转向另一个意思之间,在需要强调的话说出来之前。说完一句话之后停顿时间可以短些,一个新的意思或需要强调东西时,时间掌握要适当,不宜太长,也不宜太短。在停顿上,教师易犯两种毛病:一种是不停顿,讲课像打机关枪一样。话说得上气不接下气,让学生听得透不过气来,使学生既不好领会意思,又容易疲劳。另一种是乱停顿,讲课时把一句话弄得支离破碎,搞得不成句子,或者把一句话说成三字经,这样也会使学生听起来很费劲。

(四) 语流流畅自然

语流的流畅自然是指连贯表意的语音流的流转自如。实际上它和语速、节奏是紧密相连的。教师口语的语流一般不能出现较大的迟滞、重复,不能有过多的插入语。出现这样的情况一般都是思维不顺畅造成的。从进程、速度看,要流利畅达。讲话如行云流水,使人有轻快之感。不要讲话慢吞吞,一句话分成几节讲,而且每句话之间时间间隔过长,会使听者很不耐烦。有的人讲话结结巴巴,语多累赘,使人听而生厌。但流利畅达不等于越快越好,如果讲话如黄河决堤,滔滔不绝,就会使学生应接不暇。

(五) 表意准确生动

表意的准确生动是教学口语最重要的要求。任何抑扬顿挫、快慢适度、音量适中、语气自然的语言都必须建立在能准确生动表意的基础上。简明扼要的语句,使人听起来舒服,言简意赅,使人深得要领。要做到文法正确,符合语法规则,不说半截子话;用词恰如其分,不用模棱两可、含糊不清的语句;避免一切无意义的口头语;还要讲好普通话,因为发音不正、表达不规范,也会影响教学效果。

准确,是教学口语的生命。教师所传授的知识准确与否,对学生的学习、行为甚至世界观的形成有着直接的影响。教师必须不断提高理论修养和对新事物的观察力、判断力。

(六) 浅白、通俗、易懂

浅白通俗的语言,使人听来清楚易懂,且有平易、朴素、亲切之感。毛泽东同志的"十大教授法"中就有"说话通俗化""说话要明白"这两条。浅白通俗并不是一件轻而易举的事情。一要深入理解教学内容。

因为,深入才能浅出,许多东西,只有懂透了,融会贯通了,才能用浅显平白的话说出来。二要有丰富的词汇量。要把复杂、深奥的内容,用一种浅白通俗的语言形式全面而准确地表达出来,没有一定的词汇量是达不到的。有的人深入理解了,却"词不达意",究其原因,词汇贫乏是一个明显的障碍。

(七) 形象具体生动

形象具体生动的语言给人一种直观感和动感,使人兴趣盎然,并能在记忆的荧光屏上留下深刻的印象。

怎样才能使语言生动? 善于例证,运用典型材料来说明抽象的理论,把抽象的东西与具体的东西联系起来,可使教学语言生动、具体化。如物理讲惯性定律,用乘车时身体前倾后仰为例来说明,语言就生动有力。

运用比喻,使语言形象生动,引起学生联想。马克思把资本拟人化,把商品比做"细胞",说明它包含着资本主义一切矛盾的萌芽。这样比喻,生动具体。

适当引用一些格言、名句、成语、典故、诗词、顺口溜、群众口语、民间谚语、电影、故事、文学艺术语言等等,也可使教学变得生动有趣。

语言的形象生动与语言的文采联系密切,富于文采的语言,使教学润色生辉,更加形象生动,给人以如酒似蜜的感染力,能长久地萦绕在脑际,留下逼真传神的印象。

(八) 声音清晰悦耳

讲话是有声的语言,是用声音表达或传送情意的。学生听得是否清楚、明白、生动、有趣,常常与教师讲课声音的高低、快慢的控制,以及清晰度、语调等因素有一定的关系。从音色、音量、声调看,要清晰悦耳,声音清楚、明晰、听得舒服,学生才能较好地接受讲授内容。吐字不清,措辞含混,使人糊里糊涂;声调尖高,音量过大,使人听起来刺耳;语调低沉,音量太小,使人听起来费力。

还有是语气的使用。语气的使用,影响着意思的表达、感情的色彩、讲课的生动性以及感染力。教师讲课中,要注意区分和使用叙述、疑问、祈使、感叹等几种语气。不要总是使用感叹语气或叙述语气,要随着讲课感情的变化使用各种语气。有的教师不在意语气的使用,总是使用同一种语气,结果把课讲得平铺直叙,很不生动,课堂效果很差。

四、运用课堂教学语言的艺术

教学语言是决定教学成败的关键因素。因此,任何一位教师都应掌握高水平的教学语言艺术,进一步提高自己的语言教学能力,更好地完成教学任务。在教学时,讲究语言艺术,学生不但易于接受知识,而且易于激发学习兴趣;反之,则会使学生产生厌烦情绪,影响学习效果。

(一) 亲切热情,礼貌文雅

在教学中,教师的语言要有亲切感,充满感情,礼貌文雅,尊重学生,多说鼓励性的话。教师不能因为自己是教育者就动辄训人。

比如,让学生回答问题,尤其是有一定难度的问题,学生这时一般都比较紧张。教师应用亲切柔和的语调告诉他:"不要慌,胆子大些,错了也没关系。"当学生回答得不准确、词不达意时,教师应肯定他的优点及正确的地方,并鼓励他说:"我知道你心里明白了,可就是语言还没有组织好,请坐下再考虑一下。"对于没有回答出来的同学,应很委婉地告诉他:"如果你再仔细考虑一下,我相信你一定会答上来,下次再给你一个机会,你会回答得很好的!"特别是对那些智力较差的学生更要多鼓励,决不能用尖刻的话来损伤他们的自尊心。如果他们答对了,教师应用高兴的语气给予表扬:"你能回答得这么好,真了不起!"这样就能使学生感到老师可亲、可敬,也就乐于接受知识和完成作业了。

"请你读一下这条法则。""对不起,老师没有听清楚,请你再大声复述一遍。""这道题是老师没看清楚,谢谢你给我纠正。"……使用这一类的礼貌语言,可使师生关系变得平等、融洽。

(二) 词准意切,符合学生特点

教师在教学中运用的词语必须准确明了,不能含糊其词,对传授的知识也不能信口开河,否则学生无所适从。言辞准确并不是把课本或教案当作讲话稿,只管照本宣科,而是要求教师深入理解教材和了解学生知识水平、言语发展水平,将教材中的学科语言作为进行"表演"的"脚本",用学生熟悉的语言流利顺畅地进行启发和引导,使学生听得明白、清晰、舒服。

(三) 生动有趣,富有哲理

在教学中采用生动有趣的语言能拨动学生的心弦,激发他们的求知欲,使他们在接受知识的同时得到美的熏陶和思想的启迪。例如:学生考试成绩差了,可用类似"失败是成功之母""跌倒了爬起来再前进"等话语来鼓励他;学生不喜欢复习,可用"书读百遍,其义自见"去开导他;有的学生回答问题、解题方法有独创性,就用"青出于蓝,而胜于蓝"去表扬他。

五、课堂教学中的忌讳语言

教学中的忌讳语言大致有这样几种类型,教师应尽可能加以避免:
(一) 含糊不清,容易引起歧义的语言
这种语言不能正确地表情达意,传出的教学信息是不确切的,会使学生茫然无知,感到困惑不解。
(二) 讽刺挖苦,容易损伤学生自尊心的语言
这种语言无视学生的人格尊严,伤害学生的积极情感,不但容易使学生对教师产生严重的对立情绪,而且还会使学生产生严重的"心理障碍",影响学生学习潜能的发挥。
(三) 冷淡鄙视,容易挫伤学生积极性的语言
这种语言不尊重学生,不给学生热情和鼓励,因而很容易使学生产生"心理阴影",会极大地挫伤学生的自信心。
(四) 离题万里,容易分散学生对教学内容的注意力的语言
这种语言与课堂教学的目的相距甚远,实际上传播的是无用教学信息,会妨碍教学任务的顺利完成。
(五) 不懂装懂,容易误导学生的语言
这种语言的实质是教师向学生传播了错误的教学信息(虽说是无意的),由于教师在课堂教学中及学生心目中所处的特殊地位,学生因此得到的错误信息可能会伴随他们一辈子。
(六) 片面绝对,容易给学生的思维带来负面影响的语言
这种语言说到底是教师用形而上学的方法指导学生的学习,用错误的思维方法"武装"学生的头脑,有碍于他们接受辩证思维方法的。
(七) 粗话脏话,容易玷污优美教学环境的语言
这种语言对学生产生的消极影响是显而易见的:不仅破坏了优美的教学环境,而且由于教师的"言传身教",会使不少学生沾染上不良语言习惯,这对他们的健康成长是十分不利的。

第四章 课堂教学节奏艺术

一、节奏及节奏的意义

节奏,原是指音乐中交替出现的有规律的强弱、长短的现象,又拿来比喻为均匀的有规律的工作进程。教学节奏是指课堂教学进程的快慢、缓急、强弱、张弛等。掌握好教学节奏,对提高教学效率无疑是十分重要的。

节奏的一个显著特点是具有起伏感和富于动态变化,因此,课堂教学的节奏是指教师组织实施课堂教学时,在深刻理解和准确把握教学内容精神实质的基础上,有意识地变化讲授的方式和速度,使整堂课处于有规律的动态变化之中。课堂教学中的节奏具体体现在教学内容主次的组织、传授时顺序的先后和教学信息传播速度的快慢等方面(组织得好便使课具有较强的节奏感,组织得差便杂乱无章,形不成节奏),主要由教师根据不同的教学内容、不同的教学目的以及课的不同形式结构灵活地加以掌握。

教师讲课要注意节奏,主要基于以下三方面原因:

首先,从教学内容看:一堂课的教学内容本身是有着一定的节奏感——除一般内容外,既有重点内容,又有难点内容(有些内容既是重点又是难点),教师讲解时不应平均使用力量,对一般内容只要作简单介绍,而对重点、难点内容则应加以强调,这样就很自然地形成了节奏。

其次,从教学过程看:一堂课至少包括这样三个阶段——导入、讲解基本教学内容和收尾,其中讲解基本教学内容阶段根据不同的教学内容和教学目的又可采用教师系统讲述或教师提问、让学生思考后加以回答等不同方法进行教学活动。显然,整堂课是不可能自始至终持续保持在某种稳定状态之中的。

再次,从学生听课心理看:学生不可能一堂课自始至终高度紧张地听教师的讲解,如果没有适当的放松,听不了半堂课便会产生疲倦的感觉;而如果富有变化,产生一种节奏感,那么学生即使专注在教学内容上较长的时间也不会觉得吃力。因此,教师讲课时一定要十分注意有节奏,使要传授给学生的教学内容毫不费力地印刻在学生的脑子里。

一堂课从导入、讲解到收尾环环相扣,富有吸引人的"动感",使学生不知不觉地顺着教师的教学思路和教学意图将注意力集中在教学内容上面;一堂课紧张与松弛多次交替出现,使学生大脑皮层的"兴奋灶"不断转移和变换,持续保持最佳思维态势,从而能轻松愉快地理解和掌握教学内容。

二、课堂教学节奏的构成

课堂教学节奏指课堂教学过程中各种可比成分在时间上以一定的次序有规律地交替出现的形式。这些可比成分主要有教学的密度、速度、难度、重点度、强度和激情度等。通过这些可比成分的有规律的交替和变化,教育者不仅可以有效地传达自己的情感、态度,突出教学的重点难点,而且可以有效组织教学和调控学生注意力。

1. *课堂教学的密度*

它是指单位时间内完成一定的教学任务的程度。新知识多,密度就大。有的教师在解决课堂密度问题时,采取"快读快写"教学方法和大剂量训练法,教师要求学生在限定时间内读完或做完规定的学习量。

2. *课堂教学的速度*

它是一个量的概念,主要指单位时间内所完成的教学任务的量,包括新知识的传授和旧知识的巩固。

3. *课堂教学的难度*

它主要指讲授者和学习者在教学时感到表达、理解、运用等的难易程度。它多属技术、方法、理解和理解水平方面的问题。

4. *课堂教学的重点度*

它是通过比较而确定的相对概念。它主要指课堂内重要的或主要的教学内容占全部教学内容比例的大小的程度。

5. *课堂教学的强度*

它主要指师生双方在单位时间内教授或学习一定难度和一定数量的教学内容所引起的双方身心疲劳的程度。持久的高强度,会使教师传递教学信息和学生接受信息的能力都减弱。

6. *课堂教学的激情度*

它主要指师生双方共同沉浸于教学美的境界中所形成的情感共鸣、情感振荡的程度。激情度的出现,常标志着教学高潮阶段的到来。

实践表明,良好的教学节奏可以把学生带入教学美的境界,有利于提高教学质量。一般说来,教学节奏的变化是有一定规律的,前述六种可比成分都可按照"弱→强→弱"或"强→弱→强"的趋势加以交替、重复、变化,多次循环,形成起伏有致的教学节奏。此外,"弱→渐强→强"和"强→渐弱→弱"的变化模式也可在一定情况下收到好的节奏效果。研究发现,有些可比成分可以在同一时间重叠出现,例如高强度与高激情度、高激情度与高重点度皆可重叠进行;有些可比成分则不宜重叠进行,而应穿插进行,例如高密度、高难度、高速度就不能同时进行,难度大时,速度宜慢,速度快时,密度宜低,等等。如此看来,教师应很好地把握这些变化规律,并根据教学实际灵活运用,以处理好教学的整体节奏,提高教学管理质量。

三、课堂教学节奏的种类

(一) 教学行程的节奏

教学的行程节奏包含两个方面的内容:一是教学速度的快慢行止,二是教学内容的详略取舍。二者有机地结合就形成了课堂教学的行程节奏。教学行程的起始便是教学内容的导入,教学行程的发展便是教学内容的不断深入,教学行程的高潮是教学重点的突破和解决,教学行程的终结便是教学内容的巩固和小结。

(二) 教学环节的节奏

课堂教学环节是连接课堂教学结构的纽带,必须按照教学规律去组织衔接,正确处理"主导""主体"和"主线"的关系,合理设置教学内容和时间。教师在掌握教学环节时,必须审时度势,将课堂教学按轻重缓急设置好探究获取、记忆巩固、归纳概括、灵活运用等环节,并使之丝丝入扣,既要有教学达到高潮时,学生思维处在最集中、最兴奋,迅速准确地获取知识和技能的良好精神状态,又要有教学平稳时,学生思维处于相对静止阶段,使他们有回味和思考的余地。在此基础上,教师要运用启发诱导、提问点拨、演示暗示、实验操作等多种教学手段,让学生动脑、动口、动手,使讲解与设疑、议论与练习、展开与收拢浑然一体,有机地协调起来,这样才能使课堂教学环节按其特点和规律有节奏地进行,从而达到预期的教学目的。

(三) 教学内容的节奏

课堂教学的内容是教师讲授的主旨。传授的多寡,要符合学生的认知结构,完整地构建新知纳入旧知的阶梯,言简意赅地阐述知识的精华。教师在驾驭和处理教材时,必须突出重点,抓住难点,做到有放有收,详略得当。要引导学生主动去探索和概括知识的规律,并在思维的训练和能力的培养上,既有知识的连贯性与覆盖性,又有内容的阶段性和章节性,做到有层次、有主次、有创新,不断激发学生积极思维和强烈的求知欲望。此外,教师在讲授教材内容时,还应有一定的感情色彩和"节拍",声应抑扬顿挫,神应庄重典雅,使声神融会,相得益彰。如讲到重点时,加强语气声调,满腔韵致激情;讲到难点时,缓和语气声调,言辞委婉清晰;阐述成功经验时,语气宜庄重、生动、铿锵有力;解剖失败教训时,语气应严肃、沉稳、诚然有理。

(四)教学速度的节奏

课堂教学速度快慢的运用,必须根据教学内容和学生的实际来适时操作和调整进行的频率,准确掌握教学进程。节奏过快,会使学生紧张疲劳、"消化不良";节奏过慢,会使学生思维松散、"缺乏营养";节奏单一,会使学生漫不经心、索然寡味。在教学中,教师要结合课堂教学实际和学生的承受力,从整体节奏速度上,做到有效控制。其速度宜快慢交错,有张有弛,此起彼伏,形成有规律性的变化。既要使学生学到基本知识和技能,又要使学生的智力和能力得以开发。要控制好教学的讲解、训练、复习、批改和考试等进度,使做、看、讲、练纵横贯穿、协调搭配,并使学生的"注意力"和"兴奋点"延展持续较长时间,进而提高教学效率,完成教学任务。

(五)课堂情感的节奏

课堂教学随着一定的感情流动。可以说,无论哪种形式的教学都离不开一个"情"字,尤其是文学作品的教学。如果在课堂教学中形成鲜明的感情节奏,就能使文章的内在表现力得到充分外现,使学生的感情融入作品,使课堂教学产生最佳的艺术效果。在课堂教学中,师生之间感情节奏应完全一致。只有如此,才会有理想的教学效果。

(六)学生思维的节奏

在课堂教学中,要使学生的思维活动呈现鲜明的节奏,就要努力寻求有效刺激,使学生的思维呈高效率的节奏思维。要注意思维活动总体趋向的渐强特点。一开始上课,学生刚进入这一节课的学习,心理、生理各方面都有一个准备过程。因此,优秀的教师上课,开头的问题总是精心设计的,难度适当,于不知不觉中煽起学生学习的热情,为后面较大的思维训练创造良好条件。从整堂课的安排看,要把那些要求较高、强度较大的思维训练放在后边。

思维节奏是一种心理变化。课堂上提倡学生积极思维,但不能把弦绷得太紧,应有张有弛,形成节奏。教师的讲授、设疑、提问都要能起到调节学生思维活动节奏的作用。例如：演示实验时教师将学生的注意力引向观察现象,思维就相对处于低潮；而实验成功,揭示结论时,思维就上升到高潮。教师归纳小结时,往往有停顿地留下学生做笔记的空隙时间。讲解重点、难点和关键问题时就应放慢速度,引导学生思考、回味、接受。此外,边讲边练、边讲边实验等等,都是动态节奏促进思维节奏发展的具体表现。

四、课堂教学节奏的基本要求

1. 要能体现明确的教学意图

教师要根据本堂课的教学意图来确定节奏——本堂课要传授哪些知识？解决哪些问题？其中哪些知识和问题是着重要传授和解决的？在此基础上决定讲课时的主次轻重,这样形成的节奏有利于教学意图的顺利贯彻。

2. 要能体现清晰的教学思路

教师要根据自己的教学思路来安排好讲课节奏——这堂课有哪几个主要环节,先讲什么,接着讲什么,最后讲什么,讲课时怎样做到"张"和"弛"交替出现,声调高低起伏变化,这样,整个教学过程便会变得异常清晰而流畅。

3. 要做到教学内容与教学形式相结合

教学内容是安排课堂教学活动节奏的内在因素,教师一定要对其内在逻辑联系有个明晰的了解；而教学形式则是安排课堂教学节奏的外在因素,教师一定要根据不同的教学内容、不同年龄段学生的具体情况精心加以选择,在此基础上达到的结合才是最完美的结合——内在因素与外在因素和谐地融合在一起形成的讲课节奏,对良好教学效果的取得有着十分重要的意义是显而易见的。

五、课堂教学节奏调控的原则

讲课要保持适当的节奏。所谓"适当",指的是这种节奏要适合一般学生的听课心理,该紧张时紧张,该舒缓时舒缓,紧张和舒缓交替出现,既要使学生的注意力高度集中,让他们接受起来毫不费力,又不至于因精神持续高度紧张而引起过分疲劳,对学习产生厌倦心理。教师要根据教学内容,随着教学活动的进行随时调节课堂节奏。要使一堂课具有鲜明、恰当、有利于学生理解和思考的节奏,必须做到主次分明、重点突出。教师讲解主要内容、传授重要信息时应紧凑些和紧张些,以引起学生的注意和重视;而引用材料对主要内容、重要信息进行讲解时语气可舒缓些,以有利于学生体会和吸收。

(一) 快与慢有变换

快节奏就是要学生养成快看、快说、快写、快做、快思的习惯。

课前的充分准备是实施快节奏的前提。如:预先在各种型号的大小黑板或投影上书写好课题、例题、习题,可以节约板书时间;课中的严格要求是施行快节奏的保证;基本训练的内容应使学生脱口而出,专项训练可采用只列式不计算等手段;课后的作业时限是施行快节奏的关键,如家庭作业要求学生注上完成时间。

慢节奏就是在教学的重点、难点、疑点等处充分揭示知识的发生过程和暴露学生的思维过程。

首先,充分暴露概念的形成过程。概念教学应经分析、综合、比较、抽象、概括等逻辑思维加工过程,要引导学生逐字逐句剖析表达概念的语句。其次,充分暴露结论的发现过程。对于法则、性质、定律、规律等,应使学生真正弄清来龙去脉。再次,充分暴露公式的推导过程。应注意让学生通过动手操作,用不同途径来推导公式。最后,充分暴露思路的选择过程。在应用题教学中,一定要让学生多想,经历思路的剖析、矫正、定型等过程。

(二) 动与静有交替

所谓"动",是指课堂教学活动的一种活跃状态,如学生积极参与、踊跃发言和热烈讨论、争辩等;所谓"静",是指课堂教学活动中的一种相对安静状态,如学生静心听课、深入思考等。如果一堂课一直处于动态,以至于学生兴奋过度,造成课堂处于失控状态,或自始至终静寂,课堂气氛十分沉闷,抑制学生的思维,都不能取得良好的教学效果。符合教学美学的教学节奏,应是动与静的交替与有机结合。

(三) 张与弛有错落

"张",就是紧张、急促;"弛",就是轻松、舒缓。如果课堂教学一味地"张",会使学生心理紧张,影响学生的身心健康;如果课堂教学一味地"弛",学生会精神涣散,注意力不能集中。所以教师在课堂教学中,既要运用课堂比赛、课堂辩论和教师紧张、急促的语言等造成紧张的课堂气氛,也要运用游戏、故事、活动和幽默的语言等,使学生心理轻松、愉快。通过张与弛的互相错落,使课堂教学活动具有韵味美。

(四) 疏与密有间隔

"疏"就是间隔大,频率小;"密",就是间隔小,频率大。课堂教学要通过时间分配的多少与信息交流的快慢使课堂节奏疏密有间隔、变化。课堂教学既要有"密",如基础训练速度快、密度高,使学生达到脱口而出的程度,也要有"疏",如对教学的重点、难点、疑点,教学速度要慢,要给学生深思熟虑的时间。这样,通过课堂教学的疏密变化,使学生精神振奋,提高教学效果。

(五) 起与伏有波澜

"起",是指在教学活动中学生思维最活跃、师生情感交流最灵通的高潮状态;"伏",是指学生情绪相对平稳、兴奋稍微退落的状态。教师在课堂教学中要善于用一起一伏的节奏,将学生带入起伏跌宕、波澜变化的教学艺术情景中去,使学生享受教育艺术的美。

六、课堂教学艺术节奏的主要表现

(一) 快慢得宜

教学内容有难有易,有重点与非重点,所以教师在设计教学节奏时,宜突出重点,突破难点,切忌平均用力,这就要求教师将内容安排得错落有致,时间和分配大体要适当。重点要突出,可反复地讲;难点要分散,则缓慢地讲;一般内容要交代,可简明地讲;新课引入宜快,时间不能拖得太长;需要学生记笔记的地方,则应适当放慢速度;学生易懂的内容可以一带而过,学生难的问题则要重锤敲打;两个小步骤之间的过渡可以快些,而两个大步骤之间的过渡就须慢些。

怎样才算教学艺术节奏快慢得宜呢?使用快节奏时,学生的思路能跟上讲课的进度,不致使学习成绩中等和较差的学生出现掉队现象;使用慢节奏时,仍能保证学生适度紧张的学习活动,不致使他们觉得无事可做,注意力涣散。课堂教学中快、慢节奏交替出现,"柔性"转换,使教学组织结构如行云流水,顺畅自然。

(二) 动静相生

这里所谓"动"和"静",是就教学活动的外部表现而言的,教师课堂教学方式的间隔变换,有助于学生消除疲劳,保持注意力,提高教学效率。教师组织教学时,要巧于安排教学方式,使之有动有静,动静结合。如把教师讲学生听、教师演示学生观察、教师提问学生回答、学生动手教师指导、学生自学老师辅导等教学双边活动,按照科学顺序有机组合搭配起来,使教学活动在运动交替中有节奏地进行。高明的导演,总是在闹场之后又会安排一个静场,以调节和平衡观众的情绪,优秀教师的教学也很重视动静的合理搭配与巧妙转换。如在学生答问、讨论之后,教师作一总结,写板书,学生做笔记,课堂气氛由闹转为静,这样做可以加深学生对讨论问题的理解,把讨论问题条理化,提到理论高度来认识,达到动静相成、动静相生的好效果。此外,在小学低年级,针对学生的年龄、特点,上课时可以加些课间操、唱歌、游戏、休息等活动,来调节学生大脑,减少疲劳,使学生在紧张而愉快的课堂气氛中,学到更多的科学文化知识与技能。

(三) 疏密相间

这里所谓"疏"和"密",是就教学活动信息的密度而言的。为了适应学生的认知特点,使他们能更好地接受教学信息,教师课堂教学信息的密度也应注意疏密相间。因为构成教学节奏的疏和密,将影响学生心理感受的变化。疏(间隔大、频率小、速度慢),给人以徐缓、轻松的感觉;密(间隔小、频率大、速度快),给人以急促、紧张的感觉。疏密相间,则会给学生带来有张有弛的心理节律,有利于学生保持旺盛的精力。密而不疏,学生精神长时间紧张,容易疲劳;疏而不密,学生情绪则会过于松弛,注意力就难以集中。

(四) 起伏有致

这里所谓"起"和"伏",是就教学过程的态势而言的。潮有涨落,山有峰谷,事物运动的过程往往呈现波浪式状态。教学过程也是贵在曲折起伏、跌宕有致,才能富于变化、引人入胜。而如果只是一味地平铺直叙,那就乏味了。苏联的调查研究表明:45 分钟的一节课当中,学生的认知积极性呈现一个波形。最初的 3~5 分钟注意力不稳定,学生处于上一节课的影响之中。其后的 30 分钟是一般学生注意力最积极的时期。下课之前的 7~10 分钟,注意力又开始逐渐地趋于衰退。这为我们设置教学起伏划定了大致区域。因此,教师要精心安排教学的开始、发展、高潮和结局,使教学过程有起有伏,形成节奏。在教学的黄金时间里出现高潮,在高潮之前要有几个小浪头作铺垫。

(五) 抑扬顿挫

这里所谓"抑"和"扬",是就教师教学语言的特点而言的,是指教学语言中节拍的强弱、力度的大小等的交替变换,以及句子长短、语调升降的有规律变化。教学语言的抑扬顿挫可明显增强表达力和感染力,引起学生心理的内模仿。教师教学语言的抑扬顿挫要有适当的调控,不致过强过弱、过频过缓,做到流畅连贯、富有动感。现代生理学研究表明:人在一种单调的声音刺激下,大脑皮层会很快地进入抑制状态。而抑扬顿挫、具有节奏感的教学语言,则是打破这种单调的催眠刺激,提高教学效率的有效手段。

(六)整体和谐

课堂教学"起承转合"的每一细节,都应缜密思考、精心设计,才能真正把一堂课"雕塑"成精美的"艺术品"。课堂教学的艺术节奏也必须综合考虑,巧妙安排,使构成各要素搭配合理,穿插得体,衔接有序,融洽统一,以构成整体节奏的和谐美。课堂教学的节奏要有一定的章法,如一首乐曲,不可乱弹。课堂教学的节奏还应存在于每一课时自始至终的渐变之中,符合一种有生气的变化规律,正像音乐里的"渐强""渐弱"一样,通过规律性变化,体现出一种流动美,使整个课堂教学节奏分明、充满活力。教学艺术节奏的整体和谐程度,体现着教师教学艺术的水平。教师在讲台上,犹如乐队指挥,要用心调动每一种乐器,演奏出节奏和谐、旋律优美的乐曲。具有整体和谐的教学艺术节奏的课堂教学,可以给学生美妙的艺术享受,使学生在身心愉悦中接受深刻的教育。

七、掌握课堂教学节奏的艺术

(一)根据学生学习的规律来掌握节奏

课堂教学是教师和学生的共同活动,而活动的主体应该是学生。节奏的快慢强弱轻重缓急,要根据学生的情况而定。学生的学习规律涉及的问题很多,这里只从两方面来看。

第一,从学生认识问题、学习知识的顺序来看,大概都会经过"感知—理解—运用"这一过程。把这一过程放到课堂上,感知阶段的节奏就应该舒缓一些,而理解阶段就应急促一些,到运用阶段,应舒缓一些。这就形成了节奏的一条曲线,假如一节课只经过一个过程,节奏的处理比较简单。假如一节课经过两个这样的过程,或者几节课连起来经过好几个这样的认知过程,那就形成了波浪形的教学节奏。

第二,从学生学习时的注意力变化来看,根据试验和经验,在45分钟的一节课里,分为5个小段,一般有这样的变化规律:

(1)开始5分钟。注意力分散。因为上一节是别的课,又经过课间休息,学生一下子转不过弯来。

(2)第6~15分钟。注意力比较集中。

(3) 第 16～20 分钟。疲劳,注意力较分散。
(4) 第 21～40 分钟。注意力集中。
(5) 最后 5 分钟。疲劳,又等着下课,注意力分散。

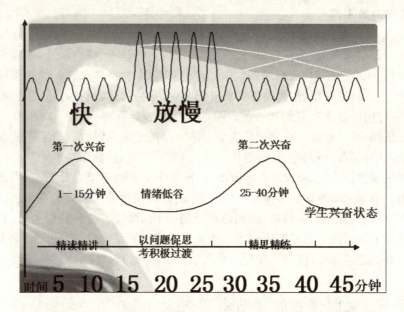

根据以上变化规律,教学的节奏在开始 5 分钟可以松弛一些,慢慢把学生的注意力集中起来;第二阶段就要充分利用,加强紧张度,让学生学到新的知识;第三阶段是疲劳区,可再把节奏放松,减轻学生的负担,让学生轻松地度过;第四阶段是一节课里的黄金时刻,学生的注意力有可能高度集中,教学节奏应该加强、加紧、加快;最后 5 分钟,节奏自然放慢,让一节课愉快地结束。

(二) 根据课堂教学结构来掌握节奏

课堂教学结构,向来有个自然形成的模式。过去的说法是:"复习旧课、引入新课—讲授新课—巩固新课—布置作业。"现在人们又总结了许多模式,其中比较简单的是把它归结为"发问—解疑—练习"。根据这样的结构,教学节奏可以相应地设计为"缓—急—缓"。发问阶段,要诱导学生思考,作发散性思维,节奏就要舒缓,让学生的脑子多转几个圈,想出问题来。假如这时节奏过于紧张,老师不断地提出新要求,反而干扰了学生的思维活动。解疑阶段,是教学的主要环节,教学的重点、难点要在这个阶段解决,教学目的的达到也要靠这个阶段的努力,因此,这个阶段的教学节奏,总的来说,应该是急的、张的、强的、快的。

当然，从细节来说，在这一段里也应加插些缓慢的、轻松的因素，使教学节奏强中有弱、急中有缓。最后的练习阶段，总的来说可以舒缓下来，让学生自己消化知识，动手做练习。

以上是从一节课的结构来说的。假如是一个单元（一章）的课，它的结构也可以是"发问—解疑—练习"，或者是好几个这样的过程的反复。这样从一个单元的教学过程来看，它的每一个课时（节）就不一定刚好是完成一个过程。即不一定刚好是"发问—解疑—练习"。也就是说，每个课时的教学节奏就不一定是"缓—急—缓"。有的课时，可能在急节奏、紧张的节奏中戛然而止；有的课时，可能一直处于和缓之中，当然也可能一直处于紧张之中。

（三）设计课眼，激起高潮

每个课，除了总体上要处理得波澜起伏之外，最好还能设计个课眼，激起高潮。"课眼"在何处？这主要从教学内容上来定，要在课的教学重点、教学难点处设计课眼。比如，能举一反三的，把它解透，其他就迎刃而解的问题，都可以设为课眼。课眼之处，要设法激起教学节奏上的高潮。课的高潮，应该是学生精神最亢奋、情绪最高涨、脑子最灵活之时，是学生学习最入神、学习效率最高之处。有时，为了解决某个问题，举个生动的例子，既令学生发笑，又令学生豁然醒悟，这也是激起高潮的好方法。

一节课以有一个高潮为好，当然"高潮迭起"也未尝不可。不过，切忌高涨不断。全是高涨，就等于没有高潮。

（四）注意学生反应，随时调整节奏

教学节奏的设计，只表达了执教者的良好愿望，能否按设计实施，还要靠执教者努力。执教者在具体施教时，一方面要按计划掌握节奏，另一方面还要时刻注意学生在课堂上的反应，随时作节奏上的调整，以保证完成教学任务。这包括：发现学生在课堂上心不在焉，就要考虑是否是因为教学内容太浅或太深。若太浅，就得加快节奏，转入学习新的内容；若太深，学生索性不听，就要放慢节奏，力求把难点讲解明白。如果发现学生学习兴致很高，神采奕奕，即使在一节课的"疲劳区"，也可以不改变节奏，一直维持强节奏，帮助学生避开"疲劳区"。但在快节奏地解决教学重点、难点时，如果学生显得疲惫，就要想办法提起学生的精神，这时不妨放慢节奏，说个笑话，调节一下。现在有些学校搞大小课配搭，即一天之内排一点 30 分钟一节的小课，和大课（45 分钟）穿插，这也是一种节奏的调整。有时候，因为自然环境的变化，也迫使教师调节教学节奏。如天气酷热，学生心情烦躁，无法安定下来学习，教学节奏只好放慢一些。

(五) 节奏的掌握因人、因课而异

节奏的快慢、张弛、轻重、缓急、强弱，表现在课堂教学上有一定的规律性，但也不能要求人人一律、课课相同。不同的教师，掌握节奏各有特色，从学生的年龄特征看，他们还是爱好快节奏、强节奏，而不习惯于老师的慢慢吞吞。作为教师应该尽量适应他们的特点和要求。

不同的课型和不同内容的课，其节奏也是变化不一的。我们常说的课型，如起始课、阅读课、复习课、练习课、实验课等，有的侧重于慢节奏，有的侧重于快节奏。课的内容不同，节奏的处理也有所不同。知识传授性的课，如历史课、地理课，多采用慢节奏；感情浓烈的课，如语文课的诗歌教学、抒情散文教学、政论文教学等，随着课文的感情变化，节奏也常常比较快而急。

时间如流水，一去不复返。一节课 45 分钟，"分分秒秒急煞人"。作为教师，要利用好这分分秒秒，以取得最佳的教学效果，就要掌握好教学节奏，让学生在每个 45 分钟内，无论处于何种情况下都能学有所得。无论上什么课，什么时候上课，都让学生绷紧脑筋，紧张学习，毫无轻松之时，固然不会有好的教学效果；相反，无论什么时候上课，都是轻松愉快，像游戏似的，学生毫无紧迫感，没有一点压力，也不一定能取得良好效果。

第五章　课堂教学启发艺术

一、课堂教学启发艺术的含义

课堂教学启发艺术思想及实践在中外教育史上是源远流长的。

在我国,"启发"一词源于《论语·述而》篇:"子曰:'不愤不启,不悱不发。举一隅不以三隅反,则不复也。'"也就是说,孔子启发教学的含义是:教导学生,不到他想弄明白而又弄不明白的时候,不去启示他的思路;不到他想说而又说不出来的时候,不去开导他的表达。举出一个方面的事理启发他,而他却不能自动推知领悟其他与此相关的三个方面的事理,我就不再告诉他。

中国教学史上最早系统总结教学理论的著作《学记》,对教学启发艺术也有精辟的论述。所谓:"君子之教,喻也:道而弗牵;强而弗抑;开而弗达。道而弗牵则和;强而弗抑则易;开而弗达则思。和易以思,可谓善喻矣。"意即:优秀教师教学总是注重启发诱导学生,使之晓明事理;引导学生而不牵着学生走,鼓励学生而不强迫学生走,启发学生而不代替学生达成结论。道而弗牵,师生关系才会融洽;强而弗抑,学习起来才感到轻快;开而弗达,才能使学生独立思考。师生关系融洽,学生学习愉快而又能独立思考,这就叫作善于启发诱导。

在国外,教学启发艺术的思想也受到历代教育家重视。古希腊教育家苏格拉底就经常采用谈话、问答的方法来使学生获得知识。例如,他向学生提出什么是"正义"等问题,要学生从具体的事例中说明自己对"正义"等问题的理解。然后他用反诘等方法,使学生陷于自相矛盾之中,承认自己想法的不全面性。这样步步追问,最后使学生获得较为全面的认识。这种教法,后世人称为苏格拉底法,又称"产婆术"。它是指教师不直接把结论教给学生,而是引导学生自己得出结论,把教师比喻为"知识的产婆"。苏格拉底说:"我不是授人以知识,而是使知识自己产生的产婆。"后来,人们奉苏格拉底为西方教学启发艺术的"第一人"。德国教育家第斯多惠也对教学启发艺术思想的理论化做出了卓越的贡献。他认为"教育就是引导",要调动学生的主动性。这是他启发性教学的首要原理,也是他教学成功的基础和标志。他说:"一个真正的教师指点给他的学生的,不是已投入了千百年劳动的现成的大厦,而是促使他去做砌砖的工作,同他一起来建造大厦,教他建筑。"他又说:"如果能激发学生的主动性,任何方法都是好的。"他主张实行启发性教学,认为:"在学校里必须使思维的工作高于一切。"他还认为:"只有在教师起领导作用的条件下,才能在教学过程中发展儿童的主动性。"他建议:教学要采用发展的方法,即"是一种归纳的或诱导的、分析的、回归的、启发式的教学方法"。启发式能激发学生的智力,使他们能够"探求、考虑、判断、发现"。他的名言是:"不好的教师是传授真理,好的教师是教学生去发现真理。"

综上所述,教学启发艺术的含义可以概括为:教师充分调动学生学习的积极性和主动性,遵循教学的客观规律,以高超精湛的技艺适时而巧妙地启迪诱导学生的学习活动,帮助他们学会动脑思考和语言表达,生动活泼、轻松愉快地获得发展。

二、课堂教学启发艺术的基本要求

教师运用课堂教学启发艺术应当注意些什么?有哪些基本要求?用什么样的手段才能取得良好的启发效果?怎样才能培养起学生热爱思维的品质?这些都是广大教师所关注的问题,课堂教学启发艺术的理论应当对此做出回答。

(一)启发思维应成为课堂教学启发艺术的主旋律

英国教育家爱德华·德波诺认为:"教育就是教人思维。"所以,启发学生的思维就成为教师教学启发艺术的主旋律,也是教师教学艺术的核心。

1. 要教会学生思维,即把如何思维的方法授予学生

俗话说:"授人以鱼,不如授人以渔。"只有让学生真正掌握了有关的科学思维方法,教师启发思维才不是一句空话。思维的一些具体方法,诸如分析法、综合法、比较法、概括法、抽象法、分类法等,一旦为学生所掌握,便会大大加强其思维的科学性,使学生能更有效地理解、巩固和运用所学知识,提高其主动学习的水平。

2. 要注意培养学生良好的思维品质

瑞士心理学家皮亚杰曾说过:"智慧训练的目的在于造就智慧的主动探索者。"可见,善于思考的人需要具备良好的思维品质,教师在教学中如果不能有意识地在这方面给学生以良好的引导,那也会误人子

弟。其实,不单思维的独立性品质很重要,良好思维的其他品质,诸如思维的广阔性、深刻性、敏捷性、灵活性与批判性等,也可以使学生的思维进一步走向成熟,而少犯一些片面化、表面化、教条化和权威化的过失与错误。

3. 要通过启发思维,达到发展学生思维能力的目的

教师通过启发思维,应使学生的各种思维能力都得到应有的发展,诸如形象思维能力、逻辑思维能力、直觉思维能力、聚合型思维能力、发散型思维能力、创造性思维能力等,其中以发展学生创造性思维能力为核心。因为创造性思维乃是主动地、独创地发现新事物、提出新见解、解决新问题的一种思维形式。学生创造性思维能力的培养和发展,有助于他们将来进行更大的创造。

（二）问题性教学是启发思维的有效手段

问题性教学之所以成为教师启发思维的有效手段,在于它具有以下两个重要特点：

1. 注意创设问题情境,激活学生的思维兴趣

因为人的思维活动永远是从问题开始的,疑问是引起思维的第一步。实践证明,疑问、矛盾、问题是思维的"启发剂",它能使学生的求知欲由潜伏状态转入活跃状态,有力地调动学生思维的积极性和主动性,因而它是开启学生思维器官的钥匙。有经验的教师都很注意通过质疑问难创设问题情境,让学生在这些问题面前自求自得、探索思悟。他们或用提问法,直接将问题摆到学生面前;或用激情法,间接激发起学生探求问题的热情;或用启趣法,使学生好奇、愉快地去深究趣味事物的所以然;或用演示法,使学生因惊叹结果的微妙而去推理其原因所在;或用故错法,让学生在笑过之后再反思其中的乖谬等。这些做法,无不有效地激活了学生的思维兴趣,使启发思维的活动落到了实处。

2. 讲究"布白"艺术,追求启发思维的实效

问题性教学所讲究的"布白"艺术,即指在教学中要留有余地,让学生在利用想象填补空白的过程中,追求启发思维的艺术效果。从心理学和美学角度来看,"空白"易使人产生一种急于"填补""充实",并使之匀称、完美的倾向,因此,这种"空白"有利于激发学生的求知欲,提高学生探究并解决问题的兴趣。一般说来,教学中过于"实",往往只能使学生记住条条框框,囫囵吞枣地生搬硬套。唯有以实为虚,化实为虚,使教学中有问题可供学生思考、探索,才能形成无穷的意味、幽远的意境。但如果在教学中教师"布"的"白"太多,或竟是一片空白,让学生无从捉摸,则亦不能取得启发思维的效果。教学中教师有意识地布白,只有能

引起学生联想和想象，生出"实"来，才是能启发思维的问题性教学艺术。

（三）必须掌握课堂教学启发思维的"点金术"

教师在课堂教学中启发思维的实效如何，还要看教师是否真正掌握并灵活地运用了启发思维的"点金术"。因为良好的方法乃是走向成功的关键因素。教师在课堂教学中启发思维，应注意遵循以下三条原则性要求：

1. 适时合度

实践证明，教师准确地把握好教学时机，有利于在思维的最佳突破口点拨学生心灵的乐曲，启迪学生智慧的火花。同时，教师启发思维的问题，深度的难易要适中，速度的快慢要得宜，广度的大小要恰当，量度的多少要相应，恰到好处地引发学生积极思维，使学生的思维提高到"最近发展区"的水平。这就要求教师在启发思维时掌握好精到的教学艺术辩证法，适时合度地指挥学生的思维运动。

2. 因人循序

教师启发思维应注意学生的个别差异性，因为每个学生的个性特征、知识结构、思维类型是各不相同的，这就决定了启发思维的重点难点、方式方法等必须因人而异。教师启发思维的这种个别性追求，正是使课堂教学与因材施教紧密结合，增强其针对性的关键措施。另外，教师启发思维还应注意遵循学生的认识规律，循序渐进。学生的思维发展总是从具体到抽象、从个别到一般、从简单到复杂的，教师循其"序"而导引，可以使学生课堂思维活动富有节奏感和逻辑性。不过，有时故意打破其序，使学生超越知识空白而跳跃前进，大胆设想猜疑，然后小心实验求证，也是发展学生直觉思维与创造性思维的必需。

3. 反馈强化

教师在课堂教学中，调动各种途径和手段启发学生思维时，也应注意"听其言，观其行"，接受从学生身上发出的反馈信息，并及时地做出相应的控制调节，使启发思维的艺术取得最优效果。这就要求每个教师在课堂教学中"眼观六路，耳听八方"，有较好的注意分配能力。这样才能及时地捕获准确的反馈信息。同时，对于学生所发出的反馈信息，教师还应做出及时而准确的评价，强化学生的思维操作，调动学生课堂思维的积极性。教师恰到好处的表扬或赞许，会使学生的思维活动方式得到积极强化；教师恰如其分的批评或否定，会使学生及时改正思维的错误。教师的一言一行、一举一动，都会具有微妙的评价意义，都将直接影响到学生思维方式的持续或改变，使启发思维的艺术卓有成效地深入学生心灵。

（四）要培养学生对思维劳动的热爱

学生在课堂教学中紧张而愉快的思维活动，是一个人智慧绽开绚丽之花的直接动力。或者说，学生的课堂思维劳动直接关系到学生日后的全面发展，在课堂教学中肩负着重要的使命。教师在启发思维过程中，必须采取有效的手段，培养起学生对思维劳动的热爱。

1. 让学生直接体验到课堂思维劳动本身的乐趣

培养学生思维兴趣的途径，莫过于让学生直接体验到课堂思维劳动本身的乐趣。其实，在思维过程中，那疑问迭出的悬念、逻辑严密的推理过程、探求未知的好奇心、豁然开朗的顿悟等，皆可令人享受到参与创造的幸福感和愉悦兴奋的情绪体验。这无疑是一种强有力的强化剂，它促使学生凡事皆问个"为什么"，从而在质疑释难中探索不已。教师要指导学生对思维过程特点有个比较全面深入的认识，并掌握思维运动的基本规律，以利于学生顺利地进行思维，体验到成功感带来的快乐。

2. 让学生切实成为课堂思维活动的真正主人

教师在启发思维的教学中，应多给学生一点思维的主动权和独立自主地发现问题、提出设想的机会，而不是越俎代庖，代替学生思考，做学生思想的保姆。教师更不能在教学中有意压制学生的独立思维，不讲教学民主，搞"一言堂"，那样就从根本上剥夺了学生独立思维的权利，教师的所谓"启发思维"也就失去其意义了。相反，只有发扬教学民主，尊重学生的主体地位，才能使学生切实成为课堂思维活动的真正主人。

三、启发式教学法的原则

1. 激发学生的积极思维

这要求教师注意激发学生的学习动机，培养学生的学习兴趣，让学生成为学习的主人。学习是复杂的思维活动，是在教师的指导下，不断地提出问题，分析问题和解决问题的过程。在这个过程中，学生要积极进行思维活动，逐步提高分析问题和解决问题的能力。教师在传授知识的过程中，随时注意开启学生的思路，启发学生积极开动脑筋，通过学生自身的思维活动，对所学知识融会贯通，理解消化。课堂提问就是一种引导学生主动思考的有效方法。那么，在课堂上如何提问调动学生学习的积极性,使一个复杂的问题变得简单化,便于学生思考,这其中包含着许多教学的艺术性,需要教师在备课过程中深思熟虑,讲课时灵活处理,根据学生的具体反映随机应变地处理课堂教学内容,来取得良好的教学效果。教材内容的编排一般遵循由浅入深、循序渐近的原则,有时为了激发学生的思维,避免照本宣科,在课堂教学中,也可以对其内容进行灵活、适当调整,使学生在学习过程中体会跳一跳"摘桃子"的感受。

2. 在教学目标上,以坚持实行素质教育,实现人的全面发展为目的

现代启发性教学思想与"以传授知识为最终目的"的或仅注重人的智力发展的教学思想是根本对立的。它反对食而不化、仿而不创的"学而优",反对扼杀人的主体精神和个性的"死读书"。因此,现代教学思想反对那种只注重如何提高学生应试成绩的单一化教学目标,它从人的全面发展出发,以培养创新精神和实践能力为重点,确立多元化的素质教育目标,在教学中从重传授知识转变为重指导学生学会学习、重学生能力养成,使学生在知识、能力和素质上协调发展。

3. 在教与学的关系上,坚持教师的主导作用与学生的主体作用相结合

教师的"教"是为了使学生更有效地"学",从根本上来说是为了促进学生个体发展和主体精神的培养。因此,必须改变以教师为中心的教育教学观念,承认学生是有灵性、有理性、有感性的能动主体,强调学生积极主动参与教学活动,在教学上建立一种平等、民主的新型师生关系,一种师生为探求知识和真理而共同合作的、教学相长的伙伴关系。教师要通过重视学生的个体差异来面向全体学生,把调动每一个学生的学习主动性、积极性和创造性作为发挥教师"主导"作用的出发点和落脚点。

4. 在教学过程和方法上、注重师生之间的交流

现代启发式教学思想反对那种"满堂灌""填鸭"式的"注入式""单向灌输知识"的教学方式,强调加强师生之间、学生之间的沟通交流,形成一种能容纳不同观点、不同思维方式的教学氛围,鼓励学生积极思维,敢于提出问题,善于提出问题,以取得较好的教学效果,促进学生创新精神的培养。这要求教师要创造民主和谐的良好氛围,形成良好的师生关系和生动活泼的课堂气氛,使民主与科学精神在课堂教学中得到充分的张扬与展现。

5. 启发学生独立思考,发展学生的智力和能力

这要求教师善于提问善于设问,通过科学而有层次的问题来启发

学生的思维，使其在经常性的"茅塞顿开"中发展逻辑思维能力。教师在传授知识的过程中，还要注意发展学生的智力和培养学生的能力。叶圣陶先生说的"教是为了达到用不着教"的意思，就是要求我们教会学生独立学习，要求教师有目的有计划地培养，提高学生对客观事物和所学知识的观察、分析、比较、归纳、综合、抽象、概括、演绎、推理、判断、加工、创造和表达等方面的能力。这些能力的培养要持之以恒地通过各种方式培养训练才可能见效。

6. 让学生动手，培养独立解决问题的能力

这要求教师要注意培养学生解决实际问题的能力，通过由易到难的各种作业与实际动手操作活动，来培养学生独立解决问题的能力。

总之，在有限的时间内，教师应该尽可能最大限度地创设各种教学情境，发掘和依靠课堂教学中的各种积极因素，充分调动学生学习的积极主动性、自觉性和创造性，激发他们的学习动机和学习兴趣，启发他们独立思考，发展他们的思维能力以及分析问题和解决问题的能力，在肯定教师的主导作用的同时，突出学生的主体性，突出实验教学，突出形象化、直观化教学法，突出学生的实践活动，激励他们积极思考，主动探索，发展智力。既教会他们如何学习，也教会他们怎样做人，使启发性原则在对学生实施素质教育的过程中充分发挥其深远的影响和积极的作用。

四、课堂教学启发艺术的方法

（一）比喻启发

所谓比喻启发，是指教师灵活运用自然贴切、新颖有趣、生动形象的巧譬妙喻，将教学内容化难为易、化深为浅、化繁为简、化生为熟、化理为趣，达到启智开塞的目的。优秀教师都是善用比喻启发的高手。河北省邢台市特级教师陈甫林，把形象比喻作为进行启发教学的重要手段。他说："教学也是一门艺术。对物理概念作适当的比喻，使抽象的概念形象化，有助于学生对定律、公式和概念的理解与记忆，能起到弥补仪器不足或无法充分表达等缺陷的作用，能化枯燥为有趣，激发学生对学习物理的兴趣，从而提高教学质量。"

（二）故事启发

所谓故事启发，是指教师精心选择与教学内容密切相关的、简短有趣而又能说明问题的故事（具体事例），让学生从中受到有益的启示。

如有一位老师上生物课,讲到昆虫的趋食性这一节时,讲了这样一个故事:"在楚汉相争中,项羽被刘邦击败,星夜逃跑,当天亮到达乌江岸边时,突然发现江边有几个黑色大字:'项羽必亡。'他走近细看,黑字全是蚂蚁拼成的。顿时军中一片混乱,他们认为这是天公要灭项羽。项羽无奈,拔剑自刎了。"这时同学们个个聚精会神,纷纷猜测其中的道理。最后,在教师帮助下揭开了这个谜。原来是刘邦的军师张良利用昆虫具有趋食性的道理,黑夜派人用食油和米糖在江边写下了那几个字,招来无数蚂蚁,造成项羽军心的恐慌。故事启发的效果如何,主要取决于教师所选故事与教学内容的相关程度和教师本人讲故事的能力水平。

(三)直观演示启发

所谓直观演示启发,是指教师利用直观手段和演示操作,让学生边观察边思考,将感性认识升华为理性认识。如一位教师讲解鲫鱼鱼鳍的功用时,先在盛着清水的玻璃缸里放一条鲫鱼,鲫鱼在水里活泼地游泳。让学生看清以后,他用薄木片和橡皮筋把鱼的尾及尾鳍夹住,这时鱼游泳的速度变慢,问学生为什么,学生思考后回答:"鱼主要是靠尾和尾鳍的摆动来游泳的。"接着他把一侧的胸鳍和腹鳍剪去,学生看到鱼体总是向着一侧游。问学生这又是为什么,学生回答说:"可见偶鳍能帮助鱼体拐弯。"最后,他把另一侧的偶鳍和背鳍及臀鳍全部剪去,鱼体完全侧了过来,无法保持正常的游泳姿势。学生很容易地得出了"奇鳍和偶鳍都能帮助鱼体保持垂直姿势"的结论。直观演示启发的关键,是教师不直接告诉学生,而是引导学生通过观察和思考自己得出结论。

(四)表情动作启发

所谓表情动作启发,是指教师根据学生的特点,使用眼神、手势、表情、体态等"无声语言",将有关信息暗示给学生,使之心领神会。如据说有一次孔子带领弟子到老子处求教。孔子向正在闭目养神的老子施过礼后,恭候一旁。老子闻声,将眼睁开,孔子赶忙请安说:"弟子孔丘特来求教。"老子不语。过了好一会,老子才张开"一望无牙"的嘴,让孔子看了看,又伸出舌头,让孔子看了看,然后就又闭目养神了。孔子连忙施礼道谢,率弟子退出。弟子们不解,怪老子无礼。孔子解释说:"老子不是已经给我们以教诲了吗?老子是说牙齿是坚硬的,却又是软弱的;舌头是软弱的,却又是刚强的。看起来坚强的牙齿却全掉光了,而看起来柔软的舌头却完好无损。老子把刚柔、强弱的辩证关系讲得多么深刻呀!"弟子们这才恍然大悟,高兴而归。值得注意的是,使用表情动作启发,一般要求对方有较高的悟性,能够与启发者"心有灵犀一点通"。

(五) 设疑启发

所谓设疑启发,是指教师利用问题来有效地引导并促进学生对教学内容做进一步的深入思考。设疑,一般可以有三种办法:

一种叫"引疑",是教材上有的,学生未看出来,由教师将其"引"出来。如:毛泽东给徐特立的祝寿信,开头的称呼是"徐老同志"。学生粗略看过,未见有疑。教师就可问学生:为什么称"徐老"而不称"老徐"?"徐老""老徐""姓徐的老同志"这三者有何不同?这样,疑就"引"出来了。

第二种办法叫"激疑",激励学生去想疑。如,讲《乌鸦喝水》时,讲完把石子放下去,瓶子的水就升高了,乌鸦就能喝到水了。教师再提一个问题:"把木块放进去,水能升高吗?"这又可以进一步激起学生的"疑"了。

第三种办法叫"故疑",就是没有疑而故意提出疑。如对于"鸟宿池边树,僧敲月下门",教师讲解了这番情境之后,再把贾岛骑驴作诗,和韩愈商讨用"推"还是"敲"的故事简单讲一下,让学生再去议"推""敲"的不同,就可议出不少"疑"来。引疑、激疑、故疑,都是要引起学生的认知矛盾,学生有了认知矛盾,就能"心愤求通"了。

(六) 类比启发

所谓类比启发,是指教师将相互联系的事物或知识放在一起或先后讲述,让学生通过对照比较,觉察其中的联系,而进行类推,得出结论。如有位教师在教"约数和倍数"这一概念时,把班上较高和较矮的两个学生叫到讲台前,然后问:"李明最高,邹波最矮,这种说法对吗?"学生马上活跃起来。接着他又问:"难道李明不是高的?邹波不是矮的?"教室里顿时鸦雀无声,旋即三三两两地小声交谈起来,显然是学生在探索问题的症结所在。这时有一个学生回答:"不对,李明是比邹波高,但他比大人矮,邹波比李明矮,但他比低年级学生高。"说得学生个个点头表示赞成。此时教师又引入约数和倍数的概念,问:"3是约数,6是倍数,这种说法对吗?"学生纷纷举手,一致表示不对,教师再进一步问:"为什么不对?"学生回答:"3是6的约数,又是1的倍数;6是3的倍数,又是12的约数。"从而得出了约数和倍数不能单独成立的概念。通过成功的类比启发,可以使学生举一反三、触类旁通。

(七) 图示启发

所谓图示启发,是指教师在教学中利用直观图示,给学生留下深刻的印象,并使其进一步深思其含义。如鲁迅先生为了使学生更容易领会他所讲的内容,有时就在黑板上画出图来,或预先准备好挂图,帮助语言来说明问题。一次讲到古代人什么样是坐,什么样是跪,什么样是拜,单靠嘴巴讲解也是费气力又难奏效的。于是他拿起粉笔,转身就在黑板上画出坐、跪、拜的三个图像。学生们看着黑板上的图像,就一目了然了。还有一次,鲁迅先生在讲演"革命文学"时说:要写出革命文学,首先要做一个"革命人",不要一只脚站在"革命"上,一只脚站在"文学"上。他讲着讲着就用粉笔在黑板上画了一个人,一只脚站在一个写有"文学"两个字的葫芦上。这一图画形象地揭露了20世纪30年代上海滩上那些挂着"革命文学家"招牌的资产阶级文人的丑恶嘴脸。学生们回忆说,当时听的人望着那富有深刻含义的图画,都忍不住大笑,在笑声中,鲁迅先生传授的革命真理就深印在脑海中。图示启发要注意使用精当,力求能引起学生的思考,不可滥用。

(八) 点拨启发

所谓点拨启发,是指教师在教学中给学生指点迷津、拨开疑雾,使学生明确思路、抓住要旨。安徽特级教师蔡澄清就善用点拨法指导学生的学习和思考。在古典诗词教学中,他一方面进行诵读过程中的声调点拨,即帮助学生明音调的高下、辨节奏的疾徐、察韵脚的轻重,拨正学生诵读中出现的声调偏误,点出声调中应有的气势和情感,以让学生尽快实现"披文入情"的过程。另一方面进行理解过程中的情意点拨,即从语词内涵点拨其"情境"意义,从形象体味点拨其情感因素(包括点移情、点烘托、点象征),从风格把握点拨其意象组合,以使学生由诵读而形成的意会知识得到明晰和深化。点拨启发如巧妙、精当,可收到画龙点睛的效果。点拨启发要求教师功力深厚、高瞻远瞩、区别主次、抓住关键,使学生在受到点拨后能有效地提高学习效率和思维水平。

此外,教学启发艺术还有许多具体方法,如练习启发、讨论启发、创境启发、激情启发、问答启发、反叩启发、侧面启发、纠错启发等。

第六章　课堂教学幽默艺术

一、课堂教学幽默艺术的含义

（一）幽默

关于幽默，各有各的理解和说法，但如细加分析，大抵可分为两类：一类是主张把所有逗笑的事物都叫幽默，这一派主张可称作广义的幽默；另一类是把幽默和仅博一笑的滑稽逗乐加以区别，这一派主张可称作狭义的幽默。

近来，美国大众心理学家特鲁·赫伯在其《幽默的艺术》一书中精心区别了三个相互联系又容易混淆的概念，对我们准确地理解和把握幽默很有帮助。在他看来，幽默、幽默感和幽默的力量是三个不同的概念：所谓"幽默"，是指一种行为的特性，能够引发喜悦，带来欢乐，或以愉快的方式使别人获得精神上的快感。"幽默感"是指一种能力，是理解别人的幽默和表达自己的幽默的能力。而"幽默的力量"则是一种艺术，是运用你的幽默，应用你的幽默感，来增进你与他人的关系并改善你自己的人格和品质的艺术。并且他还极力主张："所有的人都来学习幽默的艺术，以免使这世界干涩、枯萎。"我们基本上赞同特鲁·赫伯对幽默的见解。

（二）教学幽默艺术

所谓的教学幽默艺术，乃是指将幽默运用于教学并以其独特的艺术魅力在学生会心的微笑中提高教学艺术效果和水平的活动。教学幽默艺术的特点是既要有幽默的一般特点——机智性和娱乐性，又要有其特殊规定性——即在教学中的教育性。可以说它是形神兼备的——其"形"是幽默，而"神"则是教育；也是寓庄于谐的——其外部表现是"谐"，给人以愉悦感受，而里面的内核是"庄"，给人以教育收益。

教学的幽默艺术是一种使教学活动在意外的倒错或矛盾中表现出某种教学意图并使学生获得轻松愉快、典雅含蓄的笑声的一种操作"机智"，"是教师在组织教学、传授知识时所表现出来的一种机敏、风趣和巧智"。教学幽默艺术以其较高的审美趣味和显著的教学实效，赢得了越来越多的关注。如特级教师魏书生明确地向自己提出"每堂课都要让学生有笑声"的要求,他在课堂上一向力求使用幽默、风趣的教学语言,不仅使优秀的学生因成功而发出笑声,也能使后进生在愉快和谐的气氛中受到触动。

人们为什么这么重视教学幽默艺术,并主张教师必须具备教学幽默艺术的能力呢？这是因为教学幽默艺术本身具备多方面的独特的教育功能。一项社会学调研指出,幽默感在高年级学生眼中,是教师第三位最有价值的品质,仅仅次于"本学科渊博的知识"和"尊重学生个性"。还有一份调查表明:"一半以上的被调查者喜欢擅长说笑话的教师。"的确,我们平日不难发现,学生不喜欢法官式的面孔,对威严型的教师往往敬而远之。他们喜欢风趣的笑脸,对幽默型的教师格外亲近、尊敬,这是因为富有幽默感的教师能随时通过教学操作传给学生"三味":兴味、寻味和情味。

二、课堂教学幽默艺术的类型

课堂教学幽默艺术在教学过程中的表现是多种多样的,按照其表达方式来分,可有以下几种基本类型:

(一) 语言幽默

教学语言幽默包括口头语言幽默和书面语言幽默两种。口头语言幽默指教师授课语言,特别是在导语、插语和结语中有意采用妙语警句、双关语、故错、飞白等修辞手段来制造幽默,而收到愉悦谐趣的艺术效果。如有的学生作文时往往文不加点或一逗到底,教师讲评时便上气不接下气地由站着念到红脸弯腰直到不得不蹲下。学生困惑地说:"老师,停顿一下再念吧!"老师则喘着粗气笑着回答:"可文章中并没有句号呀!"结果学生在善意的笑声中收到了意外的教育效益。

书面语言幽默,是指教师在板书或作业评语中运用幽默手段来"幽默",以达到教育学生的目的。如有一个教师对一个作文爱用"了"字的学生写了这样一段批语:"该用'了',你不用'了',不该用'了'尽是'了',你'了'字用得太多了,希望今后不要滥用'了'了。"学生看到老师的'了'字评语和自己的'了'字作文相映成趣,欣然接受老师的批评并改正了自己的缺点。

(二) 体语幽默

指教师在教学中利用幽默化的眼神、表情、体态、手势等动作形象来"幽默",以引起学生的注意或沉思。如魏巍《我的老师》中蔡老师用教鞭在孩子们头上晃了一下,但并没有打下去,孩子们笑了,魏巍多年还铭刻在心,可见其感染力之大。特级教师魏书生在一次教学中,发现一位同学想回答问题,胆又不大,手想举又不想举。魏书生便学他的样子,把手举了两举,缩了两缩。同学们见老师滑稽的样子,哈哈大笑起来。那位同学也笑了,并且果断地举起手来回答了问题。

(三) 辅助幽默

指教学辅助手段中的幽默因素。如教具幽默即指辅助教师教学的直观教具如模型、标本、挂图、表格等"幽默"出一种视觉形态,而具有引人发笑的特点。再如电教幽默,像用漫画幽默制成的幻灯片,用相声灌制的录音带,以及带有喜剧色彩的录像等,都可成为"幽默"的好材料。

(四) 整体幽默

若幽默成为一个教师教学中经常出现的较稳定手段,并进而形成自己一贯的以幽默为基调的教学特点,即可称之为整体幽默教学风格。

三、课堂教学幽默艺术的基本要求

幽默性语言艺术有自己特殊的质的规定,它具有自己的基本要求。

(一) 科学性

科学性要求教师在课堂教学时准确无误地使用概念,恰如其分地遣词造句,科学逻辑地传道、授业,令人信服地答疑解惑。在教学时,教师要反复锤炼自己的语言,做到幽默要以其规范性、科学性为前提,从而准确传达教学信息。

(二) 教育性

教育性要求教师的语言对学生具有教育作用。幽默性语言艺术的教育性,体现着教师的责任和义务。幽默的材料和语言的教育性取决于它的思想性,取决于是否有利于培养学生的正确的人生观。幽默应针对学生普遍关心的各种不同问题,敢于触及学生中的热点和难点,注意他们在不同阶段表现出的各种不同思想变化,抓住教育的最佳时机,本着正面引导的原则,用新颖活泼的方法、令人信服的事实进行教育,既能解决学生模糊认识的问题,又能收到教育的最佳效果。

(三) 美感性

美感性要求教师在运用语言时善于发挥汉语优势,在语音、语速、语调、语句上富有美感和趣味性,在内容上雅而不俗。那种以制造"噱头"哗众取宠,以挖苦打趣赚取笑声,以及所谓俏皮的浅薄语言只不过是一种庸俗趣味，除博人一笑外，不能给人以精神的、美的享受。

（四）愉悦性

愉悦性要求幽默能激起学生的愉悦感，使人轻松、愉快、爽心、舒心。幽默是笑的艺术，没有可笑，也就没有幽默感。要使教学语言具有幽默性，所表现的内容就要求或为矛盾百出，或为怪异乖戾，或为荒唐滑稽，或为巧智奇思，或为愚不可及。幽默所表现的这些令人发笑的内容，是现实生活各种矛盾和现象的折光，是其中可笑可怪成分的放大。这种幽默所引起的笑，使学生的情感得到释放，实现情感交融，形成愉悦性教学氛围。

（五）启迪性

启迪性要求幽默性教学语言寓庄于谐，通过可笑的形式表现真理和智慧。通过幽默，学生在笑声中得到启示，领会课文基本观点、原理，懂得一定生活道理。幽默是严肃的，具有深刻的哲理。它总给人以启迪，令人深思，使学生在笑声中获得真知和提高，取得好的教学效果。

（六）含蓄性

含蓄性要求教师用诙谐的语言、形象化的方法暗示所说明的道理，启发学生思考，幽然默识，思而得之。因此，它常常要借助比喻、双关、夸张、对偶、谐音、活用、移就等手法，这些语言手段的巧妙运用，往往产生委婉曲折、含蓄蕴藉的幽默效果。如果平白直露，不给学生一个想象和再创造的范围，味同嚼蜡，淡乎寡味，还有什么幽默艺术可言呢？

（七）适度性

适度性要求幽默的运用要恰当，要把握"度"的原则。从质上看，幽默素材要恰当，要适应学生年龄特征、接受能力和教学要求，切不可不加选择地滥用。从量上看，歌颂和讽刺的比例要适当，应以正面教育为主，以歌颂性内容为主。要以教学效果作为衡量幽默适度性的标准的重要依据。幽默是手段，它本身不是目的。如果幽默没有分寸，便会舍本逐末，喧宾夺主。

幽默不是雕虫小技，而是智慧和情感的体现，是一门科学，也是一种艺术。只有对学生充满真诚的爱，只有对教学内容有深入的了解和正确的把握，只有挖掘、积累幽默素材和具有较好的文学修养，教师才能在教学过程中创造出幽默，并恰如其分地加以运用。

四、课堂教学幽默艺术的技巧与方法

创造幽默的具体技巧与方法多到不可胜数,孙绍振教授曾著《幽默答辩50法》予以总结,很值得教师创造教学幽默艺术时参考。他说:"方法变化多端,全在曲尽其妙,大体则有,定体则无,动用之妙存乎一心。若无临变制机之巧,则百法而无一用,有法而成累赘,不如无法。若有七窍玲珑之智,则无法也能生法,一法能化万法也。即所谓无法之法是为至法。"所以,下面所述教学幽默艺术的技法,也是只能借鉴,不能照搬的。教师须在实践中灵活运用,不断丰富自己创造幽默的"细胞",为自己的课堂教学增辉添色。

(一)婉曲释义法

根据教学艺术的需要,对某些概念、语词的内涵、外延作巧妙或歪曲的解释,即可形成独特风味的幽默艺术。美国作家安彼罗斯·迪尔斯即利用释义这一手法,对一些原先枯燥乏味的名词作了新的解释,使人读后对事物的本质有豁然顿悟之感,而且引人入胜,别有一番情趣和风采。比如,"政治":指谋求利益而从事的公务;"外交":指为本国而撒谎的活动;"和平":指两次战争中的一段间隔;"坦克":指超级大国用来拜访朋友的交通工具,等等。国内有一位教师也很注意在教学中使用经婉曲处理的幽默语言,并收到了良好的效果。如找早恋学生谈话,用"男女间情感过近了";说"偷东西",是"没经主人允许拿东西";说"骂人",是"语言不文明";说"打架",是"武力解决矛盾";说"考试作弊",是"借助别人记忆材料";说"旷课",是"失去一次学习良机";说"上课随便说话",是"语言失控"等。婉曲释义法的魅力于此可见一斑。

(二)巧用笑典法

在教学中根据内容需要,精心设计或引用幽默诙谐的典故插曲,即可达到内容与笑典相映成趣的效果。如有位教师讲《捕蛇者说》,讲至最后一句"故为之说,以俟夫观人风者得焉",让学生看课文底下对"人风"的注释:"人风",应作"民风",唐朝为了避唐太宗李世民的讳,"民"字改用"人"字。为了加深学生对"忌讳"的理解,教师便着意夹叙了一个笑话:我国古代对于地位或辈分比自己高的人,依礼不得直呼其名,连名字里的每一个字都不能念出口,谓之"忌讳"。五代时有个大官叫冯道。《籍川笑林》曾记载冯道的门客讲老子《道德经》的故事。《道德经》开卷第一句是:"道可道,非常道。"门客因讳冯道之名,不敢读出

"道"字来,只得念:"不敢说,可不敢说,非常不敢说。"这一个笑话的使用,不仅使学生加深了对"忌讳"这一知识的理解和记忆,而且对课堂气氛的活跃或调节起到了重要的作用。

(三) 行为乖谬法

教师在教学中针对具体情境采取有悖常理的奇怪举动,其夸张荒谬的形式实为一普通常理服务,往往能收到出奇制胜的幽默效果。如有些学生经常不自觉地把得数部分小数点后末尾的"0"留了下来。有一次学生板演,写成"4.82+1.68=6.50"。教师在订正时,突然从抽屉里摸出一把明晃晃的大剪刀,并问学生:"谁知道我要用这把剪刀做什么吗?"学生们都愣住了。教师接着说:"我要给这个得数剪尾巴了。"这时同学们才恍然大悟,全都笑了。果然在以后几次作业里这种现象就消失了。这就是行为乖谬法成功运用的一个实例。

(四) 借题发挥法

教师在教学时就某一问题暂停其本义的顺向推进,而旁逸斜出作横向联系,借此题而发挥彼意,也能构成别有意味的幽默。如鲁迅先生很推崇国外一些写得出色的文艺理论书,在阐述问题时"往往夹杂着闲话或笑话,使文章增添活力,读者感到格外的兴趣,不易于疲倦"。鲁迅先生在课堂教学中也常常运用这一方法。他讲《中国小说史略》第四篇《今所见汉人小说》的时候,讲到《西南荒经》上说有一种什么"讹兽",人吃了就要说谎话。这时他很自然地插上一段生动的问路故事。说是在十里洋场的旧上海,有人走到岔路口向人问路,谁知甲说向东,乙说向南,丙说向西,三个人回答了三个方向,这真个叫你啼笑皆非。在这段活灵活现的讲述之后,鲁迅先生幽默地来了一句:"大约他们都食过讹兽吧!"于是大家哄堂大笑。看来这是一段闲话,但是闲话不闲,在这里,鲁迅先生借"讹兽"之题对旧中国的一种恶劣的社会现象进行了辛辣的抨击。学生们在哄然的笑声中,既加深了对"讹兽"的理解,又接受了严肃的思想教育,并且确实"感到格外的兴趣",精神振奋,要往下听。

(五) 轻言拨重法

以轻松平常的语言事例漫不经心地拨倒本来紧张重大的难题,而轻易走出困境,亦使人因"历惊无险"而释然畅怀而笑。如特级教师林炜彤针对刚开始学写议论文时,几乎所有学生都说枯燥、难懂、不会写的情况,进行辅导。他说,议论文其实并不神秘,我3岁的小孙女也会作议论文。有一次小孙女说:"我最喜欢爷爷了。"这是论点。"爷爷喜欢我,不骂我,买棒冰给我吃,还带我到儿童乐园去玩。"举了四个论据。"所以我喜欢爷爷。"这是结论,与开头呼应。这个例子一举,整个教室里充满了笑声,在笑声中学生理解了议论文的基本特征,消除了写议论文的畏难情绪。

(六) 刻意精细法

在教学中教师将通常模糊定性论述的东西,刻意地加以精细定量描述,可产生喜剧性的幽默效果。如有位教师在讲人生价值时这样描述人体的物质价值:"构成人体的水,足以装满一只容量为45升的水桶;人体里的脂肪,可以制造7条肥皂;人体中的碳,可以制造9000支铅笔;人体中的磷,可制2200根火柴;人体中的铁,可造2根铁钉;人体中的石灰,可足够刷两个鸡棚;还有少量的镁和硫……"教师"严肃认真"的精细论证,使人忍俊不禁。当提醒学生要珍惜时间,将主要精力用于学习时,教师一本正经地引用西方统计专家的数据:"假如一个人的寿命为60岁,那么他总共有21900天。一生时间的用途分别为:睡觉20年(7300天),吃饭6年(2190天),穿衣和梳洗5年(1825天),上下班和旅行5年(1825天),娱乐8年(2920天),生病3年(1095天),等待3年(1095天),打电话1年(365天),照镜子70天,擤鼻涕10天。最后只剩下3205天,即8年零285天用来做有用的事情。"统计数据的"精细"程度,教师引证的良苦用心,令同学们听后既享乐意又得教益。

(七) 故错解颐法

故错解颐法就是对名词、概念、观点表述书写故意出差错,歪曲它的本来含义,从而起到以误辅正的作用。例如有的教师在讲到"法人"这个概念时,故意望字生义地解释:法人就是法国人,法人就是犯了法的人,法人就是有法术的人……一连串的错误荒唐的理解,引得同学们捧腹大笑。当学生在笑声中认识到这些解释的荒谬后,再认真陈述概念的真实意思,往往可以给他们留下深刻记忆。

(八) 直落反差法

在教学中教师将事情的进展与结果的大距离反差猛然抖落,可使学生在意料之外的惊异后禁不住发笑。往往是落差越大,效果越强烈。如笔者听一位老师上四年级的作文课《场面描写》,他一走进教室,便微笑着要求学生背诵《神笔马良》这篇课文。学生背不出,无一人举手。老师降低要求,只要背出几个自然段也行,可毕竟过了这么长时间,这篇课文又不要求背诵,学生还是摇头。老师随便点了一位学生。这位学生满脸通红,其余学生有的把头低下,有的无可奈何地望着老师。这位老师却严肃地对大家说:"谁坐得不好就点谁背。"大家立刻坐好,教师只好请中队长背……正当我大失所望,认为这节课砸了锅时,这位老师笑着解释道:"我知道你们背不出,之所以要你们背是因为今天的作文内容是'场面描写',我想让你们体会一下背诵不出课文时的紧张场面,然后把它写出来。"大家顿时恍然大悟,露出了会心的微笑。

(九)逻辑归谬法

对错误的言行并不正面指出,而是以此作为前提进一步演绎,得出一个不说自明的荒谬结论,从而暗示错误言行的错误之处,即是逻辑归谬法。这种教学幽默艺术因教师用幽默掩去直接批评的锋芒,会使教师的观点更易为学生接受。如有位教师为四年级的小学生出了个作文题目《放学路上》,结果绝大多数学生都写一些虚构的俗套的故事,因而惊人的雷同。如果正面去讲评就只能说,这么多雷同,只能证明你们都是编造的。这样批评自然很正确,但并不一定有趣,也不一定能立刻使小学生心悦诚服地和教师在看法上一致。这位老师采用逻辑归谬的幽默处理,让学生自己感到虚构雷同的可笑。他说:"你们的作文,三分之一写捡到钱包交给警察,三分之一写在公共汽车上给孕妇让位,三分之一写扶老人过马路。别的不说,光说捡钱包,我活了这么大年纪,上班下班走了这么多年,就没有你们那样的好运气,我怎么一次也没有捡到过钱包啊!"小学生哄堂大笑起来。这说明,他们立刻分享了教师的幽默,也接受了老师的观点。

(十)抑扬顿挫法

抑扬顿挫法就是教师在陈述过程中,通过语言的轻重、快慢、停顿等方法取得幽默效果的方法。如在讲"事物的联系是客观的,不是主观臆造的联系"时,有一位教师在课堂上模仿街上算命先生的模样,戴上眼镜,扳着指头,装模作样地卜算。然后装出惊喜的表情夸张地说:"你的命真好——啊——(停顿)。明年一定能(重音)上大学(停顿),30岁发大财40岁官运亨通50岁荣华富贵……(连句快速)",把全班同学都逗笑了。稍后,语气一转,正色道:"'指纹手相决定人的命运',这是臆造的联系。"学生在笑声中明白了哲理,也懂得了看相、算命、占卦纯系诈骗钱财的封建迷信勾当。

(十一)形象比喻法

形象比喻法又叫打比方,就是运用某些具体、浅显、熟悉的事物去说明抽象费解的内容,使所说明的道理具有趣味性、感染力和说服力。如在讲到由于采用新技术,资本家获得了更多剩余价值时,有的学生提出"新的机器设备能创造剩余价值"的观点。对这一观点的理论说明较抽象,也较难理解。因此,教师在引导学生细读剩余价值概念,明白剩余价值来源之后,反问了一句:"如果张××用棍棒打死了一只鸡,你认为打死鸡的是棍棒吗?"许多同学心领神会,不禁大笑。这一比喻既新奇又恰当,幽默风趣,揭示了问题的实质。

(十二) 自我调侃法

自我调侃法,顾名思义,就是拿自己开玩笑,幽自己一默。教师在教学时自己开自己一个玩笑,没有什么不好的,并不会让老师自掉身价,倒是能使自己放松,学生自在,师生间的距离拉近,为教学艺术发挥高效能铺平道路。据说著名学者胡适曾应邀到某大学讲演,他引用了孔子、孟子、孙中山的话,并在黑板上写下"孔说""孟说"和"孙说"。最后,他在发表自己的见解时,紧接着郑重其事地写下"胡说"二字,使学生在笑中分享他的自我调侃式幽默,并牢牢记住了他的"胡说"内容。上海特级教师钱梦龙有一次到安徽上示范课,由于听课的人特别多,学生们显得紧张、拘谨,很不利于把课上活。为了使教学别开生面,气氛活跃,钱老师一上课便先拿自己的名字开了个玩笑,说:"有个姓钱的,做梦都想成龙,你们说他是谁呀?"学生们会心地笑了,马上解除了紧张的心情,师生的心灵得到了初步的沟通,课堂教学随即在宽松欢悦的气氛中顺利进行。

五、教学幽默艺术的误区

老舍先生说过:"幽默一放开手便会成为瞎胡闹和开玩笑。""死啃幽默总会有失去幽默的时候;到了幽默论斤卖的时候,讨厌是必不可免的。"

幽默艺术是高雅、健康的艺术,教育幽默艺术是教学的手段而并非目的,教育幽默要服从教学活动的需要,不能为了幽默而幽默。如果脱离具体的教学内容和实际需要,不考虑接受对象的个性、性别、文化程度等,一味调笑逗乐,教育幽默就会进入误区。因此,教师在运用幽默艺术时,应注意以下几点:

(1) 忌熟路。就熟路落俗套为一切艺术之大忌。教育幽默艺术要求不断创新,切忌驾轻就熟,用老一套"幽默"。俗话说,话说三遍淡如水,何况幽默艺术。所以教育幽默需要教师从生活的源泉中去获取幽默材料,提炼加工,不断创新,以新颖、独特的幽默形式去吸引学生。

(2) 忌庸俗。幽默是一种高雅的艺术,"与粗鄙显露的笑话不同",与内容庸俗、语言粗鲁的笑料格格不入。教学是培养人、教育人的活动,教育幽默艺术的运用不能背离教学内容的需要,诙谐而不粗俗,风趣而不低下,生动而不乖戾,能充分引起学生的审美注意,培养学生的审美情趣。

（3）忌滥用。教育幽默是教学的手段之一，教师不应为幽默而幽默，要注意节制，切忌滥用。滥用幽默不仅会淡化教学主题，有碍于学生深思，也有碍于教师形象。有位心理学家曾组织学生听两位善于幽默的教师讲课。一位教师满堂诙谐，小故事不断，课堂上笑声不止；另一位教师则"亦庄亦谐"，使学生发笑的同时领悟其中蕴含的智慧和哲理，在笑声中得到启迪。听课后，大多数学生对前者的评价是"有趣"，但缺乏深度；对后者的评价则是"有水平"。

六、培养教师课堂教学幽默的策略

在教学中，教师是幽默的设计者、组织者和实施者，教学幽默运用的成功与否取决于教师自身的幽默感和幽默能力。幽默感和幽默能力不是与生俱来的，需要后天的学习和培养。中小学教师需要了解并熟悉教学幽默的一般理论，把握教学幽默的内涵、实质，掌握教学幽默运用的原则和方法，除此以外，还需从以下几个方面入手积极学习、修炼。

1. 要有意识地培养自己的幽默感

教师要提高自己的教学幽默艺术水平，必须首先使自己成为一个富有幽默感的人。

（1）宽松、幽默心态的涵养非常重要

就主体而言，幽默主要的是一种创造和表现情趣的心力，一种感受和体会可笑的心力。或者说，幽默是智慧的结晶，是健全的理性和深厚的修养的产物；也是一种感知和发掘世界一切可笑对象的能力，更是一种达观而敏锐、超拔而挚诚、直率而又坦然的人生态度。

（2）形成新的思维方式，建立"趣味思考法"

因为有趣的往往不是举动本身，而在于人们用属于自己的、有趣的方式去看它。这正像霍勒斯·沃尔普所说："世界对于思考者是一出喜剧。"可见，幽默感的培养是至关重要的。

2. 积累教学幽默的素材

要有意识地收集幽默的素材，建立自己的幽默资源库。幽默素材的积累，需要教师善于从阅读过的书籍、资料中，以及其他艺术作品和日常生活中发现、提取。教学幽默的素材主要来源于教学内容、艺术和生活三个方面。

(1) 教学内容中的幽默

因为教学内容的幽默因素最容易引起学生的直接兴趣。在充分发现各种幽默源的同时，还应精于选用幽默素材来用于教学。因为特别是生活中的幽默是精芜并存、粗雅共体的，所以在运用时须加以筛选。另外，还应学会加工幽默、改造幽默和创作幽默，开发出新的幽默源。因为教学幽默是可以精心设计的，只是不应该露出斧凿的痕迹。这样就要求教师在培养自己具备发现幽默的眼光、品赏幽默的味觉的同时，还应该注意丰富自己创作幽默的细胞。

(2) 艺术作品中的幽默

艺术作品包括相声、小品、喜剧、漫画、笑话、理俗故事、名言、警句、歇后语等，其中往往包含很多幽默成分。把这些材料引入课堂，能够成为制造幽默的得力助手。

(3) 生活中的幽默

教师、学生或者周边其他人身上发生的逸闻趣事，社会上流传的俏皮话、幽默故事、打油诗等都属于生活中的幽默。教师把生活中的幽默与教学巧妙地结合，会引发学生的兴趣，博得学生的认同和佩服，达到意想不到的教学效果。在实际教学中，积累的幽默素材一般不能原原本本地照搬进课堂，需要加工、改造，或是在此基础上进行创作。这样的幽默才能真正达到与教学的和谐一致，起到教学幽默应有的作用。

3. 灵活运用教学幽默的表达方式

教学幽默的表达方式有言语的表达（口头语、书面语）和非言语的表达（表情、动作）两种形式。教学信息的传递和交流多数是通过口头言语进行的，因而口头言语幽默的使用是教学幽默表达方式中最为普遍、频率最高的一种。教师需要培养和训练口头言语幽默的表达技巧，留心观察教材中、艺术中和生活中的口头言语表达幽默的实例，并总结其运用规律，从中吸取经验。教师也可通过阅读有关演讲与口才等涉及言语表达技巧的书籍、资料，从中得到启示和借鉴。

口头言语幽默的使用还应注意音量的高低，语速、节奏的快慢，语调的抑扬顿挫，语言顺序的变换、组合等，把幽默通俗易懂地表达出来，让学生听懂，并有思考、回味的时间。具体来说，分为四个方面。

(1) 语音的重与轻

为了唤起学生的注意，可以通过适当的增强高音、音长、音响来强调幽默中某一个或数个字音。这就是句子的重音。语音变轻同样可以吸引学生的注意，故意把某个词或句子说得很轻，也能够达到幽默的艺术效果。重音与轻声的交叉使用，使幽默的言语起伏有致，节奏鲜明，能够有效地表达出教学幽默的内涵。

（2）语调的升与降

教师要根据幽默的性质和内容来确定言语的基调。需要教师平铺直叙的幽默，在教师平淡无奇的讲解中达到幽默的效果，其叙述语调一般都用平调；需要教师带上思想感情来表达的幽默，声音随同表达情绪而跌宕起伏，表达疑问、反问时用升调，表达命令、祈使句时用降调；教师在表达幽默的言外之意、言不由衷、故作反语的幽默言语时，都用弯曲调，声音如情绪有"两面"，或是最高点居中，前升后降，或两高点分居首尾，先降后升。

（3）言语过程的顿与续

幽默言语中的停顿，如同音乐中的休止符一样，可以表示教师幽默的言外之意，同时也可以给学生思考的余地。停顿重要，接续也同样重要。接续有重续、轻续和转折续，效果各不相同，要根据幽默内容分别使用。幽默的表达需要重复前面语句时用重续，需要表达转折的意思时用转折续。

（4）语速的快与慢

速度的变化也可以造成丰富的幽默言语效果。教师应该根据幽默的内容、幽默需要表达的感情的变化来调节言语的速度。然而在教学中，只用言语传递信息，表达感情是远远不够的，幽默的表达往往需要言语幽默与非言语幽默的完美结合。教学中非言语幽默与言语幽默的运用相辅相成，和谐一致，表达出的幽默才会声情并茂，达到预期的教学效果。教学幽默的非言语表达要得体、到位，对学生的视觉产生适度的冲击，使学生在看到之后便能理解其含义。还需注意的是，幽默的非言语表达要坚决避免为表情而做表情，为动作而做动作。过多的表情动作，反而会分散学生的注意，阻碍教学的进展。

4. 培养学生的幽默感

培养教师的教学幽默素养，还需重视学生的因素，培养学生的幽默感。因为，教学是师生之间相互交流的双边活动，学生的幽默感和幽默力量能够保证教师教学幽默的作用有效发挥。如果学生缺乏幽默感，就会对教师运用的幽默无动于衷，达不到幽默的效果，起不到促进教学的作用。学生只有具备了理解别人的幽默能力，才能对教师的幽默发出回声，才能对幽默、对教学产生兴趣。实践证明，教学活动中的一些幽默是由学生引发的，学生只有具备了表达自己幽默的能力，才能够参与教学幽默的创造，为教师的教学幽默助一臂之力。由此可见，对学生幽默感的培养至关重要。只有培养了学生的幽默感，使学生具备了幽默的力量,学生才能运用自己的幽默和幽默感来和谐自己与教师、与其他同学的关系,并塑造自己达观大度的个性品质,从而有利于教师教学幽默的开展。学生幽默感和幽默力量的培养,需要教师在教学过程中有意识地挖掘学生的幽默潜力,发挥学生的主体作用。

(1) 发挥榜样的作用

学生的可塑性很强,他们善于模仿,并倾向于模仿心目中的权威。在学生的心目中,教师就是权威,是他们学习的榜样。教师在教学中机智巧妙地运用幽默,展现自己的幽默品质,学生耳濡目染,就会把这种智慧注入自己的心灵,在潜移默化中形成幽默的个性品质,成为善于运用幽默的人。

(2) 鼓励学生积极参与

教师通过创造轻松愉快的课堂气氛,使学生对教学、对教师产生归属感和亲切感。在这种情感的基础上,鼓励学生参与到教学幽默的创造和幽默效果的分享中来。

(3) 进行必要的讲解

教师还应该结合幽默的实例,对幽默进行必要的分析、讲解,提高学生对幽默的理论认识。通过教师的讲解,学生能够科学把握幽默艺术的实质、特点和运用技巧,从而提高自己对幽默的鉴赏能力。学生的幽默感和幽默的力量,正是在这种鉴赏和大胆的实践中得到培养和提高。

5. 把握好教学幽默的最佳时机和场合

教学幽默是教师鲜明的教学风格的一种体现,它是教学的科学性、艺术性和教师个性特征相结合的结晶,而不是教师随心所欲、信手拈来且到处可用的"万金油"。许多讲究幽默的教师,在庄严肃穆的场合、在学生产生躁动之时、在大庭广众之中,一般都不轻易运用教学幽默。教学幽默的运用必须讲究方式和时机的协调一致、身份与场合的和谐得体,既不可以矫揉造作、故作姿态,乱用、滥用幽默来博取学生廉价的笑声,又不要为幽默而幽默。古人是很重视"笑候"的,因为它是引笑机制是否奏效的关键。只有在铺垫和渲染得充分时,再抖出包袱,才可优化教学幽默的效果。这样讲述幽默的速度、音调、时间的控制就至关重要。

6. 注意适度

教学幽默要服从教学活动的需要,也就是说教学幽默的"剂量"要适当。

(1) 教学幽默艺术的运用不能背离教学内容的需要

只为了追求廉价的笑声和表面热闹的场面而将无谓的幽默加诸教学过程,是不必要也是不应该的。

(2) 要注意适合课堂教学的场合需要

不能随便把只适合于生活中非正式场合的幽默运用于课堂教学。要注意教学幽默艺术接受对象的个性、性别、经历和文化程度等,以使教学幽默艺术适人、适时、适度。

第三编

课堂教学基本环节艺术

第七章 课堂教学导入艺术

有效的课堂导入能强烈地吸引学生的注意力，激发学生的学习兴趣，开拓学生思维的广阔性和灵活性，使学生在学习新课一开始就能迅速、主动地进入最佳学习状态，为新课的讲授创造良好的开端，提高课堂效率。

一、课堂教学导入艺术的含义

所谓课堂教学导入艺术，是指引起学生注意、激发学习兴趣、调动学习动机、明确学习目的和建立知识间相互联系的教学活动方式。它是教师在进入新课学习时建立问题情景的教学方式。即在新的教学内容讲授的开始时，教师引导学生进入学习状态的教学行为。它能将学生的注意力吸引到特定的教学任务和程序之中。

导入艺术实施的程序是：集中注意力—引起兴趣—激发思维—明确目的—引入学习课题。

二、课堂教学导入艺术的作用

导入是课堂教学以及其他教学活动的起始环节，是在教学活动开始时，教师引导学生进入学习状态的行为方式。导入是一项教学艺术，是教学过程的各个环节构成联系的纽带，因此，课堂导入在教学中的作用非常重要，在相对枯燥的课堂教学中更是尤为重要。导入所起的作用重要表现在以下几个方面：

1. 凝聚作用——引起注意，迅速集中思维

学生在课前活动中的思维是多种多样的。上课铃响后，需要及时地引起学生的注意，把学生的注意力从上一节课或课间其他活动的思维或活动中转移、集中到这一节课的教学中来。新颖、别致、生动、形象的导入能及时集中学生的注意力，指向教师身上，指向即将开始的教学内容上。从而有利于课堂秩序的安定和课堂教学活动的开始。

2. 激发作用——激发兴趣,产生学习动机

恰如其分、引人入胜的课堂导入能强烈地激发学生的学习兴趣、期待心理和求知欲望,使学生对即将开始学习的新的教学内容产生积极的认知倾向。能明显地提高学生的学习效能。巧妙而艺术的课堂导入可以更好地激发学生的学习兴趣,使学生在学习新课时,不断产生强烈的求知欲望和学习的积极性,使之愉快而主动地投入到学习中去。

3. 置信作用——沟通感情,创设学习情境

置信作用,即消除学生对新课、新学业的惧怕、怀疑心理,使学生对新课、对教师产生亲切感、友好感和信任感。巧妙的课堂导入能够增强新课的趣味性,使学生产生愉悦感、紧凑感,保持心情愉快、情绪激昂、精神饱满、注意力集中、思维活跃。这样不仅能降低学生理解新知的难度,而且能消除师生之间的紧张关系。

巧妙的课堂导入不仅使学生学习起来更容易、更轻松,而且使学生对教师产生信任感、尊重感、敬佩感,从而提高教师教学的效能。

4. 导向作用——揭示课题,体现教学意图

导入如同路标,它可以将学生的思维、经验以及知识的沉淀转移到本课的教学中来。将学生的思维引入一个新的知识情境,引导学生沿着教师所指引的方向逐步深入,为整堂课教学内容的有效完成做好铺垫,引好道路。导向明确的知识方向,便有利于教师揭示课题,使课堂环节步步深入,课堂内容明确透晰,体现教师的教学意图。

5. 铺垫作用——铺设桥梁,衔接新旧知识

巧妙的导入能为整个课堂教学的顺利进行奠定基础,并能由此使教学内容进一步展开、发展、扩散,把课程的进展不断地推向高潮,产生良好的积极的"连锁反应",从而有利于学生学习新知、教师把握课堂节奏、使课堂气氛融洽活跃,教学内容前后呼应。这样可以为已学知识与未学知识铺设衔接的桥梁,使新旧知识顺利过渡,达到新知与旧知的融汇交融,令学生将知识融会贯通。

6. 收集作用——信息反馈,调控课堂教学

艺术的课堂导入可以使教师在课开始时就感应到学生的知识基础、社会见识以及性情偏向,因为在导入过程中不仅仅是教师的"独角戏",他是师生双向的行为或精神的互动,可以使教师及时地了解学生的基本状况和课堂导入方式的选择是否恰当,获得信息反馈,从而把握课堂的主动权,及时调控课堂教学,使教学活动顺利地开展下去。

三、课堂教学导入艺术的要求

导课的根本目的是想方设法把学生的注意力吸引到课堂上来,为下面的学习做好心理准备,奠定良好的教学基础。所以,艺术性的导课一般应满足以下要求:

(一)目的明确,针对性强

从根本上说,导课的目的是吸引学生的注意力,但具体到每一堂课的导入,又有更具体的目标。要紧扣本课的教学目的和要求,而不要脱离具体的教学内容去摆"噱头"。虽说"噱头"有时也会起到吸引学生的作用,但由于与教学内容相脱节,因此,这种"吸引"是不可取的。因为"噱头"产生的作用毕竟是有限的,不可能维持整堂课;如果"噱"过了"头",很容易把学生引入误区,会影响他们按课程标准要求去学习。艺术性的教学,必须首先明确导课的具体目的,导入语的设计、各种手段的使用都应针对具体目的。比如,有时是为了使新旧知识联系起来,有时是为了设置悬念引发学生对新内容的思考,有时想创设一种适合学生学习的意境,有时是解决学生对课题的疑问等等。

课堂教学导入还要针对学生的年龄特点、心理状态、知识能力基础的差异程度来设计。比如:小学一、二年级,最好多从讲点故事、寓言,做点游戏入手;中学生多从联想类比、启发谈话、设置疑难入手。有针对性的导课才能满足学生的听课需要。

(二)简洁明了,恰到好处

由于一堂课的教学时间有限,导课又不是授课的重点,所以不易在课的开头花太多时间。冗长、啰唆、不得要领的开头,不但没有美感,更不能取得良好的教学效果。艺术性的导课,必须争取在较短时间内,用最精练的语言,达成事先要达到的目标。如一位教师上《念奴娇·赤壁怀古》,他是这样开讲的:"有这样一件有意思的事:音乐家想把这首词谱上曲子,作为《话说长江》的主题音乐会的歌曲,但他们嫌这词太长,于是有人提议浓缩一半,当他们向几位诗人提出要求以后,诗人们哈哈大笑:'怎么?把东坡的《念奴娇》改短?这可是千古绝唱啊!别说减一半,谁改得动一个字?'好吧,咱们今天便来学学这千古绝唱的《念奴娇》,看看能改动一个字吗?"短短几句话用设问和反问,故意显出疑惑,使学生的思维由课前的茫然状态转变为惊疑后的思考,达到激发学生学习积极性的导课的目的。

(三)新颖有趣,能吸引人

根据心理学的研究,新异刺激可以有效地强化学生的感知,吸引学生的注意。因此,具有新颖性的导课能够引起学生的兴趣。如果在一堂课开始时,教师通过其富有哲理、富有热情并且富有鼓动性的"开场白",把学生积极学习的热情最大限度地调动出来,那么接下来师生双方都会觉得十分轻松、十分愉快。比如,有个教师给一个班上观摩课,时间是刚上完一节体育课后的第四节,预备铃响过,教室里仍是热闹非凡,一片混乱。上课铃响了,这位老师走上讲台,学生们仍在打闹,怎么办呢?只见这位教师略一思索,突地大喊一声:"同学们!"略一停顿,一字一句地说:"今天早晨,电视广播了一条极其悲惨的新闻!"学生们齐声回应:"啊,什么悲惨新闻?"老师用低沉的声音回答说:"山西有一个煤矿发生瓦斯爆炸,有几十个工人被困井底,生死未卜——"接着是一个较长的停顿。学生们这时都注视着教师,急于想知道详情,课堂里顿时鸦雀无声。接着老师说:"人们正在组织救援。情况与我们今天要上的课有些类似。"略停一下,然后说:"请同学们把课本翻到第103页,今天我们学习《为了六十一个阶级兄弟》。"而后板书课题。一场混乱霎时平息,并且营造出了十分符合教学内容的课堂气氛,讲课取得了良好效果,令听者意想不到。

(四)注重新旧知识的联系

要由旧到新,由已知到未知,温故可以知新。一堂课开始时教师应有意识地把与本课要传授的新知识有紧密联系的旧知识加以提示、简述和分析,唤起学生原有的记忆,加深他们的理解,以便为接下来学习新知识打下良好的基础,然后,再不失时机地推出新知识。在这种情境中,新知识便会既迅速又牢固地与旧知识联系、融合在一起了。

(五)要有悬念

悬念是由教师悉心营造的,但如何营造效果较佳的悬念却是颇有讲究的。教师要根据学生的知识水平和心理特点来设计导语,要造得逼真,造得恰到好处,其中特别要注意的是必须与本堂课教学的内容、情境相符合,使学生在探究悬念"谜底"的同时完成他们应该完成的学习任务。

(六)要有启发性

积极的思维活动是课堂教学成功的关键,所以,教师在上课伊始就运用启发性教学来激发学生的思维活动,必能有效地引起学生对新知识、新内容的热烈探求。

启发性的导课设计应注意给学生留下适当的思考余地,让学生能由此及彼,由因到果,由表到里,由个别想到一般,收到启发思维的教学效果。

四、课堂教学导入的方法

教学没有固定的形式,一堂课如何开头,也没有固定的方法。由于教学对象不同,教学内容不同,开头也不会相同。即使是同一内容,不同老师也有不同的处理方法。

(一) 开门见山,揭示新课

即针对教材特点,直接揭示学习目标。就是在上课开始后,老师开门见山地介绍本节课的教学目标和要求、各个部分的教学内容、教学进程等,让学生了解本课的学习内容或要解决的问题,以此引起学生的有意注意。这种导入式特点是"短、频、快",即省时,接触新课主题迅速,能及时起到组织学生进入学习角色的作用。

(二) 温故知新式

它是指教师根据知识间的内在联系,以复习提问旧知识为手段,在旧知识里面带出新课内容的线索,引导学生从已有知识出发,顺理成章地进入新知识领域,并产生强烈求知欲,去探求新知识的一种导课方式。其特点是以复习已学过或学生日常生活中已经了解的知识为基础,将其发展、深化,引导出新的教学内容,既给学生复习巩固旧知,又引发学生对新知识的积极思维。"温故"是手段,"知新"是目的,两者有机结合并自然过渡。

各学科的教学内容,章节之间、课文与课文之间都有一定的内在联系。由已知到未知也是学生认知发展的一条规律。因此,在组织学习新知识时应考虑新旧知识之间的联系,很好地利用与新课内容有密切关系的、学生已经掌握的知识,或者日常生活中已经积累的知识,以此设计导入语,引出新的内容。这样的导入,不仅可以帮助学生巩固已学的知识,加强新旧知识之间的联系,使学生易于明确本节课的教学目的、任务和重点,而且也易于激发学生探求新知的欲望。

教学过程中,一般来说,新知识是在旧知识基础上发展与延伸出来的,学生是从旧知识中起步迈向新知识的掌握。老师要从已有的知识出发,抓住新旧知识的联系,精心设计,导入新课。这样,可以使学生感到旧知识不旧,新知识不难,建立起新旧的联系,明确学习的思路,增强学习的信心。运用时切忌变成两张皮,或主次颠倒、喧宾夺主。

复习旧知识的导入方式重在恰到好处地选用与新课内容关系密切的知识。这种导入有四种具体方式：

1. 从总结旧课入手导入新课

这种方式又称为归纳导入式。其运作方法与要求是：老师提出要讲授的新课题之后，首先对上节课新讲的内容概括地小结一下，扼要复述出与此有关的新知识，讲课时使学生把新旧知识连贯起来思考。这样既能起到承上启下的作用，又能较好地巩固已学的知识。如历史课《唐朝的衰落》，可以这样开头：

"自从公元618年唐高祖李渊建唐以后，经过太宗、唐宗、武则天到唐玄宗统治前朝，这是唐朝历史的前期。从'贞观之治'到'开元盛世'，唐朝前期经济繁荣、国力强盛，中国封建社会呈现出前所未有的盛世景象。但是今天我要告诉同学们，到了后期，唐朝逐渐走向衰落了。这强盛和衰落之间有一转折点，那就是'安史之乱'。"

这样的导语，既使学生复习掌握了旧的基础知识，又激发了学生探求新知识的欲望。

2. 从检查提问旧课入手导入新课

它通过提出一些与新课内容有关的、学生业已了解的有趣的问题，激发起学生想要了解该问题的好奇心，进而导入新课。其运作方法是：老师在讲课之前，先面向全班学生提出几个前节课学过的富有启发性的问题，引起全班学生的回忆、思考，再找几个学生（一般找中等程度以上的学生）回答问题，在个别学生回答、老师做出订正和补充的基础上，带动全班学生复习旧课，进而导入新课。其要求是：所提问题必须科学、有趣味、有意义，具有激发兴趣、发人深思的作用。

3. 通过组织学生进行听、写、练等活动导入新课

其运作方法和要求是：在学习新课之前，先让学生以听、写、读、翻译、练习等活动方式复习旧课，使学生再现已学过的知识，然后导入新课。

4. 向学生提示问题，引导回忆旧课或者有关的知识、事情，导入新课

该方式又称联想式导入。其运作方法和要求是：老师在讲授新课之前，提示学生回忆前节课讲过的几个问题，或让学生提出与新课有关的事情、知识。学生经过回忆、思考，在头脑中再现提问的内容，不经由学生直接回答即转入新课。

复习导入语是教师最常用的导入语。心理学告诉我们，那些与一个人已有知识有联系的事物以及能增进新知识学习的事物，容易引起

这个人的注意。所以,以复习旧知识引入新课,能使学生从已知的领域进入到未知的新境界,不仅有利于学生接受新知识,而且起着集中学生注意力的作用,因而,复习导入的方法教师往往乐于采用。当然,复习导入语应该和新课内容密切相关,过渡到新课也应十分自然。

(三) 巧设悬念,引人入胜

所谓悬念式导入,是指老师上课伊始,有意设置一些带有启发性的疑问,摆在学生面前,又不直接说出答案,使学生感到"山重水复疑无路",迫使其去寻求"柳暗花明又一村",从而进入学习新知识、解决新问题状态的一种导课方式。这种导入方式利用上课头几分钟的最佳时机,以奇特的形式设置悬念,使学生的大脑产生兴奋,吸引学生的注意力,把问题导入到新课之中。采用这种方式导课,所设悬念应是发生在学生周围的,是学生特别感兴趣和非常敏感的,又是同教学内容直接相关的热门话题。这犹如章回小说中的"欲知后事如何,且听下回分解"一样,会使学生产生一种非得到解答不可的感觉,并很快进入角色。但设疑布阵要从教材特点和学生实际出发,做到有疑可设,自然合理,切不可为疑而设,故弄玄虚。老师及时抓住这一契机,揭示新课。

巧设悬念,关键在"巧",要"巧"在好处,"巧"到妙处,要注意巧合。巧合,乃偶然性,但这种偶然是寓于必然之中的。

利用悬念激人好奇,催人思索,往往能收到事半功倍的效果。制造悬念的目的有两点:一是激发兴趣,二是启动思维。悬念一般出乎人们预料,或展示矛盾,或让人迷惑不解,常能造成学生心理上的焦虑、渴望和兴奋,只想打破砂锅问到底,尽快知道究竟。但须注意,悬念的设置要从学生的"最近发展区"出发,恰当适度,不悬,难以引发学生的兴趣,太悬,学生百思不得其解,都会降低学习的积极性。只有不思不解、思而可解才能使学生兴趣高涨,自始至终扣人心弦,收到引人入胜的效果。

教师故设悬念,可以激发学生的求知欲望,从设疑到解疑,是知识讲授的渐进过程。写春天,可以从鸟写起,也可以从草木写起,当然也可以从别的方面写起,这种写作上的多角度多方位,也可以给学生以无限启迪,促使其多方思维。

(四) 利用游戏,创设情境

这是指老师根据教材和学生的特点,利用语言、设备、环境、活动、音乐、绘画等各种手段(包括演讲、小品、歌曲、幻灯、音像等)渲染气氛,制造一种符合教学需要的情境,以激发学生兴趣,诱发思维,使学生置身于特定的情境之中,引起心理共鸣,从而进入学习新课"角色"的一种导课方式。

这种"未入其文,先动其情"的导课方式,创设情境要巧妙精当、真切感人,要触到学生的内心深处,并使之产生深入体验教材内涵的动力,不能为景而布景,这样,老师导课的目的就达到了。现代化电教手段为这种导课提供了诸多条件。

情境导入法如运用得当,则会使学生身临其境,感同身受,意识不到是在上课,从而使学生在潜移默化中受到教育,获得知识。

运用此法应注意两点:一是善于创设情境。老师可以利用现有的环境、条件,通过引喻、阐释导入新课,但现成的情境毕竟很少,因此,老师必须从教学内容出发,精心组织,巧妙构思,创设良好的符合教学需要的情境。二要加强诱导,激发思维。老师设置情境应有明确的目的或意识,或以此激发学生的情感,或因之引发学生的思维,或借此陶冶学生的性情等。创设情境不能单纯为激发兴趣,一般来说,应以激发思维为主。但是,情境本身有时并不能启人深思或它的内涵比较隐蔽,这时就需要老师的启发和诱导。

(五)故事吸引,启迪思考

它指教师选用与教学内容有关的,且趣味性、启发性较强的新闻或实际生活事例、材料,并以此内容为契机,在描述过程中潜移默化地把学生思维带入课文正题的一种导课方式。运用这种导课方式,能利用青少年爱听新闻等特点,集中学生的学习注意力,激发其学习兴趣,因而就能使学生自然而然地进入学习新知识的角色。

采取寓意深刻的幽默的故事导入,是学生喜闻乐见的导入语形式。故事导入语要结合课文实际,宜短忌长,故事本身要说明问题,教师还须引导分析,才不会使学生的注意力局限于故事本身。

采用这种导入方式应注意:第一,故事内容要与新课内容有紧密联系;第二,故事本身生动有趣,对学生具有启发性;第三,语言要精练,故事要短小精悍,用时不长。

(六)审题入手,提纲挈领

它是指教师直接从解释或发问教材的课题词语入手,帮助学生审析题意,了解所学内容的大致概况,为进入新课做好铺垫,达到开"窗"窥"室"效果的一种导课方式。这种方法开门见山、直截了当,又突出中心或主题,可使学生思维迅速定向,很快进入对中心问题的探求,因此也是各科导入常用的方法。运用此法的关键,在于针对教材,围绕课题提出一系列问题,因此必须精心设计、认真组织。此外还要善于引导,让学生朝着一定的方向思考。

课题都是经过编者们反复推敲、字斟句酌、匠心独运而确定的。透过题目,往往能抓住课文的主题和脉络。因此,从破题入手导课,能顺理成章地引导学生把握全文中心,抓住重点,有目的地听课。破题导课运用得是否巧妙,关键在于对题目领略是否深刻,注释是否与课文内容相互呼应,既要说到点子上,又不代替对课文本身的分析,而是将破题作为手段,创设讲授课文的契机和情境。

(七)直观演示,提供形象

直观演示是指老师上课之始,通过展示图片、图表、音像片等直观教具,先让学生观察实物、模型、图表、幻灯、投影、电视或运用形象化的语言等,引起学生对即将讲授内容的关注,然后引导学生在观察中提出问题,并提出相应的要求,引导学生观察、思考、分析,从而使学生直接进入寻求新知识的活动的一种导课方式。因为实物、标本、教具(挂图、模型、投影片、幻灯片、电影、电视等)比形象语言更有说服力和真切感。展示挂图、实物、标本、模型等,可以化抽象为具体,不但为学生提供生动形象的感性材料,而且也为他们积累丰富的感性经验。直观可以鲜明地揭示客观事物之间的关系。

直观演示对于引起学生的学习动机,增强其感知,更有直接作用。因此对一些抽象的概念,在导入时多提供具体事例,创设演示直观教具的机会,这有助于学生对概念的理解。

这种导入方式一方面能使学生获得丰富的感性材料,加深对事物的印象;另一方面可以激发学生的学习兴趣,利于发展学生的观察力和加强学生对将要学习的新课内容的理解和记忆,因此这类导入方式运用很广,各学科、各年级均可运用,尤其在中低年级和自然学科中,运用这种导入方式效果更好。

直观演示导入的具体方式很多。下面结合实例介绍一些直观演示式导入的具体方式:

1. 形象化语言式导入

运用形象的、充满激情的语言导入新课,可创造出适宜的环境气氛,引发学生相应的感情,进而吸引学生。如一位老师在讲"古猿是怎样进化成人的"问题时,一上课就先播放录像《走向英特耐雄纳尔》。录像把看不见、摸不着的远在几百万年前的生物进化栩栩如生地展现在学生们面前,使他们如临其境,好像走进了几百万年前的原始森林,去考察古猿是怎样进化成人的。与此同时,老师应向学生们提出在新课中要讲的几个问题,要求学生结合录像内容进行思考。学生们由于观看了录像,兴趣十足,产生了强烈的求知欲,因而对老师提出的问题就会认真思索,这样就自然进入到了学习新知识的状态。

2. 看图提问式导入

这是一种利用教科书、教学参考书中的插图,通过提问引导学生观察导入新课的方式。

3. 挂图式导入

挂图包括地图等教学用图和老师自制的挂图等。其中地图性质的挂图还利于学生对有关内容的时空掌握。如一位语文老师在讲《三峡》时,首先挂出一个绘有三峡地图、贴有三峡彩色照片的小黑板,然后指着地图说:"三峡是我们祖国万里长江中游的一段,它西起四川省奉节县的白帝城,东到湖北省宜昌市的南津关,全长203千米。三峡是瞿塘峡、巫峡和西陵峡的总称。"接着又指着三峡的照片说:"大家看这一幅由高空拍摄的三峡照片,两山壁之间,一流穿过,可真是山高峡窄,水深流急,好一派'万里磅礴一水通,惊涛轰鸣气势雄'的壮丽景象,好一幅优美雄奇的山水画卷。读一读《三峡》,可领略三峡壮丽的自然风光,得到'江山如此多娇'的美的享受。"(板书标题)

4. 电化渲染情景式导入

这是利用幻灯、录音、录像等电教手段,创设情景、渲染气氛,引入新课的方式。如教《长城》一文时,可先用幻灯放映长城的图片,同时伴放歌曲。学生看着雄伟壮丽、蜿蜒盘旋的长城,听着《我的中国心》,在这种充满感染力的气氛中,爱国之心不禁顿生,求知欲也随之被激发。

5. 实物演示式导入

如在学习"三角形三边之间的关系"时,就可让学生在长度不等的若干根小棍中任意取出三根,看能否组成三角形。通过实际操作,学生会发现:任取三根小棍,有时能组成三角形,有时却不能。老师可由此引出课题。

直观演示式导入重在激发学生对新课内容的兴趣,因此,运用这种导入方式要注意:第一,实物、模型、幻灯、电视等的内容,必须与新课内容有密切关系,并能为学习新教材服务;第二,在观察中,老师要善于抓住时机提出问题并引导学生积极思考,为学生学新课做好准备;第三,设计好演示程序,所用时间不要过长;第四,要让学生明确观察的目的,掌握观察的方法。

(八) 激疑导入

提出疑问是指:一、设问,自问自答;二、提问,由学生回答。学生回答又分为指名回答和集体回答两种。所问内容,可从不同方面、不同角度提出,只要有利于引入正文学习即可。这是常规使用的一种导入方法,也是一种简便易行的方法,使用频率较高,使用人数较多。

疑问导入的方法,可以促进师生的双边思维活动,还可以起到组织教学、集中学生注意力的作用。必要时,既可以让学习好的同学回答,也可让精神不集中,甚至在下边小声说话,或看其他书籍的同学回答,以促其精神回归课堂。

(九) 激趣导入

如老师在讲初一政治课《生活需要友情》时先出示第一张幻灯片(上面是一个人走在一望无际、干枯的沙漠中),问学生:"这是什么地方？它有哪些特点？适合人居住吗？"然后出示第二张幻灯片(上面是沙漠中的一座城市),问:"这是什么景象？假如你生活在这样的一座城市中,生活中会有哪些情况发生？你愿在这样的城市中生活吗？"学生发挥想象展开讨论,气氛热烈。教师小结:"得不到友情的人将是终身可怜的孤独者,没有友情的社会,只是一片繁华的沙漠。"学生就会带着强烈的求知欲望了解友情是生活的必需,为学好这一课奠定良好的基础。

(十) 借用名言

有的名言是出自名人之口、名人之文,如记载古代教育家孔子言论的《论语》中就有许多话为人所熟知,能够脱口而出,如"有朋自远方来,不亦乐乎""学而不厌,诲人不倦""君子言于义,小人言于利"等。此外,还有韩愈《师说》中的首句"师者,所以传道授业解惑也",杜甫名句"读书破万卷,下笔如有神",列宁"真理再往前走一步就变成了谬误"等等,举不胜举。也有的名言是经过客观实践的检验,为人们所称道并在日常生活中使用的成语、俗语、谚语,如"三个臭皮匠顶个诸葛亮""三人为众,聚沙成金""心底无私天地宽"等。诸如此类的俗语、谚语、成语,各行各业都在频繁地使用。借用这些名言,应用于课堂教学的导入,格外引人注目,新颖别致,能激发并提高学生的学习兴趣。

作家、学问家、伟人……他们的成功有一个共同的规律：大量地接受前人文化遗产,大量地读书以充实头脑。因此对书籍的存放场所——图书馆有特殊感情。鉴于他们的深刻体会,他们说了一些关于书籍的至理名言。这些名言鼓舞、指导着一代又一代的青年学生,有的青年学生把它作为座右铭,当成律条、训言,牢记于心,实践于行。教师用这些名言导入,无疑能够加深学生的认识,使学生意识到图书馆是营养之地、发展之地、成才之地,确实是宝库。使学生认识到要做一只勤劳的蜜蜂,为人民酿出蜜来,就得到万花丛中,就得到图书馆里去吸取大量知识。

五、课堂导入艺术训练策略

不讲方法和策略的训练是低效的甚至是无效的。教师要做到课堂导入有技术,有艺术,有质量就需要运用科学而有效的方法,虚心地学习,刻苦地操练,找到适合自己教学也利于学生学习的导入方法。

1. 认真阅读教材,针对学生实际采取有效的导入方式

教师要将一堂课上得妙趣横生,需要精通教材内容,达到烂熟于心,把握住教材的重点、难点、理清思路,掌握知识结构,才能使课堂知识衔接紧凑,步步深入。在此基础之上针对学生的实际情况和心理特征选择恰当的导入方式方法才能切合学生口味,易于学生理解和接受,从而激发学生的思维,在自然中实现课堂知识的导入和过渡。

所以,要有一个良好的课堂开始,教师就得花功夫备教材,备学生,熟悉和掌握教材的内容,明确结构及重难点,还得考虑到学生包括对旧知识的掌握情况、理解能力,理解中可能出现的偏差和缺漏,认识能力以及心理特点的情况,深化对教材和学生的把握,从而优化教学导入。

2. 按要求设计和编写教案

备课是上课的前提、基础和保证,备课的质量将直接影响到上课的质量和效果,因此,教案的编写在导入技能的训练中显得至关重要。在具体的设计和编写教案的过程中,教师应思考以下几点:

(1) 选择正确方法,明确方法与内容、目标之间的关系

导入方法的选择应有一定依据,一般是根据学科课程标准、教材和学生的特点以及教师自身的素质、特长和教学设备等条件综合加以考虑。导入的方法选择应有利于课题的导入和教学目的的实现。

(2) 选择有利于学生学习的导入方法

教师要根据教学任务、教学内容,以及学生年龄及心理特征而选择利于学生学习的导入方法,由于学生年龄心理特征和认知水平的不同也会影响到教师课堂导入的水平和效果,所以教师要结合教学的诸方面因素选取恰当的导入方法进行教学,才能达到教学目的,使教学进程得以顺利进行,有利于学生学习的导入方法能够通过激发学生兴趣,使之主动追求知识,或以旧引新,从新旧知识联系的角度实现知识的过渡,或创设情境激发学生的思维和情感,使学生在潜移默化中进入新课的学习。

（3）选择恰当的导入材料，掌握导入执行程序

选材是否恰当，主要是指导入材料是否与教学目的相符合，是否能为实现目标而服务。如果要激发学生学习兴趣，就要看导入材料本身是否有趣味，如果要激发学生思维，就要看导入材料能否质疑问难或造成思维上的悬念等。此外，在具体导入中，还应该注意导入的执行程序和步骤，不能无的放矢或随意为之。

（4）同一课堂教学内容最好能灵活运用多种导入方法

教师在进行教学设计时，要根据内容展开联想，从多角度考虑导入的各种方法，其中哪种自己最擅长，在何时运用效果最好，从而优胜劣汰，这样不仅有利于课堂导入的实践，也能帮助教师迅速提高课堂导入的技巧。

（5）教案设计和编排内容紧凑，逻辑严密

课堂导入部分应该和后面的教学环节结构紧凑，衔接紧密，不拖沓，不松散，才有利于导入后切入课堂教学内容，在有限的时间内取得最好的效果。另外，在课堂导入环节中还要注意语言、内容间的逻辑关系，做到言之有理，持理有据，论证充分，推理严谨，从而为课堂有个良好的开端打下基础。

3. 教学实践

在具体教学中，教师要认真对待课堂导入环节，力求精益求精，这样才能实现教学相长的最大化，促进师生共同进步。为达到导入技能的有效训练，教师除了可以在自己教学班级实施教学，也可以在有意识创设的教学情境中模拟教学。

在所任教班级实施教学中，可以有意识地请一些相关教师、学生、操作人员参与其中，教师按照教案和计划实施教学时，导入的时间一般控制在3~5分钟。教师在上课前就导入内容、目标及设计向邀请而来的工作人员作一简要说明，让评价人员先有大概了解，以便更好地记录和评价。

教师在创设的教学情境中进行演练时可以组成微型课堂或无人课堂。组成无人课堂时，教师完全受自己的意识支配，不便于记录和信息反馈，所以教师有必要在演练过程中可以面对镜子自我练习、自我暗示，如果有条件还可以用录音机或录像机将其过程记录下来，以便于信息反馈和自省，以实现进步。组成微型课堂演练时，教师可以请一小部分学生、教师、记录人员和操作人员等组成临时课堂进行试讲。课堂可以由5~10人组成，在条件允许的情况下，最好采取录像，因为它的记录过程比文字更准确、真实、生动和完整，便于反馈和评价。

4. 提供范例

榜样的力量是无穷的,我们既可以从榜样身上学习到自己不具备的优点和长处,也可以从榜样身上找到不足,作为教训,从而有利于教师取长补短,取其精华去其糟粕,不断地充实和改进自己、提高自己。

提供范例的具体措施归纳起来有以下几种。

(1) 学校组织开展公开课

组织受训教师观看和参与公开课是提高教师教学水平的有效途径。公开课一般都准备充分、集思广益,在很大程度上可以将授课者最优秀的一面展现出来,这对受训教师而言是吸纳经验的好机会,也是反思自身教学的良机。当受训教师自己参与公开课时,便会博采众长,向有经验的教师请教,并广泛地收集资料,从而充分地准备自己的授课事宜。在备课和授课的过程中,受训教师会得到充分锻炼,并在授课后广泛汲取众人意见和建议,补充和完善自己,使自身的课堂导入技能和综合素质得到提升。

(2) 观摩示范课

邀请优秀教师给受训教师当场上课示范或组织受训教师到各类型的课堂教学竞赛现场观摩优秀教师上课,从中领略教学技巧。课后还可以请上示范课的教师谈谈,重点介绍课堂导入过程中的技巧和注意事项。此后再组织受训教师进行讨论,就示范课的优劣发表意见,以进一步加深理解,提高认识。

(3) 录像示范

比较而言,播放录像进行示范,更加方便、经济和实用,它不受时间、场地、人数等条件的限制,而且可以反复使用,因此,录像示范法是一种较为理想的提供范例的方法。

在向受训教师展播教学录像时,最好是在录像画面上有文字说明,并可暂停,慢动作播放,以有利于受训教师更好地理解和领悟。

5. 反馈、评价、总结

导入训练实践结束后,收集者应广泛收集评价人员、学生、同行的记录,重放录音和录像,从而进行自我分析和总结,分析的过程中主要应把握:

第一,导入实践与编写教案,开始的设计和打算是否有所不同,有哪些不同。

第二,在导入实践中发现和出现了什么问题以及当时采取的应对措施。

第三,导入结束后,有什么感想和体会。

自我分析以后,受训组要恳请评议组的成员根据观察和记录从不同的角度对自己的导入实践过程加以分析和评价,而且要尽量具体、中肯,从字、词、语言、语调、表情、动作到目的、内容和任务等都要涉及,力求全面。受训者在进行自评和他评的过程中应遵循两条基本原则:一是严格要求与尊重鼓励相结合。对各个方面都要从严要求,但评价必须认真、诚恳,切忌嘲笑和挖苦。二是长善救失,既要指出优点,也要看到缺点,而且在开始时要以总结优点为主,这样才能使每位受训者树立信心,为以后的教学实践打好心理基础。

　　另外,受训者要充分地收集整理反馈的评价信息,总结经验教训,结合自身实际,最大限度地发扬优点,克服不足,改进教学方法,不断地促进自己进步提高。

第八章　课堂教学提问艺术

一、新课程课堂教学提问的新特点

1. 由当堂性向时空突破性转变

提问必定发生在课堂上,所以教师在备课时所设计的问题,一般不超过当堂所讲的范围,当然更不能超过本学科的范畴。在新课程中,教师的知识范畴和内容的设计都要突破以往的模式,才能驾驭新课程中的许多新变化。

2. 由限时性向效能性转变

提问应该在较短时间内回答。由于一节课只有 45 分钟,一般说来,答问者只有短暂的回答时间,回答不宜滔滔不绝,宜在 3～5 分钟内说完,一般的回答应在 1 分钟左右解决问题。学生处在思维非常活跃的状态,教师要适时加以引导,提高效能。

3. 由检验性向多效性转变

课堂提问是教师检查教学效果与组织教学的必要手段。在教学中,通过随机抽样的提问,收集教学的反馈信息,以便胸有成竹地教学与及时处理那些偶发事件,保障教学顺利进行。在新课程中,提问由单纯传授知识,向促进学生情感态度与价值观的统一发展。

4. 由以语言文字为载体向多样化转变

无论是口头提问或者书面提问,一般由任课教师事先准备。口头提问还包括教师教学中的随机即兴提问。书面提问一般事先写在小黑板上或纸上,或打印发给学生。在新课程中由于多媒体课件的使用,提问形式更加多样。

5. 由针对性向灵活性转变

课堂提问是针对学情而设计的,教师备课时,一般要结合学生掌握的知识,现有能力等情况,严格按照课程标准的要求,设计导入新课的问题,设计扣住本课重点、难点的问题,设计巩固训练的问题等。目的在于启迪思维,培养能力,进行思想教育。而新课程中,课堂提问还要使学生调动起自己的经验、意向和创造力,通过或发现,或选择,或重组的多种过程,形成答案,体现出让学生努力获取、形成、发现知识,形成良好品质的过程。

6. 提问的语言文字,更要科学、生动、易懂

科学,即强调提问必须符合学科的规范性和汉语的规范;生动,即语言表达形象;通俗,即语言平实,要符合青少年的心理特点,不成人化,学术化。

二、新课程课堂教学提问的新要求

课堂教学提问能唤醒学生的意识,集中学生的注意力,激发学生思考,培养学生能力。但并不是所有的提问都能达到上述目的,这就要求教师掌握提问的技能,运用课堂教学提问时应注意以下问题:

1. 提问内容要目的明确,难易适度

提问要有明确目的,这是课堂提问成败的先决条件。对每一个所提问题要达到的目标也要明确、实际,切忌随意问、盲目问,使提问流于形式。

（1）要把握密度

提问要根据教材内容,要符合教学目的和课标要求,切不可漫无边际,天花乱坠,离题千里。要结合学生认知状况和思维规律,切不可盲无目的,毫无节制。有些教师从引课到结课一直"问个不休",为问而问,整堂课就显得松散,把握不住教学节奏和重难点,就起不到提问应有的作用。

（2）问题应大小适当

提问中常见的毛病：一是大而无当,一是琐屑不堪。大而无当的问题,如："你要从本课中学习什么?""你有什么体会?"这些问题教师可以不假思索地提出,学生更可以不假思索地随意回答,教师对学生的答问的一般评价是"基本正确""非常正确",有些答问恐怕是连教师一时也想不起来的。这样的提问显得空泛,没有贴近教学目标,对学生不会有多大吸引力。琐屑不堪的问题往往是教师说出一句话的前半句,让学生说出后半句,甚至教师几乎把一句话全说出,只留下一点点要学生说出来,根本用不着动脑筋。大而无当和琐屑不堪,两个极端,同发一源,都源于教师的主观性和不作深思的随意性。课堂看起来轰轰烈烈,学生的脑子里却空空洞洞。试问：这样的"提问"有何意义呢?

（3）问题要多少适量

课堂上提问要精简数量,直入重点。教师要紧扣教学目的和教材

的重难点,根据学生的实际情况,提问力求做到少而精,力戒平庸、烦琐的满堂问。要从教学的需要出发进行科学设计。假如问题满天飞,此起彼伏,就如一场"高速度""高频率"的对话竞赛。这样多而滥的提问,使学生总处于被教师牵着鼻子走的地位,他们只是忙于回答教师简单呆板的"提问",并不能进行认真冷静的思考,提问的积极意义因而实际上被取消。

(4) 问题要难易适中

课堂提问要适合学生的认识水平,把握问题的难易程度。如果设计的问题难度太大,学生即使用已有的知识也不能解答时,思维就会受阻;如果设计的提问没有难度,学生无须动脑筋就能答出来,也会从另一方面挫伤思维的积极性。教师所提出的问题应是学生在未认真看书和深入思考之前不能回答的,还应是班里大多数学生经过主观努力之后能够回答的。

2. 提问方式要面向全班,先提后问

教师提问时,应当面向全班,先把问题提出来,让学生经过思考后回答。如果教师先指名后提问,学生会误认为问题是为这位同学个人提出的,"事不关己",自己就不必主动思考了。

教师提出问题后,应给学生留一定的思考时间,经过学生充分准备后再回答问题,这样不仅能增加回答问题的正确性和完整性,而且有助于增强学生的自信心。

课堂提问要把握时机,可最大限度地发挥提问的功能,起到事半功倍的作用。提问的时机,从教学内容的角度来说,应选在重点、难点、关键点,新旧知识的衔接点和转化点等;从学生状况来考虑,提问应选在注意力不够集中时,学生思维发生障碍、产生偏差或受到思维干扰时,需要检查学生学习效果或使学生对问题做进一步探讨时等。此时,学生思维活跃、跃跃欲试,教师把握好这个时机提问,有利于学生对问题的深入理解和解决。

教师提问还要面向优、中、低三类学生,根据学生的实际,设计出难度不同的问题,要求使每一个学生都能学有所获,以调动各层次学生学习的积极性。

3. 课堂提问角度当"新"

(1) 内容要新

要克服老生常谈、毫无新意的提问内容,而使学生有"耳目一新"之感。一方面,可以从无疑处设疑,从看似简单的政治理论观点中挖掘可疑之处,使学生获得新的感受,加深对知识点的理解。另一方面,要尽量引用新近发生的国内外时事和周边发生的事例提出问题。如运用美伊关系、朝核问题、巴以冲突,可以提问学生:在和平成为当今世界主流的形势下,世界还不太平,国际恐怖主义活动猖獗,因此,我们应加强哪些方面国家职能?通过思考回答,学生自然而然就会加深当前加强国家专政职能、以及国防意识和安全意识的重要性的认识,从而理解依法打击敌对势力和敌对分子破坏活动,以及发展国际交流与合作,联合打击国际恐怖主义势力的必要性。

(2)角度要新

通过变换角度,启发学生思考,克服死记硬背的习惯。如讲述通货膨胀时,如果问:通货膨胀是由什么原因引起的?这种提问方式就不能有效激发学生的思维。如果换个角度,问:在金属货币流通的条件下,会不会出现通货膨胀?为什么?回答这样的提问,学生就要先弄懂问题的预设部分——货币流通规律、纸币发行量的确定等内容。这种提问方式,就能引发学生探寻原有库存知识,并展开联想,实现知识迁移,从而调动学生思维积极性。

4. 方法要巧

(1)要把握时机

在学生似懂非懂时、认知存在矛盾时提问,来集中学生注意力,刺激学生的兴奋点。

(2)要注意提问对象

提问对象既要面向全体学生,使所有学生都能处于思考的准备状态。同时,要针对不同认知水平学生提出难易适当的问题,针对不同个性特征的学生采用不同的发问方式和语气。

(3)要注意提问方式

提问时,正面提问和反面提问并重,直接提问和间接提问交互使用,也可以用排比式层层提问,加深学生认识,拨开学生思维迷雾。比如,在讲通货膨胀时,在分析完通货膨胀的概念和产生原因后,提问学生:是不是增加纸币的发行量就一定会引发通货膨胀?是不是物价上涨就是通货膨胀?是不是只有纸币发行过多才会引发通货膨胀?通过层层设问,引导学生理解纸币的发行有一个限度,只有超过流通中所需的货币量才会引起通货膨胀;物价上涨的原因很多,其中只有纸币发行太多才是通胀的原因;引发通胀的原因还要考虑到消费者的购物心理对货币的流通速度的影响等。

5. 效果求趣

提问既要重视知识的落实,达到增强学生对知识点理解的教学目的,又要注意提问的艺术性、情感性,从而达到激发学生兴趣的目的。当然,兴趣并非只表现为课堂上几声笑声。与教学无关的"插科打诨"得到的只是廉价的笑声,对学生思维能力的培养丝毫起不到作用。

提高学生学习的兴趣,应从寻找新角度、讲究艺术性、情感性入手,从"新"中引趣;要和学生的认知状态有距离,和学生的思维惯性有差异,在意料之外中引发学生思考,拓展思维空间,展开学生想象的翅膀,从"奇"中引趣;也可故错,造成认识错位,从"反"中引趣。

6. 把握时机

课堂提问的关键是启发学生思维,通过设置疑问,引导学生朝知识迁移的方向积极思考,解决新知识形成过程中的疑难。而要做到这一点,除了设计好问题本身,把握好提问的时机也是至关重要的。

(1) 在新旧知识衔接过渡处提问

新知识往往是学生已有知识的引申和发展。在由旧知识向新知识过渡的时候,适时提问,可以启发学生运用迁移规律,沟通新旧知识的联系。

(2) 在学生思维受到定式的影响时提问

定式对解决问题带有一定的倾向性。有时有助于解决问题,有时又妨碍问题的解决。学生学习新知识时往往就会受到思维定式的影响,产生负迁移作用,导致思维失误。

(3) 在归纳概括知识时提问

学生理解掌握概念和规律要经过形象感知到抽象概括的过程。而学生概括能力较差,往往理不清头绪。这时,教师精心设计问题,可帮助学生抓住概念的本质特征,逐步培养学生的概括能力。

只要我们每一位教师精心设计好每一个问题,并把握好提问的恰当时机,引导学生在课堂上积极思维,课堂教学效益就不难提高。

与此同时,还要注意把握提问的频率与契机。提问既要立足于学生共性的问题,又要兼顾学生中存在的富有探究性的问题。同时还必须注意提出的问题,一定要适应学生个体的发展实际。提问的数量要具体分析、周密计划,教师既不能满堂问,也不能满堂灌。

7. 方式多样

提问方式要灵活多样。提问的类型,按认知水平可分为知识水平(考查是什么)、理解水平(考查为什么)、应用水平(考查怎么用)、分析水平(考查分析能力)、综合水平(考查综合运用能力)和评价水平(考查评价能力)等六个由低到高不同层次水平的提问类型。

针对上述类型,教师应灵活选用不同的方式进行提问:

直问——就是开门见山、直截了当地提出问题。

曲问——就是转弯抹角,从侧面或反面提出问题。它有助于学生澄清概念、疏通思路,使学生沿着奇道曲径达到知识的深层与高层。

正问——就是从问题的正面设问。

反问——就是从问题的反面设问。

追问——就是针对某一内容或问题,为了使学生弄懂弄通,往往在一问之后又再次提问,穷追不舍,直至学生真正理解为止……

8. 态度和善

(1) 要创设良好的提问环境

提问要在轻松的环境下进行,也可以制造适度的紧张气氛,以提醒学生注意,但不要用强制性的语气和态度提问。要注意师生之间的情感交流,消除学生过度紧张的心理,鼓励学生做"学习的主人",积极参与问题的回答,大胆发言。

(2) 要保持谦逊和善的态度

提问时教师的面部表情、身体姿势以及与学生的距离、在教室内的位置等,都应使学生感到信赖和鼓舞,而不能表现出不耐烦、训斥、责难的态度,否则会使学生产生回避、抵触的情绪,阻碍问题的解决。

(3) 要耐心地倾听学生的回答

对一时回答不出问题的学生要适当等待,启发鼓励;对错误的或冗长的回答不要轻易打断,更不要训斥这些学生;对不作回答的学生不要批评、惩罚,应让他们听别人的回答。

(4) 要正确对待提问的意外

有些问题,学生的回答往往出乎意料,教师可能对这种意外的答案是否正确没有把握,无法及时应对处理。此时,教师切不可妄作评判,而应实事求是地向学生说明,待思考清楚后再告诉学生或与学生一起研究。当学生纠正教师的错误回答时,教师应该态度诚恳,虚心接受,与学生相互学习,共同探讨。

9. 在提问及答问的指导方式上,要争取实现两个转化

(1) 提问点名回答到提问举手回答

"点名"变"举手",其意义在于发生了"被动"到"主动"的质的飞跃。要实现这个飞跃是不易的,年级越高难度越大。一旦实现,生动活泼的课堂气氛和积极主动的学风就将形成。要实现它,教师除了实践前面所述的提问艺术的各点并受到学生的信赖外,还必须对学生答问做大量的、坚持不懈的组织引导工作。

(2) 提问后个别思考回答到提问后讨论回答

讨论,更容易调动学生积极思考,使其认识过程逐步深化。讨论必有争论。争论中掌握的知识更容易记牢,经久不忘。教师提问要学会"煽风点火",争论中要善于"火上加油",鼓励学生大胆设想,质疑问难,不"人云亦云",学会独立地获取知识和运用知识。实现这个转化,把教师的主导作用和学生的主体作用结合起来,将充分发挥学生主体的主动性、自觉性和创造性,使学生融会贯通地掌握知识,培养学生独立思考和分析解决问题的能力。

三、课堂教学提问的基本原则

1. 适度性原则
（1）难易适度

课堂提问不宜停留在"已知区"与"未知区",即不能太易或太难。有经验的老师总是在"已知区"与"最近发展区"的结合点,即知识的"增长点"上发问,这样易于使学生认知结构中的"最近发展区"上升为"已知区"。提问的问题太易,学生不做任何努力就容易回答,就会觉得乏味没意思,失去积极性。相反,所提问题太难,或提问大而空不得要领,学生通过努力不能回答,就会心灰意冷,积极性也会受到挫伤。教师在设计问题时一定要难易适中,才能达到良好的效果。

（2）问题要适量,控制好频度

大量的课堂提问,缺乏思维价值,学生会出现"乱答""抢答"等副效应。而提问不足,缺少交流,教师得不到及时的反馈信息。一节课到底要设计多少问题,并没有科学的研究和规定,应视教学实际的需要而定。从一些优秀教师的经验看,在教学始中末三个环节中间应讲的多些,问的少些。

（3）要有梯度

设计的问题要与学生已有的认知水平相适应,符合学科本身的知识规律,体现知识间的纵向横向联系,符合学生的思维特点,了解学生的相关知识储备。教师要巧设梯度,循序渐进,由浅入深地设计提问,把学生的思维逐步引向新的高度,使学生产生"有阶可上,步步登高"的愉悦感。

2. 启发性原则

启发性,即所提问题能激发学生的思考与求知欲,促进学生的思维发展,引起学生的探索活动,体现提问的启发价值,使学生不仅说出当然,还说出所以然来,并提出自己的见解。教师恰到好处的提问,不仅能激发学生强烈的求知欲望,而且还能促其知识内化。课堂教学中教师的主导作用发挥得如何,很大程度上取决于教师引导启发作用发挥的程度。

(1) 体现启发性要在发问形式上下功夫

发问要有新鲜感、新奇感、幽默感,能引起学生的注意,真正拨动学生心灵的琴弦。同是问一个概念可以正问也可以反问,可以直问也可以曲问,可以明问也可以暗问,可以实问也可以虚问;同样是一个思考性问题,可以编成因果性的思考题,还可以编成解释性、评价性、分析性、推理性、综合概括性的思考题等。

(2) 体现启发性要在发问时机上下功夫

孔子说"不愤不启,不悱不发",这对我们筹划课堂提问是有现实意义的。当学生处于"愤悱"状态时,教师的及时提问和适时点拨,能使学生积极热情地投入探索活动中。反之,学生会对教师的提问无以为答,教师本人也会索然无味。

(3) 体现启发性要在情景性上下功夫

学生的学习内容应当是现实的,有趣的和富有挑战的。应有利于学生从事观察、猜想、验证、推理与交流等教学活动。问题应与具体学科,具体知识点相联系,否则难以实现激发学生学习兴趣,发展学生能力的目的。根据生产和生活的实际而提出的问题,可以使学生认识到学习的现实意义,认识到知识的价值,这样也更容易激发学生的好奇心,促其主动探索未知。

3. 目的性原则

课堂提问的根本目的是实现教学目标,它应完成以下六方面的任务:

(1) 促进知识理解和掌握完善智能结构,熟练技能方法。

(2) 创设问题情境,点拨启迪,促进学生思维活动。

(3) 促进思维定向,提问思维方向,集中学生注意力。

(4) 输出信息并获取信息反馈,调整教学进度和教学方法。

(5) 落实面向全体和因材施教的教学原则,大面积全员化提高教学质量。

(6) 加强学习方法指导,提高学习能力。

因此,教师在备课时,提出哪些问题,提问哪些学生,希望得到什么结果,学生回答可能出现的问题,对于这些问题的解决还要提问哪些问题作为铺垫等,都必须仔细考虑。提问要抓住教学中心线索,关键问题,解决教学中的难点、重点。所提问题要明确易懂无歧义,能反映知识的发生发展过程,使学生易于找到问题的切入点。

4. 和谐性原则

即课堂提问要与学生思维特点相适应。

学生思维的不同特点,对教师课堂提问有不同的要求。总的来说,课堂提问的和谐性原则,有以下几个具体要求。

(1) 课堂提问要及时

及时提问,能适时创设有利的思维情境,使学生思维积极活跃,以便充分利用思维趋向性的驱动力作用,同时,由于学生思维程序性特点,提问应与学生思维同步。问得过早,学生思维跟不上,破坏了学生思维的程序性;问得过晚,起不到提问的引发作用,失去了提问的必要性,不能充分发挥思维程序性的作用。

(2) 课堂提问要引辨

学生为了解决问题,思维过程必然会体现了反思性特点。教师应利用提问对学生的思维予以点拨或校正,使学生能顺利地通过反思,找出问题的症结所在,既充分发挥提问的主导作用,又不破坏学生思维的主体作用。要特别注意对学生易混的概念、易生错觉的法则、逻辑关系或隐藏在学生头脑里的某些"潜在假设"提问,引导学生辨异求同,利用思维的反思性特点,培养他们的思维能力。

(3) 课堂提问要引探

培养学生的创造性思维能力,是课堂教学的重要任务之一。学生思维的预见性特点,给教师提供了培养的前提和依据。教师应根据学生的思维实际,提问引导学生探究和挖掘思维过程中所得到的那些可以继续拓深拓广的思维结果。既培养学生的探究精神和探究习惯,又让学生享受到自我创造的愉悦,巩固和完善学生头脑里已有的认识结构,拓展学生的思维空间,培养学生的创造能力。

总之,明确性原则是课堂提问的基础,和谐性原则是课堂提问发挥效益的根本保证。

5. 突出重点难点原则

课堂教学时间的限制性要求教师的教学要追求高效。提问作为一种启发学生思维的教学手段,在设计问题时就应作到目的明确,指向清楚,能在最短的时间内引领学生把握教学内容的要点。因此,问题的设计要结合教学内容,针对教学的重点、难点、关键点、模糊点等精心设计问题框架。

处于新课程中的一些教师由于对教学理念的片面认识,在课堂教学中为了突出学生的主体,而放弃了自己的责任,一味地"放飞学生的思维",盲目地跟从学生的思维确立自己的教学进程而忽视了对教学目标、教学内容的科学把握。新课程提倡尊重学生思维,但绝不是让学生放任自流。科学地制定课堂教学目标,研究教学内容的重点和难点,帮助学生在有限的时间内掌握教学内容,有目的的思维,才是真正意义上的"以学生为主体"的教学。

6.激发学习兴趣原则

当人产生某种需要时,就会对相关的事物或活动给予优先注意和积极探索,需要越强烈,兴趣也越浓厚,人们一致认为"兴趣是最好的老师"。激发学习兴趣也是课堂提问的重要原则。由于学生的生理和心理发展得不成熟,他们往往不能理性地看待自己的学习和控制自己的学习行为,所以教师有效地调控学生课堂学习的感情状态显得尤为重要。激发学生兴趣的提问,能引起学生浓厚的情趣,使学生在学习中集中注意力,使学生自身产生强烈的探索动力,积极参与到思维活动中去,并创造性地完成当前的活动。在提问中如何做到激发学生的学习兴趣?我们可以从以下几个方面进行探索:

(1)了解学生的兴趣所在

兴趣是学生主动学习的内在动因。教师应在提问前设法了解学生目前的兴趣所在,或是关于教学内容,或是关于学习方法等。教师提出的"问题"要紧扣学生的"最近发展区",符合学生的认知规律,有助于引导学生思考。

(2)问题设计要新颖,具有趣味性

中小学生一般都有丰富的想象力和求新好奇的心理,对于新颖的事物更容易产生兴趣,所以教师在设计问题时应注意问题内容和形式的新颖性,创设具有趣味性的提问情境。

首先,内容要新,问题使学生有"耳目一新"之感。可以从无疑处设疑,从看似简单的理论观点中挖掘可疑之处,使学生获得新的感受,加深对知识点的理解。

其次,提问角度要新。通过变换角度,启发学生思考,克服死记硬背的习惯。

(3)提问要联系学生的实际生活

新课程核心理念是让课堂教学回归生活,一般课堂教学中知识和技能的学习本身显得单调而枯燥,教师的作用就在于利用各种教学手段和技能,改变学生关于"学习是件枯燥无趣的事"的看法。知识和技能是从人们的劳动生产实践中产生的,学习知识和技能就不能把它们与实际的生活世界脱离开来,孤立地学习。教师在提问中也不能单纯针对知识本身,要联系学生的实际生活,将知识的学习还原到真实的世界中去。

四、课堂提问的步骤

课堂提问的程序步骤,要考虑学生的心理状况设计提问过程,一般应注意下列几个步骤。

1. 提出问题

提出问题,语言要简练明确,使学生确切地掌握教师的要求。提问时,要使全班学生都注意和思考所提出的问题。不先指定回答者,避免只限于被指定的学生参与提问问题的思考。

2. 稍停

提出问题,不要要求学生立即回答,要稍停片刻,给全体学生以思考问题、组织语言的时间。根据问题的难易和复杂程度,掌握稍停时间。

3. 指导回答问题的学生

教师要亲切地指导学生针对所提问题,沉着地将自己的认识,有条理地表达出来,教师不应轻易打断学生的发言,不应使学生感到紧张和拘谨。

4. 学生回答问题后的处理方法

如果学生问题回答得不够全面、深刻、正确,甚至一无所知,教师应认真地进行处理。

(1) 启发思路

教师提出问题,学生茫无所知。遇到这种情况,教师就应指给思考方向,接通学生的思路,学生按照教师指给的方向思考问题,对问题就会作出正确的答案。

(2) 拨正思路

教师提出问题,学生的理解有时偏离了问题的要求,答得不够正确或出现答非所问的现象。遇到这种情况,教师就应该要学生认真审题,通过审题搞清题目要求回答的是什么,从而拨正学生的思路。学生审明了题意,拨正了思路,经过再读再思之后,对问题就可能作出正确的答案。

(3) 深拓思路

学生对问题的理解只浮于文字的表面,不够深刻时,教师就应该通过深拓思路的方法加以指导。经过教师深拓学生的思路,学生对问题的理解就会达到应有的深度。

(4) 广开思路

教师提出某个问题,有时学生理解得不够全面,虽答对了一部分,但不完善,教师应该通过广开思路予以指导。广开学生的思路,学生对问题就会较全面地理解,经过充分思考,作出完整的答案。

五、课堂教学提问艺术的类型

教学提问的具体形式与类型是多种多样的,为了帮助教师更好地认识教学提问的丰富性,把握其类型特征,很有必要对它们进行分类研究。按照不同的标准来划分,教学提问可以有多种类型。下面我们择要介绍几种分类:

(一) 根据教学提问的水平分类

教育家特内根据布鲁姆《教学目标分类学》的基本思想创设了"布鲁姆—特内教学提问模式"。在这种提问模式中,教学提问被分成由低到高六个水平,每一水平的提问都与学生不同类型或水平的思维活动相联系:

1. 知识(回忆)水平的提问

这一水平的提问可用来确定学生是否已记住先前所学的内容,如定义、公式、定理、具体事实和概念等。这是最低层次、最低水平的提问,它所涉及的心理过程主要是回忆。学生对这类提问的回答,通常可以用正确或错误来进行判断,其内容不超出先前所掌握的知识范围。在这类提问中,教师常使用的关键词是:谁、什么是、哪里、什么时候、写出等。

2. 理解水平的提问

这一水平的提问可用来帮助学生组织所学的知识,弄清它们的含义。这类提问要求学生能够用自己的话来叙述所学的知识,能比较和对照知识或事件的异同,还要求学生能把一些知识从一种形式转变为另一种形式。要使学生能够回答这一水平的提问,就必须事先把提问所涉及的必要知识提供给学生。在这类提问中,教师常使用的关键词是:用你自己的话叙述、比较、对照、解释等。

3. 应用水平的提问

这类提问可用来鼓励和帮助学生应用已学知识去解决问题。应用水平的提问要求学生能把所学的某些规则或理论应用于某些问题,对问题进行分类、选择,以确定正确的答案。在这类提问中,教师常用的关键词是:应用、运用、分类、选择、举例等。

4. 分析水平的提问

这类提问可用来分析知识的结构、因素,弄清事物间的关系或事项的前因后果。这类提问要求学生进行批判性思维,它要求学生能够分析资料,以确定原因,进行推论。在这类提问中,教师常用的关键词是:为什么、什么因素、得出结论、证明、分析等。

5. 综合水平的提问

这类提问可用来帮助学生将所学知识以另一种新的或有创造性的方式组合起来,形成一种新的关系。这类提问常用于发展学生的创造能力。它所考查的是学生对某一课题或内容的整体性理解,它要求学生能进行预见,创造性地解决问题。在这类提问中,教师常用的关键词是:预见、创作、如果……会……、总结等。

6. 评价水平的提问

这类提问可帮助学生根据一定的标准来判断材料的价值。它要求学生对一些观念、价值观、问题的解决办法或伦理行为进行判断和选择,也要求学生能提出自己的见解。在这类提问中,教师常用的关键词是:判断、评价、证明、你对……有什么看法等。

(二) 根据教学提问的信息交流形式分类

美国的查尔斯·C.狄诺凡把教学提问分成以下五类:

1. 特指式提问

这是对某个特定的学生直接发问。这种提问可以使学生集中注意力,用于检查个别学生的学习效果。

2. 泛指式提问

这种提问不先确定某一个人来回答问题,其目的是为了引起全班同学的思考或讨论。当一个泛指性问题提出后,教师应期望学生有多种答案。

3. 重复式提问

在某个学生提出一个问题后,教师重复这个问题,让别的学生来回答。这种提问可以突出教学的重点和难点,调动学生质疑和解疑的积极性。不过这种提问只有在估计其他学生能回答时才能采用。

4. 反诘式提问

当教师提出的问题得不到学生的正确回答时,他并不急于去纠正其中的错误,而是针对错误提出反问,使学生原以为正确、完善的答案,被证明是错误的、漏洞百出的。这就使他们原有的观念被瓦解,迫使他们重新思考问题,逐步得出新的、正确的结论。

5. 自答式提问

这是并不期望学生回答的问题。教师先提出问题,稍作停顿,让学生思索一下,然后自己作答。这种提问常常用来实现教学内容之间的顺利过渡。

(三) 根据教学提问的内部结构分类

按此标准可将教学提问分为以下几类:

1. 总分式提问

又称牵引式提问。是指将一个大问题分解为若干小问题,这些小问题本身互不直接牵连,而分别与大问题相扣合。回答了诸多小问题,再综合探索大问题。其特点是"以大领小,从小到大"。这种提问符合学生从具体到抽象、从个别到一般的认识规律,不仅能使学生体会到课文内容组成部分之间的有机联系、各部分的作用,而且锻炼了学生分析综合的思维能力,故常能收到条理清晰、纲举目张的教学效果。

2. 台阶式提问

又称层次式或递进式提问。是指将几个连贯性的问题由易到难依次提出,前一个问题是后一个问题的基础,后一个问题是前一个问题的深化,就像攀登台阶一样,步步升高,把学生的思维一步一个台阶地引向求知的新天地。

3. 连环式提问

又称追问。是指教师根据知识的内在联系,设计以疑引疑、环环相扣的一系列问题进行提问。有时则是教师提出一个问题后,根据学生的回答,再提出另一个问题,首尾相连,一追到底。这一连串的提问环环相扣、步步推进、由此及彼、拓宽思路,对学生全面深刻地认识问题有促进作用。

4. 插入式提问

又称插曲式提问。是指在教学过程中暂时中断提问思路的主线,而插入一个与之相关的内容,在叙述完有关的内容之后再提出问题的方式。

(四) 根据教学提问的具体方式分类

按此标准可将教学提问分为以下四组八种:

1. 直问和曲问

这组提问是根据教学提问方式的意向维度划分的。

(1) 直问。即"问在此而意在此"。教师在教学中向学生直截了当地提出问题,学生对此类提问可以直接做出回答,而不必拐弯抹角。

(2) 曲问。即"问在此而意在彼"。教师的本意是要解决甲问题,却偏不直接问,而是绕个弯提出乙问题,乙问题的解决又以甲问题的解决为前提,所以只要学生解答了乙问题,甲问题便等于是"不答而解"。

2. 正问和逆问

这组提问是根据教学提问方式的视角维度划分的。

(1) 正问。即正面提问,就是教师根据教学内容从正面提出问题,让学生顺藤摸瓜,在探求问题答案的过程中获取知识,发展智能。

(2) 逆问。又称倒问。教师为促使学生深入思考,不从正面提问,而是从相反的方面提出假设,让学生通过对照比较,自己得出正确结论。一般问题总是问:文章这样写有什么作用?而逆问则提出假设:不这样写行不行?这种问法可训练学生的逆向思维,培养学生思维的深刻性品质。

3. 单问和复问

这组提问是根据教学提问方式的对象范围维度划分的。

(1) 单问。又称常规提问。这种提问的对象是一个学生,要求让其站起来口答或到讲台上板书回答问题。这在课堂中是最普遍最常见的提问方式。

(2) 复问。又称并行提问。在同一时间内同时提问几个学生。具体做法是教师一次提问一个或几个问题,让学生有的去黑板上作图解、板演、画图解答,有的在座位上进行口答,然后逐个总结评定。其优点是增多了回答问题的学生人数,能使更多的学生经受锻炼,检查掌握知识质量的面较宽。但它需要教师具有良好的注意分配能力和课堂组织能力,不易掌握,弄不好会搞乱课堂秩序,影响教学效果。巧妙运用复问是一种高超艺术。

4. 快问和慢问

这组提问是根据教学提问方式的时间速率维度划分的。

(1) 快问。又称急问抢答。教师发出快速急问,促使学生争先恐后地抢答,以训练学生思维的敏捷性和灵活性。这种提问多采用填空式和选择式,带有明显的刺激性、竞赛性和娱乐性,课堂上常先呈现一种紧张活跃,继而又轻松愉快的氛围,令教师和学生兴奋难抑。这种提问宜用于教材中较易的内容,使学生抢答时能答。

(2) 慢问。又称深求慢问。教师为了深化重点、突破难点、解决疑点，训练学生思维的深刻性和批判性，提出问题后给学生留有充足的思考时间，让学生通过周密思考组织语言，以对问题做出完善圆满的解答。这种提问宜用于教材中较难的内容和高年级学生。

六、课堂教学提问艺术的技巧

在教学实践中，教师掌握一定的教学提问有关技巧，可以增强教学提问的艺术性，使教学提问更富有成效。

（一）精心设计问题

课堂上教师所要提问的每一个问题，也应精心设计、合理规划，才能有效地克服随意性提问的弊端。日本教育界在20世纪80年代初曾用两年时间专门开展"什么是好的提问"的讨论。讨论结果认为，好的提问应该具备以下特点：(1) 表现教师对教材的深入研究；(2) 与学生的智力和知识发展水平相适应；(3) 能激发学习的欲望；(4) 能有助于实现教学过程中的各项具体目标；(5) 富有启发性，并能使学生自省。这可供我们设计教学提问时参考。

那么，具体怎样设计所要提问的问题呢？

1. 根据教学需要，在关键处设置问题

教学中需要提问，则提问不可少，且应精心设计以确保其效益；教学中不需要提问，则不必勉强而问，以免画蛇添足。如果确须提问，那么又应设在何处呢？

(1) 理解教材的关键处。是指那些对学生的思维有统领作用、"牵一发而动全身"的地方。

(2) 学生认知矛盾的焦点处。就是学生在认知上最感困惑的地方，而这往往就是教学的重点和难点所在，在这里设疑提问，也最容易引起学生的积极思维与兴趣。显然同学们单凭原有观念说不通了，愤悱之感油然而生，问题的情境出现了。下一步无论是引导学生自己得出新结论还是由教师讲述，都会得到很好的启发效果。

(3) 貌似无疑实则蕴疑之处。貌似无疑是学生学习中思维停留在浅表层面的反映，不是真的没有问题，而是学生没有发现深蕴其中的问题。教师在此处提问激疑，可以促使学生的思考由表及里、由浅入深，培养学生发现问题、解决问题的能力。

2. 组成简明合理的问题结构

研究表明，问题是由题设和问式组成的。问式是表达问题疑问的部分,由问词和问号组成。题设是问题的已知部分,由词语、短语或语句构成。这里的"已知部分"是隐含在题设中的判断。题设的内涵宽广与否,是问题内容的范围,称为"问域"。提问题的问域太广,大而无当,或问域太狭,小而无当,都会使提问没有实际意义和价值。这就是说,提问必须有恰当的问域。题设中的判断,包含的已知的和隐藏的某种思想,称为问题的"预设",它是指问和答双方共同理解了的事物和意识。预设必须明确,能给人以清晰、鲜明的认识;问题结构的理论,为我们设计问题提供了科学的工具,运用它设计问题以确保其实际价值;同时,教师所设计的问题结构不仅要合理,而且要简明,因为人的注意阈是很短的,而记忆由听觉得来的知识尤为有限。所以,教师所提出的问题宜简明扼要,使学生听了之后即可了解其意义,而且当他思考答案时,能够把问题记在头脑中。一个问题若冗长繁杂,听了后半句,忘了前半句,学生便很难把握问题的中心,也就无从回答。问题冗长、拖泥带水,也容易使学生在心理上感到厌烦和乏味,有时连听也不愿听,更谈不上积极思考了。可见,问题的简明性和提问的有效性是有着直接的内在联系的。

3. 设计恰当的问题难度与坡度

研究表明,问题的难度与坡度影响到学生对问题解答的完成程度。有的心理学家的研究,则把问题从提出到解决的过程称之为"解答距"。所谓"解答距",就是让学生经过一番思考才能解决问题,让思想的"轨迹"有一段"距离"。纯属记忆性的问题,只要重复记忆就可完成所答,或问上句,答下句,不必经过思考即可回答的提问,是不存在什么"解答距"的。一般说来,根据"解答距"的长短,提问可以分为四个级别:第一级,属于初级阶段,所提的问题,学生只要参照学过的例题、例文就可以回答,这样的问题,属于"微解答距"的范畴。第二级,属于中级阶段,所提问题,并无现成的"套子"可以依傍,但不过是现成"套子"的变化与翻新,这样的问题,属"短解答距"的范畴。第三级,则是高级阶段,所提的问题,要求学生能综合运用学过的知识进行解答,而不是简单地依傍或变通,属"长解答距"的范畴。第四级,则是高级阶段的发展,属创造阶段,所提问题,要求学生能采用特有的方式(无现成的方法可以参照)去创造性地解决问题,属于"新解答距"的范畴。教师应从学生的实际出发,合理调配提问中四个等级的问题的坡度,为学生架设从已知通向未知的阶梯,使学生能够在教师的启发下通过自己的努力,做到拾级而上、步步升高,直达知识的高峰。

4. 赋予所提问题以新颖角度

教师的教学提问要注意变换角度,使其具有新鲜感,以引起学生深思、多思的兴趣。北京特级教师张子锷曾深有体会地说,譬如讲比重,第一天在课堂上讲:某物质一立方厘米的重量的克数叫作这种物质的比重。铁的比重是 7.8,钢的比重是 8.9,铝的比重是 2.7,单位是克/[厘米]^3。第二天上堂就问:什么叫比重？它的单位是什么？这就是培养学生死记。如果变个样子,提出这样一些问题来:已知铝的比重是 2.7 克/[厘米]^3,铁的比重是 7.8 克/[厘米]^3,问:(1)同体积的铁块和铝块的重量的比是几比几？(2)同重量的铁块和铝块的体积之比是几比几？(3)1[厘米]^3 的铁块与多少[厘米]^3 的铝块重量相等？(4)1 克重的铁块与多重的铝块体积相等？这一问,学生不把比重弄清楚是答不上来的。碰上这样的问题,学生会吃一惊,但脑子闲不住了,要思考、琢磨,不再死记了。这样培养学生,启发学生思考问题,时间长了以后,教师讲不到的,学生自己也能想到。当然教学提问新颖角度的确定,要求教师首先下一番琢磨推敲的功夫,才能设计出角度新颖、引趣启思的变式提问来。有些教师就很善于设计"假设性问题",令学生耳目一新。

(二) 讲求教学提问的方法与技术

课堂教学提问要注意"怎么问",要讲求提问的方法。

1. 发问

发问是教学提问实施的首要环节,如何发问,可以体现教师提问的艺术水平。简而言之,以下几个方面决定了发问的艺术性:

(1) 发问时机。在整个教学中,教师随时都可以发问,但只有在最佳时机的发问效果最好。那么什么时候才是最佳发问时机呢？就是当学生处于孔子所讲的"心求通而未得,口欲言而不能"的"愤悱"状态的时候。此时学生注意力集中、思维激活,对教师的发问往往能入耳入脑、取得良效。最佳发问时机既要求教师敏于捕捉、准于把握,也要求教师巧于引发、善于创设。有机不发或无机而发,都会给教学带来损失。

(2) 发问对象。教师向学生发问,要注意两点:一是面向全体。即面向全体学生提出问题。课堂提问,虽然每次直接回答的只是少数学生,但必须照顾到学生整体。教师应要求全体学生都认真思考,做好回答的准备,在一般情况下可以先提问中等水平的学生,同时提醒全班学生尤其暗示差生注意听,待中等生答个差不多时,再请优秀生补充。切忌先点人后提问,更不要先问优秀生,忽略中等生,冷落差等生,以免造成"少数人表演,多数人陪坐"的现象。二是区别对待。针对学生的个别差异,如个性特点、学习程度、知识基础、能力水平等的不同,教师发问时应心中有数,用不同的方式提出不同类型、不同层次的问题,而不"乱点鸳鸯谱"。否则,易造成学生与老师的隔阂,影响师生关系的融洽。

(3)发问顺序。教师发问在内容的难度上应由浅入深、由易到难、循序渐进。但在形式上,教师的发问又切忌按座次顺序点名提问。应打破次序,有目的地"随机"提问。

(4)发问方式。应注意灵活多变、丰富多样。可以从解题入手,也可从中间开刀、奇峰突起,甚或从结尾开始,往前推进;可以口头形式,也可以书面形式;可以相对集中,也可有意分散;可让个别学生作答,也可让全班同学议论等等。

(5)发问语态。教师发问时的语气和态度非常重要,因为在某种意义上可以说:艺术性的提问=陈述语气+疑问语缀。如"你以为如何?""你同意吗?""你能告诉我吗?"必要时可将提问延伸一次,以引入"缓冲区",获得更深对话的契机:"为什么要那样?你如何想起那种方法的?"如再加上点鼓励和期待,学生的回答可能会更精彩:"还有不同的看法吗?""有没有新的看法?""谁还有更合理的想法?"

2. 待答

研究表明,在课堂提问中,教师应该有两个最重要的停顿时间,即"第一等待时"与"第二等待时"。

所谓"第一等待时",是指教师提出一个问题后,要等待足够的时间,不能马上重复问题或指定别的学生来回答问题。

"第二等待时"是指学生回答之后,教师也要等待足够的一段时间,才能评价学生的答案或者再提出另一个问题。因为学生可能要作详细说明,斟酌、补充,或改变回答。上述第一等待时为学生的回答提供了思考的时间。第二等待时给学生以时间,使他们能完整地做出回答,而不致打断他们的思路。心理学家们经过对比试验,给提问过程增加等待时间3秒或更多些,得出的结论是,稍长的等待时间对学生的语言行为有如下的效果:(1)学生回答的时间长度和语句数量都有所增加;(2)"我不知道"和回答不出的现象减少了;(3)思辨性的思维事例增加了;(4)提出了更多证据,在提出证据之后或之前都有推理性的叙述;(5)学生提出问题的数量和学生计划收集资料活动的次数都增加了;(6)成绩差的学生的回答也增加了。他们甚至测定,设置必要的停顿时间以后,学生的表达量可增长300%到700%。在这之前,学生平均回答某个问题用词只有4~7个,在这之后则增加到30多个。

3. 助答

当学生回答问题不够准确、完整、流畅,甚至完全"卡壳"时,教师应耐心期待并积极设法促使转机,一般可根据具体情况采取以下措施:

(1) 重复发问,申明题意。有时学生因没听清或没理解全部题意而答不出或答不好,教师可应学生的要求重述发问语句,突出重点词语,以助学生深化理解,扫清意义障碍。

(2) 分解难点,化难为易。有时学生对提问的难点吃不透、摸不准、答不了,说明问题难度对他来说可能大了些。教师可将难点分解成小的问题,降低难度和坡度,以助学生消除畏难情绪。

(3) 转换角度,另辟蹊径。有时学生对从某个角度看问题觉得陌生或难以理解,教师不妨变换一下角度,进行变式提问,以助学生从新的角度攻克问题。

(4) 适当提示,巧用点拨。有时学生的思路误入歧途或不得要领,教师可以给予适当的语言提示,指点迷津,以助学生的思维走出误区。

(5) 补充修正,以求完善。有时学生对所要回答的问题准备不足或因其他缘故,回答得不够完整、准确,或难以独立作答时,教师可视情况请其他同学补答、修正或替答,也可由教师本人做这些工作,以助学生答全、答完所提问题。

4. 总结

课堂提问结束后,教师要对学生的回答及时进行总结,公正地指出其优点或不足。如有必要,教师可复述正确答案或再作简单讲解,以照顾到中下等程度的学生的接受能力;或请有关同学复述正确答案,以加深理解。教师对学生的回答作评价时,一般应从掌握知识的广度、理解知识的深度、知识的巩固程度、错误的数量与性质、口头表达能力、是否有创见性这六个方面综合评价。教学提问的总结,对学生所学知识的系统与综合、认识的明晰与深化等,都起着重要的作用。但目前存在的较为普遍的问题是,教师往往对教学提问总结的重要性缺乏必要的充分认识,对学生答问采取放任的态度,答问不正确的不予订正,不完整的不予补充,零散的意见不予综合,肤浅的认识不予深化。虽然有问有答,热闹非凡,但"散乱的谈话"不能形成"决议案",学生对教师提出的问题始终没有清晰、明确、完整的认识。更有甚者,有些错误因老师没予以订正,会让学生"自以为是"地印入脑海而致误人子弟,那就是教师的失职了。这是要引以为戒的。

七、课堂教学提问应注意的问题

课堂教学提问能唤醒学生的意识,集中学生的注意力,激发学生思考,培养学生能力。但并不是所有的提问都能达到上述目的,这就要求教师掌握提问的艺术。运用课堂教学提问时应注意以下问题:

(一)从提问的内容上要做到:目的明确,难易适度,有逻辑性,准备辅助问题和完整的答案。提问的内容一定要紧扣教材

提问要有明确的目的,这是课堂提问成败的先决条件。课堂提问的目的应服从于总的教学目的和任务,但在具体教学中,教师应根据每堂课的教学目的、任务提出不同类型的问题。提问的内容要具体、准确。提问前,必须对提问的目的、范围、程度、角度反复设计,加以限定,不要问得太广或太窄。教师提出的问题还要符合逻辑性,要按照教材的顺序,层层设问,环环相扣,问题与问题间构成必然的内在逻辑联系。前一个问题是后一个问题的基础,后一个问题是前一个问题的深化,层层推进,步步为营,节节剥笋,水落石出。提问前还要准备必要的辅助问题和完整的答案。教学中,由于教师提问的方式和学生理解水平等因素,可能会出现启而不发的现象,为防备这种现象的发生,教师应围绕主要问题,准备一些必要的辅助问题。学生回答问题,可能会有多种答案,不论对或错,或部分正确或部分有误,都具有创新意义。教师在启发学生思维同时,也要事先准备一个完整答案,做到心中有数、定向点拨。

"课堂提问要紧扣教材"要求教师在课前就应深入地分析研究教材的基本内容,特别关注教材的重点、难点和需要追根究源的地方,领会教材中最需要和最值得提的问题,在课堂教学过程中适时地提出这些问题;否则,事先对教材内容不作深入细致的分析研究,对问题不作精心准备,在课堂提问时便很容易脱离教材,无意之中会误导学生。

课堂提问的内容一定要紧扣教材,这是一条重要的提问原则。要知道,课堂上教师向学生提问仅仅是一种教学手段或方法,而不是目的;通过提问,启发学生积极思维,使学生加深对教材内容的理解,才是目的。在教师一步一步地启发引导下,那些原先对他们而言是陌生的、难以理解的教学内容逐渐变得熟悉起来和比较容易理解了,这对于他们比较牢固地掌握这些知识显然是很有好处的;与此同时,他们的学习能力也会在不知不觉之中得到提高。而如果脱离教材的基本内容向学生随意发问,则会分散学生对教学内容的注意,严重者还会使他们"误入歧途",显然,这对学生深刻理解和牢固掌握教学内容进而提高学习能力是十分不利的。

(二) 提问的方式上应做到:面向全班,先提后问,留出一定的思考时间,把握时机,启发诱导,注意层次,因人而异

教师提问时,应当面向全班,先把问题提出来,让学生经过思考后再指名要学生回答。教师提出问题后,应当给学生留一定的思考时间,经过学生充分准备后再回答问题,这样不仅能增加回答问题的正确性和完整性,而且有助于增强学生的自信心。课堂提问要把握时机,最好在学生处于"愤""悱"的心理状态时进行。此时,学生思维活跃,跃跃欲试,教师把握好这个时机提问,有利于学生对问题的深入理解和解决。教师提问还要面向好、中、差三类学生,根据问题的难易差别和回答的不同要求使每一个学生都能学有所获、步步提高。

(三) 从对学生回答问题的要求上应做到:认真主动地回答教师提出的问题,鼓励学生大胆质疑、积极探索,教师也应正确评价学生回答的问题,作必要小结

在提问教学中,学生对问题的回答显示了他对知识的理解和巩固程度,也是教师检查教学效果的重要途径。提问不仅可以是教师提,也包括学生问。能在司空见惯的地方提出问题是一个人思维批判性与独创性的表现。教师要鼓励学生大胆质疑,在无疑处找疑,在有疑处解疑。教师要耐心听取学生的回答,对学生的回答要正确引导、热情帮助、积极鼓励。对学生的正确回答或接近正确的回答,要予以肯定并进行表扬。对不完整或是错误的回答,也要找出积极因素,不要求全责备,要帮助学生树立信心。教师听完学生的回答后要进行小结。对正确的加以肯定,不完整的给予补充,错误的给予纠正,使学生最后能掌握系统、完整、科学的知识。在课堂教学中,首先要解决的是从不知到知的矛盾,对学生来说,就是从解决一个个的问题开始的。教材内容都是依据这个客观规律编写出来的。

(四) 问题的难易要适度

问题的难易程度定得不适当,是收不到提问的预期效果的。这里应当反对两种倾向:过难和过易。有的教师喜欢提难度较大的题目(甚至提些偏题、怪题),并美其名曰"实施高难度教学,开发学生智力"。但结果却常常与主观愿望相反。教师在讲台前津津乐道地设问和引导,学生却坐在座位上鸦雀无声,毫无反应。有的教师喜欢提些无难度题目要学生回答,学生几乎可以不动脑筋,脱口而出。很明显,以上两种情形均不能取得较好的教学效果。

问题的难易要适度。适度的标准是学生要经过认真思考才能正确地加以回答。换句话说,教师应向学生提这样的问题:这些问题既要有一定的难度,又不能完全超越学生现有的知识基础和心理水平;既不能让他们毫不费力地回答,但又不至于使他们"冥思苦索无结果"。教师如果在提问前、提问时及提问后注意做好以下几项工作,这问题的"难易适度"也是比较容易掌握的。其一,提问前(即备课时),要"吃透两头":一是吃透课程标准的要求,摸清本课的重点及要求学生掌握的基本内容,不提偏题、怪题;二是要了解学生现有的知识基础和回答问题的能力,并以此为基础确定所提问题的难度。其二,要善于"随机应变"。如果发现大多数学生"神色漠然",那么教师就应立即作些提示,以降低问题的难度;如果发现大多数学生"毫不费力",那么就得立即改变问题的提法,以增加难度来促使学生加以思考。其三,要注意信息反馈。下课后要及时搜集班里好、中、差各种类型学生的意见,摸清他们的"口味",从而为把握好问题的难度找到依据,提高以后提问的质量。

(五)提问对象四忌

1. 忌偏爱

不少教师只喜欢向成绩好的学生提问,不愿意向成绩中、差的学生提问——既担心答不出影响教学进度,又害怕他们不愿意答问。据调查,各种基础的学生都有答问的愿望,特别是基础差的学生,对教师是否提问特别敏感,认为提问是教师信任的表现,对教师提问时忽视他们的存在很有意见,他们强烈要求一视同仁。偏爱使提问艺术失去魅力。

2. 忌惩罚

个别老师将提问作为惩罚手段,专门收拾心目中的"差生"。答不上问,就罚站,罚作业,罚劳动,甚至惩罚株连全班。惩罚忽视了非智力因素中的情感领域,破坏了和谐的教学气氛,造成了师生对立,产生了消极影响。学生最反感惩罚式提问。惩罚使提问艺术变形变味。

3. 忌讥讽

提问时,亲切的语言、热情的态度、轻松的气氛将消除学生的紧张和压抑感。对成绩差的学生,适宜以鼓励的语气提问,用赞许或肯定的口吻评价。学生一时答不出,绝对不要用"这么简单都答不上,真笨"之类的话伤害学生的自尊心,而应以"不着急,再想想""暂时答不出,没关系,坐下再想想"等亲切话语去抚慰学生心灵。讥讽是提问艺术的大敌。

4. 忌齐答

齐答不能促使学生独立思考,反使学生养成不加思考、脱口而出的坏习惯。齐答造成假象,反馈信息失真,影响教师的判断和矫正。课堂教学一般不宜采用齐答式提问,对小学高年级学生和中学生尤其如此。更不要将齐答式误认为是启发式,一堂课齐答到底。齐答使提问艺术黯然失色。

(六) 提问时间掌握三注意

1. 注意层次

课堂教学全过程中都可提问,但提问是有时间层次的。一般说来,大概有:开讲时提问引入新课,将旧知识和新知识联系起来;过渡或转折时提问,将教材结构和知识系统联系起来;小结归纳时提问,将理解和记忆结合起来;在关键处提问,将兴趣和知识重点结合起来;总结规律时提问,将求同思维和求异思维的培养结合起来。在具体学习过程中,不宜频繁提问,不宜边讲边问、边问边讲、一问到底。

2. 注意停顿

教师提问后,要留出时间让学生充分思考。学生只有经过充分思考,才能回答所提问题。提问结束即要学生回答,学生来不及思考,既达不到提问的目的,又容易形成畏惧心理。提问后时间上有停顿,能够促使学生积极思考。

3. 注意整体

提问仅仅是教学方法之一,它只有同其他教法有机配合,形成完整合理的结构,才能显示整体功能。哪些地方需要提问,提问什么,怎样问,抽哪类学生答问,什么时间提问等,都应同其他教法结合起来通盘考虑,事先设计好。不要想问便问,随便提问。提问的随意性会破坏整体性,影响提问的效果。

第九章　课堂讲授艺术

一、课堂讲授的含义

所谓讲授艺术,是指教师在课堂教学中,根据所教学科特点,在充分把握教材内容的科学性和思想性,全面熟悉学生情况的前提下,运用熟练的语言技巧,向学生传授知识,培养核心素养并训练其技能和技巧的过程。

课堂讲授是一门科学,也是一门艺术。然而至今仍有人不明白这个道理,他们以为只要自己懂了就可以上讲台去教别人,以为只要有知识就能当教师,这样的认识未免有些偏颇。"固然,自己懂是必要前提,以己之昏昏而使人昭昭是不可能的。但以己之昭昭就能使人昭昭吗?恐怕也未必如此。"教师要怎样才能达到课堂讲授的艺术境界呢?一个有智慧的教师,应该在教学中懂得幽默,充满激情,掌握节奏,设置悬念,积极应变,既要有广博的知识,又要有深厚的文化底蕴;既要讲究讲授的技巧,又要具有人文情怀,才有可能进入教学的最高境界,体会到当一名教师的无限乐趣。

二、新课程课堂讲授的新要求

1. 讲授内容要精、新、深

现代教学理论认为,教学应着眼于知识传授的陈旧观念必须更新,应将教学内容涉及的着眼点放在促进学生乐学,并指向学生的"最近发展区"上。"最近发展区"既是教学与发展的最佳结合部,也是激发学生的求知欲,促进学生乐学的重要着力点。而要使学生对教学内容学有兴趣,促进发展,就必须根据一定的价值准则,在"精""深""新"这三个重要的维度上深入研究教学内容涉及的艺术。

(1) 所谓"精",是指教学的内容应该是经过教师精心选择的,具有系统性、逻辑性、代表性。教学内容不但具有较高的学术价值,还应该能为学生的未来生活作准备。另外,教师应以恰当的方式将教学内容传递给学生,处理好传授知识和培养能力的关系,注重培养学生的独立性和自主性。

(2) 所谓"深",是指教学内容应超过学生的现有知识水平,使学习的内容富有挑战性。但这种深度并不意味着教学内容的难度是遥不可及的,这种难度应该符合学生们"跳一跳就能够摘到桃子"的心理特点,让他们在学习中心里常常伴随着胜利的曙光。因此,这种难度仍是在学生的"最近发展区"之内,并且,针对不同学生的"最近发展区",教师应给予不同的学生不同层次的难度设疑和指导,使所有的同学都在一定程度上得到不同的发展。

(3) 所谓"新",是指教师在讲授教学内容时,除了以书本为主外,应尽量搜集与讲授内容相关知识,对课本内容作一定的补充,使教学内容融入时代进步的潮流。并且,内容的补充是循序渐进,持之以恒的,这样就能够为每一堂课注入新鲜的血液。

(4) 要精讲多练

在教学中要做到讲重点、讲难点、讲关键点、讲知识网络、讲方法、讲思路、讲学生薄弱点、讲知识的前后联系和内在规律。

(5) 要做到"三讲三不讲"

讲易混的知识点,易错的知识点,易遗漏的知识点;不讲学生已会的,不讲学生能做的,不讲学生学不会的。

2. 讲授方法要把握"快、慢、透、多"

(1) 所谓"快",就是讲课触及重点要快,不要讲太多枝节的东西。要把主要精力和时间放在重点上。一节课只有45分钟,因此,接触重点要快。

(2) 所谓"慢",就是讲解重点要慢,要慢条斯理,务必讲清。对重点教材的讲解,要一步一个脚印,不能马虎,不能求快,目的是使学生懂得重点的内容,因此,宁肯慢一点,就是在"慢"中求快,把重点教材化整为零,一口一口地吃掉它,消化它。

(3) 所谓"透",就是理解重点要透。重点内容不仅要学生懂得,重要的是理解,这里说的理解,不是一般的理解,着重在"透"字上下功夫,教师要从不同角度,不同层次进行讲解,使学生理解透,能举一反三总结出重点教材的内在规律,使书本上的知识转化为学生的能力。

(4) 所谓"多",就是运用重点要多。重点教材虽然能理解,如不运用,学生还是掌握不牢固,所以要想办法,让学生多运用,在运用上多花功夫,分类总结、归纳出几种解题方法,找出其中规律,达到运用自如的境界,知识就转化为能力了。

三、课堂讲授的原则

新课程要求教师突破传统的单一讲授模式,力求形式多样。不同的教师,基于对教材的消化程度不同,选取的角度各异,因此,讲授风格千差万别,但他们在讲授中却必须遵循一些带有共性的基本准则。

1. 启发性原则

启发性讲解的核心是调动学生学习的积极性、主动性,引导学生独立思考,发展思维能力。学生学习的主动性受到多种因素的影响,教师要善于克服消极因素,发挥积极因素,使学生从好奇心发展为求知欲,从对教学内容的直接兴趣发展为有意识、有目的对知识的探求。因此,教师在讲解中的主导作用,绝不是代替学生去寻找答案,而是诱导学生自己去探索、比较、归纳、综合、解决问题。教师要以课程标准为指导,从教材实际出发,根据知识间逻辑顺序和学生认知顺序,有计划地设置有内在联系、条理清晰、层次分明、环环相扣、层层深入的问题系统,使学生的思路在教师的启发诱导下不断深入,根据学生的年龄特点,及时提出诱发探求性的问题,激起学生强烈的求知欲望,诱导学生由此及彼、由表及里地去积极思考,把学生的思维从感性认识上升到理性认识,从而加深学生对学习内容的理解。

新课程提倡的课堂教学是师生交流、持续发展的过程,在这一过程中,学生的学习主体作用表现为:自学生疑→探索质疑→合作释疑→拓展创新,教师的导向作用表现为:激发引导→信息反馈→点拨指导→启迪创造。这样才能充分发挥学生学习的内驱力,体现学生的主体性、独立性,从而使学生学会学习。

2. 吸引性原则

在课堂上,有的老师讲课,一段精辟独到的阐述,让人终生难忘;一个贴切生动的比喻,引得同学们敞怀大笑,茅塞顿开;一句幽默的点评,使大家既放下包袱又羞惭不已;一段声情并茂的讲解,又常常激起对老师的崇敬和热爱之情。那动听、明晰的声音像"润物细无声"的春雨一样潜入学生的心田,把知识和感悟一道带进去。而有的教师上课像"催眠曲",老师滔滔不绝,台下"晕"倒一片,即使有些学习主动性、积极性较高的同学,也感觉听老师上课还不如自己看书,这样的教学效果可想而知。因此,从某种意义上说,教师讲课的吸引力制约着教学效果。

影响教师讲课吸引力的因素有很多,如教师的语言、仪容、态度、举止、板书等,要做到以情动人,以美感人。但最根本、最主要的因素是讲授的内容。要加强讲授的吸引力。

3. 易接受原则

从信息传播学的角度来看,讲授的过程就是信息的传输过程。其主流是由教师向学生的信息传递。教师的"低效输出"会导致学生的"无效输入",亦即教师讲授方式欠佳会使学生难以接受。讲授的目的就是要使人明白,使人更快更好地接受。因此,讲授要努力做到目的明确、条理清楚、准确明了、生动有趣、深入浅出、通俗易懂。讲课时不应长篇大论、平铺直叙、枯燥乏味。讲课应注重实效,紧紧地抓住教材的重点、难点和关键点,有针对性地进行,不应脱离实际,故弄玄虚,哗众取宠。讲授应条理清楚、层次分明,切忌主次不分、眉毛胡子一把抓。要实现表达上"生动有趣、深入浅出、通俗易懂",教师要善于运用恰当比喻、生动的事例等以使讲授生动有趣。生动易懂的讲授才能充分调动学生的积极性和主动性,使课堂充满愉快活泼的气氛。

4. 情感性原则

情感具有极强的感染力,尤其对于情感丰富的青少年学生来说,恰当地使用情感艺术,能达到意想不到的效果,如能带动学生全身心地沉浸到课堂中来,对学习充满热情,对内容能产生共鸣和感动。反之,课堂上没有激情,没有奔放、细腻的情感,没有全身心的投入,学生也会对所讲授的内容反应冷淡、漠然,课堂教学气氛因而沉默、压抑。

要使课堂洋溢着情感,首先,教师要在备课时挖掘内容的情感底蕴、发现情感因素。其次,教师在课堂上要像一个演员,要全身心投入地沉浸进去,将自己的情感融于知识中,然后全身心投入地传递给学生。营造或慷慨奔放、或浅吟低唱、或壮怀激烈、或悲凉凄苦的情感氛围。最后,教师在课堂讲授中要细心培养情感,不断提高学生的学习情绪并注意适度地控制情感,把学生的情感调节得恰到好处,促进学生智力的发挥和人格的完善。

5. 个性化原则

个性化原则是指教师要尊重每个学生的兴趣、爱好、个性和人格,以一种平等、博爱、宽容、友善、引导的心态来对待每个学生,使学生的身心自由地表现和舒展起来。在教师讲授中让学生的个性得到张扬,而不是压制,体现以人为本的教育思想,把学生作为真正的教育主体,以学生为出发点和归宿。

个性化原则还指教师要讲自己的独特理解与感受。教师通过对教学内容深刻的感受和理解,以引导学生更细微、更深入地感受和理解所学内容。教师讲的观点虽然可能与教参不一样,但他讲出了自己的独特见解与感受,必定更能激发学生主动积极地去感悟文本的内容,启发学生用自己的眼睛去审视,用自己的心灵去感受,用自己的头脑去思考。

6. 精通性原则

真正让学生在课堂上主动地学习知识,思考问题,需要教师有深厚的专业知识和扎实的教学功底,即要体现精通性原则。"精通"包含三个意思:

(1) 沟通、融会贯通

各部分内容能联系起来,保证学生获得整体性、结构化的知识。

(2) 通俗、具体

讲授要寻求具体的、有说服力的例子。例子要有针对性、典型性,要确切合理、生动活泼。

(3) 变通、代换

讲授要随时根据学生的反应灵活变通地处理,当学生一时不明白教材和教师的表述时,教师要从不同的角度去处理,作灵活的变通,使学生能够理解和接受。

四、把握课堂讲授的范围和时机

教师的讲授要充分考虑学生的最近发展区,要以学定教,教师讲什么、怎么讲,要根据教学的实际情况来确定;讲是开放的,生成的,要在教学中不断加以调整,对于学生已经掌握或能通过自主与合作学习可以掌握的内容少讲或不讲,对于与学生认知水平相距过远的内容以后再讲。教师所讲述的只是学生想要"领悟"而"领悟"不到、曾经"研究"而"研究"不出的部分。因此,教师的讲授要适时适度,做到"该出手时就出手",要抓住学生的疑惑点画龙点睛,讲出精华,讲出情感,讲得精彩。简言之,就是"讲在当讲处"。一般来说,具体有以下几方面:

1. 讲在概念复杂时

对于初中生而言,有的学科,特别是思想品德,一些概念确实比较抽象、复杂,依靠学生的自主学习和合作学习,学生也很难理解,这里就需要教师讲授。

2. 讲在易混易错时(也就是难点)

尽管初中教材淡化知识讲解,但仍有许多知识对于学生而言理解起来比较困难,特别是一些易错易混点,如果不讲,学生很难区分清楚。但在讲时要注意度,有些问题只需点拨一下,要有分寸,自然提出。

3. 讲在认识有误时

学生对一些问题的看法和观点有模糊、错误的地方,教师要当堂指出,澄清误区。

4. 讲在争论不休时

学生有观点分歧,这是正常现象,但要注意控制好度,适当收拢。如果学生争论不止,需要教师来总结阐述,达成共识,如果放在下一节课,事过境迁,效果就很难达到。

5. 讲在情感提升时

情感态度与价值观是教师在教学中应关注的首要目标。因此,教师应利用一切机会对学生进行情感态度与价值观的渗透。

此外,当需要唤起学生对某些学习内容的兴趣时,当信息不易获得时,当不同来源信息必须被加以综合时,当教师需要在讨论前向学生提供可供选择的观点或者要讨论的各种问题时,当学生自己学习可能会遇到困难,需要教师对学习材料提供必要的解释和说明时,也离不开教师的讲授。

五、课堂讲授语言的转换

讲授是实现一门学科的语言被学生理解和接受。这种转化要经过许多中间环节和发生某些语言性质的变化。讲授使科学知识心理学化、教育学化、普通化,使它们能被容易而迅速地理解和接受。因此,讲授中,将书本语言口语化,将专业语言普通化是重要的技术环节。

目前的多数研究者已经注意到这些环节的转换过程,并提出了有效的操作办法。

(一)从教材语言向教案语言的转化

教材语言,即课程标准、教科书以及教学参考书中的语言。把教材语言转化为教案语言,就是我们所说的备课过程。实现这一转化的前提是教师对教材语言进行感知和理解,进而对教材语言的思想内容加以同化,纳入自己的语言系统,在此基础上进行加工、组合,形成教案语言。在这一转化过程中,教师要做以下几项技术性工作:

1. 寻找语言的吻合口径

教案语言是为了使学生更好地理解和掌握教材语言,因此,在语言形式、语言习惯等方面对接时,必须与学生的接受口径吻合。解决吻合问题,一是要考虑所教学生的年龄特征、知识层次和认识能力,二是要考虑课的性质和具体内容。

2. 对教材内容进行增、减、删、改

即增加一些教学过程中有利于学生理解而教材中没有的语言,减少学生听腻了的熟语,删去与主旨内容不很密切的解释性语言,改换学生必须掌握而又较难理解的语言。

3. 精选例证,使语言简约化、形象化

讲授中的例证可帮助学生突破难点,化解疑问,顺利领会、掌握基本原理。

4. 形成教案语言

经过一系列的思考、揣摩,去粗取精、加工组合以后,教师用简捷明了的文字表述出来,就是教案。

教案语言与教材语言有明显的不同:第一,增加了引语和过渡语以及结语。第二,有了自问自答的对话语言形式。第三,有了重要部分的分析与论述。教案语言在数量上大大简约,形式上更加有序,语言更具可接受性,同时带上了教师的个性特点。

(二) 从教案语言向预备性教学语言的转化

这一转化是对教案语言进行感知理解和语言转换的过程。教师以想象中的学生为对象,以内部语言活动为主要形式,以逻辑推理为主要方法,对教案语言进行试用,往往以默讲的形式出现。这种在大脑中已经形成而又未向学生正式讲授的语言形式,称作预备性教学语言。这一阶段要处理的问题有:

1. 排除障碍,确定语义,形成语势

教师重温教案时,又会出现许多问题和难以确定的东西,需要进一步地确定和选择。在默讲中形成"语势",即模拟课堂语言,在假设的课堂情境中调节语言的强度、速度、声调和表达方式。

2. 调整语序

课堂语序设计时,可以适当移位,即对一个概念、一则定理、一句话在讲授时拆散分析、前后移位。当然,移位时语言结构要协调合理,语法结构要符合规则,不能造成误解。

3. 语言的引申和扩充

预备性教学语言从量上看要比实际给学生的大得多,这才能算做充分的准备。苏霍姆林斯基曾指出:教师所知道的东西,就应比他在课堂上要讲的东西要多10倍、多20倍,以便能够应付自如地掌握教材。到了课堂上,能从大量事实中挑选出最重要的来讲。这种引申与扩充,既要靠备课时的课前准备,还要靠原有水平基础。可以说,教师的学历水平和平时的自我充实,就是最好的课堂语言引申、扩充和储备。

(三) 从预备性教学语言向课堂教学语言的转化

这一阶段的主要矛盾是课堂实际情境与预备性教学语言的矛盾。教师在课堂上处理这一矛盾比任何时候都更加需要灵活性和创造性。其效果取决于对以下几个问题的处理:

1. 准备反馈,及时调整,保证语言信息交流的畅通

首先,根据学生的答问与表情流露,确定学生的理解程度,然后调整语言的难易。其次,根据教学内容和性质以及学生笔记的速度,调整语言速度。在讲定义、概念、公式、结论时,教师的语言速度要放慢,必要时重复叙述,需要学生记录的部分还需要根据学生的笔记速度进行适应性速度调整。再次,力争将科学语言变为与学生相适应的生活语言和学生语言。

2. 把握适当的"度",保证教学语言的有效性

教学语言的运用,在简与繁、多与少、深与浅、快与慢、高与低等方面,都会出现"过"或"不及",都需要找到"最佳度"。

3. 运用多种语言形式,提高教学语言的效果

这里指的是教师的言语活动、非言语活动以及借助其他媒体的一切传输信息的方式。

(四) 从课堂语言向辅导语言的转化

学生接受教材、教师的传授,然后经过学生的主观变换,学习者进入运用阶段。这一阶段的学生作业、练习、操作、答卷中的问题,依然需要教师的讲授。这一阶段讲授使用的就是辅导语言。在学生练习和操作中,教师的辅导讲授是必不可少的。辅导讲授时,语言要突出诱发性、点拨性、激励性、精当性、针对性。对不同水平和不同个性特点的学生,要使用不同的语言。作业的讲评要富有鼓励性,使学生能从教师的讲评中获得完成作业的快乐和光荣,激发起上进心和进一步的成就动机。要公正、全面,不带任何个人偏见和主观倾向,客观地反映学生的作业情况。语言要掌握分寸,实事求是。对于学生的成绩与进步,不仅加以肯定,还要分析学生取得成绩与进步的原因,启发别的学生学习。对于学生的错误与缺点,不仅要指出并进行纠正,还需要帮助学生分析产生的原因,找出"病根"。教师的辅导语言是最为灵活、最具有检验性的教学语言,因为这一阶段的讲授语言大都是随机的教学语言,都是临时准备的,是平时积累的教学知识和艺术的一种演示。精当而流畅,学

生最为佩服,教师最为得意;出了漏洞,学生将失去对教师的信任,教师也将长时间地懊悔。

六、新课程课堂讲授的方法

1. 以问题讨论为主线,设计探究式教学

探究式教学是以问题为主线,学生围绕问题主动构建新知识的教学方法。从教学过程来看,这种教学方式有两个显著的特点:

(1) 以问题为主线,培养思维能力为核心

问题贯穿教学的全过程,问题既是教学的起点和主线,也是教学的终点和延伸。以问促思,以思生疑,以疑促学,通过学生的自主学习、协作学习、交流学习,知识不断丰富,能力不断发展。

(2) 师生角色的转换

教师不再是知识的传授者、讲解者,而学生由知识的被动建构者转变为信息加工的主体,变"要我学习"为"我要学习",在内驱力的作用下变被动发展为主动发展,在获取知识的同时发展能力。

第一,创设情景,营造氛围。教师要善于营造宽松、融洽、愉快、和谐、自由、坦然的教学氛围,要善于使用夸奖的言辞、友好的微笑、热情的鼓励来激发学生不断创新的欲望和需要,使学生感到没有任何形式的压抑和强制,在自由的学习环境中让思维驰骋,提出疑难假设,在讨论中毫无顾忌地发表自己的见解。

第二,提出问题,引发思维。问题是学生进入探究状态的导火索。因此,设计探究式教学的关键在于问题设计得是否合理、科学。问题哪里来?

一方面来自于教师。教师要尽量了解学生的情况和教材的内容,善于从教材中挖掘问题,从学生的现实生活中挖掘问题,使问题的内容紧扣教材的重点、难点,并且设计的问题难度要适中,还要有梯度。

一方面来自于学生。学生在学习中自主发现问题。提出以问题为主线的探究式教学的实质和基本作用就在于培养学生发现问题、分析问题和解决问题的能力。只有存在问题,才能使学生不满足现状,去投身于创造活动之中。围绕问题展开的教学,这就要求教师首先要培养学生发现问题、得出问题的"问题意识"。

(3) 自主探究,自我纠错

教师先引导学生从理论上进行思考,积极思辨,通过知识间的相互

关系,从理论上解决部分问题,而后教师引导学生进一步探究。此环节,教师的主要作用是,架设知识的桥梁与阶梯,启发学生的思维,指点学生,并对课堂教学秩序进行适当调控,使课堂教学开放有度、有序,搜集相关的信息,为交流反馈、完善结论作准备。

(4) 协作学习,互释疑难

在学生独立探究后,教师把学生分成学习小组,让学生在自主探究中,把遗留的问题和发现的问题在小组内讨论,相互交换,发表见解,使同学形成一种相互帮助、相互促进、取长补短的学风。教师要善于从学生的讨论中搜集普遍性问题,同时给学生提供相关信息,开拓思路,鼓励每一同学发表高见,特别要引导平时不善言的同学谈出自己的看法。

(5) 交流反馈、完善结论

自主学习和小组讨论后,教师及时汇总学生的探究情况,让学生畅所欲言,提出自己的见解,同时发表在探究中发现的问题,教师要用赞赏的态度,激励的语言,友好的微笑倾听学生的发言,使学生在毫无压抑的氛围中陈述自己的观点,充分肯定学生积极思考问题的态度。此时学生提出的问题有些是正确的,但有些仍然是错误的,教师不要急于纠正学生的观点,而应循循善诱,铺设认知的台阶,引导学生继续探究,使学生得出完整的结论。

2. 以场景再现作依托,设计情境式教学

情境式教学是指教师在教学中,有目的地创设或引入与教学内容相适应的具体场景或教学资源,以激发学生的兴趣,提高学习效率的一种教学方法。情境教学以培养兴趣为前提,以情感共鸣作基础,有利于激发学生学习的主动性,减轻学习负担;有利于增强学生学习的感受性,让学生体验学习的愉悦,享受学习的快乐。

教学情境的创设可从以下几方面入手:

(1) 精心设计问题

苏霍姆林斯基认为,学生对眼前能看到的东西是不感兴趣的,而藏在后面的奥妙却很感兴趣。因此,教学中教师必须善于根据学生的知识水平、心理特点和思想上的焦点,设计一些智力上富于挑战性的问题,激发学生积极思维,使学生自觉不自觉地进入"情境"。

(2) 穿插趣味故事

教学中根据教学内容恰当地穿插一些趣味性较强且寓意深刻的小故事,可以活跃课堂气氛,激发学生学习兴趣,加深学生对课本内容的理解,以提高学生的思想觉悟。

（3）借助诗文佳句

在课堂教学中，恰当地引用名诗佳句，可以产生引人入胜的效果。由此创设教学情境可培养学生的理解能力，也能培养学生对集体、对人生、对自然、对社会的美好情感，实现情感教学目标。

（4）充分利用漫画

有的教材内容抽象、枯燥，恰当地利用漫画，可以化抽象为直观，变枯燥为生动，激发学生学习兴趣，培养其观察力与思维能力。

（5）插放优秀歌曲

课堂教学必须把情感目标摆在重要位置。只有增强学生的人文情感、社会情感和政治情感，才能真正体现本学科的德育功能，完成育人任务。而激发情感的一个有效手段，就是教师根据教学内容，恰当、适时地播放一些格调高雅、积极向上的优秀歌曲，寓教于乐，寓教于美，陶冶学生情操，丰富学生情感。

（6）利用录像资料

根据教学实际，恰当利用录像资料，构建符合学生学习规律的情境设计，是启迪学生创造性思维，培养学生能力的有效手段。

（7）联系学生学习生活实际

运用贴近学生生活的实例进行教学，引导学生自己思考问题，自己去发现和矫正错误的心理状态，有利于改变一味灌输的教学模式，打破沉闷的课堂气氛，提高教学效率，也体现了知行一致的原则。

3. 以平等交往为前提，设计互动式教学

互动式教学是指教学中围绕某一主题，讨论交流，实现师生多边互动，相互沟通、相互启发、相互补充，使学生成为学习的主人，实现教学相长的一种教学方法。教学过程成为师生交往、共同发展的互动过程，教师与学生都是教学过程的主体，师生互教互学，形成一个真正的"学习共同体"。

互动式教学设计应以"平等交往"作为前提。新课程强调，教学过程中的交往不再是教师教、学生学的机械相加，而是人人参与的平等对话、合作交流的意义构建。要实现课堂教学中的师生平等交往，教师应主动转换角色，由传统的知识的传授者转向现代的学生发展的促进者、由课堂的"主宰"转为"平等中的首席"。如此的互动交往才能凸显学生的主体地位，弘扬学生的个性特长，发展学生的创造潜能。

互动式教学设计应以"思维互动"作核心。课堂上教师不能仅以活动频繁作为互动的标志，不能仅以气氛活跃作为互动的尺度，师生互动的本质应把握在"思维互动"上。实现"思维互动"可以采用以下策略：

(1) 趣味引"动"

即用学生感兴趣事例,如寓言、典故、漫画、时政材料等,把他们带入课堂知识的学习中。通过幽默风趣的广告语言,抽象的道理具体化、浅显化了,使学生在轻松愉快的气氛中掌握知识,提高学习的兴趣,激发学习的热情。

(2) 问题激"动"

学科知识的学习可采用问题来激发互动,关键是问题应由师生双方交替提出,若问题仅由教师提出就不是真正意义上的"问题互动"。

4. 以开放题为载体,设计开放式教学

开放式教学是指把课堂教学活动置于一个开放的体系中进行设计,突破教材的文本限制,融入学生的直接经验、现实问题,实现内容的开放化;突破教师单向的传承,融入学生的自主探究、合作学习,实现方法的开放化;走出教室,实现空间的开放化等。开放的内容、开放的方法、开放的空间,打破了课堂教学对学生的限制,给学生一个开放的课堂,因而有利于学生创新精神的培养。

用开放题作为载体,来承载开放式教学理念,是课堂教学设计中一种行之有效的方法。设计课堂开放题可从四个方面来体现"开放"理念:

(1) 开放结果

即没有所谓的唯一标准答案,对于同一问题可以有不同的结果,追求的是获得结果的过程。要求学生在给定的条件下,不断地寻求多种可能存在的答案。

(2) 开放方法

学生可以有不同的方法解决同一问题,而不必拘泥于固定的问题解决程序。由学生自主探究,合作探究,进行讨论,还可以指导学生走出课堂,进行社会调查。让学生走出课堂,进行社会调查,把理论课与社会实践结合起来,用自己的眼去看,用心去体会,培养学生的主体意识,锻炼潜能,提高实践能力。

(3) 开放内容

即所提问题与课本知识有关联,但教材涉及不多或不深,需要学生借助独立的思考和实践活动,提出创造性的见解。

5. 过程启发式教学法

过程启发式教学法是针对传统的启发式教学提出来的,在对传统的启发式教学的研究中,传统教学在很大程度上是一种以结果为中心的启发。传统启发式教学法的特点是,在教学中,针对具体的问题,教师头脑中先有了一个结果(答案),然后通过启发式提问,提出一个个问题,一步步引导学生向预设好的结果逼近,直到把这个结果问出来。这样做的直接后果就是使学生形成对教师提问的依赖,即教师向他提问他就会回答,离开教师的提问他就不会思考。

过程启发式教学的基本实施步骤是:根据学生学习知识、技能所需要的高效思维方法,按思维流程设计相应的启发式问题,根据所设计的问题启发学生思考,并逐步过渡到让学生自己向自己提出问题、自我启发。这一方法的实施从根本上解决了如何使学生学会学习、学会思考的问题。

6. 元认知教学法

元认知是对自己的思想观念的一种认识。比如解一道题,用什么方法思考呢?是简便方法还是笨拙方法?这种针对自己的思考、自己的思维过程的认识,就是元认知。因为元认知是针对自己的思维活动,元认知很大的功能就是能帮助人们调控自己的思维过程,改进自己的思维活动,使自己的思维能更加科学、和谐,因此,要培养学生的思维能力,就必须培养学生的元认知能力,使学生能更好地调控自己的思维过程。

进行元认知教学主要从以下三个方面入手。

(1) 教给学生元认知的知识

主要是关于怎样科学思维的方法和技巧。

(2) 积累学生的元认知体验

元认知体验,是指学生在解决一个问题时,要让他体验到,用原来的方法思考不好、不容易解决问题,而用现在学到的新的思维方法去思考会更好,更容易解决问题。当学生有了这种体验以后,再遇到问题,他们就知道应该用简便方法去思考,不用笨拙方法。

(3) 训练学生的元认知监控能力

第一步,要意识到自己正在用什么方法思考问题,这方法好不好,这是监视。之后要实施控制。如果发现这是好方法,就继续下去;当发现自己方法不得当时,就开始控制,换一种方法去思考。元认知监控是一个元认知发挥作用的过程,但是这种监控很难。学生在思考问题时,往往把思维集中在问题上,而不注意自己在运用什么方法思考,因此,要培养元认知监控的能力,就要进行训练。训练的方法是自我提问法,自己给自己提问题,比如说,一道题拿到手后,首先该做什么呢?应该分析问题。因此问自己"仔细分析问题没有",问题分析之后,接着该做什么呢?第一步、第二步做了,第三步做了没有?自己问自己,通过自我提问来推动思维的发展。

这种教学方法的运用,是过程启发式教学法的延伸,通过这种方法的教学,学生将由依赖教师的启发提问,逐渐转变为自我提问自我启发。

7. 研究性学习指导法

研究性学习作为一种不同于传统学习的新型学习方式,它的根本目标在于培养学生的创新能力和实践能力。但研究性学习究竟怎么搞,人们普遍感到困惑。因为相对而言,传统的学习可以说是"接受性"的学习。在传统课堂上,讲解式的教,接受式的学占主导地位,学生不直接接触客观实际。缺少直接经验。这种方式下所获得的知识缺乏活力,不利于学生创新能力的培养。而在研究性学习中,教师教的方式和学生学的方式发生了巨大变化,没有现成的知识可灌输。在这个过程中,教师的作用怎样发挥呢?

(1) 教给学生关于如何研究的基本知识。

(2) 教给学生做研究的具体方法,如关于如何提问、如何查资料、如何做实验、如何解决问题、如何与人合作、如何写论文等。

(3) 运用样例启发、修正思路、及时点拨、指导学生。样例启发是指用样例来说明问题、启发学生思考的一种方法。修正思路的指导方法是指在学生有了初步研究意向时,教师结合实际情况,给他们以具体的修正思路或明确界定问题的指导。及时点拨是指教师在学生的探索过程中给以具体点拨与指导。

七、范例教案设计模式

范例教学模式是通过教材中典型事例的研究,使学生从个别到一般,掌握教材结构,获得基础性知识的一种教学模式,又称范例方式教学论。

1. 范例教学的产生

范例教学认为学生是主体,教材是客体,应把这两个主要教学论因素很好地结合起来,主张从日常生活中选取蕴含着本质因素、根本因素、基础因素的典型范例,通过这种范例的研究,使学生从个别到一般,掌握教材结构,理解带着普遍性的规律知识和科学方法,并把科学的系统性与学习者的主动性统一起来。

2. 范例教学的作用

能有针对性地解决学生存在的问题,激发学生探讨带有普遍性规律的知识的兴趣;有利于系统完善学生的知识结构,把解决问题学习和系统学习统一起来;有助于培养学生能力,在从个别到一般探讨普遍性规律知识过程中就可以使学生运用学过的知识去解决问题,思维能力、想象能力、分析概括能力得到提高和发展。

3. 范例教学的原则

(1) 基本性,强调教给学生基本的知识,即基本概念、基本科学规律知识结构。

(2) 基础性,强调教学内容应成为学生发展的基础,应是适合学生的智力水平、基本经验和生活实际的基础知识。

(3) 范例性,强调精选的教学内容的示范性作用,即它的典型性,通过精选的个别范例的解剖,能使学生掌握一般规律性知识。

4. 范例教学的程序一般分为四个阶段

(1) 范例性地阐明"个"的阶段。即通过个别范例的典型特征来说明其整体。

(2) 范例性地阐明"类"的阶段。即通过对个别范例的学习所获得的认识进行归类和迁移。

(3) 范例性地掌握规律和范畴的阶段。即进一步探究普遍规律性的联系。

(4) 范例性地获得关于世界经验和生活经验的阶段。即让学习者不仅了解了客观世界,也认识了自己,加强行为的自觉性。

5. 范例教学应用

关键在于选择范例是否具有示范性作用,就是说精选的个别范例,通过解剖分析能否达到让学生掌握一般规律性知识的目的。如果范例选择不当,其效果就会不好,教学目的就难以达到。因此,教师在课前必须精选好范例。

由于范例教学是通过对教材中典型事例的研究,使学生从个别到一般,理解带普遍性的规律性知识的一种教学方法,所以在各科教学中都可以普遍广泛地应用。比如,语文课要讲清楚说明文的五点基本要求:正确说明事物的特征、本质和规律;有明确的写作目的和中心;反映事物本身的条理;运用多种说明方法;语言要准确通俗。这些基本要求就是写说明文带普遍性的规律性知识。要让学生掌握这些知识,就可运用范例教学法,选择一篇典型说明文做范例进行剖析,向学生讲授这五项基本要求,或者按每项基本要求,分别选择一篇典型说明文作范例逐个进行重点剖析,帮助学生掌握这五点规律性知识。讲授说明文要反映事物本身的条理这点规律性知识,涉及说明文的结构时,也可分别选择典型说明文做范例来探讨。

6. 案例教学法

(1) 什么是案例教学

所谓案例教学,并不是教师在课堂教学中为说明一定的理论或概念进行的举例分析,而是一种开放式、互动式的新型教学方式。案例教学是一种通过模拟或重现现实生活中的场景,让学生把自己纳入案例场景,通过讨论或研讨来进行学习的一种教学方法。教学中既可以通过分析、比较,研究各种各样的成功的和失败的经验,从中抽象出某些一般性的结论或原理,也可以让学生通过自己的思考或者他人的思考来拓宽自己的视野,从而丰富自己的知识。

"案例教学法"(Case method),又称"苏格拉底式教学法"(Socratic method),是由哈佛大学法学院前院长克里斯托弗·哥伦布·兰代尔于1870年前后最早使用于哈佛大学的法学教育之中,是英美法系国家如美国、加拿大等国法学院最主要的教学方法。

(2) 案例教学的特色

第一,鼓励学生独立思考。传统教学只告诉学生怎么做,而其内容在实践中可能不实用,且非常乏味无趣,在一定程度上损害了学生的积极性。但案例教学没人会告诉你应该怎么办,而是要自己去思考、去创造,使得枯燥乏味变得生动活泼,而且案例教学的稍后阶段,每位学生都要就自己和他人的方案发表见解。通过这种交流,一是可取长补短、促进人际交流能力的提高;二是起到一种激励的效果。一二次技不如人还情有可原,长期落后者,必有奋发向上、超越他人的内动力,从而积极进取、刻苦学习。

第二,引导学生变注重知识为注重能力。现在的管理者都知道知识不等于能力,知识应该转化为能力。管理的本身是重实践重效益的,学生一味地通过学习书本知识而忽视实际能力的培养,不仅对自身发展有着巨大的障碍。其所在的企业也不会直接受益。案例教学正是为此而生,为此而发展的。

第三,重视双向交流。传统教学方法是老师讲、学生听,有没有听、能听懂多少,要到最后测试时才知道,而且学到的都是死知识。在案例教学中,学生拿到案例后,先要进行消化,然后查阅各种他认为必要的理论知识,这无形中加深了对知识的理解,而且是主动进行的。捕捉这些理论知识后,他还要经过缜密地思考,提出解决问题的方案,进一步应视为能力的升华。同时他的答案随时要求教师给以引导,这也促使教师加深思考,根据不同学生的不同理解补充新的教学内容。

(3) 案例教学的范围

案例教学有一个基本假设前提，即学生能通过对这些过程的研究与发现来进行学习，在必要时回忆并应用这些知识与技能。

案例教学适合于开发分析、综合及评估能力等高级智力技能。这些案例还可学生在个人对情况进行分析的基础上，提高承担具有不确定结果风险的能力。

为使案例教学更有效，学习环境必须能为学生提供案例准备及讨论案例分析结果的机会，必须安排学生面对面地讨论或通过电子通信设施进行沟通。但学生必须愿意并且能够分析案例，然后进行沟通并坚持自己的立场，这是由于学生的参与度对案例分析的有效性具有至关重要的影响。

案例教学模式在中小学应用主要是学生从实例中学习概念，从特殊到一般。

使用案例教学模式的首要条件是进行教材的实践基地的准备。教材包括理论课本、案例集（可以分散发给学生也可结集成册）和进度表。教师首先要用总课时约 1/5 的时间提示本课的学习目的、作用、研究对象、学科发展、参考书刊等，扼要介绍每单元主要内容。然后，学生按照教师提示的自学教材的案例，在自学基础上进行案例分析调查，用所学理论分析实际案例。然后，全班进行集体讨论，可以首先确定一组学生（3—5人）重点发言，其他组派代表发言，教师从中进行协调、点拨，最后教师总结学习收获，师生共同用实际材料检验原有理论，还可以重新编写案例或对原有理论加以修正。

(4) 案例教学的流程

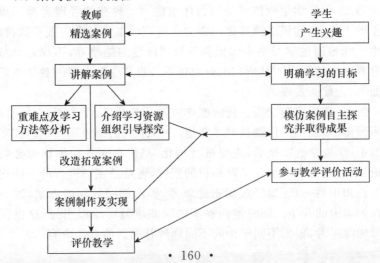

(5) 操作要领

应用本模式可以调动学生学习的主动性、积极性，丰富教学内容，锻炼学生的实际工作能力。但应用不当容易产生偏差，应注意如下几点：

第一，要有充分的教材准备。在理论课本中要有基本理论、方法、新观点、新趋势的介绍以及思考题。案例集要有生动新颖的正反两方面案例并要不断补充新案例。此外，要有教学进度表提供给学生。教师要恰当安排各环节所用时间。

第二，采用本模式要具备一定的图书资料、调查实践基地条件。教师要改变原有考察学生成绩的办法。下面方法可供参考：平时分析报告占30%，理论考试占30%，编写案例或质疑原有理论占10%。

第三，防止把实际案例牵强附会向原有理论靠拢，又要防止没有理论指导地随便分析案例，对案例分析的观点不一定强求一致，但要言之有理，遗留问题可待以后研究。

(6) 案例教学的应用实例

以有关《京都议定书》和《哥本哈根会议》出现的几幕情境作为案例来说明以《大气环境保护》为内容的学习。

第一，提出案例——引导，确定研究主题

幻灯片1：《京都议定书》是1997年12月在日本京都召开的联合国气候大会通过的。这一议定书规定，在2008年至2012年间，发达国家二氧化碳等6种温室气体的排放量要在1990年的基础上平均削减5.2%，其中美国削减7%，欧盟8%，日本6%。今年3月，美国政府决定不履行《京都议定书》，并借口称，如果发展中国家不作出削减排放量的具体承诺，美国绝不会在议定书上签字。

幻灯片2：2009年12月7日，哥本哈根会议在丹麦召开，此时，具有讽刺意义的一幕出现了：欧盟和美国的谈判代表轮番登上同一个舞台，瑞典环境部长安德里亚斯·卡尔格林强调，"如果没有看到美国和中国拿出更多的行动和更雄心勃勃的减排目标，欧盟不会将自己的目标提高到30%。"而美国首席代表乔纳森则回应说，"全球碳排放有五分之四来自其他国家，如果其他国家不做行动，会在很大程度上减少美国目前做的努力。"

幻灯片3：12月7日，贝拉中心上演了会场最感人的一幕。来自斐济——一个因为海平面上升而面临沉没的太平洋岛国的拉维塔述说自己的故事时，不由掩面而泣。"我有一个希望，15年后我可以有自己的孩子,他们会有一个家。而那个时候我们还会有一个美丽的岛屿。"拉维塔哽咽地诉说,"我们什么也没有做,可是气候变化对我们的影响却最大。我们需要一份对穷人和穷国都公平的协议。"

幻灯片4:而我说:不同的措辞,无外乎表达了同一个立场——"敌不动我不动,敌欲动我先动"。

启发学生思考:材料涉及哪些知识?有哪些问题值得探讨?学生思考、讨论后,确定探究主题。

一是论通过《京都议定书》的环境背景?为何二氧化碳增多使全球气温升高?

二是二氧化碳增多原因?为何规定主要是发达国家二氧化碳等6种温室气体的排放量的削减?

三是对美国政府不履行《京都议定书》以及欧盟和美国的态度,你的立场怎样?为什么?

四是对全球变暖的事实,你认为人类应该给以怎样的态度并采取哪些措施?

第二,解决问题

学生个别思考,组织学生讨论交流,互相补充完善,最终达成共识。如第三个问题可组织学生扮演美国政府、专家、发展中国家等不同角色进行辩论,从而展示学生才华,培养他们的思维和表达能力,增强他们的环境观和全球观。

第三,拓展,培养学生创新能力

讨论:对于"大气保温气体使全球变暖"这一论题,目前存在两种不同的看法:一是支持大气保温效应增强的观点,二是反对大气保温效应增强的观点。(观点列举略)

你的看法如何呢?简述理由。

全球气候变暖案例是大气环境遭破坏的一种表现,要鼓励学生进一步探索,分析大气污染问题,引导学生分析并提出自己的治理方案,通过案例拓展,培养学生的创新思维以及综合分析问题的能力。

7. 范例教学法

范例教学模式是通过教材中典型事例的研究,使学生从个别到一般,掌握教材结构,获得基础性知识的一种教学模式,又称范例方式教学论。

(1) 什么是范例教学

范例教学是20世纪50年代初期在联邦德国兴起的教学理论流派

之一,是联邦德国教育现代化的一个特色。其主要代表人物是瓦根舍因和克拉夫基。

范例教学往往打破原有的学科体系,用课题形式来代替传统的系统教材。如在语文教学中,一个课题可以是一篇范文或一首诗,也可以由许多文学作品组成;在物理教学中,可以把"自由落体"现象作为一个课题,从中引出关于质量、能量守恒、惯性定律和万有引力等概念和规律来。但是它与杜威的"从做中学"教学模式不一样。它要求解决问题与系统学习统一。每一个课题应当是有系统的,每个课题都是学科系统中的一个有机组成部分,并反映与其他课题在该学科整体中的相互关系。因此,学生学习的知识不失原有的系统性,不是零乱、片断的。

范例教学法除了要求解决问题与系统学习统一以外,还要求达到教学与训育、掌握知识与培养能力、主体(学生)与客体(教材)的统一。范例教学正是力图通过教材的优选和合理组合,培养学生的问题意识,使学生通过教学不断地发现问题,提出问题,解决问题;培养学生的独立精神,通过教学使学生具有判断能力、行动能力和自发的继续学习能力。

范例教学认为学生是主体,教材是客体,应把这两个主要教学论因素很好地结合起来,主张从日常生活中选取蕴含着本质因素、根本因素、基础因素的典型范例,通过这种范例的研究,使学生从个别到一般,掌握教材结构,理解带着普遍性的规律知识和科学方法,并把科学的系统性与学习者的主动性统一起来。

(2) 范例教学的基本原则

第一,基本性,强调教给学生基本的知识,即基本概念、基本科学规律知识结构。

第二,基础性,强调教学内容应成为学生发展的基础,应是适合学生的智力水平、基本经验和生活实际的基础知识。

第三,范例性,强调精选的教学内容的示范性作用,即它的典型性,通过精选的个别范例的解剖,能使学生掌握一般规律性知识。

(3) 范例教学的作用

能有针对性地解决学生存在的问题,激发学生探讨带有普遍性规律的知识的兴趣;有利于系统完善学生的知识结构,把解决问题学习和系统学习统一起来;有助于培养学生能力,在从个别到一般探讨普遍性规律知识过程中就可以使学生运用学过的知识去解决问题,思维能力、想象能力、分析概括能力得到提高和发展。

（4）范例教学的程序步骤

第一，范例性地阐明"个"的阶段。即通过个别范例的典型特征来说明其整体。

第二，范例性地阐明"类"的阶段。即通过对个别范例的学习所获得的认识进行归类和迁移。

第三，范例性地掌握规律和范畴的阶段。即进一步探究普遍规律性的联系。

第四，范例性地获得关于世界经验和生活经验的阶段。即让学习者不仅了解了客观世界，也认识了自己，加强行为的自觉性。

（5）范例教学的应用

关键在于选择范例是否具有示范性作用，就是说精选的个别范例，通过解剖分析能否达到让学生掌握一般规律性知识的目的。如果范例选择不当，其效果就会不好，教学目的就难以达到。因此，教师在课前必须精选好范例。

由于范例教学是通过对教材中典型事例的研究，使学生从个别到一般，理解带普遍性的规律性知识的一种教学方法，所以在各科教学中都可以普遍广泛地应用。

如地理教学中，"防风林与草原"这一内容教学模式的程序是：

第一阶段，用乌克兰防风林带景观说明俄罗斯南部草原的风光，使学生了解草原景观特征；

第二阶段，迁移到其他地区草原的景观，例如美国的中西部草原、中国的内蒙古草原等景观，使学生认识一系列类似景观的本质特征；

第三阶段，在对"个"和"类"的景观的观察和分析的基础上，对各种草原形成的规律的理解和发现，使学生认识到人类在特殊地理条件下采用防风林带干预自然的作用；

第四阶段，进一步认识人与大自然的关系，即人类能依照自然规律改造自然，然而人类不能彻底地支配自然。这样学生能从世界观的角度审视问题。

范例教学模式侧重于教学内容的优化组合，使学生通过范例性材料，举一反三地理解和接受基本性、基础性的知识，训练独立思考和判断能力。当然，从个别、类再到普遍规律的认识程序，不是学生掌握知识的唯一途径。克拉夫基自己也认为，不是"所有的知识都能够和需要通过范例形式来获得的"。这一教学模式的问题和困难主要在于教材的编排方面，难以使各个课题同整个知识体系有机衔接。

八、基本概念和基本原理的教学艺术

1. 基本概念教学的主要方法

（1）逐步分析、归纳、抽象，引导学生形成概念

即从具体到抽象、从感性到理性、从个别到一般，引导学生形成概念。概念的形成需要经历一个由感性上升到理性的过程。任何概念都是在人们大量的实践之后，通过抽象、概括这样一些思维活动而获得的。在教学中，教师要引导学生由具体到抽象，由感性到理性，由个别到一般去形成概念，理解概念。具体做法通常表现在如下步骤：首先，要围绕所要形成的概念由教师或组织学生摆出一些具体的事物现象，供学生感知，作为学生进行抽象概括活动的思维基础。然后，教师根据教学任务提出思考问题，启发学生积极思维，引导学生在这些具体的材料面前通过分析、综合、比较、抽象、概括、认识事物的本质。最后，在教师指导下，总结出反映这类事物本质的概念的定义，用科学的语言来表达思考的结论。

在引导学生形成概念的过程中，要注意：列举的事物现象要广泛、全面并为学生所熟悉；对思考的任务要提得明确；在组织学生思考过程中要给学生充分的时间，可让学生小组讨论，前后商量，引导学生自己完成思考过程；所下结论要言简意赅，科学性强。这种方法常用于抽象的概念的教学，因逐步的分析、归纳、抽象，可以降低学习的难度。

（2）运用比较、对比法讲概念

比较是人类认识事物特点的重要方法，不比较难以区别事物的异同。概念的意义在于能反映事物的本质。但每个概念除了它所反映对象的本质属性之外，还有它的适用范围和这个概念与其他概念之间的关系。而这些"关系"往往被人们所忽视。特别是某些含义相似或相近的概念以及概念之间的从属、并列、交叉等关系是学生最容易模糊的。因此，在概念教学中，教师要引导学生抓住具体概念的本质特征进行比较，分清易于混淆的概念，才能把握其实质。

有相同词语的概念，更易混淆，在讲授中要引导学生鉴别清楚。任何概念都不是孤立存在的，这需要在教学中只有抓住其本质特征进行比较，既要鉴别其不同的内涵和外延，又要确切地分析彼此的区别和联系，才能使学生正确理解和掌握概念。

(3) 分层法

分层法就是把这些概念分成不同层次,进行层层讲解,从而全面深刻地理解概念。如"按劳分配"这一概念就可分成以下三个层次:

第一,分配什么,个人消费品;第二,分配标准,按提供给社会的劳动数量的多少和质量的高低来分配;第三,分配内容,多劳多得、少劳少得、有劳动能力的人不劳不得。

(4) 引导学生练习、应用概念

应用概念是在教学中理论联系实际的重要手段。练习、应用概念不仅可以加深学生对概念的理解、掌握、检查学生对概念的学习情况,而且能够提高学生分析问题、解决问题的能力,真正达到学习概念的目的。

总之,概念是教学中的最基本的知识,培养能力的前提就是要完整准确地把握概念。概念讲解是否得当是关系到专业知识发展的一个重大问题,当然一个概念的讲解并不一定局限于某种方法,也可以用多种方法多管齐下,最主要的还是要从学生的实际出发,采取灵活多样的方法,让学生掌握方法技能,逐步培养学生分析问题和解决问题的能力。

2. 基本原理教学的方法

(1) 充分论证原理的科学过程

论证是引用论据来证明论题真实性的论述过程。论证必须有论点和论据。论据要充分、有说服力。论据的种类很多,在教学中常用的有:

第一,理论论据。即利用已被实践证明并得到公认的理论为依据,来证明新的原理。例如,要讲清"应一切从实际出发,可利用原来学过的"物质决定意识,意识是物质的反映"加以论证。理论论据可选本学科的,也可选跨学科的。

第二,实例论证。即选用现实生活中的事实作为论据来论证所要说明的原理。例如初中"思想品德"课中的一些观点可选用日常生活中大量的道德行为、道德典范等实例来讲解。这里值得注意的是,选用的事例要有科学性、典型性、针对性、趣味性和现实性。

第三,数字论据。以现实生活中事物的数量关系来论证基本原理。可取的数据能够准确地反映事物之间的关系,能使人心服口服。对数据的选择要持慎重态度,数字要真实,统计数字的方法要科学,要在相互联系的数量关系中认识和把握数字,使数字论据发挥应有的效力。

(2) 运用逻辑结构

讲授基本原理时,按顺序讲解基本原理所包含的各个基本观点的内容,揭示各个观点的内部联系,帮助学生明确这些基本观点在基本原理中的地位和作用。只有这样,才能使学生准确把握基本原理的精神实质。

(3) 联系学生已知和生活经验

也叫以旧带新法,指教师根据知识之间的内在联系和逻辑性,从已知的概念、原理出发,通过判断和推理,引导学生由已知向未知过渡,并理解掌握新概念原理;或在引导学生探究原理时,联系学生熟悉的自然界、社会生活、日常生活中的具体事例,从而引导学生从事例的分析中得出结论。

(4) 运用归纳法

运用归纳法讲授基本原理,就是先让学生了解各个不同具体事物,从分析这些具体事物中,归纳出结论。

(5) 利用人们熟知的成语故事、寓言、谚语等

成语、谚语、寓言的特征是寓意深刻,言简意赅,生动形象。运用它们讲解基本原理,可以化难为易,便于学生理解。"马和骑师"讲的是,有一匹解除了缰绳的马,当它知道什么束缚也没有了的时候,就脑袋里充血,眼睛里发火,再也听不进主人的斥责,放开四蹄,只顾飞奔狂跑,不料却掉下悬崖,摔了个粉身碎骨。用这个寓言故事来说明规则和自由的关系,典型又形象。还有,"揠苗助长"说明客观规律和主观能动性的关系;"东施效颦""量体裁衣"说明一切从实际出发,具体问题具体分析等。这种方法能将抽象原理具体化、生动化。

(6) 运用层层分析的方法

有些原理内容深奥复杂,在讲授中要采用层层分析的方法由抽象到本质,层层深入。使学生能较准确地、全面地领会其精神实质。

(7) 理论联系实际的方法

用马克思主义基本原理分析说明实际问题,是课堂教学的重要目的之一。在应用中既可使学生对原理的理解更加深入,又可培养学生分析问题、解决问题的能力,做到理论与实践的统一。课堂教学中原理的应用方式多种多样,其中一类是在教师指导下,在教学过程中应用原理,分析现实生活中的重大问题。另一类是组织课外活动,把课堂教学和课外实践活动结合起来。课外活动内容丰富多彩,形式生动活泼,为课堂教学提供了广阔的天地,如组织、引导得好,对培养学生运用原理分析、说明实际问题的能力所起的作用,是一般课堂教学所难以做到的。

第十章　课堂教学应变艺术

教学应变能力通常指教师正确处理课堂上突然发生的意外情况，通过随机应变而使教学进程继续并取得良好效果的能力。无论事先计划多么周密，安排多么细致，课堂上还是有可能发生各种意外情况。课堂情境的严峻要求每个教师掌握一定的应变技巧，因人而异，因事制定，灵活应变，调动身心潜能，做出超常的发挥。培养和提高教学应变能力，关键在于教师要有深厚的理论素养、精深的专业知识、丰富的教学经验。任何教学能力的形成，都是在一定理论指导下反复实践的结果。因此，教师要注意学习教育理论，在理论与实践的结合上下功夫，积累经验。

一、新课程课堂教学应变艺术的新要求

1. 课堂教学的灵活开放，需要教学应变艺术

《基础教育课程改革纲要》在课程目标表述里指出："改变课程过于注重知识传授的倾向，强调形成积极主动的学习态度，使获得基础知识与基本技能的过程同时成为学会学习和形成正确价值观的过程。"这里从"知识与技能""过程与方法""情感态度与价值观"三方面提出了目标要求，构成新课程的"三维目标"。新课程的"三维目标"指向学生全面发展，注重学生在品德、才智、审美等方面的成长。尽管各学科对"三维目标"的分解和细化各有自己的特点，但始终围绕"三维目标"这个总的目标来展开。原因很简单，"三维目标"是"课程标准"为描述学生学习行为变化及其结果所提出的三个功能性的基本要求。

在这样的目标指导下，课堂教学将从过去的灌输式教学发展为动态生成性的教学，这意味着课堂将发生根本性变化，这种变化最显著的标志就是课堂教学的灵活和多元化，课堂不再是封闭的、知识传达的课堂，课堂还要在动态的过程中承担情感的启迪和价值观的指引。灵活开放的课堂意味着对教师主动性和灵活性方面要求的提高，这需要教师要有切实的灵活的教育艺术来迎接变化的课堂。

2. 课堂教学注重互动探究，需要教学应变艺术

随着新课程目标的转变，师生关系也相应发生变化。师生关系不

再是传统的讲与听、主动与被动的授受型单向活动关系,新型的师生关系应当是一种以民主、平等、理解、尊重为基础的积极合作、双边互动的关系。学生是主体,教师是学生的指导者、合作者。

新课程倡导自主、合作、探究的学习方法,让学生获得学习的自主性和主动性,成为学习的主人。这就要求师生之间建立互教互学的新型平等关系,要求教师应由先前的知识权威者、管理者转变为学生学习的伙伴、合作者。在整个学习过程中,教师要发挥好"平等中的首席"作用,为学生学习提供支援和服务,创设"沟通"与"合作"的学习平台。教师再也不能把课堂视为自己的课堂,应该把课堂还给学生;教师不能做课堂的统治者,应该与学生融为一体,与学生站在一个平台上互动、探究。

3. *课堂教学中质疑的可能,需要教学应变艺术*

传统的教学,教师往往以教科书为学生学习的全部,把教科书视为神圣不可触犯的,在课堂上受制于教材、教案。他们把传递教材信息、执行教案视为课程实施的最终目标。由此导致学生知识面过窄,视野不开阔,对教材不敢有自己独特的理解。

新课程背景下,知识来源广,种类多,能力体系更精密。这要求教师立足于课堂的开发,把执行教案当作课堂教学的起点,变"教教材"为"用教材教"。教师和学生对于教材应有自己独特的理解。这种理解由于个体生活经验、知识结构、情感等因素差异的存在,会让学生对教材的理解呈现多元化。这种多元化的理解要求教师同样有多元化的视野,尽管教师不可能和学生的理解达成共识,但教师要能够以平和、机智的教学艺术对待这些理解,并做出适当的引导和匡正。

4. *课堂教学结构的变化,需要教学应变艺术*

传统的课堂教学注重预设,教学过程就是教师按照预设的教学方案机械、僵化地传授知识的线性过程。为了使一堂课顺畅进行,教师往往把课堂设计得很详细。课堂教学环节问题的设计,有时甚至是问题的回答者都要事先精心安排。预设的教学环节过于僵化,过于封闭,预设的答案过于片面,过于强调标准,这些都是为了让课堂预设得到完满的实现,而这种实现其实标志着传统课堂的不完满甚至是严重的缺憾。

我国教育家叶澜教授曾说过,要把教学过程看作是师生为实现教学任务和目的,围绕教学内容,共同参与,通过对话、沟通和合作活动,产生交互影响,以动态生成的方式推进教学活动的过程。学生是充满情感、富于想象、极具个性的生命体。"要从生命的高度、用动态的观点看课堂教学。课堂教学应被看作是师生人生中的生命历程,是他们生命的、有意义的构成部分,要把个体精神生命发展的主动权还给学生。"同时,学生的自主、合作、探究的学习方式也必然导致课堂具有动态生成的特点。

二、课堂教学应变应遵循的原则

课堂应变技巧是数不尽的,但从众多成功的应变中,我们可以把握住这样几条规则:

(一) 细心观察,预防为主

课堂偶发事件虽然具有突发性,但它也有发生先兆、出现的必然性。所以,偶发事件的发生也是有规律可循的。教师应该对偶发事件的规律加以研究,从偶然性中找出必然性,从而预测和预防偶发事件的发生,把偶发事件的消极作用减少到最小限度。所以,细心观察,以预防为主是处理课堂偶发事件的基本要求之一。例如,课堂教学中大部分偶发事件都是由调皮学生捣乱、破坏纪律引起的,因而教师在课堂教学中应预先对那些爱调皮捣乱的学生重点防范,严加注意。又比如一些学生爱在新教师的课堂里提出怪问题、难题,教师若对此有足够的重视和充分的思想准备,就会从容不迫、不乱方寸。为了减少和避免偶发事件的发生,教师就必须深入到学生中去,把握学生的思想脉搏,迅速判断偶发事件的成因,并采取相应的预防措施,防微杜渐,发现不良苗头,就把它消灭在萌芽之中。

(二) 满怀爱心,教书育人

没有爱心,就没有教育。爱是教师和学生心灵沟通的基础,是教师取得教育成就的奥秘所在。偶发事件的处理,也要以爱心为行动的准则。在处理偶发事件中能表现出教师对学生的挚爱与高度负责精神。有经验有责任心的教师从不会对偶发事件听之任之,他往往从偶发事件中探求学生的思想动向、心灵奥秘,并能抓住偶发事件这一契机,达到教书育人的目的。

(三) 沉着冷静,果断谨慎

面对课堂上的偶发事件,切忌急躁、冲动、感情用事,而必须做到沉着冷静,判断要正确,感情要克制,行动要果断,处理要谨慎。教师对学生的调皮捣乱行为要作具体分析,不要动辄发火、滥施惩罚,要善于克制自己的情绪,以平等的姿态对待学生,对学生犯有严重错误的偶发事件,教师要予以严肃的批评,说服教育他们,使他们明白错误的性质。

例如,一位教师正在讲自然课,发现后面的同学一个个都抿着嘴笑。教师走到后面一看,原来是一个同学的背上贴了一张画有乌龟的纸条。教师怒不可遏,正要追查,但一转念又改变了主意。只见他轻轻地将纸条撕了下来,然后严肃地说:"搞这种恶作剧,是对别人人格的侮辱,是不道德的行为。我向他提出劝告,并请他下课后到办公室来一下,我相信他会主动承认错误并改正错误的。"说完他又继续讲课了。课后,一个"调皮鬼"果然来到了办公室。

(四)宽严相宜,掌握分寸

教师在处理偶发事件时,所采取的任何措施和手段,都要宽严相宜、掌握分寸。因为任何方法措施都只适用于一定的范围,都有一个"度"的问题,达不到或者超过这个"度",都不能产生积极作用,甚至可能产生相反结果。教师在偶发事件的处理中,情感的流露、措施的宽严、批评语言的措辞等方面的适度都需要教师精心加以把握。所以,在处理课堂偶发事件中,切忌宽严偏颇。惩罚的基调高低,应与过错相适应。过严、过宽甚至溺爱都是不可取的。因此,惩罚应准确,要适度,有分寸。一般说来,对过错要判断出其性质,给予相应的惩罚。对故意行为、重犯、性质比较恶劣的,应予以重罚;对无意行为、初犯、程度较轻的,应予以轻罚。惩罚的宽严失当,必然给课堂教学带来混乱局面和对学生产生不良的影响。

(五)细致观察,理智思考

处理意外事件的发生首先必须作细致入微的观察,弄清楚事情的来龙去脉,"视其所以,观其所由,察其所安",辨明事件是人为的,还是非人为性质的,是有意制造混乱,还是无意中惹出麻烦。仔细地观察分辨是做出正确处理的前提条件。

偶发事情的处理往往需要教师身心潜在能量作超常的发挥,而要做到这一点恰恰需要格外的冷静、理智,使自己的精神处于一种自由的、活跃的状态,这样才能急中生智,处事不慌。达到这种精神状态,人的言行才能比往常聪明得多,也有趣得多。冷静地思考是处理好偶发事件的重要保证。

(六)随机应变,果断调控

面对偶发事件,处于尴尬境地,重要的是要分析其中的消极因素和积极因素,尤其是挖掘事件中的积极因素,把偶发事件同当前教学任务联系起来考虑,因地制宜,就地取材,变消极为积极,对事先的教学计划、思路作灵活性的变通。随机变通是处理好偶发事件的关键所在。

对偶发事件如何处理要及时做出决定,果断加以处理,犹豫不决意味着教师的处境将越来越难堪,课堂秩序将越来越混乱,排除障碍将越来越困难。及时调控是处理偶发事件的必要准则。

三、课堂教学应变的内容

(一) 教师自身失误的应变策略

课堂教学是一种极其复杂的创造性劳动,尽管教师课前认真准备,考虑再三,课堂上仍然难免出现一些教师意想不到的失误。这些失误主要有:(1)口误,即教师口头语言的失误;(2)笔误,即教师板书失误;(3)教态失误,即教师在教学时的衣着打扮、仪表风度、行为举止和情感态度等方面的失误;(4)教法失误,即教学方法、教学内容的失误。教师要巧妙处理自身的施教失误,一般可采取坦率纠错、顺水推舟、妙语补失等应变策略。

教例

某教师应邀到一所工读学校上一堂课。尽管这位老师从教多年,但给失足少年讲课还是第一次,更何况许多领导和教师都在场听课。因此,这位老师内心不免有点紧张。上课铃响了,这位老师推开门,正要踏上讲台,一不留神,"扑通"一声摔了一跤,学生哄堂大笑,有的吹口哨,有的尖叫。这位老师从地上站起来,拍了一下身上的尘土,不慌不忙地说:"同学们,请安静!这是我给大家上的第一堂课。"这句话使学生们都愣住了。"是呀,在人生的旅途上,谁能保证不跌倒几次呢?我跌倒过,你们也跌倒过。跌倒了,没有什么大惊小怪的;怕的是,跌倒了不愿爬起来。"普通的话语,却似春雷一般震撼着一颗颗年轻的心。在热烈的掌声中,这位老师在黑板上写下了课题:"人生的路应该这样走"。

(二) 学生质疑问难的应变策略

从某种意义上说,教学过程是在教师指导下学生认识不断发展的过程。青少年学生视野开阔,思维敏捷,思考问题不轻信,不盲从,凡事喜欢问个为什么。在课堂上,他们往往会突然提出一些教师意想不到的问题。这些问题的提出,通常是学生未深入思考、确实不懂而提的;有些问题的提出,或许带有故意为难教师的意图。面对学生的质疑问难,一般可采取启发诱导、巧妙反击、切磋讨论等应变策略。

教例

一位教师讲授"社会主义市场经济体制"有关内容,当讲到"社会主义市场经济体制可以通过市场竞争达到资源优化配置,提高经济效益,促进生产力发展"时,有位学生突然提出:"社会主义市场经济是在牺牲公平的前提下保持效率的提高。然后,在效率提高的基础上再解决公平问题。效率与公平是鱼和熊掌,不可兼得。"学生提出的这一问题具有一定的深度,也打乱了教师预先设计的教学方案。面对这种情况,教师灵机一动,转身在黑板上写下"效率与公平——鱼和熊掌不可兼得吗?"然后,启发学生展开讨论,使学生的思维向更深层次发展,最终形成以下共识:(1)社会主义的本质是解决生产力,发展生产力,消灭剥削,消除两极分化,最终达到共同富裕。因此,效率与公平在社会主义市场经济中是应该也是能够兼得的。(2)效率与公平的兼得需要高超的管理艺术,需要二者之间微妙的平衡。(3)社会主义公有制、社会主义国家的宏观调控机制为效率与公平的兼得奠定了坚实的基础。(4)在我国现阶段,收入差别过于悬殊、社会分配不公的问题是客观存在的事实,它们已引起人们的普遍关注。随着社会主义市场经济体制的建立,这些问题肯定可以得到解决。

(三)课堂问题行为的应变策略

课堂问题行为是指课堂上所出现的影响和干扰教学进程的行为,它既包括学生违反课堂纪律的行为,如迟到早退、打瞌睡、看其他书籍、吵闹及恶作剧,又包括学生学习过程中因逆反心理、羞怯心理、从众心理等所造成的不良学习行为。对课堂问题行为一般可采取言语暗示、婉转批评、幽默转移等应变策略。

教例

课堂上,教师正在分析"认识"这一概念。突然,教师发现有位学生在玩游戏机。于是,他平静地讲道:"认识是人脑对客观事物的反映。如果此时哪位同学玩游戏机的行为反映到我的大脑中来,那么,我就知道此时此刻他没有认真听讲。"做小动作的学生从"弦外之音"中受到启示,悄悄地改正了错误,教学过程继续有序进行。

(四)外界因素干扰的应变策略

课堂教学是在一定环境下进行的,往往会受到外界某些偶然因素的干扰,如异物飞进教室、室外噪声干扰等。面对外界因素的干扰,教师可采取有意忽视、幽默转移、借题发挥、因势利导等应变策略。

教例

　　课堂上,教师正在分析"认识的根本任务",一架飞机轰隆隆从教室上空飞过。由于飞机飞得很低,响声大,不少同学都往窗外看。这时,如果教师吆喝学生"注意",显然是无效的。只见教师暂停讲课,出乎学生意料地问:"刚才飞过的这架飞机以什么为燃料?""汽油。"学生几乎是异口同声地答道。"错了!"教师的回答更使学生愕然。因为学生认为:汽车用汽油,飞机必然用汽油。于是,教师明确指出:"飞机是以航空煤油为燃料的。"在学生惊奇之余,教师借题发挥:"看来在任何时候,我们认识事物都必须透过现象认识本质。否则,就会犯错误。"

四、课堂教学应变的方法

　　偶发事件的处理是一件复杂的、自由度较大的创造性活动,一个偶发事件的处理方案可以有多种多样,然而,教师需要在短时间内去寻找、筛选、确定一种最佳的教育方案,这的确是一件难度较大的教育活动。偶发事件的处理与其说是一种方法,不如说是一门艺术。这样说,倒不是认为课堂教学偶发事件的处理是不可捉摸、无规律可循的,正如"教学有法,但无定法"一样,偶发事件的处理是有一定的规律和方法的,只是需要教师机智灵活地加以运用。

(一) 趁热加工法

　　"趁热加工法",是指在课堂教学中,当偶发事件发生时,教师应抓住时机,马上给予处理,趁热打铁,以取得最佳教育效果。例如一位语文教师刚刚跨进教室,发现学生都望着天花板,原来一条凳子上的坐垫挂在天花板露在外面的电灯线上。他正想发火,却转而镇静下来,灵机一动,改变了原来的教学计划,转而在黑板上写了《由坐垫飞到屋顶上谈起……》,让学生写一篇命题作文。此举收到了良好的效果。学生有亲身的感受,写出的作文真实生动,那位挂坐垫的同学,在作文中也承认了错误。"趁热加工法",往往能使偶发事件及时得到解决,并给学生以强烈的思想震动和深刻印象,对日后偶发事件的产生起了震慑作用。但这种方法的实施往往会占用一部分教学时间,甚至被迫变更原有的教学计划,影响教学任务的完成,因此要谨慎采用。

(二) 冷却处理法

　　"冷却处理法",是指教师在课堂上对一些偶发事件给予暂时冻结,仍按照原教学计划进行教学活动,等到课后的其他时间再作处理的方法。例如,某班学生做完早操回到教室,刚坐到自己的座位上,忽然有人发出"哎哟""哎哟"的惊叫声,老师发现原来有人在班干部的凳子上反钉了几个大钉子。是立即查找肇事者还是照常上课,老师选择了后者。他让学生把钉子敲平,就开始上课。到了下午,他留下班干部讨论"钉子事件"的原因,让班干部意识到自己工作上的缺点,并召开了"板凳上的钉子从何而来"的主题班会,使肇事者深受感动,主动承认了错误。冷却处理,能使教师有比较充裕的时间去考虑,选择恰当的教育方案,冷静地处理偶发事件。同时,它又不会妨碍教学工作的顺利进行。但是,还应该注意,由于"冷却处理"不能马上把问题加以解决,有时会影响到教育的效果。因此,有些偶发事件,必须及时地给予解决,而不能事事都"冷却处理"。

（三）以静寓动法

面对课堂上的偶发事件,教师只有沉着冷静,才有可能计上心头,找出解决问题的最佳方法。例如,一位教师兴致勃勃地走进教室,突然发现黑板上画了一幅自己的画像,引起课堂一阵骚动。但他竭力地控制住自己的情绪,平静而真诚地说:"画得多好啊,确实像我。希望这位同学以后为我们班上的黑板报画画刊头、题花,大家说好吗?"同学们一阵应和之后稳定了情绪,教师开始了自己的讲课。下课铃响时,教师惋惜地合上书本,轻声说:"时间不够了。"敏感的学生马上听出了教师的"弦外之音",懂得了课堂上出乱子会影响大家的学习。从此以后,那位同学再也没有在课堂上出乱子了。

（四）幽默带过法

课堂上有些偶发事件使教师处于窘境,要处理查处会拖延上课时间,还可能伤害许多学生的感情,如果不予理睬又损害教师的威信,甚至让事态进一步发展。在这种情况下,教师可以采用幽默法,暂时让自己摆脱窘境。例如,一位教师走进教室时,刚刚推开虚掩着的教室门,忽然一只扫帚掉了下来,不偏不倚,正好打在教师的讲义夹上,课堂上一片哗然。这分明是学生干的恶作剧。可这位教师并没有大发雷霆,而是轻轻地捡起掉在地上的讲义夹和扫帚,自我解嘲地笑着说:"看来我工作中的问题不少,连不会说话的扫帚也走上门框,向我表示不满了。同学们,你们天天与我一起相处,对我有更多的了解,希望你们在课后也给我提提意见,帮助我改进工作吧!"课堂一阵窃窃私语之后,很快地安静下来了。这位教师面对损害自己的行为以幽默带过,既显示了教师的诙谐大度,又让自己摆脱了尴尬境地,还为学生创设了自我教育的情境。

(五) 抓住契机,因势利导

学生在课堂上思想活跃,尤其是在让学生回答问题时,可能会出现一些意想不到的问题,分散学生的注意力。在这种情况下,强行压制、批评学生是难以奏效的,这时,教师可运用机智的语言肯定其优点,中肯分析事情的缘由,因势利导地开展教学活动。

课堂中有些偶发事件的出现已经激起了学生的好奇心,完全吸引了学生的注意力,教师要想让学生重新注意于原定的教学内容十分困难。这时,可以转而发掘事件中的积极因素,因势利导地开展教育或教学活动。而且有些偶发事件虽与课堂内容无关,但教师可以肯定其积极的一面,引导学生向好的方向发展。

(六) 巧妙暗示法

在课堂教学中,当偶发事件发生时,教师并不中断教学活动,而是用含蓄、间接的方法悄悄地提醒当事人,消除影响教学的不利因素,使教学工作按部就班地进行。比如,一次许多教师去观摩一位特级教师的课,发现上课过程中有一个学生走了出去,过一会儿又一个学生也出去了,少顷两个人先后回来,可教师在这个过程中并没有中断教学活动,这是怎么回事呢?听课教师闹不明白,下课后询问这位特级教师。他说:"我在上课时发现一个学生脸上很难过,坐立不安,知道他可能要大小便,便蹑到他身边示意他出去。过了一会儿这学生还没有回来,我便猜想他可能没带大便草纸,便悄悄地让第二个学生拿了草纸去厕所,果然他们就回来了。"听课教师这才恍然大悟,无不表示钦佩。所以,教师采用巧妙暗示的方法去解决课堂上的偶发事件,既不影响教学程序,又不损害学生的自尊心。比如教师通过目光、临近控制、提问等暗示方法来阻止学生的随意讲话,就不失为一种行之有效的方法。

(七) 虚心、宽容法

虚心、宽容是建立和谐师生关系的重要条件,也是处理课堂偶发事件的心理基础。宽容意味着教师对学生的一种理解和信任。宽容在处理偶发事件中的作用是极富有艺术性的。宽容不是软弱无能,不是无原则的迁就,更不是对学生的不良行为的默认和纵容与包庇。宽容要使学生能在心灵深处反省,宽容要使学生体会到教师的仁厚和良苦用心。只有如此,虚心、宽容才能够取得显著的教育效果。有些偶发事件,往往会使教师感觉到自己的尊严受到挑战,感情和威信受到损害。因而有的教师便采取居高临下、以牙还牙的方式对待当事人,这样只能使偶发事件更加恶化,完全是不可取的。教师应给予学生更多的爱心与理解,促使学生自我反省、自我教育。例如,一位教师走上讲台,发现讲台桌上放着一张字条,上面用仿宋体工工整整地写着:"老师,你以为当老师的就可以压服学生吗?你高昂着头,铁青着脸,像个活阎王,但是有谁怕你呢?"落款是"为你最讨厌的、等待你处罚的学生"。这位教师不是马上要查处写字条的人,反而在班上宣读了信的内容,并检讨了自己平时工作方法的简单粗暴,感谢这位同学给自己敲了警钟。接着这位教师结合本节课的内容,给学生布置了一篇题为《我们的班主任》的作文,让学生提意见,写真话。学生都对老师的民主、平等、虚心、宽容感到由衷的钦佩,从而形成了和谐的师生关系。

(八)随机调整法

课堂上有时由于各种原因,上课时打乱了原计划的教学结构,例如,忘记了板书课题,讲授后忘记小结等。遇到这种情况,如果从头再来,时间不允许;如果立即补入某一环节,与教学进程不吻合。这时教师可以灵活机动地调整原计划的课堂教学结构。例如,一位教师讲"工程问题"一课,当进行到课堂作业时,他边指导学生做作业边回顾教学内容,发现还没有板书课题。他没有惊慌失措,而是不动声色地继续往下进行。在作课堂总结时,强调了本节课的教学内容,根据同学们的发言,自然地补写上了课题。这样,板书课题由原来的开篇点题调整为结尾点题,既点出了课堂教学的重点,又使课堂教学环节完整无缺,其效果并不比原计划差。

(九)沉着冷静,机智处理

在课堂上遇到突发事件时,需要教师机智处理,才能保证教学的顺利进行。机智处理要求教师运用机智的语言或机智的措施处理偶发事件。例如:有一次英语教师正在讲课时,教室门口突然有个学生在探头探脑,像在找人,好多学生都在向门口看,分散了注意力。教师发现了这一情况,就随机应变,说:"门口有什么?请同学们把这句话翻译成英语。"这时,学生赶快去思考准备老师提出的问题,而这位教师悄然走到教室门口,对门口的学生交代了几句,轻轻关上门,然后提问学生。教学继续有秩序地进行。针对意外情况,教师应及时调节教学环节,变换教学手段,保证教学有序地进行。

(十)根据情境,随机应变

有一次,一位教师刚走上讲台,不小心碰倒了桌子上的暖水瓶,惊动了教室里的学生。这时,教师不慌不忙地捡起水瓶,微笑着说:"这预示着我们的教学自今日起,要摒弃旧观念,创造一个新水平。那么在生活与学习中,怎样才能达到这个目的呢?关键是要培养丰富的想象力和创造性思维。那么,什么是思维与想象?怎样培养丰富的想象力和创造性思维呢?它在我们今天的学习生活中和未来的工作中有什么意义呢?这就是今天我们要讲的内容——思维与想象。"学生本来悬着心,教师这一番灵活巧妙的处理,反而使学生觉得教师今天的开场白别具特色、富有新意,好奇心和求知欲油然而生,同时,为教师高超的应变能力和语言技巧所折服。学生对教师的教学内容从内心产生学好的愿望和要求,其注意力自然易于持久而集中。

(十一) 顺水推舟法

有位老师正在绘声绘色地给同学们上课,突然一只鸟飞进了教室,又飞不出去,在教室里乱飞乱撞。同学们以惊喜的目光,追逐着鸟的行踪。接着上原来的课是上不下去了。于是这位老师笑着对同学们说:"这只鸟真漂亮,大家仔细观察一下。""好!"满堂炸雷似的回答。一堂生动的观察课开始了。鸟飞累了,被一个同学捉住,交到这位老师的手上。老师引导大家观察,并提醒大家:应该把鸟放回大自然。第二节作文课,老师在黑板上写下了作文题"小鸟飞进了课堂"。同学们会心地笑了。遇到了偶发事件,这位老师临时改变了教学计划,来了个顺水推舟,上了一堂生动的观察作文课。

(十二) 将错就错法

一位教师讲授例题时,因板书有误导致最终答案不符。他意识到出了差错,于是,不慌不忙地问了一句:"同学们,这个答案合理吗?"一位同学回答:"不合理。"教师追问:"那么,错在哪里呢?我们不妨来分析一下。"接下来教师在黑板的另一侧写下"正解"二字,同学们还以为教师在进行错题分析呢!这位老师将错就错,沉着应变,及时避免了因教师自身的失误而陷入窘境的局面。

(十三) 妙解巧辩法

某姓缪的老师精神抖擞地走进课堂,给新班级上第一堂课。他先作自我介绍:"同学们,我姓缪……"他正要板书"缪"字,不知从哪个座位上传出一声猫叫"喵……"引起了哄堂大笑。对此,缪老师神情自若地说:"同学们,先别忙着夸我'妙',从今天起,咱们一起学习,一段时间后,你们再来评价我的教学究竟'妙不妙'。"同学们安静下来。对学生的恶作剧,缪老师没加正面批评,而是机智地作一番"曲解",既维持了课堂秩序,创造了和谐的教学气氛,又缩短了师生初次见面的心理距离,融洽了师生关系。

(十四) 就地取材法

一位教师正在教《游园不值》这首诗,突然,"砰"的一声,一个迟到的学生推门而入,径直坐到自己的座位上。教师好像事情没有发生似的继续上课,要求大家思考:"诗人去拜访朋友为什么小叩柴扉,而不是'猛叩'呢?""因为那样不礼貌。"学生一齐回答。老师接着讲:"对,这位诗人有文化,有修养,懂礼貌。我们应该学习他。"说完走到那位迟到的同学身边轻声地说:"你赞成'小叩'呢,还是赞成'猛叩'?"这位同学意识到自己刚才的行为不礼貌,脸红了。对学生的不良行为,老师没有停下课来大加批评,而是"就地取材",借题发挥,结合所教课文内容的讲授进行教育,收到了良好的效果。

(十五) 幽默激趣法

春日的课堂,和煦的春风吹得一些学生睡意蒙眬。老师见状,也佯装打瞌睡,并絮絮叨语:"暖风吹得师生醉,直把教室当卧室……'春眠不觉晓',还是睡觉好。"语调抑扬顿挫,充满幽默风趣的情味,学生立即被逗乐了,教室里一片笑声。顺手拈来的幽默,驱散了大家朦胧的睡意。

一位老师由于自己了解不细,错误地批评了一位学生。该生立即站起来辩解,说得有理有据。老师也觉察到自己的失误。大家屏住呼吸,瞪大眼睛望着老师,一时间课堂气氛十分紧张。只见这位老师轻咳一声,从容说道:"经调查,我们认为对××同学的指控不能成立。经本人慎重研究决定:接受该同学的上诉,撤销原判,为××同学平反。钦此!"同学们顿时哄堂大笑,受委屈的同学也忍不住笑了。气氛缓解之后,这位老师才诚恳地说:"今天我批评了××同学是因为自己事先了解不够,错怪了他。为此,我向××同学表示歉意。"同学们不再笑了,大家用敬佩的目光望着老师。教师从容幽默的语言使自己从尴尬中解脱出来。这比"金刚怒目"式的斥责或"强词夺理"式的辩解效果要好很多。

课堂教学中,由学生引起的偶发事件占课堂偶发事件的绝大部分。教师一般的处理方法都是视问题的性质对当事人进行批评教育,以消除不利于教学的因素。诚然,批评教育不失为是一种具有普遍意义的方法,它能有效地制止学生的不良行为。然而,偶发事件作为突发的事端,其背后隐藏的动机是多种多样的。对那些因品德不良引起的偶发事件,教师必须在思想上高度重视,严肃地进行批评教育。对那些因调皮、捣乱、无知等引起的偶发事件,则无须采取十分严厉的态度,不必扩大事态,上纲上线。而对那些因自身工作失误或外界干扰引起的偶发事件,要善于出奇制胜,超乎常规地加以解决。教师要利用自身的教学能力,在课堂上做到"眼睛一扫,了解全貌""眉头一皱,计上心头""将手一伸,鸦雀无声"。教师如果仅仅依赖自己的身份去压制学生,往往会使学生产生反感情绪或顶撞行为,不但不能平息事态,反而会激化矛盾。为此,教师需要视偶发事件的成因灵活地加以处理,正所谓"阵而后战,兵法之常,运用之妙,存乎一心"。上面所介绍的多种方法,或许会给广大教师以启迪。

五、随机应变应注意的几个问题

1. 处理好随机应变教学和教学任务的关系

现在试行的教师行为规范中都有"认真备课"这一条。强调得多了,似乎就排斥了随机应变教学这种做法。其实两者并不矛盾,就看如何运用了。理解的"随机应变教学"必须在预设的教学框架内,是在认真备课的基础上针对有必要的教学重点难点开展"随机应变教学",也就是有计划的"随机应变教学"。两者可以相辅相成、相得益彰。

2. 善于引导应时之"机"而"随机应变教学"

列宁说,真理只要向前跨一步,哪怕只是小小的一步,就会变成谬误。课堂中"随机应变"艺术的运用要把握好一个"度",就是说,"随机应变"并非放纵,"随机应变"要适度,要富有启发性和可接受性,要抑制无益的激情。那些多余的、过头的、无效的、有失分寸东拉西扯的"随机应变",不仅不能激发感情、开启心智,反倒会离散学生课堂上的注意力,影响知识的接受和能力的培养。至于那种格调低下、插科打诨式的"随机应变",则无异于画蛇添足,只能弄巧成拙,大煞风景,败坏学生求知的胃口,破坏课堂的气氛。是否掌握分寸、是否恰到好处,正是"随机应变"教学有无艺术性的重要分水岭。因此,把握好"随机应变"教学的度,不只是个教学方法的问题,而且也是个教学思想问题,应该把"适度"作为"随机应变"教学艺术运用的一条基本原则。

3. 以学生为本,开展随机应变教学

以人为本、以学生发展为中心是现代教育理念的出发点和根本点。"随机应变"教学的依据是课堂情境的突变因素和教师的灵感顿悟,是教育科学的艺术创造,这种"随机应变"或与情感体验有关,或与审美情趣有关,或与德育渗透相关……这就要求"随机应变"教学的内容和方式要有利于学生知识的学习和掌握,有利于学生创新精神和实践能力

的培养,有利于学生的个性和才能的发展,给学生提供更加自由、更加广阔的想象和创造的空间。因此,教师在课堂上运用"随机应变"艺术一定要端正思想,切不可以突出自己、表现自己为出发点,将"随机应变"变成自话自说的"独角戏",更不可借此在课堂上"作秀",将"随机应变"变成卖弄自己的噱头,哗众取宠。

第十一章　课堂教学举例艺术

课堂教学举例艺术，指教师通过口语、文字、音像等教学手段，列举社会生活、自然界等方面的实际事例，进行分析、说明、解释和论证，帮助学生理解概念、原理的含义，提高学生分析解决实际问题的能力，由此提高课堂教学效果的一种教学艺术。

一、课堂教学举例的基本要求

1. 要针对问题的要害举例

课堂举例要对准教学中的重点、难点和疑点。对于抽象概念、深奥道理，学生容易产生负迁移，产生带倾向性的问题。对此，必要的、恰当的举例可以启迪学生的思维，有助于对问题的理解。要有目的，即教师应当明了所举例子的用意及例子所要概括完成的任务。这样才能抓住中心，扣住主题，有针对性。偏离主题地盲目举例，难以解决应解决的问题。

2. 要适合学生的接受水平，力求通俗易懂

要从学生的知识水平、理解能力、生活经历等出发，选用学生容易观察、便于想象的例子，或者亲身经历的事情。这样的例子可感性强，易于理解和接受。所举事例要浅显、贴切、自然，富有生活气息，语言要生动、幽默，这样才易于促进学生对知识的理解，才易于集中学生的注意力。若举例用词艰涩，尽管教师可能讲得很卖力，以至于口干舌燥，学生还是不知所云，这既浪费时间，又达不到预期目的。

3. 要恰当、确切，具有典型性和说服力

若所举事例在同类事物中具有代表性，则对学生理解观点具有普遍指导意义。即所举事例既要能较全面、清晰地展示事物的形象和基本属性，便于学生准确与加深理解观点的实质，又要能启发学生思维，提高学生分析解决问题的能力，达到举一反三、迁移知识的效果与目的，防止就事论事。可以是有直接针对性的一个理论概念的具体对应物，或是具有类似价值的客观事物，也可以是反例。不论哪种例子，都要注意与教学内容有内在联系，能典型地反映出问题的要害和事物的

规律。举例要尊重客观事实,具备科学依据,并且原理正确,说服力强。

举例要精确,这包括:

第一,所举事例要言简意赅,能把握住事与理之间的本质联系,事理贯通,既可使理论具体化,加深学生对理论的理解,又可使学生将具体的事例升华为理论。

第二,要明确事例所能反映、说明观点的范围、条件、程度及其局限性,防止对事例分析走向极端化、片面化,造成分析不当,贻误学生。

第三,所选事例与观点的本质精神要一致,不能牵强附会。

举例要适当。讲课不能没有例子,但也不能一下子举许多例子。课堂教学的一个重要目的是向学生传授知识(另一个目的是提高学生的学习能力和发展他们的智力),而举例仅是一种让学生更快更好地理解和掌握教学内容的手段,不能"喧宾夺主"。否则一堂课下来,学生的头脑里充满了许多具体的例子,而对应该掌握的教学内容反而不能留下较为深刻的印象。

举例要贴切。有些例子应不举或少举,与教学内容无关的例子,无论它们如何生动、形象,一概不能举;与教学内容虽有关系但联系不太密切的例子尽可能不举,即使要举也要简洁些,只能"点"到为止。要举就应该举与教学内容密切相关的例子。这"密切相关"有两层含义:一是这教学内容非得举这例子不可,不然学生很难理解;二是这个例子最能说明要求学生掌握的知识,换成其他例子均收不到这样好的效果。

4. 要生动具体,富有趣味

所举例子形式要新颖,内容要形象、具体、生动,可感性要强,表述要言简意赅,通俗易懂,使例子的形式、内容,表述都具有较强的感染力。课堂举例内容要具体生动,形象鲜明,有新奇感,语言要有幽默感,形式要不拘一格,富有新鲜感,且能激起学生学习欲望。但要防止为"趣"而设"趣",勿使学生陷入"看热闹""听热闹"的状态。

5. 要适时

运用得当的例子,除了真实准确外,还要用得时机适宜。值得注意的是,不少教师,尤其是年轻教师,在举例时沉不住气,不能选择最好举例时机,举例或超前或滞后,从而影响了例子效用的发挥。有些例子可放在课前讲,以导出问题,引起学生的悬念,激发起学生探索的欲望;有些例子可放在课中讲,以发挥承上启下的作用;有些例子可放在新授内容讲完后讲,以说明前面的理论或说明前面理论的根据。最常用的时机是在学生感知新教材、对新教材有了一定的印象后,在教师对新教材进行讲授时运用。这时运用例证的主要目的是促进学生对教材内容的理解。其他时机有：新概念、新知识引入时；学习内容可能产生负迁移时；学习内容复杂难懂时；学生在学习中产生带有普遍性的问题时。

举例要适时。举例时要注意以下两点：一是看有无必要，如传授的知识学生理解起来不觉困难时就不必举例，而如果不举具体例子学生不容易理解时则必须举例；二是对不同年龄的学生举例与讲原理时顺序不一样，对小学生(对低年级学生尤其如此)通常先举实例，然后再归纳出要他们掌握的原理，而对中学生(对高年级学生尤其如此)则可先讲原理，让他们先有一个总的印象，然后再举实例加以讲授。

6. 要注意知识性与思想性的统一

举例要讲究知识性与思想性的统一，使学生在感受生动事例的同时，接受相应的思想品德教育。举例要显示特有的德育功能，做到寓理于例、以理服人，防止给学生带来政治思想道德品质方面的副作用。

第一，要根据教材内容、学生特点与思想实际来选择事例，做到有的放矢，使学生从中能得到一定的思想品德上的教育。

第二，要多选正面事例，反面材料选择要慎重，要分清性质，注意分寸，细节不能仅为趣味性而大肆渲染。

第三，要注意消除举例材料和论证带来的副作用。

第四，要讲求举例分析论证的严肃性，即做到不拿正面的去说明反面的，不拿高尚的去说明庸俗低下的，反之亦然。

7. 要多举正面、有科学定论的事例

举正面的例子，可以弘扬正气，树立榜样，激励学生奋发向上，还可以避免学生从反面例子中吸取有害成分。举例既要生动、有吸引力，又要注意科学性。课文中基本观点、基本原理不能用那些尚在讨论的、不完善的、不确切的事例来阐述，否则，就可能曲解原理或概念等的本义。特别是一些道听途说的小道消息，更不宜用来说明、解释教材的基本内容。

8. 举例内容真实、具有时代特征

举例的前提是例子要真实。只有真实的例子才有较强的说服力，而杜撰的例子，即便编得天衣无缝，也不应该用来说明问题，因为一旦露了马脚，便会使学生产生逆反心理，影响教学效果。这是举例科学性原则的基本要求之一。教师所举事例，无论是大的还是小的，也不管是国内的还是国外的，是远古的还是近现代的，都要确有其人其事，并且不能过分夸大或过分贬抑。若信口雌黄胡编乱造，或言过其实，都不仅会影响学生对教材内容的正确理解，而且还会使学生产生逆反心理，对教师产生不信任或鄙夷心理。教师举例要选那些既能说明并论证基本

观点是正确的,又能使学生真正从思想认识上信服并接受的材料。

总之,不能有科学性、政治性、常识性、史实性的错误。举例不但要真实,而且要准确无误,不能含糊不清。对于想运用的例子,如果只是记得大致轮廓,记不得细节,那么宁可不用也不要想当然随机发挥。

9. 要举学生身边和学生关心的事例

举例要尽可能联系学生的生活实际。具体的例子比比皆是,与教学内容有联系的具体例子也为数不少,但并不是所有的例子都能很好地为学生所理解的。比如对初中生而言相当容易理解的实例,如果不加变化地照搬到小学一、二年级的课堂上,学生就有可能因为从未接触过而觉得难以理解。因此,教师在举具体例子时要尽可能考虑到不同年龄学生的不同生活经历和生活环境。因此,要选择离学生时空近的新鲜的现实材料;选择符合学生认知特点的材料。所选材料必须具有真实性,切忌胡编乱造,哗众取宠。

10. 要举与教材内容联系密切的事例

举例是为讲授教材内容服务的,不能牵强附会。如果举一些要兜几个圈子才能和教材内容联系上的事例,不但不能帮助学生理解教材内容,反而会把学生引入迷途。要精选一些具体生动且有说服力、有应用价值的事例。为此,教师要选择事例与知识内容关系要"得体",要与学生的心理和认知特点以及兴趣爱好相符合。要学会恰当裁剪,把有应用价值的、能解释说明观点的材料裁剪出来,为解释、分析、说明、论证观点服务,为培养学生分析、解决问题的能力服务。要学会一例多用,尽量避免因采用多个事例而给学生造成认知上的负担。

二、课堂教学举例的基本原则

举例是一种较常使用的教学方式。课堂举例不仅具有很强的艺术性,而且也是一门艺术。恰到好处的典型事例,能使学生恍然大悟,成为帮助理解、强化记忆、防止遗忘、启迪思维、发展能力、陶冶情操的催化剂。反之,若举例不当,则会越讲越迷,越听越糊涂,不仅会事倍功半,而且还会适得其反,达不到预期目的。

(一)必要性原则

必要性原则又称目的性原则。是指举例必须具有明确的目的,必须是为实现预期目的所必需的。举例必须精当,不能为举例而举例。否则,不恰当地堆砌大量的事例,追求表面上的欢歌笑语、轰轰烈烈,一方面会使事例淹没主要的教学内容,学生把握不了主要的教学内容,对主要的教学内容的理解不得要领,另一方面会浪费宝贵的教学时间,完成不了课堂教学任务。贯彻该原则需要注意的是:举例不能滥、多、乱,切忌为迎合学生的好奇心理,片面追求新、奇、乐,不论内容深浅、问题难易,举一大堆例子说明同一简单的道理。这样说来似乎津津有味,听起来似乎津津乐道,其实是无谓重复,浪费时间。

(二) 通俗性原则

该原则要求举例要从学生的知识水平、年龄特征、理解能力出发,列举例证力求道理简明,通俗易懂,喻义明确,形象生动,可见度大。切忌脱离学生实际,举出让学生理解不了、不着边际的例子。后者反而会增加疑点,造成困惑,教师需要反过来再对例子本身进行讲授,从而浪费了宝贵时间,完不成教学任务。

(三) 科学性原则

举例科学是指举例恰当、准确、严密,尊重客观事实,切忌主观臆断、不切实际。要求具备科学依据,反映原理正确,内在联系紧密,具有典型性和说服力。举例可以举正面的,也可以举反面的,总之,要紧扣教学内容,能正确地说明要讲授的课堂内容。教育目的本身要求举例要科学。教学的科学性,是培养学生实事求是的科学态度和勇于创新的科学精神的基础之一。在教学中,必须本着科学的原则和要求,用具体、生动的事例教育、熏陶学生。科学性和艺术性本身就具有密切的关系,科学性是艺术性的基础和前提。如果举例不科学,不恰当,甚至出现错误,就会误导学生,产生不良效果,艺术性根本无从谈起。所以,在课堂教学举例的时候,首先必须注意例子是否具有科学性,精心选择每一个例证,这是决定举例是否具有艺术性的根本前提。

1. 要确保科学

所选的例子要有正确观点,选取真实的材料,准确无误。那些没有根据、随心所欲、低级庸俗、伪科学的例子绝对不能出现在课堂教学中。

2. 要把握时机

课堂举例要在恰当的时候。有些例子放在理论知识之前讲,能够引出问题,提出悬念,激发起学生的求知欲望;有些例子可以放在理论知识之后讲,加强对理论的印证,强化理论在学生心中的印象。总之,具体的例子要根据具体的教学任务和内容来确定。

3. 要与理论密切联系

举例是为了说明理论知识,因此,在选择例子时要紧密联系理论知识,万不可脱离理论知识。理论要靠例子来说明,例子要以理论作为基础,它们之间联系密切,不可相互脱离。

4. 要防止频繁举例

滥用例子,忽视了基本理论,使学生在听了很多例子之后,不知道学了些什么,不能上升到理论高度。一定要避免这种极端的发生,举例既要简单扼要,又要透彻清晰、恰到好处。举例数量要适当,还要能够清楚地说明问题。

(四) 知识性原则

该原则要求不能单纯为举例而举例,要尽量使所举的例子既可加深理解、强化识记,又可启发思维、拓宽视野。

(五) 针对性原则

1. 要针对问题的主旨

课堂举例要对准教学中的重点、难点和疑点。对于抽象的概念和深奥的道理,学生容易产生错误的理解和带倾向性的问题。必要的、恰当的举例可以启迪学生的思维,有助于学生对问题的理解。举例是为了提高教学效果,不能为了迎合学生的猎奇心理,举不着边际、毫无价值的例子;或无视教学内容的深浅和问题的难易,举很多例子只为了说明同一个简单问题;更不应为了显示教师的知识含量,信口开河,随心所欲。脱离教学内容,可讲可不讲的例子干脆不讲,否则只会浪费宝贵的课堂时间。

2. 要针对学生的实际

要从学生的知识水平、理解能力和生活经历等方面出发,所引的事例要让学生易于观察,便于想象,甚至是他们曾经亲身经历的事情。这种例子,学生感受性强,易于体会和接受。另外,生活经历不同的学生对同一事例的理解也不尽相同。举例时要顾全大局,尽量举大多数学生都能够理解并接受的例子,不能单对个别学生的特殊经历来选取例子,而使大多数的学生都不能够理解,否则达不到预期的教学效果。对不同年龄、不同层次的学生举例也要有所侧重,这就需要教师对例子精心筛选。举例绝不能脱离学生客观的实际随意选取。

(六) 思想性原则

要尽量将典型事例与德育紧密联系起来,把思想政治教育寓于实际事例教学之中,以促进学生科学人生观和世界观的形成。举例应力求格调高雅、政治思想性强、教育意义大。切忌低级趣味、庸俗粗鲁。

一个生动形象、自然贴切、风趣高雅、恰如其分的典型事例,并非随手可得,它来自教师对教材的深钻细研,对生活的熟悉,对学生的全面了解,对事业的执着追求。

三、课堂教学举例的类型与方法

(一) 导入式举例

它指教师把事先设计好的事例在讲新课前举出,使学生注意力、思维力集中到事例上,并产生渴望解答的状态,由此把学生带入学习新课知识的氛围。例如,讲"资本主义民主是资产阶级民主"时,教师可先举这样一个例子:英国有个海德公园,这里是西方公认为最民主的地方,谁都可以在那里发表演说,自由地介绍自己的政见,而听众也是愿听就听,不愿听就走。但在那里有两类话不能说,一是打倒女皇政府,二是暴力革命万岁。如果谁违反这个规定,马上就会被便衣警察抓起来治罪。讲完事例之后,向学生设问:为什么在西方公认为最民主的地方也"不能讲那两类话"?从"不能讲那两类话"中,我们可以得到什么启发?在让学生思考或讨论片刻之后,教师引渡导入新课:"接下来我们通过学习新课内容,就会明白这是怎么回事了……"

这种举例目的有二:一是集中学生注意力,组织好课堂教学秩序。二是激发学生探究心理,使其进入学习新知识的角色。教师运用时必须把握新奇性、悬念性、引导性三大特点。

(二) 解释式举例

指教师在课堂教学中,对比较深奥抽象的概念、原理及其相互关系等,运用通俗易懂、生动具体的事例来帮助学生澄清模糊认识,理清思路,从而理解、消化知识。例如,讲我国为什么不能照搬西方国家多党制时,教师可举这样一个典故"橘生淮南则为橘,生于淮北则为枳,叶徒相似,其实味不同,所以然者何?水土异也"来帮助学生理解这一问题。我国不能实行西方的多党制,是因为我国不具备西方多党制的"土壤、水分和气候""水土异也"。西方多党制不符合我国国情,如硬要"移"过来,将会变成"枳",又"苦"又"涩",人民将要吃"苦"尝"涩"。用这样的事例解释、说明、分析,学生比较信服。

教师运用这种举例方法进行教学,必须把握点拨性、解释性、分析性、化解性、启发性五大特点,才能产生"举一反三"的教学效果。

(三) 论证式举例

指教师在课堂教学中,列举一个或多个实例来说明证实某个观点的正确性或方法论意义,使学生对这一观点懂、信、用的一种教学方法。

例如,为了提高学生对"国际关系"问题的重要性认识,教师可举我国春秋时代虞与虢两国之间"唇亡齿寒"的典故,说明有着紧密关系的国家或集团之间,必须相互依靠和相互支援才能共存。由此论证说明国际关系的现状,认清当今世界的主题,明确我国在国际上的地位、作用和责任。

论证式举例不同于解释式举例,后者主要目的在于帮助学生理解"观点"本身的含义是什么,前者主要目的在于为"观点"提供依据和事实。因此,教师运用论证式举例必须把握论据性、说明性、真实性三大特点。

(四) 比喻式举例

指教师拿与新知识不同,又与新知识有某种联系,且具体形象和通俗易懂的事理打比方,来解释说明新知识的一种教学方法。例如,讲"宗教的本质"时,学生对"宗教的本质"是对客观世界虚幻的、歪曲的反映一般是不太容易理解的,认为既然是虚幻的、歪曲的反映,怎么又能对客观世界反映呢? 教师可举一个"哈哈镜照人"的事例进行说明。虽然哈哈镜歪曲了人的形象,使人产生错觉、幻觉,但毕竟是对人这一客观事物的反映。宗教就像哈哈镜照人一样,虽然歪曲了客观世界,但它毕竟也是对客观世界的反映。通过这样的比喻,学生对宗教的本质理解就会深刻了。

这种举例教学的目的是,要把被认知的知识内容通过生动形象,甚至幽默有趣的事理表现出来,使学生容易理解和接受。教师运用这种举例时,必须把握可比性、相通性、形象性、合理性、逻辑性五大特点。

(五) 结语式举例

指教师在课堂教学中,当讲完某一问题或在整节课结尾时,用某一事例来总结对这一问题的讲授或结束这一节课教学的一种教学方法。例如,讲"政治的科学含义"时,教师在讲授完"政治的核心问题是国家政权问题"之后,可举这样一个事例来总结和提高学生对该问题的认识:1905年10月,沙皇统治下的俄国,爆发了总罢工,全国各地建立了许多工人、士兵或工农代表苏维埃组织,各地工人准备武装起义,整个俄国沸腾起来了。面对此起彼伏的革命浪潮,沙皇尼古拉·罗曼诺夫发布一个"诏书"说:"你们要言论、集会、出版、结社、人身等自由权利,你们要什么,我就答应什么。不过请你们保留我的权利。除了国家政权,一切我都给予。"列宁当时就一针见血地指出:"除了政权,一切都是幻影。"这个事例中沙皇的"诏书"和列宁的话充分说明了什么? 通过这样的一举一问,就会对学生起到深化理解、巩固所学知识和提高分析、解决实际问题的能力的作用,达到提高教学效率的目的。教师用这种方法举例,必须把握归纳性、应用性、综合性三大特点。

四、课堂教学举例的技巧

(一) 举例要有主有次

在教学中,教师所举的例子都是为了证明或说明有关的知识、原理。事例是辅助,知识、能力是关键。如果从头到尾叙述一个例子,描述一个故事,而不加以深入的分析,缺乏严密的论证,那么即使故事叙述得再生动、感人,也起不到应有的作用。因为讲故事是为了说明理论的,重要的是故事里蕴涵的道理。所以,举例的着眼点应放在提高学生的能力上,要尽量选择能够多角度、多层次说明问题的例子,引导学生去作具体分析,从而帮助学生举一反三,用所学到的理论原理去剖析社会生活的各种现象,提高他们分析问题和解决问题的能力,加强其对所学知识的理解。

(二) 举例要结合远近

由于时间、地域的差异,学生往往会对某一事物产生不同的印象,这种时空差异的表现,即远近关系。如果课堂举例舍近求远,大讲外国、外地或古代的例子,容易使学生产生"可望而不可即"的感觉;倘若只运用身边、近期的例子,又容易使学生觉得缺乏典型性,引不起共鸣,没有吸引力。所以,举例时远近两者相交最为理想,既要有典型性,又要富有现实感,这样才能使学生产生强烈的共鸣,收到良好的效果。

(三) 举例要正反互补

例子有正面的,也有反面的,尽管它们的表现形式不同,但只要运用得当,都能发挥其良好的教育作用。正面的例子能激励学生积极进取,反面的例子可以为学生鸣响警钟。在教学中,教师应充分注意两者的互补作用,把正面例子的激励作用和反面例子的教育作用充分结合起来。当然,运用反面例子时,不要因害怕它的"副作用"而大打"预防针",减弱学生的好奇心;也不能为了满足学生猎奇心理而大肆渲染,引起不良效果。

(四) 举例要情理交融

举例要和课堂教学中所讲的原理贴切,教师在举例时还要注意语言的感染力,用生动有趣的语言激发学生的积极性,提高学生的注意力。同时运用富有哲理的格言警句,来阐述抽象的思想观点和理论原理,以达到情理结合,增加教学的趣味性。这样,既可以加深学生对理论的理解,又可以提高学生的审美情趣。

五、课堂教学举例创造性的培养

1. 要努力增强教师自身的创造意识

因为创造意识很强的人,不会安于现状,盲目从众,而是勇于进取,乐于改革。有了这种创造意识,才能对教育方面的新信息、新例子有一种迫切获得的强烈愿望和冲动,才能主动地充实自己,才有可能使每堂课充满新意,气氛活跃,提高教学质量。

2. 要提高教师对教育信息的分辨和鉴赏能力

教学中的很多例子是从各种各样的信息中筛选出来的。在复杂的信息中,有正确的、错误的以及是非难辨的信息;有真信息、假信息以及真假参半的信息。在各种众多的信息中,要能迅速地辨清哪些信息可以作为例子使用,哪些信息不能作为例子使用,就必须不断提高对信息的分辨和鉴赏能力。

3. 教师要对选取的例子进行加工改造

首先,要积极地多方面地搜集例子,各种报纸、杂志上能够用于课堂教学的信息,都要仔细阅读分析。有条件的还可以利用多媒体教学手段,现场拍摄、转录,制作一些直观性强的例子。

其次,再进行加工改造。所谓加工改造,要根据教学的具体情况,认真推敲、比较,抓住核心和精华部分,去掉次要的对课堂教学意义不大的部分。如果有足够的精力,也可以把看到的好的例子记录下来,等到真正用的时候,就有足够的资料可供挑选。通过不断积累,例子就会越来越丰富,讲课时就会信手拈来,使课堂教学丰富多彩。

六、课堂举例的忌讳

1. 不可故弄玄虚

举例故弄玄虚,乱加渲染,就会弄巧成拙。例如,教师讲课:"同学们,在讲正题之前,我先给大家讲个故事。"以故事法开场,无疑是吸引人的。之后,教师停下来,左顾右盼一番,又站起身来亲自把门轻轻关上,然后,又喝了一口水,清了清嗓子,在座学生见教师如此紧张、神秘,都认为一定是一个很离奇,大家从未听过的故事,都瞪大了眼睛,静静地等待教师讲下去。教师开讲了:"同学们,我今天要讲一个什么故事呢?这个故事就是白求恩同志的故事,白求恩是加拿大共产党员,他50多岁时,不远万里来到中国……"这个故事本身是感人的,也是令人钦佩的,但由于讲者过分严肃、神秘,听者又过分紧张,而故事本身却是大家都很熟悉的,这就很容易在需求心理上产生种不满足感,反而冲淡了事例本身的力量。故事听完了,听故事的人尽管嘴上不说什么,可心里总觉得不是味。究其原因就是讲故事前所渲染的气氛与故事本身不够协调,从而影响了讲故事开场的效果。

2. 不可先定调子

事例是为观点服务的,是为了说明某一道理而引用的。为了增强事例的说服力,教师在举例之前大肆渲染气氛是不可取的。而且不能讲那些赞许事例的话。如:"这个例子真是太感人了。""这个故事真是催人泪下呀!""这个事儿讲出来保管吓你一大跳!"

正确的做法应该是:在亮出观点之后,就直接客观地表述事例,让事实说话,去感人,其影响力就会格外大,否则,就会大打折扣,削弱事例的力量。

例如:"××同志的先进事迹是非常感人的,这方面的生动例子很多。由于时间关系,我们只先就其中几个精彩的片断讲一讲。"学生一听到有"精彩片断",马上就会集中精力,洗耳恭听这片断有多精彩。但是听过之后,并不觉得多"精彩",于是马上便会想"精彩尚且如此,不精彩的呢?"等到以后你再拿类似的办法去吸引学生注意力,就不会买你的账了。这是因为在讲例子之前,先把事例罩上了某种迷人的光环,好像让人眼花缭乱,能吸引人的注意力,但它容易给学生造成一种"悬空下视"的感觉,听者很自然地会把听课的"弦"绷得过紧,"调子"定得过高,对事例提出更高的要求。可讲者由于水平低下没有把事例本来面目反映出来,或者自己认为很感人而学生并无同感,或者事例本身并不感人而是教师主观地把调子定高了。无论哪种情况,都不能满足学生的渴望。而且,这种先定调子的办法,往往使很感人的例子也变得失去光泽。所以讲述事例之前,千万不要先去赞许一番。例子是否生动感人,要由学生去评价,才是比较高明的办法。

3. 不可前后错乱

这是指事例的内容应该具备确定性和稳定性。不论是自己亲自经历,还是从书上、他人处间接得到,都应如此。即使是一些科学预测、民间传说,也应该有一定依据,每次谈起要保持一致性,不能今天这样说,明天又那样讲,当然确有新的变化也不能违背事实。

引用事例的准确是十分重要的。其基本要求是确凿无疑,可靠无误。讲人,姓氏籍贯、面貌特征、脾气禀性,音容笑貌,要刻画准确;叙事,时间地点,人物情节,原因结果,要交代准确;引文,作者,篇名,内容,出处,要引得准确。准确是真实在细枝末节上的具体体现。如果讲课时轻率随便,前后错乱,则会失去信任。当然,讲课不是读文章,每句话每个字都和原来一模一样,只要求在重要内容和情节上一致就可以了。

4. 不可随意扭曲

所引用事例应该有时间,有地点,有出处,来不得半点虚假。讲课,可以挑选事例,剪取事例,但不是拼凑事例,夸大事例,更不能捏造事例,而这些正是有些教师经常有意或无意犯的毛病。

有的教师为了使事例生动完整,能打动人心,就进行人为加工。或把两个事例或多个糅合成一个来讲,显得更有劲。有的教师觉得讲课嘛,不是著书立说,没有存根,没有证据,讲完拉倒,为打动听众,讲得生动些,掺点假没关系。其实这种讲课方法危害很大。在实际生活中,某个人,某件事,某个单位,事迹突出,很值得学习,但总觉得还不够那么"高、大、全",还不够生动感人,于是为了自己的需要,就"凑""捏""添油加醋",如此修饰一番,结果生动了,过瘾了,但因为过于"高大全",脱离实际了,听众也就怀疑了,也就不可能学习了。

5. 不可老生常谈

有的教师认为某个事例比较突出,比较生动,所以不论讲什么内容,都想用它,一个例子一用就是好多遍,一用就是好几年。应该说一例多用,是可以的,也是允许的,运用得好其效果的确会很明显。但应注意到时代在发展,社会在进步,特别是政治等课程,是时代感很强的课,又是和现实结合得很紧密的课。新鲜事物层出不穷,面对学生也有变化,这就要求教师要多深入实际,多掌握一些与时代同步的事例,才能把课讲得更加完美,把课讲精讲活。光吃剩饭,一味老内容,老套话,必然会使课失去时代感,失去光彩。

第十二章　课堂教学结课艺术

为了创造出艺术性的教学,教师总是想方设法在结尾时给学生留下一个深刻的印象,做到善始善终。

一、课堂教学结课的含义

课堂结课是指教师在一个教学内容结束或课堂教学任务终了阶段,通过重复强调、概括总结、训练操作、实践活动等方式,对所学新课知识和学科能力进行系统强化,使之稳固纳入学生认知结构的一类教学行为艺术。

结课有三种类型:一种是课程结束,指一门课程教完之后的教学结束;第二种是单元结束,指一课书教完之后的教学结束;第三种是课时教学结束,指一节课的最后教学环节。以下探讨的就是课时教学结束的问题。

结束与导入是相互对应的一对范畴。导入是始,结束是终;导入是开,结束是合。一始一终,一开一合,构成课堂教学矛盾运动的完整过程。好的课堂结尾,不仅可以对教学内容或教学活动起到系统概括、锦上添花和提炼升华的作用,而且能拓宽延伸教学内容,激发学生的求知欲望和学习兴趣,不但能直接提高课堂教学效果,而且能影响以后的学习效率。总之,结课是课堂教学中一个不可忽视的重要环节,结课艺术是上好一堂课的重要的基本技能。

课堂教学的"结束",可以分为小结和总结。课堂进行中的任何一个相对独立的教学阶段(如在一个子目讲完之时、学生课堂讨论结束之时),都需要运用结课艺术进行小结,以便为有效地转入新子目的讲授做准备。一堂课结束时要进行总结。

二、课堂教学结课艺术的功能

1. 加深印象,增强记忆

结课可以将本课的中心内容总结归纳,提纲挈领地加以强调、梳理或浓缩,使学生将学到的新知识技能理解得更加清晰、准确,抓住重难点,记忆更牢固。

2. 知识系统,承前启后

知识间有严密的逻辑性和系统性,新旧知识有必然的内在联系。通过结课帮助学生将所学知识系统化,形成知识网络。在总结中为新课创设教学意境,埋下伏笔,使前后内容衔接严密,过渡自然。

3. 指导实践,培养能力

新课结束后,有针对性地做一些练习或提出具体的课外实践活动,对提高知识的运用巩固、培养学生分析解决问题的能力是大有裨益的。

4. 质疑问难,发展智力

课堂教学时间是有限的。结课时结合教材内容提出一些有争议的问题和一些技能训练,让学生课后观察思考探讨,既可以扩大知识视野,又发展了他们的自学能力、思维能力、想象力和观察力。

5. 及时反馈,检查教与学的效果

在结束阶段,要通过总结性提问、笔答练习及围绕新学知识进行测验、布置家庭作业等来完成并及时收集反馈信息,以检查"教"与"学"的效果。在教师的指导下,让学生参与评价活动,对学生学到的知识、观点、方法(技能)及学习效果及时给予鼓励和提出改进建议。这样知、情、理三者的统一,有利于这些知识、经验转化成能力进而内化为学生思想行为的准则。

总之,课堂教学的总结具有巩固新授知识、深化教学内容、理清知识结构、培养学生能力、渗透思想教育的作用。

三、课堂教学结课艺术的要求

一般地说,要充分发挥课堂结课艺术的作用,圆满地完成课堂结课的任务,使之体现其科学加艺术的特点,搞好课堂教学的结课工作,必须遵循以下基本要求:

（一）自然妥帖，水到渠成

课堂结课是一堂课发展的必然结果。教师在课堂教学时，要严格按照课前设计的教学计划，由前而后地顺利进行，力求做到有目的地调节课堂教学的节奏，有意识地照顾到课堂教学的结课，使课堂教学的结束做到水到渠成、自然妥帖。为此，教师在讲解时要注意避免出现两种弊端：一是课堂教学节奏过快，较早地讲授了课堂教学的主要内容，实施了课堂教学的主要环节，给结课留的时间过多，结果学生无事可做，教师只好胡讲乱扯一通，布置一些不必要的作业，搪塞过去，严重影响课堂教学结构的完整性，妨碍了课堂教学精彩结课应发挥的作用。二是课堂讲授"拖堂"。有的教师讲课爱"拖堂"，下课铃响了，还在不停地讲。其主观愿望是想使学生多学一点，但客观效果却适得其反。毕竟时间不饶人，最后只好三言两语仓促结束课程，学生既无法总结课堂所学的知识，更无法消化理解。不仅如此，讲解"拖堂"，还势必加重学生大脑的负担，影响良好思维效能的发挥。

总之，要善于按照事先制定的教学计划卡钟点讲课，每一个教师都应充分备课，周密安排课堂教学活动，适时调节课时容量，善于根据课堂教学的客观实际改变教学过程，避免出现前紧后松和前松后紧的现象。

（二）结构完整

教学是有规律可遵循的。依据教学规律，课堂教学应由几个相互联系的环节组成一个完整的统一体。课堂结课作为其中一个不可缺少的重要环节，应充分考虑并发挥自身的地位与作用，使课堂教学成为完成一定教学任务的结构完整的有机统一体。为此，教师在设计课堂结课时，首先要考虑为实现一定的教学任务服务。在这个统一目标下，加强前后联系，保证课堂教学结构的完整性，以防止孤立地就课堂教学的结课来安排其结尾。结课时要适当照应开头，使结课语好似一条金线，能使学生将零散的知识串联起来，形成完整的知识结构，做到首尾相连、前呼后应。

（三）语言精练，紧扣中心

课堂结课语言一定要少而精，紧扣本课教学中心，梳理知识，总结要点，形成知识网络结构，干净利落地结束全课，使之做到总结全课，突出重点，深化主题，让学生的认识产生一个飞跃。课堂教学的结课语不可冗长，更不可拖泥带水，应是高度浓缩、画龙点睛。总之，教师应在结课前的几分钟短暂时间内，以精练的语言使讲课主题得以提炼升华，使学生对课堂所学知识有一个既清晰、完整又主题鲜明的认识。

(四)内外沟通,立疑开拓

在教学中,课堂教学只是教学的基本形式,而不是唯一的组织形式。为了充分发挥各种教学组织形式在培养学生中的协同作用,课堂结课时,不能只局限于课堂本身,要注意课内与课外的沟通,学科课程与活动课程的沟通,从而帮助学生拓宽知识面,掌握完全的知识。在课堂结课时,教师要注意给学生留下思考的余地,以激发学生的积极思维,培养学生的创造性思维能力。

四、课堂教学结课的基本原则

好的结课,能给人以美感和艺术上的享受,但这不是教师只凭灵机一动就能达到的效果,教师应该增强对教学结课的设计意识,不断提高教学结课的艺术水平。教学结课的基本原则有:

(一)画龙点睛,突破时空

课堂教学的结尾是整堂课的"点睛之笔",是很重要的。正像演戏很讲究演透而不演绝,只有演透,思想内容才能发挥得淋漓尽致,人物的性格、情感才能刻画得极尽其妙,但若一演绝,就断送了艺术。因为有余味正是艺术的魅力所在。课堂教学艺术也是一样,不能讲绝,讲绝就失去了"启发"想象的效果。这就要求教师的教学以"不全"求"全",在有限中追求无限,突破课堂教学的时空局限。即在一堂课结束时,注意浓郁的色彩、艺术的含蓄,使学生感到"言已尽而意无穷",使之课后咀嚼回味,展开丰富想象。

(二)首尾呼应,相对完整

课的结束应当紧扣教学内容,使其成为整个课堂教学艺术的有机组成部分,做到与导课遥相呼应,而不要游离主题太远。特别是有些课的结尾实际上就是对导课设疑的总结性回答,或是导课思想内容的进一步延续和升华。如果导课精心设疑布阵,讲课和结课中却无下文,或结课又是悬念丛生、另搞一套,则易使学生思路紊乱、无从获益。同时,教师的结课还应注意结在横断面上,即讲授内容告一段落,或讲完了一个问题时,以使教学内容显得系统连贯、相对完整。而不要结束在一个问题还没讲完的"半坡"上,否则,势必会使教学显得支离破碎,影响效果。

(三)干净利索,适可而止

所谓"常行于所当行,止于所不可不止"。不要在内容上画蛇添足,在时间上"拖堂"。教师要养成准时上下课的习惯,不可提前,也不可

"拖堂",否则将会降低教学效果。拖堂既不符合学生的生理特点,又致使学生心理疲劳、思维迟滞。所以,作为教师,如果不是万不得已,就应该按时下课。

五、课堂教学结课的一般过程

在结束一课时,大体经过以下几个阶段:

1. 简单回忆

即对本课的教学内容进行简单的回顾,整理认识的思路。

2. 提示要点,鼓励进步

指出内容的重点、关键点,必要时须作进一步的具体说明,进行巩固和强化;对学生的学习成果、课堂表现进行鼓励性的评价。

3. 提出问题或采用其他形式检查学生的学习情况

4. 巩固应用

即把所学知识应用到新的情境中,解决新的问题,在应用中巩固知识,并进一步启发思维。

5. 拓展延伸

有时为了拓展学生的思路,开阔学生的视野,或把前后知识联系起来,形成系统,需要对教学内容进行必要的扩展延伸。

六、课堂教学结课艺术的基本类型

不同类型的课有不同的教学结尾。依据课堂结课所要完成的特定的学习任务,我们将课堂结课艺术分为如下几种类型:

(一)归纳总结式

经过详细具体的讲解、分析或精彩生动的抒情或严密精确的推理论证之后,为了使学生对所学知识有一个全面系统的了解、认识,老师往往利用最后几分钟对本课的教学内容进行归纳总结,寥寥数语,便能勾勒出其概貌、总体。

课堂结尾就是为了使学生对课堂所学内容有一个完整而深刻的印象,结课时,教师可用简单明了、准确精练的语言和图表等方法,对整个课的内容进行概括总结,归纳知识的结构和主线,强化重点,明确关键,使学生对所学知识的认识形成条理,以起到突出主题、升华认识的作用。

（二）情感激励式

课堂教学要晓之以理，动之以情，以情激行。老师在讲授完一课后，常将内容深化、生发开去，将学生的情感引向高潮，使其产生共鸣。

有一位历史老师在讲授英法联军入侵我国，火烧圆明园之后，这样说道："圆明园，这座被誉为'万园之园'的园林艺术杰作，这座世界上最豪华瑰丽的建筑之一，就这样被英法侵略者焚毁了。这是帝国主义的罪证，也是中国人民的国耻。同学们，我们决不能忘记帝国主义侵略中国和清朝封建统治者腐败无能的历史，也决不能让历史重演。"这样，使学生对帝国主义侵略者和清朝封建统治者切齿痛恨，同时会产生"振兴中华"的报国之情。

（三）无为而治式

课堂教学，不能把学生束缚在自己的讲授上，捆在作业练习上，推进题海里，而要尊重学生，尊重其个性的自由发展。如果课堂上留有空白，学生便可以在空白时间里朗读、演讲、讨论、阅读、解疑……当然，在课堂最后几分钟留有空白，务必使学生充分意识到，这几分钟是老师特意留给我的，我有丰富的知识，我有老师难以解答的问题……这样，学生在空白时间里无形地由强烈的表现欲、成功欲激发出一种对知识、能力的不满足感，从而提高学习的兴趣，而不是放任自流。

（四）解疑答问式

南宋大学者朱熹说过："读书无疑者，须教有疑，有疑者无疑，至此方是长进。"学习不可无疑，每一堂课如果教者能启发学生对所授知识因不理解或理解不透而提出问题，并及时予以解答，则能使学生学有所获。除此之外，老师还可以采用其他形式作为课堂结尾，如实验操作，介绍下节内容，考试检测等。总而言之，结尾这个步骤不可少，且不宜时间太短或太长，以 2~3 分钟为宜，有练习可延长至 5~6 分钟，如果能巧妙地设计课堂结尾，则会使整个教学浑然一体，富有后劲。

（五）首尾呼应式

呼应式，指教师在课尾解答课始提出的问题，使课堂教学达到首尾相顾、完整统一的一种结课方式。这种结课方式具有点题性、呼应性、统一性、完整性四大特点。例如，讲"社会主义代替资本主义的必然性和长期性"一课时，上课伊始，教师先提出："苏联的解体和东欧的演变说明了什么？社会主义制度的出现是偶然的，还是历史的必然？真正的历史大趋势是什么？"之后，在整个教学过程中，围绕教材内容师生一道展开教与学活动，分析事实，揭示理论，最后使学生明白科学的真理。在课堂结束时，教师再运用学生已掌握的"社会主义发展的前进性、必然性和曲折性、长期性"的正确认识来分析说明开讲提出的苏联、东欧演变问题,从而使学生树立起社会主义必胜的信念。这种结课要注意引导学生思前想后、提问点题而善始善终,使学生能体验学习的成效,使课堂教学达到完整统一。

(六) 比较区别式

比较区别式是将传授的新知识与有关的旧知识联系起来,通过比较分析,把握异同,区分优劣,使学生更深刻、更准确地理解知识的结尾方式。例如"奴隶主对奴隶的残酷剥削"这一课主要分析奴隶制生产关系的特点,讲这一课的结尾时,可用比较区别式结尾:奴隶制生产关系与原始社会生产关系有何不同?不同主要体现在三方面:(1)生产资料所有制不同。原始社会生产资料集体公有,奴隶社会生产资料归奴隶主占有。(2)人们在生产中的地位和相互关系不同。在原始社会里人们是原始的平等互助的关系,在奴隶社会里,奴隶主占有奴隶,奴隶无人身自由,完全在奴隶主的强制下劳动。(3)产品的分配方式不同。原始社会是平均分配消费品,而奴隶社会,产品归奴隶主占有和支配。这样通过比较,既总结了新学的知识,也复习了旧知识,并可使学生对所学知识理解更准确,掌握更透彻。

(七) 设置悬念式

设置悬念式是指在结课时教师根据教材和教学需要,在学生掌握新知识的基础上,教师通过巧设疑问,提出后面即将要学习的问题,巧妙设疑置悬,从而引起学生新的思考和求知欲望。但又戛然而止,促使学生课后积极思维,并为上好下节课牵线搭桥,创设思维情境的一种结课方式。

这种结课方式最主要的技巧是挖掘已学知识与未学知识之间的内在联系,且在学生不知不觉中设悬念,这样才能驱动学生积极思考,但又在无意之处结课,使课堂终结成为教学的高潮,并留有余味。切忌故弄玄虚、耍贫嘴。

为了使学生对所学内容留下难忘的印象,为他们上好下节课埋下伏笔,教师可模仿中国古典章回小说"欲知后事如何,且听下回分解"的结尾,在结课时,结合教学内容设置一些必要的悬念,留下一些富有启发性的问题,让学生课后去思考,使他们对教学产生"言有尽而意无穷"的感觉,以激发学生对进一步获取新知识的欲望,架起新旧知识的桥梁,密切知识之间的联系。

(八) 活动思考练习式

为使学生巩固课堂所学的知识,变知识为初步的艺术、技巧,在结课时，教师可根据教学内容组织全班或小组进行一定教学实践活动，如知识竞赛、操作比赛、小组讨论和观察制作，也可通过提问、小测验、完成课堂作业等方式，使学生用口头或笔头形式，对所学内容进行练习，从而牢固地掌握所学知识。思考练习式，指的是结课时，教师根据教材内容和实现教学目标的需要，精心设计一些口头或书面思考题，并提出相应要求，让学生当堂思考（或课后思考）、回答来结束教学的一种结课方式。

（九）提纲挈领式

它是指教师在课堂结课阶段，通过准确简练的语言，把本课所授知识内容作全貌式的纲要性总结，帮助学生梳理、浓缩知识、强化记忆，加深理解，培养学生总结、概括能力，以提高课堂效率的一种结课方式。教师运用这种结课方式必须把握六大特点：整理性、精要性、总结性、概括性、重点性、纲要性。其过程一般由教师来操作，也可由教师引导学生来做，或师生共同讨论来做。

（十）愉悦鉴赏式

愉悦鉴赏式，是指在课堂结束时，教师根据教材内容，运用唱歌、朗诵、讲故事或看录像、幻灯片等形式，在鉴赏中寓教于乐来结束课堂教学的一种结课方式。这种结课方式具有欣赏性、趣味性、知识性、思想性四大特点。既可消除学生学习中的疲劳，又能在愉悦的情境中深化所学知识，提高思想觉悟，促使尾声掀起高潮。但这种结课方式切忌无目的引趣，切忌单纯为了愉悦而冲淡了主题。

七、课堂教学结课的基本方法

课堂结课的方法多种多样，教师可以根据不同学科和不同年龄的学生灵活选用。但总结起来，课堂结课的基本方法主要有以下几种。

1. 总结归纳，梳理知识

为了使学生对课堂所学内容有一个完整而深刻的印象，结课时，教师可用简单明了、准确精练的语言和图表等方法，对整课的内容进行概括总结，归纳知识的结构和主线，强化重点，明确关键，使学生对所学知识的认识形成条理，以起到突出主题，升华认识的作用。

教例

"商品经济中无形的指挥棒"小结

教师：这一框的学习，我们知道了商品经济中无形的指挥棒就是价值规律。什么是价值规律呢？价值规律的基本内容概括地说，就是"价值决定"和"等价交换"。价值规律发生作用的表现形式，也就是等价交换原则的贯彻：供不应求，价格上涨；供过于求，价格下跌。价格反过来又会影响供求关系，使之达到供求平衡，实现等价交换。价值规律在商品经济中的作用主要是：调节劳动力和生产资料在社会生产各部门的分配；刺激商品生产者改进技术，改善经营管理，提高劳动生产率；导致商品生产者优胜劣汰。

教师的总结不是对教材内容的平铺直叙，而是抓住价值规律的"基本内容""表现形式""主要作用"进行总结，尤其是将价值规律的内容概括为"价值决定"和"等价交换"，强化了教学重点，突出了教学主题。

2. 首尾照应，解疑答难

这种方法是在课终之时，解决新课导入时提出的问题，以达到前后照应、首尾相连、浑然一体的教学境界。运用此种方法小结，既可巩固本课所学知识，又可启发学生思前想后，体验学习成效，激发学习兴趣。

教例

"商品的使用价值和价值"小结

导入：对于商品大家并不陌生。但什么叫商品呢？这是我们学习这一框必须解决的问题……

小结：通过上面的分析，我们已经知道，商品是用来交换的劳动产品。一个物品要成为商品，必须同时具备两个前提条件：①劳动产品；②用来交换。商品是使用价值与价值的统一体。作为商品必须具备两个基本属性，即使用价值和价值。其中，使用价值是商品的物质承担者，是商品的自然属性；价值是商品的本质属性。

3. 质疑、答疑法

即在新内容讲完后让学生提出问题，教师和学生一起回答问题的方法。这种方法主要是让学生提出一些不太明白的问题，然后采用诱发引导的方式，使学生明白这些问题。运用这种方法结课，要求教师具有较高的教学调控能力，即能引导学生提出问题，使学生提出的问题与教学相联系，能引导学生对所提出的问题作出贴切的回答。

教例

全国特级教师于漪一次作公开课，讲"宇宙里有些什么"内容，讲完后让学生看，提问题。一位学生站起来问：课文里"这些恒星系大都有一千万万颗以上的恒星",这里的万万是多少?话音刚落,全班学生都笑了。提问题的学生也觉得问题提得不合适,谁不知道"万万"是亿啊!于老师却笑着说:

"这个问题不用回答,可能大家都知道了。可是我要问:既然'万万'是亿,作者为什么不用一个'亿'字,反而用两个字'万万'呢?谁能解释?教室里顿时静了下来。不一会儿,一个学生站起回答:

"我也不懂,不过我想说说看。我觉得用'万万'读着顺口,还有,好像'万万'比'亿'多。"于老师说:"讲得很好。别的同学还想说什么吗?"当于老师确信没有不同看法后说:

"通过对'万万'的讨论,我们了解到汉字重叠的作用,它不但读起来响亮,而且增强了表现力。"

5. 设疑启发法

"学贵有疑,小疑则小进,大疑则大进。"实践证明,思起于疑,疑促进思,思激发学。在课堂教学的结尾处精心置疑,巧设疑问,于无疑处设疑,形成矛盾,制造悬念,引发学生思维的兴趣和动机,启迪学生积极思维,从而在宽松和谐的课堂气氛中顺利完成教学任务。

6. 发散法

发散法结课是把教学中得出的结论、命题定律等进一步进行发散性思考,以拓宽知识的覆盖面和适用面,并加深对已讲知识的掌握。这种结课法可使教学的主题、内容得到进一步拓展,具有培养发散创造性思维的作用。

教例

"洋务运动"小结

教师提出一个问题:

"为什么洋务运动时期,洋务派向外国资本主义国家购买了机器,引进近代的生产技术,却没有使中国走上富强的道路?"当学生作出回答后,教师又提出一个问题:"当前,我国为实现四个现代化的需要,也引进外国的生产技术,但为什么却有利于四化建设呢?"这就使学生在掌握所学知识的基础上,其思维又另起波澜,发散开去。

7. 拓展延伸法

事物是联系的,又是变化的。课堂教学也是这样,其联系并不是孤立的、静止的,而是运动的、发展的。拓展延伸法,是指教师根据教材内容和实践教学目标的需要,在课堂结束阶段,指导学生向教材内容相关知识和社会生活实际延伸辐射或补充教材内容,使课堂教学的终点成为开阔学生知识视野和联系实际生活的起点的一种结课方式。

这种结课方式一般有两种情形：

一是教师不停留在现有教材的阐述，通过对教材内容的挖掘和补充相关的新知识，提出新问题，让学生在所学知识的基础上去思考解决新问题，以此来拓展学生知识面，扩大知识视野，提高学生学习兴趣和培养观察、分析、解决问题的能力来结束课堂教学。

二是教师根据教学内容，布置学生搞社会调查、撰写小论文、办展览、出专刊等，沟通学生的生活积累，使课尾成为联系课内外的纽带。这种结课一般在一个单元的课后进行。

教例

"世界性贸易组织与金额组织"小结

由于学生对世界贸易组织的内容既熟悉又陌生，说它熟悉主要源于对这方面的时政报道、电视新闻耳熟能详，说它陌生是因为学生对中国为何要加入世界贸易组织的理解往往较肤浅片面，属一知半解程度。此时教师如果仅仅对教材现有的内容按部就班地陈述一遍，这堂课肯定缺乏新意，与学生的听课期望值会有很大的距离，这时就需要教师在讲透教材知识的基础上，还要将课外的时政资料引进课堂。为此，教师在课的结尾，设置了以下四个问题：

(1)"入世"后电脑会不会立即降价？

(2)国外的商品会不会潮水般地涌来？

(3)国产家电会不会大幅度地降价？

(4)许多优质的美国小麦进口中国，中国的麦农收益会不会受到影响？

请学生思考后当堂回答。这样很自然地将书本知识与时政材料衔接起来，从而拓宽了学生思考问题的空间，同时在一定程度上培养了学生的思维能力。

教师运用这种方式结课，必须把握拓展性、补充性、联系性、提高性、应用性五大特点，一要避免舍本求末、喧宾夺主、远离教材乱拓展的现象发生；应使学生在联系学过的知识基础上，加上自身的体会，并善于归纳运用教学内容，方能得出正确认识和进行发散性思维的训练操作；同时要在不加重学生负担的前提下，把握分寸，适时适量。

8. 活动操作法

为了巩固和应用课内所学的知识，激发学生的学习兴趣和求知欲望,培养他们的各种能力,在课堂结课时,也可采用多种多样的活动操作方式进行。诸如,课堂教学可引导学生将所学知识与实际联系起来,进行分组讨论,以加深学生对问题的理解,培养他们分析问题的能力;物理、化学课,可根据课堂所学的知识,组织学生进行物理、化学实验,培养他们的实际操作能力;地理、生物课,可指导学生运用所学知识观察有关社会现象和自然现象,培养他们的观察能力;语文、体育、音乐、美术等课程还可展示并评价学习成果,进行知识、技能竞赛,以增加学生的成功感,激发他们学习的积极性。

八、课堂教学结课应加以避免的几个方面

以上所述的结课原则、结课方式、具体如何操作以及怎样根据课的不同结构选择不同的结课方式等内容均是从"应该怎样做"这个角度说的,其实要使课堂教学的结课取得较好的效果,除了必须知道"应该怎样做"外,同时还应知道"不该怎样做",也就是说"什么样的结课应加以避免",这样便从正、反两个方面确保一堂课有一个高质量的结课。具体说来,以下四种结课是应该加以避免的:

(一)虎头蛇尾

有些教师比较重视开端,但到结束时往往显得较为匆忙,连一些应该做的梳理和小结也不做,使整个教学过程不能善始善终,以致学生下课时对要掌握的教学内容"胸中无数"。

(二)画蛇添足

有些教师在结课时或小题大做,或故弄玄虚,本应该自然结束的却硬是讲个不停,其本意是想让学生把本课的教学内容毫无遗漏地加以掌握,但实际效果却恰恰与良好愿望相反,很容易使学生产生厌烦情绪。

(三)平淡无奇

有些教师备课时对如何结课未加精心考虑,未作精心安排,因而结课时显得平淡无奇,重点内容未能突出,很有点"走过场"的味道(其实,即使"走过场",就其本意而言,也是要相当认真的),以致不能使学生对教学内容产生兴趣,更不要说启发他们课后进行认真思考了。

(四)前后矛盾

有些教师结课时所作小结的内容与前面讲的内容不相一致,所表达的观点也与教材的观点相互矛盾,以致影响了学生对教材内容的正确理解。

第十三章　课堂教学板书艺术

教学板书艺术,是教师教学艺术的重要组成部分。有人说板书是反映课文内容的"镜子",展示作品场面的"屏幕",是教师引人入胜的"导游图",成为每一课的"眼睛"。高超精湛的教学板书艺术是打开学生智慧之门的钥匙,是教师教学风格的凝练和浓缩。所以,研究和运用教学艺术,必须了解和掌握板书艺术。

一、课堂教学板书的内涵

板书就是指在课堂教学中,为了强化教学效果,教师利用黑板或投影仪上的文字、符号、线条和图像的方式,向学生呈现教学内容、认知过程,使知识概括化、系统化,帮助学生正确理解,增强记忆,提高教学效率的一种教学技巧。

教学板书一般表现为三种形式:板书、板演、板画。这三种形式在本质上是相同的,都是让学生通过视觉获取信息。

板书:教师写在黑板上的文字,这是各科教学普遍采用的一种形式。

板演:教师在黑板上推导公式、演算例题或书写方程式等,是自然科学教学常用的一种形式。

板画:教师在黑板上绘画各种图形、符号和表格等。

二、课堂教学板书的构成

1. 语言文字

板书以语言文字为主,语言文字是其最主要、最常见的形式。

2. 图画

在课堂教学中,运用绘画的方法,把图形、事物形状勾画出来,可以收到语言文字板书所不能具有的直观、形象、生动的效果,更利于学生理解。

3. 图形

图形是板书的重要构成,在理科教学中大量使用这种板书,形象、直观,给人们印象深刻,如数学、物理、化学的绘图,地理、历史的地形路线地图等。

4. 符号

许多学科有一些专业图形符号以代替语言文字符号。如"∵"表示"因为""∴"表示"所以""□"表示"正方形"等。

5. 数字

阿拉伯数字同样是板书中最主要、最常见的形式,在理科教学中被大量使用。

三、课堂教学板书的特点

1. 内容精练、重点突出

内容精练是指板书要用最凝练的文字或简洁明了的图形、符号反映教学的主要内容。重点突出是指板书要反映教学的难点、重点,不能主次不分或主次颠倒。

这是板书的首要原则,它是由板书艺术的特殊性决定的:

第一,黑板的面积有限,不能容纳所有内容。

第二,板书一般是在课堂上完成的,而每堂课是有时限的,教师在板书上不能花太多时间。教学应是口头语言、书面语言(板书)、体态语言三者的有机结合,而尤以口头语言(即讲)为主,板书只是辅助手段。

板书的内容主要包括:

(1) 授课提纲,包括研究问题的思路、方法和程序,知识的系统结构等。

(2) 教学要点和重点,包括重要的定义、原理、规律、结论、注意点和学习要求等。

(3) 补充材料和其他内容,包括图表、例证,为帮助学生听好课和解决疑难而作出的文字解释、说明、提示、图示以及生僻字、词等。其重点和详略常常因教学内容、教学方法、教师的教学风格和学生的接受水平而异。

内容精练并不是越简单越好,"简"的程度要依教学需要和教学内容而定。一般要求板书要化繁为简、以简驭繁、以少胜多,让学生从最精简的板书中学到该学到的知识。

2. 语言科学、概括准确

课堂板书语言科学、准确是指用以表达教学内容的板书语言信息符号是恰如其分的。要用词恰当、概括准确、图表规范、线条整齐。

教学要能抓住知识要点,能从纷繁的知识内容中理出关键性提纲。教师要具备掌握提纲挈领的能力,并将这种能力教给学生,让学生也能在全面理解的基础上,概括出主要的关键性东西,引导学生在"学会"的基础上向"会学"方向发展。反映在板书中,即具有概括性。教师应该能让学生从概括性的板书中直观地体会如何概括。尤其对于系统性的知识,概括得好,往往通过板书就能直观地把全部主要内容体现出来,帮助学生将平时所学的零碎知识聚合为整,起到高屋建瓴的作用,从而达到驾驭知识的目的。

3. 条理清晰、布局合理

各学科的教学内容都有较强的逻辑性和连贯性,层次清楚、条理分明、主线清晰、枝蔓有序。条理清晰是指板书的脉络、层次明了,各层次之间通过特殊的板书语言符号而形成一个整体。布局合理是指板书布局匀称得体,给人以美感。

要使板书条理清晰,首先要使相同层次的内容排列整齐,参差不齐甚至相互交叉必然使学生产生思想上的混乱;其次是各层次的内容标号要一致。要使板书布局合理得首先把握教学内容的主次成分、层次性,然后按照美学规律(如对称、均匀、平衡、黄金分割等)来构建整体板书。

4. 形式多样、启发思维

板书设计没有固定的模式,同一个教学内容因教学主旨、教学风格、教学对象等不同也会有区别。但形式并不是为了装饰课堂,板书应当富有启发性,能使学生的思维活跃起来,使学生积极主动投身于学习之中,切忌由教师一手包办,用教师的主导作用来代替学生在学习中的主体地位。在板书的设计上,应该用精辟的语言画龙点睛地展现教材内容的整体框架,使学生能从板书上受到启发,引发其积极思考。

5. 简洁概括

教学板书的语言是经过精心提炼的语言合金,符号与图像也是精当节省的,既是概括精练的,又是准确适当的,能够深刻地反映出教学内容的本质。相反,如果整个黑板上写得密密麻麻,形若蛛网,那么在学生头脑中留下的只能是模糊一片,而不会有清晰的印象。这就要求教师一定在吃透材料的基础上,找出最本质的联系据以设计板书,追求以少胜多、简处求丰。

因此，一节课的板书，只要让学生在本课的目标教学实现过程中，结合所学内容，一看就知其究竟，那么板书从文字表述角度看就达到目的了，没有必要再赘加修饰。有时为使文字简洁，节省上课时间，在特定的课堂环境下，甚至要省去那些平常情况下不能省的词语，只要不因省略而影响学生对板书内容的理解，这种做法，也未尝不可。

教学板书的容量往往受黑板板面的限制，不可能照搬教学内容，这就要求教师设计板书做到语精字妙、富于启迪，让学生能够在其中品出一些"味儿"来。

教学板书的启发性往往来自板书本身的含蓄蕴藉，富有弹性和张力，不作一览无余的交代，而是注意给学生留下思考和想象的余地，才能充分调动学生思考的积极性。

6. 趣味审美，有示范性

教学板书要吸引学生的注意力，调动其思维的积极性，就离不开对趣味性的追求。这就要求教师在设计运用板书时，力求使板书新颖别致、巧妙生趣。

教学板书应该追求形式内容的完美统一，从而给学生以审美感受，运用美学方法能够设计出既有科学性又有艺术性的板书图示，在教学中起到象形传神、激情引趣、益智积能的积极作用。

教学板书具有很强的示范性，好的板书对学生是一种艺术熏陶，起到潜移默化的作用。教师在板书时的字形字迹、书写笔顺、解题方法、板书态度与作风、习惯动作与语言等，往往成为学生模仿的对象，留下深刻入微的影响。所以，为防止教师在板书时给学生留下不良影响，一般要教师必须具备过硬的教学基本功。

四、课堂教学板书的基本要求

为了能更好地设计出优秀板书，我们认为在文字、语言、内容、造型、结构、色彩、功能、风格、目的、态度等方面都要有严格的要求。

1. 文字：正确、清楚、美观

文字是板书的工具、媒介。教材的内容、教师的意图都通过这一工具、媒介表达。因此要求板书文字一要做到正确规范，即不写错字，不写繁体字、异体字、被废的简化字；二要做到端正清楚，不潦草难辨，影响学生学习；三要做到漂亮优美，给人以艺术享受。另外，文字写对、写清、写好也是教师的基本素质。教师肩负教书育人的重任，自身应起身教、示范作用。

2. 语言：准确、简洁、生动

板书是书面语言，要做到准确、简洁、生动。准确，是指语言能正确反映教材的内容和施教者的教学意图；简洁，是指语言概括精练，不拖泥带水、不啰唆重复；生动，是指语言具体形象，富有趣味性。

3. 内容：科学、完整、系统

所谓科学，是指板书表达的知识要正确、再现的信息要准确、反映的资料要无误、揭示的内容要客观，并且又能准确深刻地体现施教者的思想情感。所谓完整，是指板书内容完备全面，体现教材的整体性。当然在整体性的前提下，要突出重点，做到整体性与重点性的统一。所谓系统，是指板书内容内部联系紧密、系统有序、条理分明、逻辑性强。板书内容的系统性，对学生把握教材的整体结构、了解编者的编辑思路，培养学生系统整体思维能力有其重要意义。

4. 造型：直观、新颖、优美

板书的造型是指板书形式的安排，是体现板书形式美、外在美的主要手段。它要求板书图示的排列和组合在准确体现内容的前提下，力求生动活泼，给人形式上的美感。教学板书造型依据学科特点、教材特色、教学情景、学生实际、教师个性，要求做到直观、新颖、优美。所谓直观是指板书造型具体可感、形式可视，富有趣味性。所谓新颖是指板书造型新鲜别致、独特新奇，富有创造性。所谓优美是指板书造型符合美学规律、审美原理，符合心理受美取向，富有强烈的艺术感。

5. 结构：严谨、有序、巧妙

板书之所以能给人以美感，除了内容的科学美、形式的外在美外，还在于板书内部组合安排的严谨、有序、巧妙，这便是板书结构的要求。结构第一个要求：严谨。严谨是指板书布局合理、构思严密，内在联系缜密而富有逻辑性。有人说"板书是知识信息，科学的系统的编码"，这一编码便要求严谨缜密。结构第二个要求：有序。有序是指板书内部联系有条理、秩序井然，富有顺序性。既体现教材及编者有条不紊的思路，又表现教师授课井然有序的教学思路，对指导学生"学习思路"产生深刻影响。结构第三个要求：巧妙。巧妙是指板书构思、构图自然巧合、妙趣横生，给人一种"出乎意料，又在情理之中"的美感。

目前，我国中小学课堂教学常见的教学板书布局有以下几种：

（1）中心板。以黑板中心为主板，自始至终保持整洁，不轻易擦。黑板两侧留有少许板面，以供辅助板书用，随用随擦。

（2）两分板。板面一分为二，左侧为主板，右侧供辅助板书用。

(3)三分板。以黑板左侧为主板,所讲内容提纲挈领,以一、二、三等符号,内容始终不擦;中间部分为副板,用作小标题的板书位置,讲究一个大标题内容略作小结后擦去;黑板右侧作为机动,供绘图或作补充说明用。

(4)四分或五分板。将大标题横向排列,以一、二、三、四或五标号,依大标题纵向向下排列小标题,内容力求简练,一堂课一板,基本不擦。此种方法,有利总结、记忆,整体感也强。不论如何进行板书布局,都应力求主次分明。主板少而精,保持整洁,不轻易擦;副板书的大小标题应条理清楚,层次分明。

(5)板书编号运用规范,一般是三级提纲一、(一)1.或一、1.(1)

教师的板书有很好的示范作用,对学生有各种教育影响。所以,教师在设计和使用板书时,要遵循板书的教育规律,注意发挥板书的示范教育作用,使板书成为教书育人的重要工具。

(6)板书要简明正确,字迹要有足够大。教师要注意自己站立的位置尽量不要遮住学生的视线,保证全班学生,特别是前排两边和后排的学生都能看清楚。板书尚需主次分明,体现知识的逻辑关系。

(7)字体版面清楚洁净,指字体笔画清楚,字间排列横平竖直,图表清晰明了,整个版面清爽洁净。板书字体潦草,排列歪歪斜斜,爬坡下坎,笔画幼稚等,都会影响教学效果,甚至影响学生对教师的信任度和尊敬态度。

6. 色彩:恰当、蕴藉、和谐

板书设计追求色彩合理搭配,尽量做到恰当、蕴藉、和谐。恰当是指板书色彩搭配合理。板书有强调作用,白色外施加其他颜色可以突出重点、难点、疑点、要点、特点;蕴藉,是指板书色彩含义深刻,富有象征意味,起表情达意作用;和谐,是指板书色彩搭配谐调,有审美价值。色彩美感最通俗,易为学生接受。色彩使用要以白色为主,和谐配以其他颜色,做到浓淡相间、色彩相宜、主次分明。

7. 功能:认识、教育、审美

板书要根据学科的特点和教学要求,板书要达到三个功能:

(1)认识作用。板书是教师对教材钻研后,用精练概括的书面语言对教材的归纳。因此,板书是教材的"缩微",是课文信息的"集成块"。教材有认识世界、认识社会、认识自然、认识生活、认识自我的作用,板书当然也有这些作用,并且这些作用会因为板书的高度集中而变得更加明显。

(2)教育作用。文章不是无情物,师生皆为有情人。一篇篇文质皆美的课文,蕴藉着作者深刻的思想、浓郁的情感。教师要用精确、精练、精彩、精美的板书教育学生、启迪学生,使学生形成鲜明的个性、健全的人格。

(3) 审美作用。

板书的审美作用通过板书的"美感"实现。教师应该站在美学高度,挖掘教材、课文的自然美、科学美、社会美、艺术美,设计出美的板书,用以培养学生感知美、理解美、评价美、欣赏美、创造美的能力,从而塑造学生美的灵魂。

8. 风格:多样、创造、个性

每位教师板书内容与形式的诸因素的具体表现是不相同的,因此每位教师的板书都具有独自的特点。板书由内容到形式的特点的有机体现,即为板书的风格。它是一个人教学板书走向成熟的重要标志。

一个教师要形成自己独特的风格,首先要继承,要学习、"占有"前人的板书,古今中外兼收并蓄,要容纳各种风格流派,走多样化的道路。从目前来看,我国教学板书风格大致可归纳为三种,一种是纯文字的传统板书,一种是新颖别致、形象具体的图示式板书,一种是前卫夸张变形的抽象式板书。三种风格板书各有优点,应该相容互补。其次要批判性地接受,要创造。教师首先要做出榜样。要从实际出发,扬长避短,根据自己的兴趣爱好、个性特长,以及对教材的不同理解,设计出渗透自己审美情趣的独特、新颖的板书。最后要有个性。继承、模仿、创新,形成自己的风格,这是艺术创作必由之路。板书是每位教师根据自己对教材的理解进行的创造,是个人教学个性魅力的独特折射,因人而异,不可能是一个模式。板书应该有自己的个性。

9. 目的:明确、集中、合理

板书是工具。工具是用来为"目的"服务的。教懂学生、教会学生,使学生学会、会学,是教学的目的。板书为了达到这一目的,就必须有自己鲜明的"目的"。板书的目的要明确、集中、合理。明确,是指板书为什么服务、为谁服务、怎样服务具体明白、正确鲜明;集中,是指板书目的单一,"高度集中"地为一个目标服务;合理,是指板书目的定位合理、方向明确,符合教学总目标、总要求,不游离于整体教学,书之有理。这是板书设计者始终要考虑的问题。

板书就其目的来说,应该有以下两个方面:其一为学生学习服务。板书是学生学习的"导游图",是学生学习的"钥匙",应起助学、导读作用。其二为教师讲课服务。板书是教师授课的"微型教案",是教师反映教材的"屏幕",是联系师生感情的"纽带",应起辅教、帮教作用。

10. 态度：认真、虚心、务实

板书是对教材的一种提炼，是课堂教学的重要手段。它的重要作用要求设计者态度认真、虚心、务实。反对板书书写"龙飞凤舞"，不求美观；反对板书活动随心所欲，不求计划；反对标新立异，不求实效；反对简单照抄、盲目搬用，不求创新；反对板书千篇一律、毫无个性，不求丰富。

倡导板书设计态度认真。认真钻研教材，挖掘课文内涵；认真构思设计，追求创造性、个性和艺术性；认真书写使用，在课堂上起"师表"作用，实行"身教"。倡导板书设计态度虚心。虚心学习他人板书，不生搬硬套；虚心接受学生的批评，让学生"喜闻乐见"；虚心学习理论、训练技能，努力提高自己的素质。倡导板书设计态度务实。为教而设计、为学而设计。为教材而设计，为课文而设计。为导入、提问、结课而设计，为预习、练习、复习而设计。

五、课堂教学板书的原则

1. 针对性原则

板书是为一定的教学目标服务的，偏离了教学目标的板书是毫无意义的。设计板书之前，必须认真钻研教材，明确教学目标，只有这样，设计出来的板书，才能准确地展现教材内容，真正做到有的放矢。另外，针对性还要求板书从教材特点、课型特点和学生特点出发，做到因课制宜、因人制宜。

不同的学科，不同的内容，其教学方法和教学过程有所不同，教师要认真分析授课内容，根据教学内容和目标，合理选择板书形式，制定板书提纲。板书提纲要目的明确，条理清楚，重点突出，板书的形式多种多样，根据教学内容的特点，可以选择提纲式、预习式、填充式、流程式，也可选择图表式、图文结合式。不论选择何种形式都要服从教学需要，便于学生通过视觉直观来捕获知识信息。

2. 启发性原则

启发学生思维，帮助学生学到课本上学不到的东西，想到课本没有写出的知识，知识归类，内容串联，区别对比，发现联想，证明推广，画图设问，能调动学生探求知识的积极性，好的板书就是要交给学生一串钥匙，使学生用它打开教学大门，自己去发现知识，获得知识，这就要求教师在设计板书时要具有启发性，能引起联想，帮助学生理解知识，引起

思索。富有启发性的板书有以下三个特点:

(1) 必须暗示旧知与新知之间的内在联系,体现新知的生长点,激起学生探求新知的欲望。

(2) 必须把特殊典型的事例置于一般规律的形式中,使典型与一般融为一体,为学生从特殊中推出一般扫除障碍。

(3) 必须寓抽象于具体之中,为学生透过现象看本质创造条件。

3. 灵活性原则

板书应因势变通,具有一定的灵活性,防止"千篇一律,千人一面"。灵活性应注意两点:

(1) 布局上的灵活性。教师设计板书,要以自己常用的黑板为板面依据。如果换了讲课地点,遇到的黑板与原设计不一致时,这时就必须进行临时变通。即使在本班上课,也必须在板面上留有余地,以利某些临时性的板书。

(2) 内容上的灵活性。在课堂教学的师生双边活动中,常常会遇到原定的板书难以自然出现,不能"水到渠成"的情况。这时教师就要在不影响教学要求的前提下,适当采取应变措施,主动给学生留有余地,使他获得"填补空白"的思维机会。这样做,上起课来就灵活自然。

4. 时效性原则

板书不仅要讲究内容美、布局美、书法美,还必须注意板书的时效性。即根据教材特点和学生实际,把板书有机地、和谐地融入教学过程,与其他教学手段构成一个协调的系统,促进教学效益的最优化。

这里按讲课的前后谈谈板书的时效性:

(1) 讲课之前板书,重在指引思路

讲课之前,为了学好新课出几道思考题、过渡题、准备题、尝试题等让学生去看书,这种课前的随堂板书重在指引学生的学习思路。

(2) 讲课之中板书,重在展示中心

讲课中板书反映的内容是课文的主体和重点,因此,不仅要精心遣词造句,充分发挥其文学效力,更要把握时机,才能使学生思维的脉络与教师的讲解配合默契。

板书的时机一般分先讲后书,先书后讲,边讲边书。如对难度较大的概念、公式等一般适宜先书后讲。又如巧妙引入新课,可使学生在不知不觉中获得新知,往往采取先讲后书,总结后再出示课题,收到画龙点睛之效。

(3) 讲完之后板书,重在强化整体

讲完后,在原有板书基础上,以简短语言回述全文要点、重点,同时用一些线条、符号、文字、勾、连、点、画,标明关系,统领全文,可使学生对全文的整体内容得到强化,这一步是相当重要的。

5. 提挈性原则

提挈性可以概括为一个"精"字,即精要或精粹。教学是一个目的性和针对性很强的实践活动,教学中,教师的讲解必须受到教学目的、要求及教学对象、教学时间的制约,不能随意伸张或面面俱到,抓住教材的重要内容,关键问题,作选择性的有效讲解。这就是我们通常所说的"精讲"。

因此,板书作为口头讲解的书面标志,自然就更要求"精"了。这是板书的主要原则,也是重要的特点。这要求注意以下三点:

一是概括的简明正确性。这就是在板书设计中,充分体现课文所能传授给学生的知识和学生可能接受的知识的结合。

二是思路的条理性。若将一系列知识点罗列而出,就显得杂乱无章,使学生眼花缭绕,无从下手把握;若板书有明晰的思路,化繁为简,化难为易,自然就显得"精"了。这是深入钻研教材的结果,也是教学艺术的体现。

三是内容的整体性。板书对教学内容的概括要从整体上把握,不能割裂、肢解,要形成一个相对完整的整体。

6. 概括性原则

板书设计的概括性有以下三个特点:

(1) 紧扣教材,短小精悍,提纲挈领。离了教材,概括就失去了对象。因此,要根据教材内容、教材特点,运用简洁的记号、词或一句话记住所有的要领,并指导学生运用于学法之中。

(2) 切中要害,理清思路,掌握关键。如教学"圆的周长"时,教师引导学生分析各种测量圆周长的方法的共同特点,在学生讨论的基础上板书"化曲为直",概括了测量圆周长的关键。

(3) 归纳原理,开阔思路,增强灵活性。板书时不要就事论事,要善于归纳出适用于更大范围的原理。如教"三角形的分类"时,引导学生按边分可分为 3 类,按角分可分为 3 类。学生在理解定义的基础上进行归类概括,使学生不仅易记难忘,还学到了方法。

六、课堂教学板书的分类

根据板书的设计方法,一般可以分为以下几种类型:

(一) 提纲式板书

提纲式板书,是指以教材知识内容的逻辑关系为线索,用大小不同的符号和简明扼要的文字,按教学进程和顺序依次展示教学内容的纲目层次要点于黑板上的一种板书形式。它以文字表达为主,把教材内容纲目化,其特点是直接体现知识的内在逻辑关系,层次分明,条理清楚,内容系统,重点突出,使知识内容一目了然,便于学生提纲挈领地把握知识,还有助于学生概括、归纳、综合和逻辑思维能力的提高。如讲《矛盾的同一性和斗争性》,有位教师板书如下:

矛盾的同一性和斗争性
一、矛盾的定义
事物内部既对立又统一的相互关系。
二、矛盾的同一性
1. 矛盾同一性的含义:
事物内部对立因素互相联系、相互吸引的趋势。
2. 矛盾同一性的表现形式多种多样:
(1) 对立双方在一定条件下相互依存;
(2) 对立双方在一定条件下相互贯通;
(3) 对立双方在一定条件下相互转化;
(4) 矛盾特殊化的条件依矛盾的特殊性质而定,是具体的、现实的、多种多样的。
三、矛盾的斗争性
1. 矛盾斗争性的含义:
矛盾双方对立、排斥、斗争的状态和趋势。
2. 矛盾斗争的表现形式:
斗争形式由矛盾的不同性质决定。
(1) 对抗性;
(2) 非对抗性。
四、矛盾同一性和斗争性的辩证关系
同一是对立的同一,对立是同一中的对立。

（二）表格式板书

这是一种用表格组成的以文字表述为主的板书形式。它形式简明，内容扼要，对比性强。运用表格式板书，学生可以在老师的指导下主动学习。

表格式板书的运用，往往是教师先列出表格的栏目，然后引导同学看书、读图、讨论，并且用简洁的语言文字归纳出栏目中应该填写的内容。这样做，不仅有利于学生逐一认识事物、事件的不同特点，而且在完成填表的过程中，培养了学生看书读图、分析归纳问题的学习能力，一举两得。

有一些较难的内容，为了做到条理清晰、脉络清楚，也可用列表式板书。例如关于违法与犯罪的比较，板书可设计为：

	对比内容	一般违法	严重违法（犯罪）
区别	情节轻重	情节轻微	情节严重
	危害程度	危害不大	危害很大
	违犯法律	触犯《刑法》以外的法律	触犯《刑法》
	所受处罚	行政处罚	刑法处罚
联系	在本质上	都是违法行为，都对社会具有危害性	
	在发展趋势上	二者之间没有不可逾越的鸿沟，一般违法有可能发展为犯罪	

（三）词语式板书

词语式板书是在理解教材内容的基础上，提取教材的精髓，浓缩重点词语，精心排列组合。它既可简明扼要、一目了然地概括归纳出教材的风貌，又可以帮助学生准确地掌握词义，加深对教材的理解，深入地体会作者鲜明的感情色彩。

（四）线索式板书

这类板书是紧扣教学内容的思路孕育而成的。例如，在一篇文章中，作者在思想上总有一条思路，教师在备课中抓住了作者的思路，就能进入作者的思想境界，体会文章的真情实感，从而就能对文章的结构、中心、写作技巧、重点、难点融会贯通了。在板书时抓住故事情节或人物性格特征等主线，将其简洁地显示出来。

（五）图示式板书

图示式板书是指以画图为主的板书。这样的板书特点是以直观的图画代替抽象的文字。它既可增加趣味性，又能让学生借助于形象掌握教材的内容、结构，领会文章的中心。它又可细分为以下几种类型：

1. 图表式板书

也叫图解式板书，指教师用不同的符号、线条、颜色和简明的文字组成图形，直观形象地勾勒出抽象的概念、原理和复杂事物间的动态联系，使学生借助图形正确理解、分析、概括概念、原理，掌握基本理论知识的一种板书形式。这种板书的特点在于改变了教学信息的传导方式，由口头、文字表述变为直观展示，形成一种新的信息传导，具有直观性、形象性、趣味性和艺术性，解决了单靠语言（口头和文字语言）不能表达与解决的问题，能激发学生的兴趣，发展学生的形象思维能力。

2. 抽象图示式板书

是指教师使用抽象图形（示意图）表达教学内容的板书。此类板书舍现象而求本质，图形简易却能说明问题，因而被广泛地应用于各科教学。

3. 结构造型式板书

是指根据教材知识关系交错、网络性强的特点，把教学内容的构成部分提炼为知识点，并根据知识点间的并列、包容、因果、演进等逻辑关系，用直线、括号、框线等将其编制成结构图表的一种板书形式。这种板书的特点是能较好地提示教材内容的内在联系，具有较强的逻辑性，使教材内容重点突出、层次分明，并能显示教材内容的整体结构。它有助于学生按教材结构的特点去分析教材和识记知识，并能形成一个二维、三维甚至是多维的知识结构，有利于提高学生的综合逻辑能力。

此类板书直观形象、趣味横生，结构严谨、造型优美，富于变化、启发思维，是较受学生欢迎的一类板书。教师使用结构造型式板书应注意精于设计、巧于制作、善于传神、工于点拨。结构造型式板书因其结构特点和造型方式的不同，又表现为多种情趣各异的板书类型。

4. 图画式板书

图画式板书，又称形象图示式板书，是指教师使用较为形象的图画（简笔画）表达教学内容的板书。此类板书舍形真而求神似，图画粗略但重点突出，偶尔一用令人耳目一新，可以起到活跃气氛的作用。

有些教学内容,逻辑要点渗透在教学内容的字里行间,这就要求教师对教学内容进行分析、概括,抽出其要点,用精练的语言形成板书。很多教师在对课文进行分析时往往采用这样的板书形式。如有位教师在讲《桂林山水》这篇文章时,设计了这样的板书:

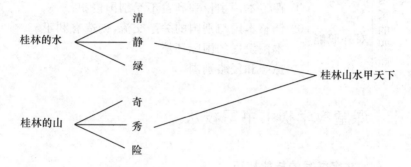

(六) 设问式板书

设问式(或叫提问式)板书,是根据知识的主要纲目和内在联系,以提问的方式设计环环相套、丝丝入扣的问题而成的一种板书形式。这种板书的特点在于比较接近人们日常思维过程,易于被学生接受;能够使学生产生悬念迭起、疑窦丛生的心理,激发学生认真看书,积极思考;既能使学生掌握知识要点,又能使学生比较清楚地了解教学内容的归纳过程和思路,而且可以通过回答的顺序了解解答问题的步骤。例如,高三《思想政治》"资本主义国家的职能"这一课题的板书如下:

资本主义国家的职能

> 1. 什么是国家职能? 它有哪两种基本职能?
> 2. 什么是资本主义国家的职能?
>   (1) 资本主义国家对内有哪些职能?
>   (2) 资本主义国家对外有哪些职能?
>   (3) 资本主义国家的职能由什么决定的? 目的是什么?
> 3. 国家性质与国家职能的关系如何?

(七) 演绎式板书

演绎式板书是把一个概念或原理派生出的几个层次的论点,按其知识的内在联系组成知识结构体系的板书形式。如"资本主义国家的职能"的板书可设计为:

```
                    ┌ ① 实行政治统治
资          对内职能 │ ② 调整资产阶级内部关系
本        ┌         │ ③ 进行思想控制
主        │         └ ④ 管理经济和社会公共事务
义        │
国   的   │         ┌ ① 保卫本国主权和利益不受别国侵犯
家   职   │         │ ② 调整本国与别国的关系交流,创造有利于
     能   └ 对外职能 │    本国发展的国际环境
                    └ ③ 掠夺和侵略别国
```

七、课堂教学板书书写技法

(一) 文字书写的技能技巧

教学板书的制作过程,要求教师写字作画既稳且准、又快又好,而这若没有训练有素、娴熟灵巧的教学板书基本技能技术,是做不到的。因此,教师要高度重视教学板书技能技巧的训练和提高。

一手流利漂亮的粉笔字,常能赢得学生的喜爱、钦羡和模仿,更重要的是它能提高教师使用教学板书的质量和效率。因此可见,它绝不是像有些人认为的那样只是一种雕虫小技,而确属一个教师必须掌握的教学基本功。教学板书艺术对教师文字书写技能技巧的基本要求有:

1. 书写姿势

板书的书写姿势与钢笔、毛笔字书写姿势不同。其书写姿势多是面壁立势,即面对直立的板面站着书写。书写时,头要正,身要直,离黑板面约30~40厘米为宜。书写时臂膀稍抬,小臂斜向前方使力量集中于笔端,另一只手自然下垂。

2. 执笔法

粉笔的执笔一般采用"三指执笔"法,即用大拇指和食指的指肚以及中指的第一指节上侧捏住粉笔小头约一厘米处,形成三角形,力点放在食指上,无名指及小拇指自然弯曲于掌心。粉笔除一厘米书写外,其余均在掌心之中。粉笔与黑板保持30~45度为宜。书写时,整个手掌均不接触板面,避免将手磨破,同时,也保证了用笔的灵活。

3. 运笔法

粉笔本身是一种消耗性工具,它本身没有弹性,其笔画的粗细全靠粉笔与黑板的接触面积大小而定,而接触面积又与粉笔与黑板的角度、

笔端的形状及用力大小有关。故书写粉笔字应当注意其特殊的运笔方法，才能写出生动的笔画。基本运笔法有转笔、切笔、顺笔、逆笔、拖笔、滑笔、放笔、回笔等 11 种之多，需要教师认真去揣摩练习才能正确地掌握。

（1）用笔。粉笔的使用与钢笔、毛笔的使用略有不同，它短小、易断，笔锋随笔身的磨损不断变化。在使用时应根据这些特点灵活使用，手指捏紧粉笔，手臂移动平稳，用力均衡，不断转动笔身，才能使写出流畅、自然的粉笔字。除常用倾斜运笔外，还可根据需要使用垂直运笔（如画某些直线、曲线和点等）、平放拖拉运笔等。

粉笔的基本笔画形态与钢笔字大体相同，但应注意粉笔的独特笔法，主要有转动笔头、变换角度和运腕等。

（2）转动笔头，变换角度。粉笔是圆柱体，没有笔锋。但由于质地松软，书写时可根据笔画粗细的需要，随时转动笔头，或变换粉笔与黑板相接的角度，以利用粉笔的边锋、棱角或侧面、斜面等，与提笔按笔结合起来，写成不同形状的笔画。粉笔与黑板相接的角度较小或用侧面、斜面书写时，笔画较粗。角度较大，用不断调整形式的边锋、棱角书写时，笔画就细。写特粗笔画的大字，还可将粉笔折断，或利用剩余的粉笔头，横式执笔书写，即食指、中指与拇指握住粉笔段中部，使粉笔段平贴黑板书写。

（3）运腕。由于粉笔的执笔独特，除转动笔头外，手指运笔不够灵活，加上粉笔字是面板而书，一般字体较大，因此，写粉笔字主要靠腕力，训练手腕的灵活转动，有利于写出比较自如、比较生动的笔画和字形。

粉笔与毛笔、钢笔的共同之处在于，它们都讲究提按、快慢，只是粉笔用笔力度切不可过大，尤其按笔或横式书写时，力度过大则易折断。

4. 字体

板书字体的大小直接关系到效果问题。字体太大，写不了几个字，影响板面的利用率；太小，学生看不清，失去板书的作用。一般认为，字体大小，以后排学生能看清为标准。针对学生视力下降的现实，设计使用板书，应把保护学生视力的因素考虑进去。同时字体的使用要注意适应性。根据学生的特点，可分别主要采用楷、行楷、行草等字体。有时字体的变化使用也颇富情趣。

5. 字迹

教师板书的字迹一要正确，不写错字、白字、倒笔字；二要清晰，结构明了、字距均匀、行距平行，以显得整齐条理、眉目清朗；三要认真，不能开始几个字或几行字写得工整有加,而中间逐渐潦草,最后则龙飞凤舞,模糊难辨。教师认真的字迹反映的是认真的态度,可对学生起潜移默化的影响。新粉笔应当把它断成两截,那样可以拿得牢固。一支新粉笔随时都可能断,因此,用半截粉笔写便可避免那种不愉快的情况。如果书写时经常在手指间转动粉笔,就可以保证所写的字有均匀的宽度。字行应保持在一条线上,既不能写得太高以免踮脚,也不能写得太低以免蹲腿。书写时,身体要随着移动,使身体与教学板书的相对位置保持不变。

(二) 图表绘制的技能技巧

图表示意式教学板书设计出来之后,还需要教师教学时在黑板上使用有关工具将它们准确、快速、美观地绘制出来,才能保证教学板书达到预期目的,这就要求教师熟练掌握一定的绘图制表的技能技巧。一般说来,图表绘制得准确,有助于教师讲明问题、学生掌握知识,如果立体几何图形画得没有立体感,就会使板书图示失去其辅助教学的意义。图表绘制得快速,有助于提高课堂教学的效率,如果在课堂的黑板前面,教师忙碌了半节课还未将图表绘成,易使学生认为教师无能,从而导致课堂秩序涣散。图表绘制得美观,则有助于吸引学生的注意力,激发学生的学习兴趣,培养学生的审美能力。教学图表的绘制可以借助必要的工具如直尺、圆规、量角器、三角板、多功能尺等来完成。也可以不借助其他工具,只用粉笔凭借扎实过硬的基本功来完成。但是为了使所绘制的特殊图示更其准确、快速、美观,有时借助工具、改良工具、创造工具,也是非常必要的。如用小刀在粉笔一端的中间刻一凹处,可使一笔画出两条平行的线来,这在地理教学中速绘交通线、输油管道时最为适用。有些常用图形如圆形、三角形、正方形、坐标轴、波浪线、折线等,皆可使用线板、木条、塑料等制成简易模具,需要时拿出模具用粉笔照轮廓描出即可,可收到比用直尺、圆规等工具更简便,比只用手绘制更准确的效果。音乐教师通常要画五线谱的五条线,他可以使用一根简单的铅丝制握手或木制的握手,上面卡住五根等距离的短粉笔,即可画出五条整齐好看的平行线。为方便和节约起见,教师可以用白粉笔自行加工制作色彩更多的彩色粉笔,用各色水化性颜料加水溶化,搅拌均匀,投进白粉笔,待半小时后取出晒干即可使用。至于一些复杂精致的图形制作,J. H. 泰约(Tyo)的做法值得尝试:先在一块硬而轻的纸片上勾画出图样,然后,用一根尖针或钉子沿着所画图样周围的线,每隔2厘米,打出许多小圆孔。上课前,把纸模型或一般称作"印花板"的平面压在板上,用沾满粉笔的板擦沿着图样的洞孔轻轻地拍打,粉笔灰就透过小圆孔落到教学板上,露出不十分清晰可见的轮廓。演示时,教师仅需用粉笔画粗线把小圆点连起来,即可向学生展现出精巧的图形。可见,教学板书艺术的原理深藏奥妙,而教学板书艺术的运用更是乐趣无穷!

八、课堂教学板书板位安排与行列要领

(一) 板位安排

板位安排就像规划报纸的板面一样,应精心设计,严谨布局,决不可满板乱画,使板书杂乱无章。板位安排的基本要求如下:

1. 充分利用

充分利用黑板的有效面积,主要应做到三点:一是四周空间适当,二是分片书写,三是字距适当。

2. 布局合理

在板位安排时,应当注意整体效果,合理布局。哪部分在左,哪部分在右,哪部分位上,哪部分位下,必须有一个全局安排,使之位次适当,措置有序,编排合理,给人一种整体美感。一般来说,应将板面分出若干区域,譬如标题区、推演区、绘图区、便写区等。标题区比较重要,需要学生注意和记录。通常位于左侧上边,字写得比较庄重、醒目。推演区因内容较多,又要随写随擦,所以应单辟一区,以左右之中为宜。绘图区不一定太死,可根据图的多少和难易而定。便写区是处理临时情况用的,通常靠右,以免干扰其他区。

3. 主次分明

在板位安排上,不可主次不分,平面直推。应准确地把板书内容的主次在板位安排上体现出来,才能使学生明确重点,便于理解和记录。需要分层次时,应正确使用层次序号。

(二) 板书行列

板书的书写大都站立面壁而书,最常见的毛病是字行写不直,不是偏上,就是偏下,或者是曲曲弯弯,很不整齐,很不美观,既影响学生观察,也不便于板面的充分利用。因此,有必要对这个问题加以研究。

1. 行列不直的原因

行列不直的原因大体上有三个方面:一是意识的错位,主要表现是意识范围狭窄和意识分散;二是习惯动作的偏差;三是视区的狭小。

2. 如何才能使行列写直

一是让自主意识参与调节,二是养成正确的书写习惯,三是不断调

整和正确使用最佳书写区。需要说明的是,最佳书写区的宽度只能在视平线上最大,距视平线越远,其宽度愈窄。书写时,在视平线上每行最多只能写8个字,超过8个字就应当移动脚步,移动时两脚距离仍然保持不变。在视平线之外两行,每写6个字就要换一次;以此类推,视平线之外三行,则每写4个字就要换步一次。有经验的教师在板书时,很注意时时换步,使自己始终在最佳书写区内书写,动作准确合理,有条不紊,带明显的程式化的特点,这正是教师应该具备的基本功。

九、课堂教学板书内容设计

板书内容构成直接影响板书质量和教学效果。因此,教师应对板书内容进行精心设计,使其达到科学、精练、好懂、易记的要求。对每堂课的板书内容设计,应根据教材的内容、教师的设计技巧和学生的适应程度而定,难以作统一的规定。因为即使同一教学内容,不同的教师、不同的对象,可以设计出不同的板书内容来。

(一) 板书内容构成形式

板书一般可分为系统性板书和辅助性板书两种类型。系统性板书是对教学内容的高度概括,如讲课提纲、基本内容、重要结论等;辅助性板书是根据教学需要,将一些重要概念、名词术语或重要的时间、地点及其他需强调的内容,简要地写在黑板一侧。系统性板书一般写在黑板重要位置上,保持的时间相对长些,辅助性板书往往边写边擦。系统性板书内容的构成形式,有内容式板书、强调式板书、设问式板书、序列式板书四种。

1. 内容式板书

内容式板书是以全面概括课文内容为主的板书。它便于学生全面理解课文的内容,是板书内容构成的基本形式。

2. 强调式板书

强调式板书是发挥某种强调作用的板书。这种形式的板书可根据需要,灵活机动地突出课文的某一部分或某种思想,增强针对性,以使学生把握学习的重点。它也是教师在有丰富经验的基础上,充分发挥聪明才智的主要板书手段。

3. 设问式板书

设问式板书是用问号启发学生思考问题的板书。这种板书,可根据教学目的、要求,在课题的难点或重点下边引而不发地划上一个或几个问号,并配上必要的文字提示,以指导学生预习时注意阅读和思考。

4. 序列式板书

序列式板书是按文章情节发展的序列构设板书内容的板书。这种板书,能比较清晰地显示故事的轮廓,使学生对文章有完整的印象,并领会其脉络。

(二) 课堂教学板书内容设计应注意的几个问题

1. 深挖教材,把握重点

板书是学生掌握教材的凭借、巩固知识的依据。因此,教师的板书设计,应在十分准确地掌握了教材基本观点的基础上进行。要力求向更深层次奋力挖掘,使认识达到更高的层次。设计应遵循教材的逻辑顺序,紧紧把握教学内容的重点和难点。一般说来,应抓住以下重点内容:一是能引导学生思路发展的内容,如必要的标题、问题的衔接和核心点。二是能引导学生由形象思维向抽象思维过渡的内容。三是能使学生产生联想、便于记忆的内容,如对课业结构的提炼等。总之,备课时应十分注意把握重点,采取恰当的方法解决难点,突出特点,在此基础上再设计板书的内容,只有这样才能设计出高质量的板书。

2. 掌握情况,有的放矢

要设计好一堂课的板书,必须掌握学生的动态,了解他们的知识水平和接受能力。不然,设计出的板书就不会发挥很好的作用,勉强使用也不会得到好的效果。

3. 讲写结合,相得益彰

板书内容设计必须与讲解紧密结合。课堂的板书只是条条纲纲,它与教师的讲解是纲与目的关系。因此,板书的内容不可能很多,这就要求教师在进行内容设计时,应与讲述内容通盘考虑,对写哪些内容,什么时机写,写在什么位置都应作周密合理的安排,使板书与讲解互相协调,相得益彰。

4. 主辅相随,紧密结合

系统性板书与辅助性板书应紧密结合。系统性板书是板书的主体,辅助性板书为系统性板书奠定基础。二者相辅相成、密切结合才能收到好的效果。

5. 语言准确,启发性强

教师板书的语言要确切、精当、言简意明、一目了然,给人以凝练之感,要能起到"画龙点睛"、指点引路的作用。

6. 内容完整,条理系统

有些板书虽是在授课过程中不规则地间隔出现的,但最后要形成一个整体。一堂课的板书,应是对该堂课讲述内容的浓缩,内容应完整系统,以便学生在课后利用板书的章、节、目条款进行归纳小结,收到再现知识、加深理解、强化记忆的效果。

第四编

课堂教学方法创新艺术

第十四章 课堂教学情境创设艺术

　　教学情境的创设既是教学本身的需要,也是评价一堂课上得好坏的重要标准。
　　"教学法一旦触及学生的情绪和意志领域,触及学生的精神需要,这种教学方法就能发挥高度有效的作用。"(赞可夫)教学情境的创设正是触及学生的情绪和精神领域,从而把学习活动变成学生的精神需要。教学情境的创设在教学、学习中有重要的作用,情境创设不仅有助于反映新旧知识的联系,便于学生对知识进行重组与改造,而且易帮助学生知识的同化与顺应,有助于促进学生进行思维联想。教学情境创设运用得好坏直接关系到教师教学效果与学生学习效率。

一、教学情境创设的含义

　　所谓教学情境创设,就是根据教材的内容和学生的心理特点,创造一个环境,一个场合,一种气氛,使学生能很快进入探究学习的情境中,让学生在情境中感受学习的乐趣,领悟人生的哲理,开发学生创新的潜能,使学生动起来,使课堂教学活起来。
　　没有情境,没有经历,如何感知？如何认识？由此可知,课堂教学要培养学生的能力,必须正确引导学生从情境中来,到知识中去,建构属于自己的知识。教师以情境创设为手段,以知识的建构为目标,创设适合于学生学习的教学环境。

二、教学情境创设的意义

　　素质教育要求学生学会学习,其实质就是要使学习成为学生的自主探索与发现,成为学生的亲身实践活动,而不是被动地接受知识。要使课堂鲜活起来,越来越多的教师认为创设教学情境更便于学生理解掌握,能收到更好的教学效果。
　　1. 情境教学,促进知识的迁移
　　传统学习中,学生对于脱离情境的知识的理解也仅仅限于字面上,只懂得用它解决课堂上或是试卷中的问题。而情境认知能意识到思维中的疑难困境及产生背景,并能揭示真实的生活情境在学习中的内在意义。

2. 情境教学,促进学生真实的学习

传统学习中人为的、简化的"情境"是为固定的认知路径而设计的。这一路径是课程编制者与教师预设的,而且常常被认为是天经地义的、有效的、有序的、科学的。

3. 情境教学,有利于学生主体性的建构

置身情境中的学生很容易产生探究的愿望、解决问题的热情与责任感,这些学习的动力资源促使学生主动寻找、确认、评价甚至开发信息要素,自主建构认知的路径,这种路径是个性化独特的。

三、创设教学情境的基本要求

情境创设要有利于教学目标的落实、学生素质的培养、课堂教学改革的推动,要便于更广泛地使用和推广。

1. 要有利于教学目标的落实

教学目标的落实需要教师采取一切可利用的方法和策略,开发一切有效的教学资源和素材,创设有利于学生发展、有利于教学目标实现的情境。

与物质结构、组成和性质相关的学习情境,可以帮助学生树立辩证唯物主义的世界观;"稀有气体的发现历程"的情境,可以使学生了解科学探究的艰辛和喜悦,培养勇于创新、善于实践的科学精神;"酸雨、温室效应"等社会热点问题情境,可以帮助学生树立可持续发展的观念;"碳酸钠和碳酸氢钠的性质探究"等学科知识情境,可以帮助学生主动探究学科知识,在学习知识的同时,提高学习能力。这些,都是从不同的方面、不同的角度为共同的教学目标的实现而服务。

2. 要有利于学生核心素养的提高

学生的核心素养不是一蹴而就的,是一个潜移默化的过程,是需要逐步培养发展提高的过程。

情境创设中,十分注重的是学习过程,通过学生在学习过程的体验、探究,感悟理解知识,培养和发展科学态度和科学思维,能使学生逐步养成勤于思考,善于学习,勇于创新的科学精神,并学习掌握一定的科学方法,养成坚韧不拔、克服困难的科学品质。

适宜的教学情境不但可以提供生动、丰富的学习材料,还可以提供在实践中应用知识的机会,促进知识、技能与体验的联结,促进课内向课外的迁移,让学生在生动的应用活动中理解所学的知识,了解问题的前因后果和来龙去脉,进一步认识知识的本质,灵活运用所学的知识去解决实际问题,发展应用能力,增长才干,提高核心素养。

3. 要有利于推动课堂教学改革的实现

课堂教学是实施素质教育的主渠道,当今在深化教育改革的同时,改变传统的课堂教学模式,改进课堂教学策略,改革课堂教学手段等成为教学研究所关注的热点和难点问题。课堂不仅是教师教学、学生学习的物理空间,其中蕴藏着复杂多变的结构、情境和互动,是一个充满生机与活力的系统整体。

情境创设是对传统课堂教学的一大改变。新型课堂以学生发展为根本,以促进学生发展为取向,注重学生自主学习和实践探究,强调课堂互动,关注课堂中愉快和谐的群体生活和积极向上的学习氛围,让学生成为课堂的主人。课堂重心越来越从教师转向学生,从教师的教转向学生的学,情境创设对推动课堂教学的改革起了积极的推动作用。

4. 要有利于使用和推广

情境创设是要在实践中使用的。无论是教师本人使用,还是其他教师的使用,让个别教师创设一些好的教学情境在更多的学校、更多的班级、更多的课堂中发挥更大的作用,实现教学的推广价值。情境创设要有利于使用,则需考虑所创设的情境在教学中的可生成性、可操作性、可再现性,如:外界条件、学习素材的选择、学生的基础、教学媒体的制作、学习策略的选择等,便于情境的更多使用和更广泛的推行。

四、教学情境的类型

1. 借助实物和图像创设的教学情境

教学中的实物主要指实物、模型、标本以及实验、参观等。著名教育家苏霍姆林斯基十分重视实地考察的教育作用,他经常带领孩子们到大自然中去,细心地观察、体验大自然的美,从而使学生在轻松愉快的气氛中学习知识,激发学生的学习兴趣,发展学生的想象力和审美能力。他说:"我力求做到在整个童年时期内,使周围世界和大自然始终都以鲜明的形象、画面、概念和印象来给学生的思想意识提供养料……"

在教学中,图像是一种直观的工具,它包括板书、画图、挂图、幻灯、录像、电影、电脑等电化教学手段。

图像可把课文中所描写的景色,具体直观地表现在儿童面前,使他们获得生动的形象。如教学《燕子》一文,为了使学生感知大自然的景色,有的教师一开讲就用放大的彩色挂图,让学生仔细观察图中有哪些景物？它们的色彩、动态又怎样？那起伏的山冈,如镜的湖水,翠绿的垂柳,轻飞的燕子,清澈的泉水,使学生在视觉上感知了美的画面,为学习课文奠定了基础。

2. 借助动作(活动)创设的教学情境

教师在教学中以姿式助语言,打手势,比如讲"这个孩子这么高""这根棍子这么长",用手比画一下,这也是形象性。但是,这里我们所要强调的动作的形象性从理科的角度来说主要指操作,从文科的角度来说主要指表演。

(1) 操作

教学中通过让学生操作学具可以使许多抽象知识变得形象直观。如一位教师在教学"平均问题应用题"时,先让学生把 4 根、5 根、7 根、8 根四堆火柴棒分成每堆"同样多",使学生通过直观操作领悟"移多补少"的"平均思想",然后将四堆合在一起(总数量),要求很快地平均分成四堆(总份数),每堆多少根(每份数),得到求平均问题的通法。操作的特点是通过动作而直观,从而把动作思维和形象思维有机结合起来。

(2) 表演

表演是高一层次的形象性,因为它不仅是教学内容的外观形象,而且展现了人物内心世界。一位教师教学《守株待兔》,很快就教完,可学生并不理解其寓意。这时教师灵机一动,扮成守株待兔者,倚在黑板下,闭目打坐,让学生"劝"自己。学生兴致倍增,纷纷劝起老师来："老师,你等不到兔子啦"……"老师,再等下去你会饿死的!"老师还模仿守株待兔者的口气和学生争辩。学生越劝说,兴致越高,就越深刻地理解这篇寓言的意思。教学中除教师表演外,还可让学生表演,学生表演有独特的教学意义。教材中有些篇幅戏剧因素浓厚,语言的动作性强,教师要善于把它们改编成小品或课本剧,让学生走进课文,扮演课文中的人物,在"动"与"乐"中把握课文内蕴,理解人物的性格、语言、动作、神态及内心世界。

(3) 活动

学生活动所产生的直观情境也有其教学意义。一位教师在教行程问题时,感到学生对"同时""不同地""相遇""相遇时间"等概念难于理解,于是他组织学生活动,通过活动帮助学生理解。他组织两队学生分别在操场两边竞走,老师哨子一吹,两人同时从两地对走。这时,老师让学生理解"同时""相向"的含义。要求两人碰上时停止,告诉学生这是"相遇"。然后让学生看在相遇时谁走的路程多,让学生理解在同一时间内两位同学各走多少距离。活动后,教师在讲授这部分知识时,学生想起活动的情景,以活动中获得的感性材料为支柱,进一步分析思考,便掌握了相遇问题的知识。

(4) 演示

演示也能创设直观情境。一位教师在讲授"数学归纳法"时,便是通过摸球演示,引入归纳法的。一上课,教师从袋子里摸出来的第一个是红玻璃球。第二、三、四、五个均是红玻璃球,问:"这个袋子里是否全是红玻璃球?"学生:"是。"继续摸,摸出一个白玻璃球,问:"是否全是玻璃球?"学生相互争论,高度兴奋(少部分):"是。"再摸,摸出一个乒乓球(大笑),教师问:"是否全是球?"学生:"不一定。"小结:"这个猜想对不对:若知道袋里的东西是有限的,则迟早可以摸完,当把袋里的东西全摸出来,当然可以得到一个肯定的结论。但当东西是无穷的时候,那又怎么办?"(静)"如果我约定,当你这一次摸出的是红玻璃球的时候,下一次摸出的也肯定是红玻璃球,那么袋子里是否全是红玻璃球?"学生:"是。"……直观性有助于学生真正地理解数学归纳法的实质。

3. 借助语言创设的教学情境

语言表达形象能够使听者的脑中呈现一幅幅鲜明而简洁的画面,而不是一些抽象的语义代码。如讲丰收,决不仅仅是亩产多少增产多少,更应是高粱乐红了脸,麦穗笑弯了腰。这种将抽象形象化具体化的语言,学生听起来必定是兴致盎然似三春,趣味浓郁如仲夏,犹似欣赏一幅画,观赏一幕剧。从教学艺术的角度来看,语言表达的形象性要求有以下几点。

(1) 朗读——声情并茂

声情并茂的朗读能把学生带到作品的艺术境界之中,使学生如临其境,如闻其声,如见其人地在头脑中浮现出教师所描绘的情景。教材中许多课文描写的景物亲切宜人,表达的感情细腻温馨,可谓情文并茂,文质兼美。这些课文光凭教师讲解是不足让儿童领略文章的奇妙之处的。只有通过声情并茂的朗读,才能使学生唤起课文中美的形象,从而撩拨学生心灵的琴弦,在思想深处产生共鸣。除有表情地朗读外,声音的模拟也是形象性,而且是层次更高的形象性。

(2) 描述——绘声绘色

教师绘声绘色的描述,也能够把抽象概念变得生动形象。例如,有一位教师讲"点的轨迹"时,高高举起手中的一块蓝色粉笔头,别开生面地对学生说:"我这里有一个刚从墨水瓶中爬出来的'小虫子',在保持不定点 A 距离 30 厘米处不断爬行,爬呀爬,身后留下点点墨迹。你们看,这就是'小虫子'运动的轨迹。"学生听着教师绘声绘色的描述,人人发出会心的微笑。在理科教学中,愈是抽象的概念的建立,往往越需要形象的描述与想象。

(3) 比喻——贴切精彩

比喻就是用某些有类似点的事物来比拟想要说的某一事物,以便表达得更加生动鲜明。善用比喻,不仅会使抽象的东西变得具体,化平淡为生动,还能把难以理解的内容变得浅显易懂。有位教师特别善于运用比喻,从而在教学中收到了奇特的效果。例如,催化剂对于初中生来说,是个十分难懂的概念,在教学中他使用以下比喻:一个人要隔着一条河从甲地到乙地,共有两种走法:一种是先沿着河岸到很远处过桥,路远费时(比喻反应本身会进行但速度慢);另一种走法是在甲地坐船到乙地,路近速度快(比喻催化剂通过改变反应途径使速度加快),而化学反应使用催化剂就像人坐船从甲地到乙地,路近速度快。这里的船相当于反应的催化剂,它加快了从甲地到乙地的速度,参与了这一过程(比喻催化剂本身参与了反应),但船本身在人上船与下船后,质量和性质不变。对于负催化剂则可以反其意而用之。

这样通过运用大家所熟知的具体形象的比喻,使原来抽象的难于理解的知识变得通俗而易懂,学生容易接受,理解深刻,而且把机械记忆转化为理解记忆,不易遗忘。

4. 借助新旧知识和观念的关系和矛盾创设的教学情境

学生在学校里所学的不是零散的、片面的知识,而是"提炼浓缩"又"易于消化"的系统的、整体的知识。任何知识都是整体网络上的一个点或一个结,离开了网络,也就丧失了生存的基础。知识只有在整体联系当中才能真正被理解、被掌握,从而体现其有意义的价值。这也就是说,学生对新知识的学习是以旧知识为基础的,新知要么是在旧知的基础上引申和发展起来的,要么是在旧知的基础上增加新的内容,或由旧知重新组织或转化而成的,所以旧知是学习新知最直接最常用的认知停靠点。

美国教育心理学家奥苏伯尔的研究进一步提出,旧知是通过它的可利用性、可辨别性、稳定性(清晰性)三个特性(统称为认知结构变量)

来具体影响有意义学习的行程和效果。所谓可利用性是指：学生原有认知结构中具有用来对新知识起固定作用的旧知识，没有这种旧知识，新旧知识的相互作用(同化)就失去了落脚点，学习便只能是机械进行的。所谓可辨别性是指：旧知识与新知识之间的可分离程度和差异程度，只有当新旧知识能够清晰地分辨时，学生才可能进行有意义的学习。所谓稳定性和清晰性是指：原有起固定作用的旧知本身的牢固度和清晰度。稳定性为学习新知提供同化的固定点，清晰性则为学习新知提供同化的方位点。显然，如果学生对"除数是整数的除法"这一旧知的掌握是模糊和不牢固的，那么对"除数是小数的除法"这新知的学习就不可能是有意义的、顺利的。

5. 借助"背景"创设的教学情境

所谓背景知识是指与教材课文内容相关联的知识的总称。背景知识与新知的关系不如旧知与新知的关系那么密切、直接，它们之间没有必然的逻辑联系，但背景知识同样是学生学习和理解课文的一种重要的认知停靠点。没有必要的背景知识，阅读思考往往是无法进行的，背景知识越丰富，阅读理解水平就越高。

课堂教学的背景知识主要包括：

(1) 作者介绍

俗语说得好，文如其人，对人(作者)的介绍必定有助于促进对文(作品)的理解。因为作者要"想写出雄伟的风格，他也就要有雄伟的人格"(歌德语)。所以"作者介绍"最重要的一点，便是让学生了解作者的人格，从而更好地观照、鉴赏作品的风格。这样不仅有助于促进学生的有意义学习，而且有助于对学生进行品德教育。

(2) 时代背景

时代背景有助于学生深入理解课文的内在含义。教《凡卡》一课，可在课文分析完时要学生谈谈凡卡受了哪些苦？为什么这么小的年纪受那么多苦？通过教师引导——讲解文章时代背景，使学生领会从小凡卡的悲惨学徒生活，看到受尽摧残的旧俄罗斯人民生活的缩影。

(3) 历史典故

课堂教学中恰当地引入那些趣味横生的文学掌故、科学家逸事等，对促进学生的有意义学习是很有益处的。一位小学语文教师在教学古诗《草》时，便是通过一则文学故事导入新课的。一上课，教师对学生说："今天我们要学习一首古诗，老师先给同学们讲讲这首诗的作者白居易的故事。"教师边板书诗作者"白居易"三字边将故事娓娓道来。故事是这样的：白居易是我国唐朝人，他出身贫寒，但从小热爱学习，特别喜欢写诗。16岁那年,白居易离开家乡到京都长安后,仍不断写诗。为提高写诗的水平,他到处求名师指点。有一次,他去拜访当时的老诗人顾况。顾况是个爱开玩笑的人,当他得知眼前这个年轻人叫白居易时,又想开玩笑了。他说:"哎呀!你这个名字可起得不妙啊。"顾况摸着胡须道:"你的名字叫居易。现在长安城里米价昂贵,租屋困难,要想在这里住下来,可不太容易啊。"白居易听了这句话,想想自己到长安后经常愁衣少食,四处借债的情景,不禁深有感触地说:"你说得好,在京都居住可真不容易啊!"顾况见眼前的年轻人谦虚好学,就说:"好吧,把你写的诗念给我听听。"白居易开始读诗了。(放录音《草》朗诵)白居易刚读完,顾况便连声赞道:"好诗好诗,你能写出这样的好诗,前程无量。居易这名字取得真好哇!"白居易不解地问:"老先生,刚才您还说我的名字取得不妙,现在又说我的名字取得好,这不是自相矛盾了吗?"顾况笑着说:"刚才不知道你会写诗,所以才说你居住长安不容易,名字取得不妙。现在看你能写出这么好的诗。所以说你居住长安很容易,名字起得真好。"说完就热情地指点起来。从那以后,白居易更加勤奋起来,终于成为我国唐朝三大诗人之一(其他两位是李白和杜甫)。故事讲完后,教师接着说:"下面我们就来学这首诗,看看白居易写的诗到底好在哪里?"教师开始讲解新课,学生兴趣盎然地投入新课的学习。这则故事巧妙地介绍了诗人及创作诗的时代背景,既自然地揭示了本课教学内容,使学生对新课大意有初步的感知,又缩小了时空差,解决了学习古诗由于年代相隔久远而无法产生共鸣感的大障碍,让学生轻松,愉快地进入诗人创设的意境中去。

6. 借助问题创设的教学情境

现代教学论研究指出,从本质上讲,感知不是学习产生的根本原因(尽管学生学习是需要感知的),产生学习的根本原因是问题。没有问题也就难以诱发和激起求知欲,没有问题,感觉不到问题的存在,学生也就不会去深入思考,那么学习也就只能是表层和形式的。所以新课程学习方式特别强调问题在学习活动中的重要性。一方面强调通过问题来进行学习,把问题看作是学习的动力、起点和贯穿学习过程中的主线;另一方面通过学习来生成问题,把学习过程看成是发现问题、提出问题、分析问题和解决问题的过程。这里需要特别强调的是问题意识的形成和培养。问题意识是指问题成为学生感知和思维的对象,从而在学生心里造成一种悬而未决但又必须解决的求知状态。问题意识会激发学生强烈的学习愿望,从而注意力高度集中,积极主动地投入学习;问题意识还可以激发学生勇于探索、创造和追求真理的科学精神。

没有强烈的问题意识,就不可能激发学生认识的冲动性和思维的活跃性,更不可能激发学生的求异思维和创造思维。总之,问题意识是学生进行学习的重要心理因素。

案例

围绕问题展开教学,"嗟来之食"[①]

在课堂上,全班学生几乎每个人都提出了一个自己的问题,如有的学生提出:"为什么会发生饥荒?""为什么饿汉那么穷,财主却那么有钱有物?""饿汉为什么说他情愿饿死,也不吃财主给他的食物?"等等。在这些问题中,大部分同学都选择了第三题进行讨论。

在讨论中,学生探讨了多种可能性。有一个学生回答"因为他很有骨气,很有尊严"。教师非常敏锐地抓住这个机会,利用学生的话进行引导:"对!他很有骨气,很有尊严。可是他已经快要饿死了,你赞成他这样做吗?"新的问题立即又使学生的认识产生了分化。有的学生明确赞成,有的学生强烈反对。在他们分别阐述了自己的理由之后,教师又引导学生提升出了一个与此关联、又蕴含哲学意味的问题,即"生命和尊严到底哪一个更重要"?

在激烈的辩论中,有的学生认为生命比尊严更重要,"因为没有生命就什么也没有了";有的学生觉得,尊严比生命更重要,"因为没有尊严会被人看不起";还有的学生语出惊人,说生命和尊严同样重要,"因为没有生命就没有尊严,而没有尊严生命就没有意义。生命和尊严的关系就像一个人的手心和手背一样"……

上述类型并没有穷尽教学情境的外延,总之,教学情境是多种多样、丰富多彩的,因而对其也就有多种的解读和定义,如乔纳森在《学习环境的理论基础》一书中,对情境作过这样的描述:"情境是利用一个熟悉的参考物,帮助学习者将一个要探究的概念与熟悉的经验联系起来,引导他们利用这些经验来解释、说明、形成自己的科学知识。"

五、创设课堂教学情境的误区

现在多数教师十分重视情境教学,不管是什么样的课,都要加一个情境。但教师创设的情境质量如何,是不是符合学生的实际生活,是不

---

① 选自《中小学管理》,2002年第5期,p.10。

是有利于学生的学习?教师需要从以下几方面反思。

1. 主观臆造,脱离生活实际

一所农村小学的教师在讲"两位数加一位数和整十数"时,创设了这样一个情境:今天,老师去肯德基买了一些东西,汉堡30元,薯条35元,冰淇淋8元,玉米3元,数量都是一个。老师问:你们最喜欢吃哪两样东西?你们想不想买?学生:"?"

这节课显然没达到预期的效果。多数农村学生都没去过肯德基,缺少实际生活体验,也就无法进入教师所创设的环境。而教师的提问也缺少真实性,学生只是奉命回答,这不是新课程所倡导的。再说,教师提供的数据也不真实。创设情境应从学生的生活经验和已有的知识出发,充分挖掘教材的智力因素,为学生创造思维的空间,让学生置身其中,主动去尝试和探索问题。

2. 追求"儿童化",不顾年龄特征

"圆柱体的体积"一课,课件演示:阿笨猫经常到知识宫去充电,一天,他又来到了知识宫,知识宫的老爷爷热情地接待了它,问:"你知道圆柱体的体积是怎么推导的么?"阿笨猫回答:"……",老爷爷说:"你说得太好了,你能说说你的猜想么?"此时,教师提问:"同学们,你能替阿笨猫回答这个问题么?"

这是给小学六年级的学生上课,这样的情境能否起到应有的作用。情境创设不仅要考虑其形象性、生动性,同时也要考虑到学生的年龄特征及数学思维的发展特点。小学低年级情境的创设,要尽可能选择学生所喜爱的童话故事、谜语等,到了高年级,应从学生的现实生活中取材,注重形象性和抽象性的有机结合,以提高学生解决实际问题的意识和能力。

3. 追求趣味性,远离课程内容

"异分母分数加减法"一课:(多媒体演示两山风景,用时三分钟)师问:"两山的风景美么?"生答:"太美了!简直是人间仙境!"(用时三分钟)师又问:"今天老师就带领大家到两山去玩,好吗?"生答:"太好了!"(出示)东山——陆港码头;乘汽车要2~3小时。陆港码头——西山;乘船要5~7小时。师问:"我们要在路上花费多少小时?你们能自己解决么?"

这节课的情境创设是为了激发学生探究分数加减法的兴趣和体验它在生活中的作用。而教师则偏离了它,开始展示两山的美丽风景,让学生产生了游玩的情绪体验,忽略了课程的内容,主次不分,以至于这优美的情境没有真正的调动起学生探究异分母分数加减法的兴趣。

六、教学情境创设的基本原则

情境创设是需要在一定的原则指导下开展的。有什么样的原则就会创设什么样的情境。情境创设的基本原则主要有目标性、主体性、真实性、激励性、多样性等几个方面,这些原则是紧密联系、相辅相成的。

1. 目标性原则

教学情境的创设是为达到教学目标服务的。在教学中所制定的教学目标包含三个维度,即"知识与技能""过程与方法"和"情感态度与价值观"三个方面。要实现这些教学目标,需要教师创设一定的教学情境,将这些目标有机整合在情境中,有计划、有目的地开展教学。

情境设计要考虑学生是否能接受,要设计好合适的"路径"和"台阶",便于学生将学过的知识和技能迁移到情境中来解决问题。由于知识和技能的迁移总是受到个人能力以及情境因素的影响。所以,教师提供的情境,一定要精心选择和设计,由近及远、由浅入深、由表及里、使之能适合于学生,才能被学生理解和接受,发挥其应有的作用。在这样的情境中学习,才能使学生学会知识与技能的迁移,才可能使学生解决具体问题的经验和策略日趋丰富,在新情境中解决实际问题的能力和创造能力逐步提高。

2. 主体性原则

情境创设的基本着眼点是学生身心的和谐发展。情境教学中的"情境",实质上是人为优化了的环境,是促使学生能动地活动于其中的环境。情境教学不是为创设情境而创设情境,而是站在人的活动和环境的和谐统一的高度审视情境,创设情境。它力图将人的主动参与、主动发展置于核心地位,通过创设符合学生多方面发展需要、充满美感和智慧的环境,与学生的情感、心理发生共鸣,促使学生在现实环境和主体活动的和谐中获得生动活泼、主动的发展。

由于情境的创设立足于学生活动的需要,具有主题明确、情感伴随、自主发展等鲜明特点,因而它极易使学生全身心地沉浸其中,通过自身的感悟、操作、体验、探究、发现,得到充分的、主动的发展。可以说,正是这种优化的情境,为学生主体地位的落实提供了坚实的基础,为学生生动活泼、主动发展开辟了一种现实途径。从这一点来看,情境教育实质上是一种利用优化的环境,通过学生的主动活动,促进学生素质全方位提高的教学过程。

3. 真实性原则

创设贴近学生生活和认知基础的真实情境是很有必要的。真实的情境通常是日常生活的活动,真实性具有重要的潜在的动力资源,它常常以问题为基础,将真实的生活和现实问题展现出来,学生就有可能估计他们正在学习的内容,考虑怎样运用所学的知识等,而情境本身则通过帮助学生形成对情境意图的察觉,指引学生的活动。

对于简化了的脱离真实情境的知识,学生往往只能达到刻板的、不完整的、肤浅的理解。许多学生在应用所学的知识技能时就感到困难,其根源有可能就在于他们的学习经验脱离了学习内容赖以从中获得意义的真实情境。真实的情境有利于培养学生的观察、思维和应用能力,有利于培养学生的实践才能,有利于培养学生的真实情感和态度,有利于使学生形成良好的习惯、正确的价值观和世界观。因此,建构主义就十分注重情境的真实性,极力主张:如果要求学生能应用所学知识去解决真实世界中的问题,就必须要求学习和应用的情境具有真实性。

有时候,真实的生活情境未必都能在课堂教学有限的时间和空间内呈现,借助于信息技术设计的逼真、仿真的环境和虚拟实境来提高学习的效率也未尝不可。虽然信息技术创造的并不是现实发生的场景,但它是真实场景的再现,是模拟的真实环境,对学生有目的、有意义的真实活动同样是有作用的。

4. 激励性原则

情境创设的激励性是指教学情境应该具有促进学生产生继续学习的愿望、有利于激发和增加学生潜能的功能。

情境创设中应激发学生的内在学习动力,调动学生学习的热情,激励学生长久深入地开展学习。现有讲授式的教学、被动的学习和形式化的测试让学生学习日渐不堪负荷,学习的积极性、主动性也随之颇乏,学习能力也日渐缺乏。

在教学中创设学习情境,使情境向学生提供支撑,以促进他们对已体验到的世界进行有意义建构,有助于发挥学生互动和持续的激励作用。激励既是教学过程的需要,也是情境创设的需要。情境学习中鼓励学生积极活动,并向其提供知识内化的机会,有助于学生拓展其认知可能性,有助于元认知技能的发展和提升。

5. 多样性原则

情境创设是丰富和多样的。情境创设可根据不同的学生对象、不同的教材内容、不同的教学手段、不同的教学过程而选择和组织不同的教学情境。这样,学生学习的情境是鲜活的,是不断发展变化的,学生学习的热情也随着情境的变化而不断高涨。如果教师创设的情境始终一成不变,再好的、再生动的情境也会变得乏味。

情境设计往往在教学活动展开之前进行,因而有人误以为,设计情境就是在新课教学之前利用有关的实验、故事、问题等来激起学生的学习兴趣,调动学生的学习积极性,引出新课。实际上,教学情境设计的功能不是传统意义上的导入新课,情境不应该只在讲解新课前发生作用,它应该在整个学习过程中都能激发、推动、维持、强化和调整学生的认知活动、情感活动和实践活动等,在教学的全过程中发挥作用。为此,教学情境可以分阶段设计,逐步地扩展、深入、充实、明晰。

七、教学情境的创设

在教学中,创设教学情境,可以诱发学生的好奇心,鼓励学生大胆尝试,丰富学生的想象力以培养学生的创新精神。

1. 设质疑情境,变"机械接受"为"主动探究"

"学起于思,思源于疑。"学生有了疑问才会进一步去思考问题,才会有所发展,有所创造。教育家苏霍姆林斯基说过:"人的心灵深处,总有一种把自己当作发现者、研究者、探索者的固有需要……"在传统教学中,学生大多被动接受,很少主动参与;多依附思想,少自我意识。学生被限制在教师、教材、课堂的圈子中,创新精神受到不同程度的压抑和扼制。而这种消极的情感不仅会影响学习的效果,而且会影响学生的长远发展。要创设质疑情境,让学生由"机械接受"向"主动探究"发展,才有利于发展学生的创造个性。

爱因斯坦说过:"提出问题比解决问题重要。"我们要积极引导和培养学生敢于提出问题,不依赖已有方法和答案,不轻易认同别人的观点,而通过自己独立思考、判断,提出自己独特的见解。在课堂教学中,教师要能够不断呈现异彩纷呈的语言现象,给学生提供尽可能多的独立思维的天地。通过具体实例让学生获得正确的评价、观点、意见或证据等,并做出自己的判断和决定,这样必将大大有助于学生获取真知。创设质疑情境是促使学生开展有效学习的有力手段。基于目前教材的改革正在进行中,需要教师建设性、创造性地使用教材,创设出适合学生开展有效学习的问题情境。情境创设中,我们要把社会中心的"用"、学科中心的"序"和儿童中心的"趣"很好地结合起来。也就是:质疑情境的取材要密切联系学生的实际;情境创设的内容安排要注意学科的系统性,注意新旧知识的联系;情境创设的内容要从学生的年龄特点出发,取材于学生喜闻乐见的材料。

2. 创设交流情境,变"个人竞争"为"交流合作"

青少年有好与人交往、好表现自己的心理特征。有针对性地组织他们讨论,为他们提供思维摩擦与碰撞的环境,就是为学生的学习搭建了更为广阔的舞台。学生在独立思考的基础上合作学习,有利于拓宽思维,有利于发展创造思维。因此,在教学中我们要创设多种形式、多种目标的交流情境,以发展学生的创新精神。

一问多解是培养学生横向发散思维的一种方式,是训练学生拓宽思路的有效手段,也是开拓学生创造性思维的主要途径。学生在合作学习中最易出现一问多解的精彩局面,由于同学间的相互启发,思维由集中发散,由发散而集中。在这一交替过程中,学生思维的严密性与灵活性都得到发展,能够有效地促进创新思维的发展。

3. 创设想象情境,变"单一思维"为"多向思维"

人的想象力比知识更重要,它是知识进化的源泉。因此,我们在教学中应充分利用一切可想象的空间,挖掘发展想象力的因素,丰富学生的想象力,引导学生由单一思维向多向思维拓展。例如,我们在进行阅读教学时,要注意想象;对于那些思想意义较深的课文,一定要设计一些讨论题,使学生在整体理解语篇的基础上进行推理,训练学生思维的灵活性、独创性,鼓励学生从不同方面、不同角度进行思维。

4. 创设操作情境,增强学习趣味

著名心理学家皮亚杰说:"儿童的思维是从动作开始的,切断动作与思维的联系,思维就不能得到发展。"要解决数学知识的抽象性和小学生思维的形象性之间的矛盾,须多组织学生动手操作,以启发学生的思维。

总之,培养学生浓厚的学习兴趣,激发他们强烈的求知欲望,变学生的"要我学"为"我要学",需要教师千方百计地为学生创设良好的学习情境,吸引学生进入积极思维的学习境地。

5. 创设生活情境,激发学生的学习兴趣

生活是思维的源泉,生活处处有学习。我们要联系学生熟悉的生活教学,使教学内容生活化,以调动学生学习兴趣。古人说"切己体察",意思就是要以己身经历去体悟印证书中道理,才能获得真知。教学也是如此,要唤起学生的生活体验,让他们与教学内容,产生情感共鸣,让知识在类似的情境中彰显出来,才能加深对知识的理解。

第十五章　课堂教学拓展艺术

新课程下的课堂应是开放、有活力的课堂。开放的课堂,不仅要求教师、学生与文本之间交流与互动,还要强调师生对课程、教材、教法的拓展;不仅要植根现实,面向未来,面向世界,还应密切关注社会信息化的进程,推进课程的变革和发展。不仅需要教师与学生对所学知识作横向的拓展,还要做纵向的延伸;不仅要求拓展知识,还要在拓展与延伸的过程中自然地掌握教与学的方法。

一、新课程教学需要课堂教学拓展

课堂教学的拓展,可以说是以课堂教学为基础,针对课堂教学中某些有意义的拓展生长点,进行单一的教学目标多元化、科学的教学内容生活化、封闭的教学过程开放化的延伸,并与课堂教学水乳交融,以求得学生更好地发展的目标。

1. 新课程核心理念需要课堂教学拓展

新课程的核心理念是"为了每一位学生的发展"。新课程注重人的发展,体现了"以人为本"的教育价值观。注重人的发展实质上是使学生在原有基础上得到最充分的发展。这也应是一切教育活动的出发点和归宿。新课程下的教育把全面提高学生的基本素质作为人的发展的基础,以培养未来发展所应具备的能力为中心,以培养创新精神和实践能力为重点,全面促进学生整体素质的协调发展。这就需要新课程从教学目标、课程内容、教学方式等方面加以拓展,以实现教学对人的终身发展的促进。

2. 课程综合化需要课堂教学拓展

课程综合化是我国课程改革的一个重要价值取向。课程综合化就是要在教学中,把握课程理念的综合化,落实课程标准的综合化要求,拓展学科教学同学生生活经验、社会实践、其他学科的外部联系与学科内容之间的内在联系,以及在分析和解决问题过程中的综合应用,更好地为大课程观服务,为学生的全面发展服务。

课程综合化的提出,既有我国基础教育现状的现实因素,也有着世界课程改革大的时代背景。从世界范围来看,课程综合化的根本推动力,是当代社会尤其是当代科技发展的综合化。信息社会强调人的心灵解放,强调人的个性发展,强调人的综合能力,强调人的潜能与创新能力得到激发。当代社会的发展必然会推进教育的变革。课程的综合化,就是当今教育对于社会综合化发展的回应。学生的全面发展需要,是构建课程综合化的主观条件。教育观念的变革,则是课程综合化的内驱力。为此,广大教师需要在教学中自觉应用课程综合化理念,既要实现与学生生活经验、社会实践、其他学科的外部联系,又要实现与学科内容之间的内在联系,而且是有机的联系。

3. 课程生活化需要课堂教学拓展

新课程理念认为,生活是一个大课堂,蕴含着丰富鲜活的课程资源;生活世界本是生动、鲜活的,也是学生非常喜爱的。在这个世界中,学生能体验到生活和生命的意义与乐趣,能学到很多课堂上学不到的知识,会在"生活"中去体验整个世界,更会充满激情地去"生活",从而在"生活"中一天天长大。课程的生活化要求改变以往单纯依靠一本教科书、一两本参考书、教师单纯传授的局面,要求拓展课程资源、拓展教学内容、拓展教学方式。

二、拓展延伸在教学中的作用

充分挖掘、利用和开发各种课程资源,在课堂上进行课外拓展,有利于实现各学科的整合。教学中,教师如果能巧妙地将课内知识延伸到课外,将理论转化为实践,将会对学生综合素质的提高起到积极的推动作用。

1. 将课文内容与作者经历相结合,加深学生对课文内容的理解

例如,教学《丑小鸭》时,通过讲解,学生对丑小鸭有了一定的了解,了解了丑小鸭曾经历了怎样的遭遇。但它从不放弃追求美好的事物,有一颗上进的心,即使死也阻止不了它,最后它终于变成了一只美丽的白天鹅。由此,我们联想到了安徒生本人,他出生于一个鞋匠家庭,家境很贫穷。后来,他是靠别人的资助才进入哥本哈根大学学习。安徒生最初想当一名芭蕾舞演员,后来又想当一名歌剧演员,但都没能实现。加上他长的一双大脚,鼻子很高,相貌丑陋,爱情也屡遭打击,简直就是一只地地道道的丑小鸭。可以说,他与文中的那只丑小鸭有着相同的命运。但他从没有放弃过追求,他靠自己的刻苦努力,终于成为一

名享有世界盛名的童话作家。这样的拓展就很好地将课文内容与作者自身紧密地联系了起来,可谓水乳交融,天衣无缝。

2. 创造性地对课文内容加以质疑,以达到既放松课堂气氛,又超越文本解读的作用

例如,教学《木兰诗》时,当基本的教学环节已经结束,教师可这样与学生交流:"同学们,这首诗是一首乐府民歌,木兰的形象千百年来一直深受人们的喜爱,但对文中所写木兰的形象,你觉得真实吗?"通过质疑,此时学生或许会说:"同行十二年,不知木兰是女的不够真实。因为,一个女的再怎么乔装打扮,她的声音是无法改变的。况且战场上,她和男士兵一起生活那么久,难道睡觉、上厕所他们也没有丝毫察觉吗?还有就是她从没领兵打过仗,对于这场大规模的战争怎么能轻易地取胜呢?纵然取胜了,这在封建社会清规戒律极为严格的情况下,当不犯了欺君之罪,皇上能轻易饶恕吗?"……这样的拓展延伸看似很随意,却能很好地调动学生学习的积极性,使学生紧张或放松警惕的心情一下子变得活跃起来。这样的设计,既能使学生对学科产生较大兴趣,也有利于培养学生发现和思考问题的习惯,还有助于对学生个性的培养。

3. 通过与其他课文的横向比较,以吸取可利用的优秀课程资源

例如,教学《孙权劝学》时,当讲到吕蒙在孙权的劝解下发愤读书,终于学有所成,"非复吴下阿蒙",令孙权"士别三日,即更刮目相待"时,教师可以这样进行拓展延伸:"以前我们学习过《伤仲永》,今天又学了《孙权劝学》。大家想想,这两篇课文讲的都是主人公身边的人对他们的影响,比较一下,这两种影响相同吗?"学生通过交流讨论,终于得出:这两篇课文讲的虽然都是主人公身边的人对主人公的影响,但施加的影响并不相同。吕蒙在孙权的劝告下学有所成,这种影响是积极的,而方仲永的父亲对他的影响是消极的,这种影响直接导致了方仲永后来"泯然众人矣"。因此,我们应学会鉴别身边的人和物。

4. 将抽象的理论延续到课外,培养学生动手动脑的能力

例如,教学《安塞腰鼓》时,让学生理解了安塞腰鼓宏伟的场面、雄壮的声响、奇丽的舞姿后,教师可以这样进行拓展延伸:"同学们,通过学习,我们已经感受到了安塞腰鼓的壮美。据我所知,我们凉州的攻鼓子也小有名气,同学们知道它的打法吗?"此时,学生的学习兴趣被调动了起来,课堂里顿时议论纷纷。教师看时机已到,便说:"既然你们已经了解了它的打法,那么回去以后就写一篇以攻鼓子为题材的文章。"这样,教师就巧妙地将教学由课内延伸到了课外,由理论过渡到了操

作,使能力得到了及时迁移。

综上所述,课堂教学中拓展延伸的方式虽然不相同,但可以肯定的是拓展延伸不管以何种形式出现,它都是课堂教学当中很重要的一个组成部分。因此,我们要在尊重学生学好教材、立足课堂的基础上有效地拓宽,以实现学生学习上质的飞跃——超越教材、超越课堂,真正达到学为我用的目的。

三、新课程课堂拓展的原则

1. 既要基于教材,又要高于教材

教材是教师进行课程设计的主要依据,是课程标准的具体体现。教师的课堂活动设计应该以教材主要内容为中心,但又不能仅仅局限于教材,而是应该在教材的基础上大胆突破,有所创新。充分发挥学生的想象和联想能力,打开思路,拓宽视野,使语言学习更能够激发学生的学习兴趣。

2. 需要情景真实、贴近现实生活

任务型教学设计原则之一就是要求语言、情景真实。设计任务时要提供给学生明确、真实的语言信息,语言情景和语言形式要符合语言实际功能和语言规律,要使学生在一种自然、真实或模拟真实的情景中体会和学习语言。各种符合学生心理特点和接近生活实际的语言情境的创设将极大调动学生的学习热情,让学生在主动参与中体验成功喜悦。

3. 需要达到学生"学以致用"的目的

课堂拓展并非凭空想象或随意抓取现实生活实例来让学生进行拓展练习,而是通过学生完成现实任务来完成对目标的掌握。因此,教师在设计任务时应充分考虑到学生能够达到怎样的效果,即教学目标能否实现。

四、新课程课堂教学内容的拓展与延伸

新课程的教学观、课程观、学生观、教材观决定教学内容要不断拓展与延伸。教学内容的拓展与延伸可以包括教学内容的综合化拓展与延伸和教学内容生活化拓展与延伸。

1. 教学内容的综合化拓展

新课程教学中应注重学科间综合化,注意学科内联系。教学缺乏联系,一个重要原因是教师不能整体地、综合化地把握教学内容,对教学内容进行统一安排。

(1) 学科间的综合化拓展

学科之间本是相连的,不可能有独立学科内容,为此,学科教学可以渗透许多其他学科的知识。渗透其他学科知识,这向学科教学提出了更高的要求。在教学中,要发挥教师的引导作用,把握好"导"的时间、内容、方法等,发挥学生的主动性,培养学生融合各学科知识的能力,让学生在学习、运用中以学会的其他学科知识来解决本学科的问题,即把某一学科作为子系统纳入整个学习的母系统中去,使他们学习更加系统化、科学化;做到以较少的时间学到较多的知识。只有这样的学习方法,才能培养学生的创新思维,适应瞬息万变的信息时代。因此,教师在进行本学科教学的同时,要适当地兼顾其他学科的知识渗透,和其他学科搞好教学上的配合,让其他学科的知识渗透更好地为本教学服务。

(2) 拓展学科内容之间的联系

课程的综合化拓展不仅仅是学科之间的拓展,还要拓展学科内容之间的联系,即包括各学科领域之间的联系及某领域内各部分内容间的联系。在教学中,应强调学生自身学习经验的整合,体现知识的综合运用。新课程的改革要求教师创造性地使用教材,把不同学科知识、学科内部知识与学生经验综合起来,让课堂更活跃,让学生知识更广博。

2. 教学内容的生活化拓展

由学科世界向生活世界回归是课程理念的一大飞跃。因为人始终生活在生活世界之中,在生活世界中认识自然现象,理解和体验社会的道德、艺术,通过与他人的交往和自我反思来提升自己的人格。学生首先接触的就是活生生的生活世界,课堂教学内容只有向生活拓展,才能真正改变学生的生存状态和生活方式,才能真正提升他们的生活质量。

为此,教学中,要尽力使教学内容生活化。也就是在教学中,从学生的生活经验和已有的知识背景出发,联系生活学习,将学科课程变为学生认识生活的活动课,体现学习"源于生活、寓于生活、用于生活"的思想,以此激发学生学习的兴趣。学科教学应该以课堂教学为轴心,向学生生活的各个领域开拓、延展,全方位地把学生的学习同他们的学校生活、家庭生活、社会生活有机结合起来,缩短课本知识与实际生活的距离,这样,既能激发学生的学习兴趣,又能开拓学生视野,满足学生获取知识的愿望,从而使课堂教学更富有趣味性、知识性,使学生综合素质的培养由课内延伸到课外,养成主动求知的良好习惯。教学中,教师在落实教学内容生活化要求时,应注意以下几方面:

(1) 提高学生对生活的认识,激发兴趣

关注生活、体验生活、感悟生活是学习中必不可少的环节。切实提高教学效果、学生综合素质,就必须从课堂走向生活,去开发生活资源,去亲身体验生活,逐步积累生活经验,积累审美情感体验,学会把真善美的感悟提升为自己的世界观、人生观。总之,要通过提高认识,让学生向生活学习,调动已有生活经验学习。

(2) 教给学生开发生活资源的方法策略

教师必须教给学生观察生活、体验生活的方法,使学生具有一双观察敏锐的眼睛和一颗勤于思考的头脑。教学中,要引导学生观察、思考生活,让学生掌握观察、思考的方法。

(3) 在落实教学内容生活化过程中要围绕教学目标展开

要切实注意:生活化只是实现教学目标的手段,千万不能为生活化而生活化。生活化要围绕教学目标来展开,要避免虽然联系了生活化,但并不是联系很紧密,未免牵强,忽视了生活化是为学生发展服务、为教学内容服务的要旨。

五、新课程课堂教学方式的拓展与延伸

1. 教学方式综合化拓展与延伸

教学方式的综合化,就是将多种方法,综合运用到教学中每个环节,加强教学的实践性和开放性,使综合化的方式更有利于学生的发展。教学方式的综合化可采取如下教学策略:

(1) 教学目标由单一性向三个维度拓展

以往的课堂教学目标比较单一,更多展示和追求的是知识目标。在教学目标的设定上,新课程标准指出:"努力改进课堂教学,整体考虑知识与能力、过程与方法、情感态度与价值观的综合。"由此可见,新课程标准教学目标的设定注重了综合性。课程标准从"知识与能力""过程与方法""情感态度与价值观"三个维度全面体现课程功能,而且这三个维度是紧密联合为一体的,成为一个血肉丰满具有立体感的整合,使素质教育的功能全面体现到教育教学的过程中。

事实上,很多教师在教学目标的设定上,仍然抱着单一的知识本位不放,原因有两方面:一是认为知识和技能是硬性的,可以量化的。学生掌握了方法,就会做题目,而过程与方法,情感态度与价值观更多的是隐性的,需要一个漫长的时间来检验。还有一种担心,在一节课有限时间内,为了给学生一个探索的过程,要切出一部分时间,为了发展学生的价值观,也要单独花一些时间,这样一来,知识和技能是否会弱化。这两种观点产生的原因,都是教师把三个维度割裂开来,看作是一个一个单独的目标,而没有看到,有时一个好的学习活动,就可以融合全部的三个目标。关键是如何有机整合这三个维度,达到理想的教学状况:学生在兴趣盎然中,通过一定的过程和方法,掌握了知识和技能。

(2) 综合运用教学方法

教学方法是师生为完成一定的教学任务在共同的活动中所采用的教学方式、途径和手段。为了达到理想教学效果和学生的发展,可以综合运用教学方法。比如,一堂课上,既可以运用讲授法,同时可以运用提问法或讨论法。教学方法多样化是指教师针对不同的学科、不同的教学内容、不同的学生,应采用多种教学方法与之相适应,切实发展学生的智力。其基本指导思想是强调启发,反对注入。近年来,国内外不少学者提倡多种方法的综合使用。他们认为,在众多的教学方法中,一种方法的优点,可能恰恰是另一种方法的不足所在,反之亦然。倘若能利用多种方法之间的这种互补性,并根据不同的学科、不同的内容、不同的对象配合使用,一定能取得全面开发智力的良好效果。

(3) 教学过程实施的综合化

教学过程是课程实施的基本途径,是师生交往、共同发展的互动过程。教师在教学中,不仅仅只是传播知识的过程,更重要的是要发挥育人功能,培养学生掌握和利用知识的素质和能力,发现并激发学生的潜能的过程,要强调学生自学能力的形成,重视信息素质的培养,帮助学生学会在实践中学,在合作中学,为终身学习奠定基础。教学中可以综合引导学生学习:

第一,教师要引导学生主动地进行学习。

第二,教师要引导学生进行有效的合作学习。

第三,教师要善于培养学生的问题意识,使学生探究性地进行学习。

第四,教师要引导学生走向社会和生活,进行体验性学习。

2. 教学方式的生活化拓展与延伸

教学方式的生活化，就是通过创设丰富的生活情景，强化学生的生活体验，加强教学的实践性和开放性，使学生的知识技能在生活中加以创造性地运用，从而逐步学会生存本领，提高生活质量，提升生活意义。教学方式的生活化可采取如下教学策略：

(1) 创设问题情景的生活化

通过创设具有浓厚生活气息，贴近学生认知水平的情景，让学生亲身体验来自生活情景中的问题，这样，一方面学生可以产生学习兴趣，产生内在学习动力，其智力活动达到最佳激活状态；另一方面学生可以沟通生活与学习，具体问题与抽象概念之间的联系，在解决问题中学会学习。

(2) 强化教学活动的实践性

教育实践性的特点，是对传统教育的一个重大突破。教师是教学实践活动中的组织者和引导者，应充分考虑学生思维、生理、心理特点，遵循学生亲为、自主发展、探索发现、交流合作等原则，沟通课堂内外，充分利用学校、社会、家庭等各方面的实践活动资源，创设学习实践的环境，循序渐进地开展多种形式的实践活动。

第一，联系生活学习。教学中，教师应有意识地把课内学习延伸到课外，充分利用广泛的自然、社会资源，增加学生学习的机会。

第二，及时应用学习。学的目的是为了用，学而不用等于无用。教师要帮助学生运用所学知识为社会服务。

(3) 探索教学过程的开放性

当前，很多的公开课和观摩课往往有一个模式，在发现问题中开始，在解决问题中结束。临下课几分钟，总是师生情绪激昂地总结、回顾本课的主要学习内容，以此为本课打上一个完满的句号。而实际上，上课铃响了，学生对本课学习的内容，可能已经有零碎的体验，而不是一片空白。下课铃响了，学生也可能产生新的问题和困惑，带着问号走出教室，正是好奇和疑问，才能促使学生继续探究、思索。

课前，"未成曲调先有情"开放的教学过程强调过程的开放性，学生在进入课堂学习前，教师要善于请"生"入瓮，或引导学生收集相关资料，或体验相关生活，或阅读相关信息，调集已有的生活经验和学习体会，进入课堂。

六、新课程综合应用的拓展与延伸

1. 把握综合应用学习的核心要素
(1) 要从学科课程出发

综合应用学习注重各学科知识的整合,但它首先应该立足学科,即,不管学习活动涉及哪个领域,哪门学科,采取哪些方式,其落脚点都在于全面提高学生的学科素养,而不是对其他学科知识的掌握程度。为此,开展综合应用学习,应将教学设计的重点放在拓宽学习和运用的领域,注重跨学科的学习和现代科技手段的运用,使学生在不同内容和方法的相互交叉、渗透和整合中开阔视野,提高学习效率,初步获得现代社会所需要的实践能力上。

(2) 要注重综合性

综合性是指学习目标的综合、学习内容的综合、学习方式的综合。综合应用学习的过程是综合运用知识和能力的过程,也是相关学科知识和能力迁移运用的过程。从学习目标来看,既要有教学内容间的综合,又要体现知识与技能、过程与方法、情感态度与价值观的综合。从学习内容来看,综合应用学习既要体现为学科内部知识的综合运用,又要体现为跨领域学习,与其他课程相结合。从学习方式来看,既是书本学习与实践活动的结合,又是接受学习和体验学习的结合,也是课内学习与课外学习的结合,同时又是自主合作探究的结合。

(3) 是"活化"的实践学习

综合应用学习是一种综合性的实践活动,它的意义在于使学生在真实的、具体的现实生活中学习。

综合应用学习的"活化"主要体现在:

第一,学习的对象、内容和环境是"活"的,不再局限于课本上死的知识,鼓励学生走出课堂,接触活生生的社会现实,在广阔的社会实践中全面提高学科素养。

第二,学习的过程是活的,学生即使是待在教室里学习也要时常贯穿表演、讨论等活动,学生更多的走进阅览室、图书馆,走向社会,搜集资料、调查访问等,在实践参与中体验。

第三,学习的手段是"活"的,可以走进现实世界考察、采访等,也可以借助现代信息技术,走进网络虚拟世界讨论、交流等,走进人们的心灵世界和情感世界。

第四,学习的方法是"活"的,学生可以根据自身实际、学习内容和环境的特点选择灵活多样的方法。因此,在开展综合应用学习时要在"活"字上下功夫,让学生充分地动起来,充分地体验。

(4) 是一种既有自主又有合作的实践体验

综合应用学习注重学生对所学内容的综合运用,注重学习的过程及学生的实践与体验。

在综合应用学习中,要注意以下几点:

第一,实践的自主性。自主性表现为学生是学习的主人,应充分发挥学生的主体作用。在综合应用学习过程中,"学什么""怎么学"都是由学生自主或在教师的指导下自主进行的,强调"由学生自行设计和组织活动",强调"注重探索和研究过程"。学生在综合应用学习中,既是综合应用学习的决策者,又是综合应用学习的实施者。

第二,实践的合作性。人际交往和合作是社会生活中不可缺少的生活形态,也是语言交流和发展的重要基础。综合应用学习强调"共同讨论",强调"在活动中学会合作""体验合作与成功的喜悦"。综合应用学习正是为学生的发展提供了一个有利于人际沟通与合作的良好空间,使学生在学习合作活动中,既能发挥自主性,又能注重合作,从而学会合作,学会分享。

第三,实践的体验性。综合应用学习十分注重学生积极的情感体验和感悟。教师教学中要不断丰富学生的精神世界,重视学生的情感激发和牵引,把情感的价值引导和学生的独特感受有机地结合起来,而不是抽象地分析和说教。这样,才能逐步形成一种在日常学习和生活中勤于质疑、乐于探究、努力求知的心理倾向,激发探索和创新的积极欲望。

(5) 要关注过程

注重过程是新课程的一个重要理念。综合应用学习尤其要关注过程。组织综合应用学习时,应把着力点放在过程上,主要注重:项目确立和内容设计是否具有学习价值和可探索性;资源利用是否具有最优性;探究方法、学生思考问题的方式、策略是否科学;实践活动是否能做到全员参与和全程体验;学生所提出的见解是否深入、独到、符合情理,学习效果是否达到;学习效率是否高效;学生在活动中的合作态度是否积极,合作能力是否得到发展。

2. 教学对综合应用学习的体现

(1) 课堂教学中关注学生的知识、能力建构的综合发展。教学中,教师要把学生思维训练以及促使学生掌握基础知识、提高能力、运用学习方法、熏陶情感、培养良好的品德、情趣等整合起来。

(2) 注重对教材、教学目标、教学方法、教学手段的综合设计。教师要对深入钻研教材,理解教材,用活教材,综合考虑每节课的教学目标,抓准知识点、能力、思维训练点、情感契合点,根据学生的年龄特点、认知水平,合理设计运用有效的教学手段、教学方法、学生学习活动的形式,进行教学设计。

(3) 创设条件,让学生在独立、自主的实践中得到发展。教学要注意激发学生的学习兴趣,注重培养学生自主学习的意识和习惯,为学生创设良好的自主学习的情境,尊重学生的个体差异,鼓励学生选择适合自己的学习方式,引导学生用自己喜欢的方式,在实践中学会学习,得到发展。每个学生都要对自己的学习过程进行总结,正确地认识到自己的收获或存在的问题,并着手逐步解决问题。

(4) 拓展实践的空间,培养学生实践的兴趣和习惯。教师要在教学中树立大学习的观念,使书本知识的学习与实践活动紧密结合,使课内与课外沟通,把自然、社会、生活带入课堂,促使学生的实践走向社会生活。并注意激发学生进行实践的兴趣,把学生喜闻乐见的事物引入课堂,给学生以最大的自主学习的空间,调动其积极、饱满的情绪参与实践,在实践中培养实践的兴趣,从而掌握实践的方法,逐渐形成自觉开展实践的习惯。

(5) 重视学生调查、实践、访问、查阅和收集资料等活动的过程与策略,引导学生用多种方式呈现学习的过程和结果。教师要鼓励学生多渠道获取信息和资料,使学生初步掌握通过互联网、图书馆、人际交往等获取资料的方法与途径。教师要引导学生用多种方式呈现学习的过程和结果。只要能够呈现学生的过程和结果,教师可以灵活把握,不必拘泥于单一、固定的形式。

3. 综合应用学习中应注意的问题

(1) 防止综合应用学习"唯学科"倾向

综合应用学习的开展应避免单一技能的活动演练,不考虑综合性要求,只在学科某项能力上下功夫。

(2) 注重课外资源

综合应用学习的开展,完全可以对课本的设计进行改造、变通、拓展和完善。课本中的综合应用学习的设计,也只是提供一种具有开放性、选择性的范例。可是,就目前的综合应用学习的实验来看,还缺乏现代教育资源意识和大课程观,特别是新教材观。

(3) 对"学习过程"认识不足,对"整体考虑"关注不够第一,把学习活动的过程仅仅当作实现目标的途径和手段,对过程中教育价值发掘不够,缺乏及时的评价、激励和督导。开展活动直奔目标而去,既无视综合应用学习过程中的目标不确定性、丰富多彩性和目标生成性,又忽视展开性目标和表现性目标。

第二,教师在综合应用学习的教学中,要善于及时对教学目标进行调整,着眼于"人"的和谐发展和全面发展,而不能固守既定的教学目标。

七、课堂教学拓展艺术的运用

1. 内容延伸式拓展

(1) 顺延式,即将文中叙事作顺延发展的拓展

如学习了《差别》后鼓励学生"奇思妙想"下列问题:布鲁诺听了阿诺德的回答时的表情、动作怎样?布鲁诺有什么决定?布鲁诺有什么行动?故事情节将会怎样发展?

(2) 补充式,即将文中的内容作补充

或补充细节,或补充分论点,或补充论据。如学习《荷花淀》时根据对话内容合理想象,补充女人们探夫前、探夫时的神态、表情及动作细节。

(3) 时空式,即将文中的叙事作时空改变的拓展

如学习《孔雀东南飞》时让学生想象"刘兰芝如果生活在今天,她可以怎么做?"

(4) 变换式,即将文中主人公的自身遭遇、关键抉择作变换等拓展

如学习《孔雀东南飞》时可以提问学生:"假如焦仲卿对母亲的态度强硬一点,他的爱情会怎样?"

2. 思考领悟式拓展

高中教育的目的之一是"要为造就时代所需要的多方面人才,弘扬和培育民族精神,增强民族创造力和凝聚力发挥应有的作用"。所以,"拓展"时应引导学生"通过阅读和思考,领悟其丰富内涵,探讨人生价值和时代精神,以利于逐步形成自己的思想、行为准则,树立积极向上的人生理想"。

3. 感受与鉴赏式拓展

其目的是"品味语言,感受其思想、艺术魅力,发展想象力和审美力"。教师应允许不同性格、经历、爱好、水平的学生根据他们各自的人

生体验去感受、鉴赏课文,允许有不同的感受点与鉴赏点。例如教学《朝抵抗力最大的路径去》,可以允许学生或欣赏作者的构思,或欣赏举例论证的有力,或欣赏排比的气势,或欣赏作者将文理科知识兼容运用的能力,或欣赏深入浅出而形象生动流畅的文句等,只要学生能说出合理的鉴赏理由即可。

4. 开阔视野式拓展

目的是使学生学会主动学习或扩展知识面。可包括查阅相关资料,"了解与作品相关的作家经历、时代背景、创作动机及作品的社会影响等";了解文本中出现的某些学术名词及相关领域;了解文本中涉及的人物或故事等。例如学了李白的《蜀道难》后,可倡议学生课外主动了解李白的经历、所处的时代背景、其作品的创作动机及其作品的社会影响,寻找李白的著名诗篇进行朗读、比较和鉴赏,了解李白诗歌中涉及的人物或故事,对李白诗歌的技巧和风格进行探讨,等等。

5. 发现能力与兴趣培养式拓展

这是引导学生"从习以为常的事实和过程中发现问题,培养探究意识和发现问题的敏感性",使学生通过拓展学习,"对未知世界始终怀有强烈的兴趣和激情"。例如通过对古诗词单元的学习,引导学生对中国古典诗歌产生兴趣,从而主动学习,发现中国古典诗歌的特质等。

6. 思辨创新式拓展

在教学中鼓励学生学会"用历史眼光和现代观念审视古代作品的内容和思想倾向,提出自己的看法"。这是高层次高要求的拓展。它要求学生有一定的理解能力、鉴赏能力、思考评判能力。

第十六章 课堂教学资源开发利用艺术

一、课堂教学资源的概念

课堂教学资源是指在课堂教学过程中,通过师生对话而产生的可用于教学的知识经验、行为方式、程序步骤等动态生成性的素材型智慧成果。包括对某一知识点的见解,对某一问题的认识,以及解决问题的思路,实验操作的步骤、程序等。它既可以是陈述性的知识,也可以是程序性知识,甚至是一种知识迁移。

二、课堂教学资源的特点

1. 课堂教学资源是动态生成的

课堂教学资源产生于课堂教学进行过程中,产生于师生对话过程中。虽然它和教师课前备课存在着很大联系,但是,它绝不是写在教案上的,写在教案上的那是条件性资源,如同教材资源一样,是课堂进行的条件,而这些条件只是原料,它必须进入课堂"车间"当中,通过师生的"脑力"劳动动态生成。只有师生广泛展开对话,才开动了"生产"课堂教学资源的"生产线",才会源源不断地产生这样那样的鲜活的教学资源。"满堂灌"、照本宣科式的教学传授的是僵硬呆板的知识,不是鲜活的,充满生命气息的资源。

2. 课堂教学资源是转瞬即逝的

课堂教学资源不是预先设计好的或长久存在的,它是随机产生的。它往往产生于师生的灵感一现,产生于师生的问答和学生的思考中,很多时候它甚至产生于学生的不经意的一句话当中。如果教师不能及时发现和利用,它便会转瞬即逝,回过头来再想利用时,时机已经错过。这就要求我们教师在充分备课、和学生充分开展对话的基础上,时刻注意捕捉有用信息并尽快加以利用。

3. 课堂教学资源是开放的

因为课堂教学资源是动态生成的,所以,它的形式和内容都是非规定性的。从形式上来说,它既可以以创意性回答或举动为形式,也可以以错误回答或举动为形式,甚至以一个眼神、一个表情来表现。从内容上讲,它既可以是教材知识,也可以是师生生活经验,还可以是某种程序步骤、思维方式。总之,无论从内容上还是从形式上,课堂教学资源都是开放的。不但是形式内容开放,来源也是开放的,它可以来源于课堂,可以来源于教科书,甚至来源于网络、影视剧、课外读物等方面。

4. 课堂教学资源是丰富多彩、充满生命力的

正是由于它是开放的,所以,它是丰富多彩的,历史的、哲学的、自然科学的、文学的,甚至是家长里短、自然景观,奇闻逸事等无不包括在内。它既可以丰富课堂知识,又可以活跃课堂气氛,增强学生学习兴趣,提升学生思维能力。又因为它是动态生成的,是产生于师生思维碰撞中的,是产生于师生对话中的,所以它是活生生的,是充满生命气息的。同时,教师对它的及时捕捉和利用又使得课堂不断生成新的资源,使教学不断向前推进,这样,课堂教学也是有生命力的。

5. 课堂教学资源存在于联系当中

课堂教学资源产生于课堂教学,不是说它是孤立存在的,它是存在于联系当中的,这个联系指的是教材资源、师生原有知识经验资源、学校环境资源等多种条件性资源构成的联系,课堂资源的产生和利用离不开这些条件性资源,是在有效利用这些资源当中产生的。

三、课堂教学资源的开发利用的原则

新课程赋予课堂教学资源以丰富、广延和开放的特点。面对诸多可利用的资源,我们首先面临的是如何选择课堂教学资源开发的内容。在选择课堂教学资源时,我们必须坚持以下几个原则:

1. 兴趣性原则

任何课堂教学资源的开发都必须考虑是否能激发学生内驱力,产生学习兴趣。"知之者不如好之者,好之者不如乐之者",兴趣是最好的老师。在课堂教学中,一旦激发了学生的学习兴趣,其思维就会激烈冲荡,产生难以想象的创造力。

2. 广泛性原则

新课程为我们开发课堂教学资源提供了广阔的空间,除了依托教科书,发掘学生、教师等资源外,还应以整合的大课程资源观,广泛开发其他课程资源,互相配合。如今,现代视听技术、信息技术和互联网等

也已整装待发,可以便捷、高效地为课堂教学提供开放的资源。

3. 开放性原则

课堂教学资源开发与利用要以开放的心态对待人类创造的一切文明成果,尽可能开发与利用有益于教育教学活动的一切可能的课程资源,不论以什么类型、形式存在的课程资源,不论是校内的、校外的,城市的、农村的,中国的、外国的,只要有利于提高教育教学质量和效果,都应是开发与利用的对象。

四、课堂教学资源开发利用的方法与途径

1. 精选乡土资源,服务于课堂教学

乡土资源是给予教学活力的重要资源,利用乡土资源不是重现乡土资源本身,而是借助乡土资源实现课堂教学中理论联系实际,培养学生分析、综合、归纳、判断的能力,达到基础知识和理论的深刻理解和有效运用。因此,在课堂上利用乡土资源,要求教师对乡土课程资源具有鉴别能力,并结合地域特点,认真筛选,找到乡土资源与教学内容的最佳结合点,让乡土资源都有知识的支撑平台。在课堂教学中有机使用本土资源有利于提高学生学习兴趣,提高教学实效性,而且无形中增强学生的家乡自豪感和建设美好家乡的责任感。

2. 大力开发教师自身资源

教师是课程实施的组织者和促进者,是课程的开发和研究者,因此,大力开发教师自身资源是课堂教学资源开发的题中之意。

(1) 更新传统教学观念,树立现代教育理念

当前课堂教学中仍存在着"重知识内容和结论,轻学习过程和学习方法""重认识教学轻情感、意志和价值观的培养"的现象。而新课改则强调要求学生在经历和实践中自我领悟,在反思学习中重构自己的经验,从而形成自己的行动策略和方式,与此同时,不断提高自身的自我探索及学习能力。长期以来,课堂教学远离学生实际,使学生普遍失去了学习的兴趣,从教学效果看也不尽如人意,往往出现学科考试成绩与学生实际政治思想水平相脱节的现象。诸如此类现象,归根到底都是因为课堂教学指导思想偏颇所致。这就迫切要求教师转变教学观念,树立现代教育理念。课堂教学不仅要让学生掌握一些学科基本概念和原理,还应该让学生把所学知识转化成自己的信念,转化成自己的世界观和方法论,培养学生养成符合社会主义的道德标准和良好行为习惯。

也就是说,不但要让学生学到理论知识,还要教会学生用这些知识认识和分析各种现象,让他们面对纷繁复杂的现实生活,能用自己的眼睛去发现问题,用自己的头脑去思索问题,用自己的实践去改变行为。

(2) 改革教学方式方法,丰富课堂教学

传统的课堂教学方法基本上是教师滔滔不绝地讲,不留给学生充分的主动学习和消化时间,这种教学方式导致的直接结果就是学生被动接受、死记硬背,从而失去学习的兴趣。新课程强调,课堂教学方式和方法,要打破教师单一主体的教学模式。

第一,结合新教材的内容,有针对性地分析现实社会及生活中活生生的各种现象或事例,尤其是要善于将当今国内外发生的重大事件、时政热点与书本中抽象的理论知识生动、形象地结合起来。

第二,在教学中,特别重视学生的主体地位和作用,想方设法让他们动起来。在课堂教学中,可以鼓励学生在同学面前谈自己在生活和学习中遇到的问题和困难,让大家一起讨论研究问题之所在,并从课本中寻找解决的办法。

第三,将群体教育与个别教育结合起来,高中新教材的内容和事例的设置强调体现学生的个性差异,这就要求在教学中要针对不同生活经历、性格气质、兴趣爱好的学生,进行多侧面、多样化的个别教育,以此来调动每一位学生学习政治的积极性、主动性,促进个人的进步。

(3) 发挥自身特长,重视对教学活动的总结和反思

在课程资源的开发利用中,教师要最大限度地发挥自己的积极性和创造性,根据自己的特点,发挥自己的专长,挖掘自己的潜能,形成自己的教学风格;注意学习其他教师好的教学经验,分享他人的教学成果,做到取长补短和精益求精,注意发挥群体合力。

3. 充分挖掘学生资源

"一切为了每一位学生的发展"是新课程的最高宗旨和核心理念,学生本身是课堂生态环境构建的主体,学生在课堂教学中至少表现为三种教学资源:一是基础性资源,二是差异性资资源,三是动态生成性资源。

(1) 开发利用学生的基础性资源

基础性资源是指学生在课堂教学中所表现出来的一般水平信息,指大部分学生所有的生活经验积累,这是顺利开展教学活动,促进学生共同发展不可缺少的资源。这就要求教师必须建立"全体"和"主体"意识,"面向一切学生",营造和谐民主的教学氛围,采取科学合理的教学策略,诱导学生在学的过程中积极主动地谈谈自己的想法,源源不断地

反馈信息,促进学生之间产生积极有效的、高质量的互动,实现优势互补,共同发展。

(2) 开发利用学生的差异性资源

学生是独特的人,每个学生都有自身的独特性和差异性。不同学生由于遗传素质和所受环境影响的不同,在个性方面也表现为个性差异,把学生差异作为一种教育资源具有重要的教育教学价值,有利于多样化、个性化人才培养。学生间的差异互动有利于生成合作交往、共生共长的教与学过程。教师作为学生差异资源的组织者、开发者和促进者有利于真正实现教学相长。树立学生差异资源观有利于促进每个人全面和谐发展。因此,课堂教学应卓有成效地开发和利用学生差异性资源。

(3) 开发利用课堂动态生成性资源

所谓课堂动态生成就是指在教师与学生、学生与学生合作、对话、碰撞的课堂中,现时生成的超出教师预设方案之外的新问题、新情况。它随着教学环境、学习主体、学习方式的变化而变化,根据教师的不同处理而呈现出不同的价值,使课堂呈现出动态变化、生机勃勃的新特点。

课堂教学不再是教师按照预设的教学方案机械、僵化地传授知识的单线性的过程,而应是根据学生学习的实际需要,不断调整,动态发展的过程。因此,教师在备课时要考虑不同的学生会有哪些不同的思考,可能会出现哪些解决方法,各种方法展现后怎样促进学生与课堂各要素(不同学生、教师)的交互作用,帮助学生生成新经验,即我们要把单线型备课变成多线型备课。这也就要求我们多一份对教学路径的预设、多一份对教学的动态生成。因此,我们的预设应该是空间型的,即预设应设置一定的空间,给予一定的弹性,而不应该把每一步都预设。只有这样,教师的教学才会既胸有成竹又不乏灵活机智。

4. 开发利用教材资源

教材是学校教育中教学内容的载体,是沟通教师的教和学生的学的媒体,有广义和狭义之分,广义的教材主要指文字型课本和辅助教材的总称,狭义教材主要是指学校教学使用的教科书。毋庸置疑,教材是至今使用范围最广泛、对学生影响最大的课程内容载体。长期以来,人们把教材看成是汇集了人类知识精华的著作,在教学中的地位是至高无上的,是教学的出发点、内容和依据,提倡课堂教学应"以本为本"、教师备课首要应"吃透教材",学生学习应"围绕教材"、学校考试应"紧扣教材",试题答案要和教材"保持一致"。这种传统教材观显然与新课改精神不相符。第一,教学的目标不仅是传授知识,还包括学生对学习过程的理解和方法的掌握,以及在情感态度与价值观方面的发展。教学的内容不仅是写在书本上的知识,而且包括"蕴含书本知识后面的、在学生与教师、学生与学生、学生与环境的相互作用过程中呈现出来的活生生的问题和对这些问题的回应"。第二,学生的学习不是简单的接受,而是一种基于原有的思维框架的基础上的有意义的重构,教学过程不应该只是一种从教材到教师再到学生的单向传递过程,而应该是学生、教师、教材以及环境之间的多向互动和探究的过程。第三,知识信息极度丰富的现状使教材无法包容政治学科知识的全部,或甚至仅仅是主要部分。

5. 充分利用信息技术和网络技术资源

随着信息技术和网络技术的发展,网络为知识学习提供了更方便、更快捷和更丰富的信息来源,这是时代的新产物并很快地发展壮大,成为课程的重要的环境资源。教师通过计算机技术制作课件,可以在课堂上给学生展示更多的资料,使学生更为直观、迅速地了解知识,赋予课程新的生命;通过网络,学生可以访问全国各地的教育网站、资料数据库、图书馆、档案馆等。充分利用学习资源,充分利用远程教育中的课程,使学习不仅仅局限于课堂、局限于学校,而是朝着更大的空间去发展。当然,对现代信息、网络技术的利用不能走死胡同,先进的技术只是教学的一种辅助手段,它从根本上不能取代教师地位,实际教学中,教师应该根据实际条件和自身特点采取适当的多媒体、网络手段,为教学锦上添花,而不能喧宾夺主,更不能一味地追求课件的美观、新奇而忽视其实用性。

第十七章　自主、合作、探究性学习艺术

一、自主学习艺术

1. 自主学习的内涵

自主学习是一种学习者在总体教学目标的宏观调控下,在教师的指导下,根据自身条件和需要自由地选择学习目标、学习内容、学习方法并通过自我调控的学习活动完成具体学习目标的学习模式。

自主学习从根本上确立了学生的主体地位,强调培育学生强烈的学习动机和浓厚的学习兴趣,它强调学生要创造性地学习,即对知识的整合和构建过程,重视学习者的主动性和探索性学习,形成以学生为中心的生动活泼的学习局面。

独立学习也不等于自主学习。独立学习往往指在不依靠他人的帮助下进行学习。

自主学习包括以下三方面含义。

(1) 自主学习是由学习者的态度、能力和学习策略等因素综合而成的一种主导学习的内在机制,也就是学习者指导和控制自己的学习能力。

(2) 自主学习是指学习者对自己的学习目标、学习内容、学习方法以及使用学习材料的控制权,即指学习者在以上这些方面的自由选择程度。

(3) 自主学习是一种学习模式,即学习者在总体教学目标的宏观调控下,在教师的指导下,根据自身的条件和需要制定并完成具体学习目标的模式。

2. 自主学习的特点

自主学习是学生在学习活动中自我决定、自我选择、自我调控、自我评价反思,发展自身主体性的过程。自主学习具有能动性,独立性和异步性三个基本特点:

(1) 自主学习的能动性

自主学习是把学习建立在人的能动性基础上,它以尊重、信任、发挥人的能动性为前提。能动性的表现形式有:自觉(自律)与主动(积

极)。自主学习是一种自律学习、一种主动学习,这一转,转出了学生无可推诿的主体责任,也转出了原来处于压抑状态时的那种不能自己决定、自己判断的智慧。自主学习使学生的学习状态发生了根本变化:从他律到自律、从被动到主动、从消极到积极,不仅开发出了学生的潜能,而且培养了学生学习的责任心。

(2) 自主学习的独立性

自主学习把学习建立在人的独立性基础上,自主学习的实质就是独立学习,独立性是自主学习的灵魂,要求学生能够不依赖教师和别人,自主独立地开展教学活动。

(3) 自主学习的异步性

自主学习尊重学生的个别差异,学生在充分了解自身的客观条件,并进行综合评估的基础上,根据自身的需要,制定出具体的学习目标,选择相关的学习内容,并对学习结果做出自我评估。学习的异步性使不少学生脱颖而出,使暂时落后的学生能够在教师的指导和帮助下尽快赶上来。

总之,自主学习是一种学生把自己置于主人地位上的学习,学习也就变成自己的事,自觉自愿的事。学习积极性的根源在于学生内部学习动机,而这种积极性一旦被调动起来,学生将主动参与到学习活动中去,学习也将是高效的。教师要放手给学生必要的个人空间,为学生创造、发现、表现,提供更多的机会,特别是为不同个性特点的学生提供必要的发展空间。

自主学习不仅能开发出学生潜在的能力,而且能激活、诱导出学生学习的积极性,养成良好的学习态度和学习习惯。

3. 自主学习的目标

在现代学习社会,施教者包括学校、家庭和社会。对在校生来说,学校是学习的主要场所和主渠道,教师和校长是最主要的施教者。自主学习要求施教者应以学校教育为主阵地,同时辅之以必要而科学合理的家庭教育和社会教育,使学生通过自主学习,学会求知、学会做人、学会审美、学会生活、学会交往、学会劳动、学会生存,具备与现代社会需要相适应的学习、生活、交往、生产以及不断促进自身发展的基本素质。

(1) 愿学、乐学

调动并形成强烈的学习动机,增加学习的兴趣,使学生愿学和乐学,解决学生中存在的厌学、逃学的问题。

(2) 会学、善学

要强化学法指导,使学生知道怎么样学习才能省时省力效果好。在新形势下,使受教育者掌握多样化的学习技能和方法,改变盲目学习状况,是实现学生自主发展的重要目标之一。

(3) 自醒、自励、自控

自主学习要求,学生不仅要把学习内容作为认识客体,而且要将自己作为认识的客体。要对自己作出客观正确的自我评价,从而对自己的行为进行自我激励、自我控制、自我调节,形成健康的心理品质,使自己的注意力、意志力和抗挫折能力不断提高。

(4) 适应性、选择性、竞争性、合作性、参与性

要使学生学会适应,要主动适应,而不是被动适应;要适应生活,适应学习,适应环境。允许并鼓励学生根据自己的素质和兴趣发展自己的特长。允许学生有选择学习内容、学习方式、学习方法的权利,按照全面发展与特长发展的要求,对学生的偏科倾向科学引导,并鼓励学生发展自己的优势和特长。要改善办学条件,为学生进行选择性学习提供更多的图书、报刊、信息、学习技术及学习手段。鼓励学生追求与自己情况相适应的较高目标,培养他们的进取心和成功欲望,鼓励竞争。主动合作、乐于合作、善于合作是人类赖以存在与发展的社会基础,是人的良好品质。要创造环境,使学生增强合作意识,培养合作精神。鼓励所有学生都成为学校内一切活动的积极参与者和主动参与者。通过参与,达到主动学习、主动锻炼、主动发展与提高的目的。

4. 影响自主学习的因素

自主学习可以划分为内在的自主、行为的自主、环境的自主三个方面,因此,探讨影响自主学习的因素应从个人内部、行为和环境三个方面着手。

(1) 影响自主学习的内在因素

美国著名教育家齐莫曼认为,影响自主学习的内在因素有多种,其中包括自我效能感、已有知识、元认知过程、目标、情感等。自我效能感是个体对自己是否有能力组织和执行某种特定行为的判断,是自信心在某项任务中的具体表现。自我效能感是影响自主学习的一个关键变量。一方面,自我效能与学生学习策略的运用和自我监控密切相关,高自我效能感的学生与低自我效能感的学生相比,展示出更高水平的学习策略,更多地对学习结果进行自我监控;另一方面,自我效能感与学习成绩显著正相关,这种相关在低成就学生身上的表现尤为强烈。

齐莫曼赞同把学生的已有知识可以分成陈述性知识、程序性知识

和条件性知识,但他又进一步从中分离出一种自主性知识,自主性知识是学生用来自我调节的知识,它兼具程序性知识和条件性知识的特征。关于学习的自主性知识能有效地指导学生的学习,这种知识不仅能使学生知道怎样学习,而且知道何时学习、为什么学习。在学习的自主性知识中,最为重要的是自主学习策略。经过长期研究,齐莫曼鉴别出14种有效的自主学习策略,它们分别是:自我评价,组织和转换,设置目标和作出计划,寻求信息,记录和监控,组织环境,自我奖励或惩罚,复述和记忆,寻求同伴、教师、其他成人的帮助,复习笔记、课本、测验题。齐莫曼发现,高成绩学生对上述14种学习策略的应用显著多于低成绩的学生;并且,这些策略能在极大程度上解释学习的个别差异。

齐莫曼指出,学生的自主学习策略的运用在很大程度上依赖于他们的元认知决策过程。在一般的自主水平上,任务分析或计划决定自主学习策略的选择或改变,而计划的制订又依赖于任务和环境的特征,陈述性和自主性知识,目标、自我效能感、情感状态和学习的结果等,在具体的自主水平上,行为控制过程引导注意,执行、坚持性,以及在具体情境中对策略和非策略性反应的监控,对自主学习者来说,策略性计划引导学生对学习过程的控制,并与来自控制过程的反馈相互影响。

情绪状态也同样影响学生的自主学习。例如,焦虑会影响元认知过程和行为过程。研究表明,焦虑与学生对学习过程的自我控制呈负相关。此外,焦虑还会影响学生设置长远的目标,情绪状态在学生主动寻求他人的帮助方面也起到一个重要的中介作用,由于寻求帮助的学生往往被解释为能力上的欠缺,因此,学生必须在寻求帮助时所面临的窘迫与帮助给予的受益之间作出权衡,这在一定程度上也妨碍了学生主动寻求他人的帮助。

(2)影响自主学习的行为因素

与班杜拉的行为自主思想相一致,齐莫曼把影响自主学习的行为反应分为三类:自我观察、自我判断、自我反应。这三类行为反应受自我过程及环境变化的影响,但是每一类行为都是可以观察、可以训练并且是相互影响的,因此可以把它们视为影响自主学习的行为因素。

自我观察是指学生对自己的学习过程进行系统的监控。自我观察监控学习过程并提供目标进展情况的信息。它受自我效能、目标设置、元认知计划等自我过程以及其他行为因素的影响。两种常用的自我观察方法:一是言语的或书面的报告,二是对行为和反应的量化记录。

自我判断指的是学生把自己的学习结果与标准或目标进行系统的比较后作出的反应。自我判断受自我效能、目标的特征和重要性、标准的类型,以及自我观察的结果等影响。学生常用的两种行为自我判断的方法是检查和评价,前者如对数学题答案的重复检查。后者如根据别人的答案或标准答案对自己的答案进行评估。自我判断对学生的学习具有重要影响。对学生进行自我判断训练能增强学生的自我效能感,促进技能的学习。

自我反应指的是学生对自己的学习结果所作的反应。自我反应可分为三类:一是行为的自我反应,如学生达到学习目标后给自己安排休息时间或物质奖励。二是内在的自我反应,如取得学习成功后作出积极的自我评价。三是环境的自我反应,通过这种反应学生改善自己的学习条件,如营造学习环境,寻求他人的帮助等。积极的自我反应。如自我奖励、自我肯定、改善学习环境,对自主学习有重要的促进作用。但自我反应并非总能够促进自主学习,例如,对学习进步情况的消极评价会影响学生对学习作进一步尝试。因为他们预料自己的尝试将是无效的,进而出现退缩。

自我观察、自我判断、自我反应这三种行为影响是相互依存的。例如,让学生作自我观察可以以两种方式影响他们的自我判断,为设置现实的学习目标提供信息,为评价行为的变化提供信息。大量的证据也表明,训练学生进行自我记录能够使学生在学习过程中产生各种积极的反应。学生的自我判断不仅影响对学习完成情况的自我记录,而且影响他们的自我效能感。

(3)影响自主学习的环境因素

齐莫曼等人把影响自主学习的环境分为两类,即社会环境和物质环境,他们认为,在社会环境中,可供模仿的榜样以及同伴、教师、家庭成员的帮助对自主学习有重要影响;在物质环境中,信息资源的可利用性以及学习场所对自主学习有一定影响。

自主学习能力的获得起源于对外部学习技能的学习,其后经过一系列阶段转化成自己的能力。在这个过程中,学习要依次经历四级水平,即观察水平、模仿水平、自我控制水平和自主水平。在观察水平上,学生通过榜样的示范作用学习最快。例如,通过观察榜样,许多学生能够归纳出学习策略的主要特征。但要把这些技能整合到自己的知识结构中,多数学生需要实际的练习,在这其中,模仿的准确性随榜样的指导、反馈和社会性强化而提高。当学生的行为接近了榜样行为的一般形式,学习就达到了模仿水平。此时,观察者不再直接照搬榜样的行为,而是模仿一般的形式或风格。例如,他们可能模仿问题的类型而不去模仿榜样的原话。当学习达到自我控制水平时,学生能够面临着迁移任务独立地应用学习策略,学生对策略的应用已经内化;但它还要受对模仿行为的表征和自我强化过程的影响。当学生能够根据个人和情境的变化系统地调整自己的策略时,学习技能就达到了自主的水平。在这种水平上,学生能够自觉地使用策略,根据情境特征调整自己的学习。

5. 促进自主学习的方法

(1) 激发学生内在的学习动机

首先,在呈现学习任务时,要提供给学生具体的、能够完成的、近期的学习目标,并逐渐教会学生自己来设置合适的目标和子目标。

其次,要教会学生对自己的学习实施自我强化,教师要把奖励或惩罚学生的理由告诉学生,并逐渐把外部强化的任务交给学生自己,使学生最终能根据自己学习的成败实施自我奖励或自我惩罚。

最后,增强学生学习的自我效能感。增强学生的自我效能感的方法有多种:一是提供学习的榜样,尤其是那些与学生的情况相似的榜样,让学生观察榜样在学习上的成功,使他们相信如果自己进行尝试也可以取得同样的成功。二是让学生在学习中经常体验到自己的进步。对于那些取得进步有困难的学生,教师要降低其学习进步的标准,并视其进步情况给予鼓励。三是进行言语说服,表明教师相信他们会取得学习上的成功。但要注意,言语说服本身的效果并不太好,但是结合榜样的示范就能发挥较好的作用。

(2) 注重学习策略教学和指导学生进行自我监控

一般说来,自主学习者在学习策略方面具备以下三个特征:一是具有丰富的一般性的和领域具体性的学习策略;二是知道何时、何地,为什么使用这些策略;三是明晓学习策略与努力的关系。因此,对学生的策略教学应围绕这三个方面展开。

首先,要传授给学生各种一般性的和领域内具体性的学习策略,常见的一般性的自主学习策略包括目标设置、计划、自我监控、复习等,其中,教师应该特别注意学生的学习时间计划的制订,帮助学生学会管理自己的学习时间,例如,学习较差的学生的一个重要特征是在有难度的题目上分配的学习时间不足,对此教师应予以指导。常见的领域内具体性的学习策略包括复述、分类、利用心理表象、作小结、头脑风暴法、列提纲、画示意图等。

其次,学生仅仅拥有某些策略还是不够的,好的策略使用者还必须知道何时、何地。怎样以及为什么使用这些策略,因此,在策略教学中还要对学生指明策略适用的条件和范围。一种常用的方法是为每一种策略的使用提供多个样例,让学生从中归纳出策略适用的条件,然后再进行大量的练习,最终达到策略的迁移,由于策略教学有时候并不能确保学生持久地使用该策略,因此还要给学生提供关于策略价值方面的信息,使学生明白策略使用与学习成功的关系。

最后,教师应该向学生申明策略使用与努力的关系,也就是说,要让学生明白即便使用学习策略也并不一定能确保学习的成功,他们还需要付出努力。而要做到这一点,可能需要对学生进行学习成败的归因训练。

第一,鼓励学生克服能力欠缺的自卑心理,在学习遇到困难时主动向同伴和成人寻求帮助;鼓励学生提问那些被同伴忽视的细节问题。

第二,给予学生优秀作业和测验的范例,鼓励学生从中挑选自己学习的榜样。

第三,多花些时间教会学生从图书馆或其他信息来源中为自己查阅需要的信息资料。

第四,教师要提醒学生各种环境干扰对集中注意可能带来的不良后果,教会学生营造适用于学习的环境的方法。

二、小组合作学习艺术

1. 小组合作学习的含义

合作是指两个或两个以上的学生或群体,为了达到共同的目的而在行动上相互配合的过程。小组合作学习是在班级授课制背景上的一种教学方式,即在承认课堂教学为基本教学组织形式的前提下,教师以学生学习小组为重要的教学组织手段,通过指导小组成员展开合作,发挥群体的积极功能,提高个体的学习动力和能力,达到完成特定的教学任务的目的。小组合作学习改变了在传统集体教学师生单维交流中,教师垄断了整体课堂的信息源而学生处于十分被动的局面,学生的主动性、创造性也因此得以充分的发挥。

合作学习的内涵有以下几方面。

(1) 互动性

合作学习的倡导者们认为:"在课堂上,学生之间的关系比任何其他因素对学生学习的成绩、社会化和发展的影响都更强有力。但课堂上同伴相互作用的重要性往往被忽视。事实上,与同伴的社会相互作用是儿童身心发展和社会化赖以实现的基本关系。"

(2) 交往性

学习不仅是一种个体获得知识和发展能力的认识过程,同时也是一种人与人之间的交往过程。所谓交往,就是共在的主体之间的相互作用、相互交流、相互沟通、相互理解,这是人基本的存在方式。人正是在交往中,在与他人的互动中生活着,并通过交往学习着生存所需要的知识、技能、经验等,形成积极的人生观和主动的生存方式,发展人之为人的一切方面,获得人的本质。

交往的认识意义表现在,第一,促使知识增值。学生通过交往分享彼此的思考、经验和知识,丰富学习内容,求得新的发现。学习过程因此成为课程内容持续生成与转化、课程意义不断建构与提升的过程。第二,活跃学生思维。学习中的交往和互动有助于激发灵感,增强思维的灵活性和广阔性。

2. 小组合作学习的意义

小组合作学习是指学生在小组中为了完成共同的任务,有明确的责任分工的互助性学习。小组合作学习有助于培养学生合作精神、团队意识和集体观念,有利于培养学生正确的竞争意识和能力,同时通过小组成员间的互助和帮助,实现每个学生都得到发展的目标。通过这种形式的教学,学生可以较好地适应将来在校外可能遇到的各种状况,使个别差异在集体教学中发挥积极作用。

组成一个学习小组要根据小组内成员的个性、心理、能力、性别等因素,把学生编成4～6人一组。例如:一个班通常采用四人小组面对面的形式。将全班学生分成好、中、差三类,使每组保证都有三类学生,其比例为1:2:1,即1优2中1困,使合作学习时小组达到组内异质,组间同质。这样的调配,既有利于优等生带动中等生的"拔高"学习,又能帮助学习成绩较差的学生"达标"学习,同时对优等生又是一个能力的锻炼,使小组中形成互帮互助的学习气氛。每个小组的组建犹如班级的缩影,而组间总体水平基本一致,这就是所谓组间同质,组内异质。这样编排可以利用组内成员的差异性、互补性促进学生互助合作,又可以利用组间水平的大体平衡展开公平竞争。

3. 小组合作学习中的误区

(1) 合作时机不当

合作学习是课堂教学中的一种方法,而不是教学方法的全部,并非任何时候都可以进行合作交流,不能为了合作而合作。有的问题很浅显,答案一眼就可以看出来,还需要合作探究吗?合作探究有利于集思广益,优势互补,但如果过于频繁,就会适得其反。

(2) 自由放任，缺乏监控

有些教师上课伊始便布置合作学习任务。在学生进行合作学习时，有的教师退至教室的一侧耐心等待，有的教师如蜻蜓点水般在各学习小组间游走。小组合作学习结束后，教师开始依次听取各小组的汇报，汇报完毕，课堂教学活动便宣告结束。在这样的课堂上，教师可有可无，小组合作学习处于一种缺乏监控的自由放任的状态。

(3) 合作分工失衡

低年级学生在小组学习中不一定能够友好相处，有的学生成了"小霸王"，大权独揽，垄断了操作任务，不让他人插手；有的成了旁观者，不习惯也不善于主动思考，不知从何想，更不知从何说，久而久之，产生了依赖心理，学习处于被动状态；更有学生乘此机会思想游离。

(4) 将小组合作理解为小组讨论

我们经常可以看到这样的教学场景：当教学进行到某一环节时（通常是教师的提问无人应答，教学进行不下去时），教师便会要求学生"几个人讨论讨论怎么回答这个问题"。这时，有的学生按照教师的要求发表自己的看法，但往往是你说你的，我说我的；有的学生则利用这个机会说闲话。

这样的小组讨论没在明确的团体目标指引下的群体学习行为，教师使用它，只是为了使教学能顺利地进行下去，其出发点和归宿是完成教师对教学的设计（以教师为中心）。这种小组讨论不是真正意义的上小组合作学习。

(5) 少数人学习，多数人休闲

其表现形式有二：一是少数人学习，多数人游离。小组合作学习时，学习好或者性格外向的学生频频发言，其他人则成为"多余人"，坐在那里静听；小组汇报时，真正发言的仍是那一两个学生。在这样的课堂上，参与合作学习的只是少数几名学生，大多数学生则游离于学习过程之外。二是少数人学习，多数人搭车。

4. 小组合作学习的组织策略

(1) 合作小组的建立

小组合作学习方式的开展，首先要建立学生小组，并考虑"质和量"两个因素。在人员"质"的方面，按照学生的知识程度和能力水平搭配，由好、中、差三类学生组成小组，使优等生可以带动学困生，在学习上共同进步，在人员数目上，小组规模不大，由4~6人组成。成立小组后，选定小组长。小组长担负着联络教师、召集、督促、检查小组成员的任务，同时还起着带领、协调、疏通的作用。小组长选定后，将小组内成员分编号码。

(2) 小组合作学习策略

第一,协商法。课堂讨论是小组合作学习中运用得最多的学习形式,它打破了课堂上学生个体学习之间的隔阂,给予他们交流合作的机会。在讨论过程中,一些程度好的学生常常会把自己的意见抢先说出来,使得其他程度较差的学生失去了独立思考、发表意见的机会,而协商法是在讨论前,小组成员先独立思考,把想法写下来,再分别说出自己的想法,其他人然后讨论,形成集体的意见,再从中选优。这样可保证小组中的每个成员都有思考的机会和时间。

第二,打靶子。在小组中每位成员独立思考后,抽签决定一位成员陈述自己的意见,其他小组成员以他的意见为靶子,对他的意见发表见解。同时,也可以以小组的意见为靶子,全班同学对本小组的意见发表见解。在这种具有团体性质的争论中,学生们更容易发现差异,发生思维的碰撞,从而对问题的认识更加深刻。

第三,互相提问。学生在阅读材料的基础上互相提问题,可小组内提问,也可小组间提问,也可男女生互相提问。在教学中发现,学生总期望能提出难住对方的问题,学生们阅读得比以往更认真,提出的问题有的是已知的,有的问题甚至可延伸到课外,很能激活学生的思维,激发讨论的兴趣。

第四,动态分组法。在课堂讨论中,还可采用小组成员动态编组。如让女生固定在小组的座位上,而让男生流动。比如第一小组男生到第二组,第二组男生到第三组……也可单数或双数组互换女生等。这样,不仅使学生有新鲜感,更重要的是使学生不断地有机会了解更多同学的观点,也可以打破组内长期形成的有的学生在组内起控制作用,有的学生则处于从属地位的"态势",给每位学生提供平等发展的机会。

第五,切块拼接法。由于学生掌握知识的水平不同,解题能力参差不齐,所以在习题教学中采用切块拼接法实施小组合作学习。根据每个小组的成员编号,将1号成员组成一组合作讨论第一组题目,2号成员组成一组,合作讨论第二组题目,依此类推。这样,每一位小组成员回到原小组中就可以讲解自己学会的一组题,将习题切块再通过不同编号的成员拼接起来,这样既节省了时间,又使每位成员具有了责任感,自己必须把学会的题讲解给其他成员,而且使习题课化难为易,由枯燥变有趣,强调每一位成员的参与。

5. 小组合作学习的启示

小组合作学习开创了现代教学研究的新领域,使每一位学生都能学会合作，也丰富了教学互动理论。合作学习明显优于独立学习情形，在对复杂任务的完成方面，合作学习促进了学生的互动质量，明显促进了学困生的学习能力，而且学困生的参与度也明显提高，创新了教学组织形式，突出了情意功能。合作学习的确能够在推动学生互动，提高学生的参与意识和水平，解决复杂问题并提高学困生的学习能力等方面产生良好的效果。

三、探究性学习艺术

1. 探究性学习的含义

探究性学习是指在学习过程中，运用类似科学探究的方法和途径，通过主动的探究、发现和体验，学会对大量信息的收集、分析和判断，从而提升创新能力和实践能力，增强发现问题、提出问题、分析问题、解决问题的能力。探究性学习不仅强调学习知识的技能和方法，而且关注思维能力的培养，特别是创造性思维能力的培养。在这样的学习过程中，关键是对所学知识有所选择、判断、解释、运用，从而有所发现，有所创造。其实，探究性学习的过程本身就是它所追求的结果。

2. 探究性学习的特点

（1）强调学生主动学习，能增进学生对科学探究的理解

科学探究是运用一定的科学方法，按照一定步骤来解决自然界各种问题。学生依据来自各方面的资料和史实，会像科学家一样经历"科学研究"的主要过程，体验科学研究过程和方法，领悟科学探究是人们获得科学知识、认识客观世界、了解科学发展的一种方式。

（2）能使学生通过亲身实践获得知识和技能

探究性学习是要学生掌握科学研究的方法，如果不亲自参与探究，学生就无法理解科学探究的艰难，无法体会科学家在科学研究中可能遇到的各种问题，以及科学家怎样通过一次一次的尝试来解决问题。参与探究可以帮助学生领悟科学的本质。

（3）能开拓学生的思维，开阔学生的视野，有利于培养创造性人才

探究性学习是一种开放性的学习方式。从问题的提出到解决问题的过程中，学生能够运用已有的科学知识、科学方法，充分发挥自己的想象力，展示自己的创造精神和创新思维。学生借助学校的学习环境，将探究性学习融入课堂内外。

(4) 能有利于使学生养成实事求是的科学态度

任何科学成果的发现,都是科学家、科学工作者经过无数次的实验,从失败中获得成功的。成功的关键是科学家的实事求是的科学态度。学生在探究学习的过程中不可避免地会遇到各种问题和困难,如"探究酸或废电池液对种子萌发的影响",由于需要每天定时专人观察做记录,这就要求分工记录的学生要有认真踏实的工作态度,实事求是的工作作风,提供真实的实验参考数据。

(5) 能为学生提供发挥创造力、学会与他人合作与共事的机会

探究性学习活动最直接的载体是教材与课堂。常言道:"授人以鱼,不如授人以渔。"学生遵循科学探究的基本过程,经过反复实践和训练,在观察、实验、测量、考察、调查、查询、搜索、社会实践等活动中获得信息,用文字、图表、图片、录像、调查报告等方式对信息加以核对、归纳、处理,学会了收集、处理各种信息,独立地思考问题,获取知识,用批判性思维审视所获得的信息和经历的探究过程。在行动的独立性和思维的创造性方面得到培养。

合作意识、团队精神,是人们在科技迅速发展、信息化社会中生存必须具备的基本素质。在探究性学习过程中,经常以小组形式开展学习活动,为人际沟通和合作提供良好的空间,经过切磋、交流,学会分担责任,分享成功的快乐,体验科学、技术、社会的融合。明辨科学的价值,思考未来。

3. 选择探究性学习方法的原则

学习方法与学习的过程、阶段、心理条件等有着密切联系,它不但蕴涵着对学习规律的认识,而且也反映了对学习内容理解的程度。在一定意义上,它还是一种带有个性特征的学习风格。学习方法因人而异,但正确的学习方法应该遵循以下几个原则:循序渐进、熟读精思、自求自得、博约结合、知行统一。

(1) 循序渐进

就是人们按照学科的知识体系和自身的智能条件,系统而有步骤地进行学习。它要求人们应注重基础,切忌好高骛远,急于求成。循序渐进的原则体现为:一要打好基础;二要由易到难;三要量力而行。

(2) 熟读精思

"熟读",要做到"三到":心到、眼到、口到。"精思",要善于提出问题和解决问题,用"自我诘难法"和"众说诘难法"去质疑问难。

(3) 自求自得

就是要充分发挥学习的主动性和积极性,尽可能挖掘自我内在的

学习潜力,培养和提高自学能力。不要为读书而读书,应当把所学的知识加以消化吸收,变成自己的东西。

(4) 博约结合

就是要根据广博和精研的辩证关系,把广博和精研结合起来。众所周知,博与约的关系是在"博"的基础上去"约",在"约"的指导下去"博",博约结合,相互促进。坚持博约结合,一是要广泛阅读;二是要精读。

(5) 知行统一

就是要根据认识与实践的辩证关系,把学习和实践结合起来,以知为指导的行才能行之有效,脱离知的行则是盲动。同样,以行验证的知才是真知灼见,脱离行的知则是空知。因此,知行统一要注重实践:一是要善于在实践中学习,边实践、边学习、边积累。二是躬行实践,即把学习得来的知识,用在实际工作中,解决实际问题。

4. 探究性学习的方法

华东师范大学巢宗祺教授谈到探究性学习时说:"我们要鼓励和帮助学生自己探究问题,探究解决问题的方案,寻找答案,要鼓励和帮助学生在探究之中尝试不同的方法,探究适合于自己获取新知识和能力的途径。"

探究性学习是指在教学过程中以问题为载体,创设一种类似科学研究的情境或途径,引导学生通过自己收集、分析、处理信息,感受和体验知识的产生过程,进而了解社会,学会学习,培养分析问题、解决问题的能力和创设能力,其核心是改变学生的学习方式。而课堂探究性学习,就是以探究为主的学习。

教师作为探究性学习的导师,其任务是调动学生的积极性,促使他们自己去获取知识、发展能力,做到自己能发现问题、提出问题、分析问题、解决问题,与此同时,教师还要为学生的学习设置探究的情境,建立探究的氛围,促进探究的开展,把握探究的深度,评价探究的成败。学生作为探究性学习的主人,自然是根据教师提供的条件,明确探究的目标,思考探究的问题,掌握探究的结果。在实际教学中,许多教师没有创设良好的课堂气氛,没有选择切合学生实际的教学手段,没有找准启发探究的切入点,更有可能所提的问题太难等。受应试教育下填鸭式教学的影响,学生总是被动地坐等知识,重知识记忆而轻问题思考,习惯于听教师讲解,习惯于背书,忽略了课程的特殊性。因此,在教学中引导学生进行探究性学习就显得尤为重要。

(1) 创设情境确立探究方向

认知需要是学生学习中最稳定和重要的动力。在学习一个新的知识点时,教师可以有针对性地设计问题的情境,把学生的思维带入新的学习背景中,让他们感觉学习是解决新的问题的需要。产生一种积极发现问题、积极探究的心理取向,使学生敢想、敢问、敢说,从而诱发探究的意识,激活探究的思维。

(2) 自主选择激发探究兴趣

一篇课文值得探究的内容很多,教师可以让学生自主选择一个内容进行探究。在学习每一篇课文时,每位学生的兴趣着眼点均不同。有的学生喜欢朗读,就去探究课文该怎么读,怎样才能读出神,有的学生喜欢抓重点句体会句子的蕴涵的意思,就去探究一篇课文中哪些句子含义深刻,该怎么理解,有的学生不明白课文某些情节,就会带着疑问去找答案,等等。总之,应该鼓励学生根据自己的兴趣爱好进行学习,提高阅读水平。

(3) 给予支持重视探究过程

探究性学习不仅重视学习的结果,更重视学习的过程,教师要努力创造条件,给学生提供自主探究的机会,让学生对学习充满无限激情,拓宽思路,取得最佳的学习效果。要根据不同的学习内容,确定丰富多彩的探究方式。在学生探究过程中,教师要适时进行必要的、有效的指导,确保探究过程井然有序地开展,不能让学生处于无组织状态,感到漫无目的,手足无措,应该让学生在探究中有所收获。

(4) 进行探究并享受探究乐趣

探究式学习突出了"以人为本"的思想,它把学生置于一种开放的、和谐的、互动的、多元的、综合的学习环境中,学生可能会产生不同感受的体验,对问题也会出现独特的理解,即便是有缺漏的,失之偏颇的,教师也应该肯定。因为这些都是学生积极探究的成果,同时,教师应该提供一个展示的平台,或认真倾听学生的理解,或相互交流探究的结果,或激励独特的视角等。

5. 开展探究性学习的注意事项

(1) 利用好教材和教学参考资料中的探究材料

探究性学习并不神秘,也不是高不可攀。我国已将探究性学习贯穿于依据新课程标准编制的教材的文字和设置的各个栏目之中。国外的许多教材中,从文字、图片、图表、阅读、引言、实验、实践、复习等方面的资料中也有许多探究的资料信息。这些课程资源都可作为设计探究活动的参考材料,从中受到启发,获得灵感。因此,教师在使用教材时,留心教材设计的各个栏目的内容和目标,做到心中有数,有备而教。

(2) 掌握好各个探究活动要求达到的目标层次和侧重点

教材针对不同年龄特征的学习对象在探究的目标要求和侧重点上都有相应的考虑和区别。有的探究活动是要求学生体验科学探究的一般过程,探究的问题并不复杂,结论比较容易获得。有的探究活动重在数据的收集、整理和解读上;有的探究活动重在取样、检测上;有的探究活动重在设计合理的实验装置上。当然,有的探究活动同时有几个侧重点。学生通过参加此项探究活动,不仅能够体验科学探究过程,也从中初步学会科学探究的一般方法。此外,在探究性学习活动中,如何发现(提出)问题、作出假设,以及如何分工合作、交流讨论几乎是所有探究性活动的共同要求。

(3) 组织好探究性活动,重视探究过程,而不只是结论

之所以要学生去探究、去发现,是想让学生借助探究活动,去体验和领悟科学家探究过程的思想观念、科学方法、科学精神。发挥人类与生俱来的探究本能,去尝试科学家在科学研究中克服可能遇到的各种困难和问题时,积极动脑、坚忍不拔。学会科学地思维、理性地思考,改变过去被动地、机械地获取知识的学习方式。在思想、观点的交流、碰撞和共同合作、配合的互动中相互学习,提高科学素养。

探究性学习的核心在于对"问题"的不断追求。因此,对探究的问题要有充分的把握和精心准备,花大力气组织好探究性学习活动。所探究的问题要具有一定的挑战性,应是学生所关注和感兴趣的、值得花时间去探究的"真问题"。要让每一个学生都有明确的探究目标和科学活动程序,每一步骤都要精心设计,周密安排,明确分工;观察、记录、检测、描述、交流都要实事求是;学会在讨论中耐心地倾听和尊重其他人的不同意见;善于鼓励学生提出自己新的发现、新的见解或新的探究问题。不要忙于依教师个人或少数学生的分析而急于求成地下结论,这样,往往可能忽略了学生的主体地位,有时会出现强加于人的情况,甚至于在不经意中滋长了学生的依赖和懒惰心理,不知不觉中又回到以教师为中心的教学中。

(4) 关注探究性学习的差异性,注重学习能力的互补性

以往由于教师和学生习惯于以现成的知识、机械学习为主的方式,因此,在组织探究性学习活动时,不少教师会感到很难做到灵活多样。

针对学生人数多,班额大,教学经费和设备条件不足,空间有限等实际情况,实施新课程倡导的探究学习确实有不少实际困难。这就要求教师要积极主动地动脑筋、想办法创造条件,充分利用当地的各种条

件和课程资源,为学生创设探究的机会。要精心选择探究活动的项目,不求多,但求精,重要的是确实调动学生的探究欲望和参与活动的积极性,给学生提供分工合作、互相帮助、差异互补的机会。以小组形式进行探究性学习是被经常采用的方式。根据探究学习的具体内容和条件,设2～4人或4～6人为一个小组,组长与组员之间承担的角色轮流互换,学期结束重新编排。

(5) 及时对探究性学习进行评价,自评、互评、师生共评相结合

学生在较短的时间内进行探究性学习,其过程常常被简化。但探究性学习的目的是要学生掌握科学研究的基本方法,如果不亲自参与探究,在小组中表现消极被动、旁观或敷衍了事,将无法理解科学探究的艰难与乐趣;无处体验克服困难的勇气与信心;无法领悟科学的本质与方法。因此,教师要及时对探究活动进行有效的评价,形式主要有学生自评、小组内或小组间学生互评,教师评定,教师点评。特别是要有计划地、有目的地给予学生个性化的、积极向上的评价,不仅起到树立榜样的良好示范作用,同时,对培养学生热爱科学、尊重知识、崇尚科学和今后进行踏踏实实的探究学习都有积极的影响。发挥鼓励性评价的积极效应,促进学生自觉地、热情地投入探究性学习活动中。

(6) 依据教材资源,结合当地实际,灵活调整学习内容

教师对探究性学习认识水平的提高,将促进教学思想、教学行为的自觉转变,更好地发挥人的主观能动性。使探究性学习活动适当扩展延伸和生活化,启发学生用所学习的知识去观察、发现问题、分析和解决问题,培养学生研究问题的意识、敏锐的头脑和敏捷的思维。

(7) 要重视探究性学习的总结报告的撰写和表达交流

亲自参与多种形式、多个侧面的探究性学习活动,可以为学生进一步学习奠定良好的感性和理性认识基础。因此,教师要重视培养学生通过文字描述、数字、表格、示意图、曲线图、流程图、实验报告等形式完成对探究性学习过程的总结报告,推进将感性层面的经验上升为理性思维。提示和指导学生用现代化多媒体形式进行记录、处理和展示探究活动的经过,可以使报告更加生动。课堂上适时地组织交流探究过程和结果,举办小型报告会,办板报和班级宣传栏,定期举行科学报告会或辩论会等都可以为学生提供表达、交流、展示的机会。培养学生正确地认识并意识到撰写科学报告的过程是对科学探究活动的继续。撰写报告中辩证的逻辑、严密的推理、简约而流畅的表达以及正确地使用科学术语等,都是科学活动所要求的基本素养。这些素养可以通过撰写科学报告和表达交流得到锻炼和提高。

(8) 探究性学习活动并不是教学活动的全部

通过探究性学习,使学生主动地、生动活泼地学习,学会思考,学会求知,学会合作,学会实践,使学生的学习方式变被动为主动,并通过勤于动手、乐于探究的多种形式的科学探究活动,培养获取知识的能力,体验科学的过程和方法,主动搜集和分析各种信息,善于与人交流和合作,培养一定的创新精神和实践能力。

探究性学习只是学习的一种方式,并不是万能的。特别是由于文化背景和思维方式、思维习惯等多方面的原因,开展探究性学习目前还存在许多问题,比如因认识上的片面性而对传统教学一概否定,不顾实际情况而盲目追求探究的量,忽视探究的质,使探究过程形式化、模式化、表面化。再比如因教师缺乏基本的科学素养和设计、组织探究活动的能力,机械模仿,抓不住问题的实质,不能指导学生探究有一定思维深度的、富于启发性和挑战性的问题,盲目追求表面上的热热闹闹,结果只能是浪费时间,降低教学质量。正确的态度应该是,既承认探究学习的突出优点,同时还要注意克服探究学习的弊端,既要倡导探究性学习,同时也要继承传统教学中许多成功的做法,多种教学方法和策略相互结合,优势互补,避免从一个极端走向另一个极端。

第十八章 说课艺术

说课,近年来不断得到重视,可以体现教师自身的理论素养和实践水平,也能提升同行之间的合作意识,符合新课程改革提倡的转变评价方式的要求,并能促进教师积极参与教学研究。

一、说课的含义

所谓说课,一般地说就是让教师以语言为主要表述工具,在备课的基础上,面对同行和专家,以科学的教育理论为指导,将自己对课标、教材的理解和把握、课堂程序的设计和安排、学习方式的选择和实践等一系列教学要素的确立及其理论依据进行阐述的一种教学研究活动。简言之,即做什么、怎样做、为什么这样做。

说课集中、简练地反映了教师的教学理念、教学技能和教学风格,充分体现了教师教学水平和教学智慧,强化了教师教学的理性因素,督促教师学习教育教学理论,更新教育观念,有效地促使教师在教学实践中反思教学行为。

说课活动由两部分组成,依次为解说和评说。重点在解说,它是以教师口头表达为主,以教育科学理论和教材为依据,针对师生具体情况和课程特点,以同行为主要对象,在备课与上课的基础上所进行的教学研究系统。它要阐明的问题是做什么、怎样做和为什么要这样做及其理论依据。评说则是针对解说而进行的评议、交流和研讨。

说课既然是一种教研活动,必然具有教研活动的一般性质。首先,它具有群体性,即由众多教师、同行参与。其次,说课具有交流性,即说课者与听讲者要彼此进行意见交流。再次,具有一定的研究性,即交流的内容是各自经过一定研究的结果。最后,还具有可操作性。这种可操作性是由以下因素决定的:第一,说课的内容及其要求十分明确、具体和科学,具有规范性;第二,说课不受时间、地点和教学进度的限制,具有灵活性;第三,说课是教学中最接近教师的教学理论在教学中的应用,具有可验证性。除此之外,对每一位教师来说,说课并非是高不可攀、神秘的、可望而不可即的东西,而是一种简单易懂的带有普遍意义的教研活动，所以还具有参与性。

二、说课的基本要求

（一）说清本课内容在本学科教学中所处的地位及其作用

教师如何认识每一课时教案在学科教学中的地位，进而如何对学生进行学习指导至关重要，有经验的老教师熟悉学科知识体系中的要点和关键，并善于抓住这些知识关键点来指导学生，从而达到事半功倍的教育效果，确保教学质量。说课者如何认识每一课时教案在学科教学中的地位，如何对学生进行学习指导是至关重要的。说课者就是要说清该课在学科知识体系中的要点和关键，说清每一课时教案内容在学科知识体系中的地位及其作用，并抓住这些知识关键点来指导学生，从而达到事半功倍的教育效果。

（二）说清本课内容的重点、难点和要点

每一课时教学内容都有自己的重点、难点和要点，要让学生把握一节课的教学内容，必须突出重点。在教学过程中，每一课时又往往有一些知识点学生难以明确，难以掌握，作为教师，必须从学生的实际出发，把握重点、要点，找出难点，化解难点以达到预期的教学目的。这些都需要"说课"者在说课过程中掌握并说清如何在教学过程中体现。

（三）说清本课的课时结构和目标

掌握课堂教学目标是教师的基本功，在有限的45分钟内实现课堂教学目标是很有讲究的，如何突出重点、掌握要点，如何化解难点、巩固知识，如何复习旧课、导入新课，如何演绎示范、归纳总结，如何提问设问、布置练习，都有一个时间合理安排问题，一节好的课离不开一个好的课时结构，要使每一课时的各个教育环节均能恰到好处，合理分配课堂教学时间就尤为重要。作为说课者，必须紧紧围绕课堂教学目标，在说课过程中，体现课时结构，反映各个教学环节的时间分配。

（四）说清实施课堂教学目标的方法与手段

在课堂教学目标确定之后，用什么方法和手段实现课堂教学目标极为重要，它要求说课者根据教学要求和所教对象，说清如何运用相应的教学方法来完成教学任务，并运用何种教学手段，来强化教学目标的重点、要点，化解难点，使学生掌握所教知识。俗话说："教无成法，但教要得法。"这句话说明教学方法不是一成不变的，每一种教学方法都自有其合理性和科学性。在同一课时中，教学方法可以多样变化，但教

学方法的多样性必须和教学效果相一致。

(五)说清教学过程状态的调节与信息的有效传递

教学过程中师生教学状态的调控,与教和学信息的传递、反馈,实质上是一个很重要的,但往往又容易被说课者遗忘的环节。在实际教学中教师的"教"与学生的"学"虽是相互联系的,但有主动和被动、先后快慢之分。有时也许老师讲得快的地方恰恰正是学生一下子不能领悟到的地方;有时学生积极性很高,偏离教学目标,这就需要教师通过信息传递、反馈来适当调控,而教学状态的有机调控必须注意提问、设问、练习等信息传递的精心设计和合理安排。上述这些说课者都要充分说明。

(六)要把握说课的技能

从说课的技能上看,说课主要靠口头语言来表达。

1. 突出"说"字

说课不等于备课,不能照教案读;说课不等于讲课,不能视听课对象为学生去说;说课不等于背课,不能按教案只字不漏地背;说课不等于读课,不能拿事先写好的说课稿去读。说课时,要抓住一节课的基本环节去说,说思路、说方法、说过程、说内容、说学生,紧紧围绕一个"说"字,突出说课特点,完成说课进程。

2. 把握"说"的方法

说课的方法很多,应该因人制宜,因教材施说:可以说物、说理、说实验、说演变、说本质、说事实、说规律、正面说、反面说,但一定要沿着教学法思路这一主线说,以防跑野马。

3. 语气得体,内容不失真

听说课的对象是同行、是评委、是领导,都是成人,说的语气、称呼要得体。虽然听课者是成年人,但他们会竭力站在学生的角度去听说课,去审视说课者的一字一句、一举一动,包括组织过程、参与过程、教法的采用。因此,说课时要真实体现教学设计的理性思路、教学的过程、方法的选择,又要注意说课时的语气、称呼、表情要得体。

4. 说出特点,说出风格

说课的重点应放在实施教学过程、完成教学任务、反馈信息、提高教学效率上。说课要重理性,讲课注重感性和实践。用极有限的时间完成说课内容不容易,必须做到详略得当、简繁适宜、准确把握说度。说得太详太繁,时间不允许,也没必要;说得过略过简,说不出基本内容,听众无法接受。

(1)亲切自然,声情并茂。既然是说课,就要求说课者把为什么这么教和指导学生怎样学的科学理论依据等内容"演说"给同行听,而不是简单地"读"给大家听。因此,说课时应尽量脱稿。要精神饱满,充满激情,使听者受到感染,引起共鸣。

(2) 详略得当,重点突出。说课的时间一般是15分钟左右,因此不能平铺直叙、面面俱到,而要根据大纲的要求和教材的实际,精心选择教学内容中最主要、最本质的东西来说。对有的说课环节可一笔带过,而对"怎样导入新课""怎样运用恰当的教学方法来突破教材的重点和难点"等则应浓墨重彩,予以渲染。

(3) 表现专长,突出特色。要能够说出对教材、教法有别于常规的特殊理解、安排,充分体现出执教者的教学专长,突出教学特色和教学成果。在教材的处理、教法的选用、学法的指导、板书的设计、教学环节的安排等方面都要有自己的独到之处。

(4) 媒体辅助,直观快捷。说课应讲究效率,力争在有限的时间内把教学设计说清楚。因此,有条件的学校,开展说课活动时,要努力使用多种媒体手段,以增强说课效果。

(5) 把握说课的度。要因地制宜,灵活选取说法,把课说活,说出该课的特色,把课说得有条有理、有理有法、有法有效,说得生动有趣;其次是发挥个人的特长,说出个人的风格。

三、说课的具体内容

说课是教师"说"自己的教学思路轨迹,诸如教学的重点、难点是什么,确定的依据是什么;教学方案是如何设计的,设计的理念是什么,预定要达到怎样的教学目标……这好比一项工程的可行性报告。它要求教师要运用系统的观点和方法,从教材、教法、学法、教学过程等方面,就教学思路、教学设计及其依据等对教学课题进行全面讲述。

1. 说课标与教材

(1) 说课标内容在学科教学中所处的地位与作用

首先,说课前,要先熟悉课程标准,从课程论的高度驾驭教材和指导教学设计。了解本课教学目标、教学内容及教学操作等在课程标准中的原则性要求,从而为自己的教学设计寻找到有力的依据。再熟悉教材,说出该教学内容的课题题目,处于教材的第几册、第几单元、第几篇乃至整个学习阶段中所处的位置,所起的作用以及前后知识之间的联系。分析要说的课题在本章的地位以及本章与其他章的关系。说清楚本节教材在本单元、整个学段、甚至本册教材中的地位和作用，即弄清教材的编排意图或知识结构体系。只有明确了这一点，才能在教学中重视前后知识的内在联系，准确认定教材的重点和难点，从而提高课堂教学效率。

（2）说教学目标

这主要是本课时的教学目标。现代教学的突出标志是有目标的教学。目标导向就是在教学活动中，目标训练自始至终以学习目标为导向，围绕学习目标有层次地循序渐进地展开和收拢。教学目标的确定要注意三点：一要全面、二要具体、三要恰当。全面是指不仅要有认知目标，也应当有思想品德、情感的目标，也应当有能力（包括行为）的目标。具体是指在这节课内能具体落实的目标。恰当是指目标程度符合学生的实际。笼统的、过高或过低的教学目标都是不科学的。

（3）说教学重点、难点

说这一节课教学中包括哪些基础知识，更为重要的是说重点和难点是什么以及确立这一重点和难点的理由。教师在说课时，只说教学中的重点和难点"是什么"而不说"为什么"，这是不符合说课要求的。因为只有理解"为什么"这是重难点，才可能有效地提出解决重难点的教学方法和手段。重点和难点的确定，既要根据教学内容，又要考虑学生的实际。它们又不是互不相关的，有时可以是双重身份。既是重点，又是学生学习的难点。

2．说学情

学情分析包括：

（1）分析学生已有知识和经验

即学生的知识准备状态。学生肯定已经具备了一定的知识和生活经验，这是学生学习新知识和新技能的基础。把学生已有的知识和经验说出来，把打算如何利用这些知识与经验说清楚，有利于实现学生"旧知"向"新知"的迁移，解决教师"怎样教"的问题。

（2）了解学生学习方法和技巧

在进行新知识教学时，认真分析并把握学生已有的学习方法和技巧，可以有针对性地指导学生从已有的学习方法和技巧体系中检索有用信息，培养学生独立分析问题、解决问题的能力。

（3）了解学生的学习动机水平，预估学生对新的学习的关注和接受程度

（4）最后，关注学生的个性差异

学情分析是对学习主体在动机原理和学习特点上的认识。通过学

情分析,可以发现学生学习中存在的问题;分析产生问题的主要原因,以确定在教学活动中解决该问题的方法和途径;回答"为何教的"的问题。

3. 说教法及依据

主要是说明"怎样教"和"为什么这样教"的道理。在确定教学目的要求后,恰当地选择先进的教学方法是至关重要的。因此,要解释教者是用的什么方法落实"双基"、渗透德育、培养能力、开发智力的;还要说出教者在教学中是如何发挥主导作用的,在精华要害的知识上进行点拨,在能力生长点上强化训练,以及如何处理教与学,讲与练的关系;同时说该课时如何使用教具、学具或电教手段。

可以在说教材后先概括地说说教法,然后在说教学程序时穿插进去具体介绍怎样运用;也可以先穿插在说教学程序中详细介绍教法的运用,再在说完教学程序后概括,说清运用了哪些教法以及选择、运用这些教法的理论根据。

说教法,应说出"怎么教"的办法以及"为什么这样教"的根据,具体要做到以下几个方面:

(1)要说出本节课所采用的最基本或最主要的教法及其所依据的教学原理或原则。

(2)要说出本节课所选择的一组教学方法、手段,对它们的优化组合及其依据。无论以哪种教法为主,都是结合学校的设备条件以及教师本人的特长而定的。要注意实效,不要生搬硬套某一种教学方法,要注意多种方法的有机结合,提倡教学方法的百花齐放。

(3)要说明教师的教法与学生应采用的学法之间的联系。

(4)要重点说说如何突出重点、化解难点的方法。

4. 说学法

学法指导是教师对学生进行学习方法的引导、传授,使学生逐步掌握科学的学习方法,进而形成独立的技能的过程。"转变学生的学习方式"已成为新世纪基础教育课程改革的主题。它的核心是抓住学生创新精神和实践能力的培养,使学习过程最大限度地成为学生发现问题、提出问题、分析问题、解决问题的过程。要贯彻学生是教学活动的主体的现代教学思想,要达到使学生学会学习的目标,学法指导成为教师教学工作的重要任务。

从学法指导来看,现代教育对受教育者的要求,不仅是学到了什么,更主要的是学会怎样学习。学法指导要让学生既"学会"又"会学",以最终达到"教是为了不教的"目的。说学法具体要求说出:

(1) 要分析学生在掌握教材内容时可能出现哪些障碍及其原因。
(2) 通过何种途径培养和激发学生的学习兴趣。
(3) 在教学过程中侧重指导和培养学生哪些学习习惯和学习方法。如在学习环节上,指导如何预习,如何看书;在能力训练环节中,指导学生如何提高联想能力,如何提高分析能力,综合能力、如何提高迁移能力。

5. 说教学过程

教学过程是指教师为了实现教学某一具体目的任务,借助一定的教学内容和相应手段,帮助学生掌握系统的科学文化知识和技能、技巧,认识客观世界掌握科学研究方法的过程,是教学生在教师指导下主动掌握知识、发展智能、提高自身素质的实践活动的过程。简言之,是指一个具体课题,在课堂教学中的实施方案。说教学过程是说课中的中心内容,能否说清楚教学过程是能否说好课的关键。

教学过程要设计合理、以目标为主线,重视主导和主体作用的发挥。要展现教师如何引发学生的学习动机、如何展开教学内容、如何安排教学程序以及采取何种手段来达到反馈和强化学习结果。促进教学过程有序发展即按规律运动。

说教学过程要说明课堂教学过程和步骤安排以及这样安排的理论依据,这是说课中更为具体的内容,要说出教学过程中教学各环节的衔接和过渡。教学过程要求层次清楚,过渡自然,环环紧扣,结构严谨。一般应包括以下几方面。

(1) 教学思路的设计与教学环节安排

说课者要讲自己对教材的理解和处理,讲教学内容的安排,及针对学生实际,借助哪些教学手段来组织教学。整个教学思路要层次分明,富有启发性,能体现教师的主导作用和学生的主体作用。还要逐点解释教学思路设计的理论依据。理论依据的解释要联系教法、学法、教学手段、学生的认识规律等方面加以说明(包括课程标准依据、教学法依据、教育学和心理学依据等)。

说教学程序要把教学过程所设计的基本环节说清楚。如课堂的导入?新旧知识的衔接?新授内容分几个部分?各部分的教学如何展开?如何提问和组织讨论?各教学环节之间如何过渡?如何小结?……但具体内容只须概括介绍,只要听讲人能听清楚"教的是什么""怎样教的"就行了。不必按教案像给学生上课那样讲。

(2) 教与学的双边活动安排

要说清引导学生积极思维,培养学生创新意识、创新能力所采用的方法手段的设计。在哪些关键性问题和环节上体现以教师为主导,学生为主体,做到教师的主导与学生的主动性的最佳结合,知识结构的内在规律和学生认识规律的最佳结合,掌握知识和发展思维能力的最佳结合,同时做到最佳状态的情感交流和情感调控等。

(3) 重点与难点的处理

要说明在教学过程中,怎样突出重点和解决难点,解决难点运用什么方法。

(4) 采用哪些教学手段辅助教学

什么时候、什么地方用,这样做的理论依据和使用价值。

(5) 作业布置

说教学程序,还要注意运用概括和转述的语言,不必直接照搬教案,要尽可能少用课堂内师生的原话,以便压缩实录篇幅。

6. 说板书设计

说板书设计,主要介绍这堂课的板书的类型是纲目式、表解式、还是图解式?什么时候板书?板书的具体内容是什么?板书的展现形式是什么?等。板书设计要注意知识科学性、系统性与简洁性,文字要准确、简洁。说依据可联系教学内容、教学方法、教师本身特点等加以解释。

总之,对说课中的板书的总的要求是简练、重点突出、结构严谨、生动直观又新颖大方。

7. 说教后反思

(1) 说教学中的成功之处,以利继续发扬。

(2) 努力发现教学中的不足之处,以便日后改正。

四、说课的方法艺术

(一) 说课前准备

1. 知识准备

知识是基础,没有比较丰富的知识,要想说好课是不可能的,所以,说课前首先要做好知识准备。知识准备的内容很多,其中比较重要的是课程标准、教材知识以及其他相关知识。

(1) 熟悉课程标准。说课前,教师一定要熟悉课程标准,掌握课程标准所规定的教学任务、教学目标以及各年级的教学要求、教学中应遵循的原则,尤其是要根据教学内容分解课程标准所规定的教学目标。

离开课程标准的具体要求,说课就会迷失方向。

(2) 钻研教材。熟悉所说教材的编写意图和教学目标,了解知识的承接性和延续性,对知识系统的内在联系要做到心中有数。还要掌握本课在本册书中所处的地位和作用,明确重点难点。

(3) 涉猎边缘学科的知识。扩展知识视野,使之具备多学科多层次的知识结构,这样才可以使说课具有深度和广度。

2. 理论准备

说课一定要在理论指导下去研究教学内容的分析、过程的设计、教学方法的运用。否则说课就没有高度。因此,教师在说课前要针对教学实际需要,掌握所教年级学生的生理、心理特点,掌握说本节课所要遵循的教学原则,主要教学方法及要求。只有这样,才能使教师不断提高教育理论的素质,为说课打下理论基础。

3. 技术准备

(1) 明确说课的内容和要求。首先要明确说课要说什么。关于说课的内容通常包括说教学目标、说教材、说学生、说教学方法和教学程序这四项内容,其中说教学方法里包括教师的"教"和学生的"学"两个方面。

说课要求教师不但要说出怎样教,而且还要说清"为什么这样教"的理论依据(包括课程标准依据、教学法依据、教育学和心理学的依据等),使听者既能知其然,又能知其所以然,达到理论与实践的有机结合。

(2) 掌握说课的技巧。要动口,就要加强说的训练,要注重语气、语调、语速、语感,要进入角色。不能用背诵的语调,要用"说"或者"讲"的语气,设计意图则用说明性语气,二者要有区别。要注意教师所处的位置,要和讲课相同,板书、演示、操作等活动要自然和谐、落落大方。

对说课的内容要分清主次。教师在说课时对说课的各方面内容不能平均使用力量,要分清主次。只要说清"是什么"和"为什么"即可。应把主要力量放在说教学程序上。

(3) 准备好说课所需的教具。说课前要准备好本次说课所用的教具,如实物、图片、卡片、挂图、小黑板、幻灯片、录音录像等教学用具,以及呈现、操练演示时的简笔画等。

4. 心理准备

由于说课要求教师在短时间内说完一节课设计的整体思路。如果说课教师心理压力过大,很容易在说课时失去心理平衡,形成心理障碍,从而影响正常水平的发挥,这就需要说课教师在活动之前做好充分的心理准备。

(1) 充分认识说课的重要性。教师要积极踊跃地参与这项活动,把压力变为动力,积极主动地学习现代教育理论,认真钻研课程标准、教材、教法。这能使教师的理论水平和业务能力在原有基础上再进一步。

(2) 增强自信心。由于说课之前已大概圈定了范围,教师已对这些内容做了准备,所以教师要卸下思想包袱,消除紧张心理,说课时从容自如,同时要正确地估价自己的实力,使能力得到应有的发挥。

(3) 注意自我的心理调节。说课是在没有学生配合的情况下,一切靠自己完成,有时可能出现漏洞,这时需要教师具有稳定力、应变力,消除心理紧张,稳定心理状态,恰当、巧妙地弥补。充分准备是说课成功的起点,也是自我提高的过程,只有说课准备充分,才能提高说课的质量,才能不断提高自身业务素质。

(二) 说课的方法

说课者必须深钻纲本,细研方法,优选习题,精琢程序,努力使所说课的每个环节到位,做到"说深""说实""说准""说精",把握好说课艺术。

1. 说课程标准要"深"

任何一门学科,都构成了一个相对完整的学科知识体系。每节课的内容都是这个体系中的一个"小分支"。它要求教师在说课前就一节内容出发追本溯源,找到它在课程标准中的位置,看看课程标准对这节所在单元及所在课文的要求,然后顺藤摸瓜,准确把握课程标准对这节课的要求。至此,这节课的教学目的、重难点就可随之确定了。

2. 说方法要"实"

这个方法既包括教师实施教学目标的教法,又包括学生在这节课上要掌握的学法。只有教法得当,教师才能有条不紊地施教;只有学法合理,学生才会兴趣盎然地受教。而要做到教法得当,学法合理,我们教师在备课说课时必须要"实"。要从教材的实际出发,从学生的实际出发,遵循学生掌握知识过程"由浅入深,循序渐进,由感性到理性"的认识规律,依据"主体参与,分层优化,及时反馈,激励评价"的十六字原则、理论联系实际的原则以及传授知识和发展能力相结合等教学原则来确定教法和学法。

3. 说习题要"准"

课堂练习与课后作业是检查课堂教学效果和巩固课堂教学内容的手段。因此,习题的设计一定要"准"。既要准确体现该节教学的目标、重点、难点,又要与考试题型、难度相吻合。同时教师设计这些习题时一定要考虑到不同类型学生的接受能力,做到分层设计、区别对待。

4. 说程序要"精"

课堂教学程序的设计和安排既是说课的出发点,又是落脚点,是贯穿整个说课过程的一条主线。但说课毕竟不同于授课,因它面对的是与说课者水平相当的教师,因此,说课教学程序时无须将教案全搬出来,而要做到一个"精"字。具体地讲:一要说出课堂教学的整体思路和环节。二要说出处理教材、教法和学生实际之间联系的方法。三要说出对每个环节、每个层次、每个步骤的设想和安排及这样设想和安排的依据。四要说出教学中突出重点、突破难点、抓好关键点的理由和方法。五要说出习题设计和板书以及设计的意图、目的和理论依据。要用最精练的语言说出,使人听明白,即可达到教研交流的目的。

五、说课与备课的关系

(一)相同点

1. 主要内容相同

说课与备课的教学内容都是相同的。

2. 主要任务相同

都是课前的准备工作。

3. 主要做法相同

都要学习新课标,吃透教材,了解学生,选择教法,设计教学过程。

(二)不同点

1. 概念内涵不同

说课要比备课研究问题更深入;备课是教学任务如何完成的方法步骤,是知识结构如何转化为学生认知结构的实施方案。

2. 对象不同

备课是要把结果展示给学生,即面对学生去上课;说课是对其他教师说明自己为什么要这样备课。

3. 目的不同

说课是帮助教师认识备课规律,提高备课能力;备课面向学生,它促使教师搞好教学设计,优化教学过程,提高课堂效率。

4. 活动形式不同

说课是一种集体进行的动态的教学备课活动;备课是教师个体进

行的静态的教学活动。

5. 基本要求不同

说课教师不仅要说出每一具体内容的教学设计、做什么、怎么做，而且还要说出为什么要这样做，即说出设计的依据是什么；备课的特点在于实用，强调教学活动的安排，只需要写出做什么、怎么做就行了。

6. 内容不尽相同

说课主要回答"为什么要教这些内容和为什么这么教"的问题，重在说理；备课主要解决"教什么，怎么教"的问题。

7. 作用不同

说课通过说课者的口头表述，实际上已经把教学设计转化为教学活动，是授课前的"实战演习"，特别是通过评说者的评议，既肯定了成功之处，同时又指出其不足，提出改进意见，从而能提高课堂教学质量和教师的教学素质；备课主要是教师个人的钻研，其成果体现在教案中，是对课堂教学主观设计的蓝图，在未付诸课堂教授之前，仍属"纸上谈兵"，与课堂教学实际有一定的距离。

六、说课与上课的关系

说课与上课有很多共同之处。说课是对课堂教学方案的探究说明，上课是对教学方案的课堂实施，两者都围绕着同一个教学课题，从中都可以展示教师的课堂教学艺术，都能反映教师语言、教态、板书等教学基本功。一般来说，从教师说课的表现可以预见教师上课的神情。从说课的成功可以预见其上课的成功。说好课可为上好课服务。因为说课说出了教学方案设计及其理论依据，使上课更具有科学性、针对性，避免了盲目性、随意性。而上课实践经验的积累，又为提高说课水平奠定了基础。这些反映了说课与上课的共性和联系。

但说课与上课之间也存在着明显的区别，主要表现在以下方面：

（一）要求不同

上课主要解决教什么、怎么教的问题；说课则不仅解决教什么、怎么教的问题，而且还要说出"为什么这样教"的问题。

（二）对象不同

上课是课内教师与学生间的双边教学活动，说课是课外教师同行间的教研活动。上课的对象是学生，说课的对象是具有一定教学研究水平的领导和同行。由于对象不同，因此说课比上课更具有灵活性，它不受空间限制,不受教学进度的影响,不会干扰正常的教学。同时,说课不受教材、年级的限制,也不受人员的限制,大可到学校,小可到教研组。

(三) 评价标准不同

上课的评价标准虽也看重教师的课堂教学方案的实施能力,但更着重课堂教学的效果,着重学生实际接受新知、发展智能的情况;说课重在评价教师领会新课标、掌握教材、设计教学方案、应用教学理论以及展示教学基本功等方面。虽然一般认为,说课水平与上课水平具有正相关关系,但也有例外,即有的教师说课表现不差,但实际课堂教学却不理想。一个重要原因是上课比说课多了一个不易驾驭的学生因素。学生不是被动灌输的听众,而是随时参与并作用于教学活动全过程的主体。教学中如何调动学生积极思维,如何机智处理教学中的矛盾,有效控制教学进程,这些能力需要教师在上课中自觉、能动地表现出来,而说课则往往涉及不到或较难充分表现。

(四) 目的不同

课堂教学的目的是传授知识,培养能力,提高学生技能等;而说课是帮助教师对具体教学操作从深层次上予以认识,从知其然到知其所以然,从而提高其教学水平和整体素质。

(五) 内容不同

课堂上所传授给学生的具体知识和技能,并不作为说课的重点;而说课时所说的为什么这么教和指导学生怎样学的科学理论依据,也不在课堂上传授给学生。

七、说课中应注意的几个问题

鉴于说课与备课、上课的以上关系,教师在说课中就应注意以下几个问题:

1. 说课不是备课,不能按教案来说课。
2. 说课不是讲课,教师不能把听说课的领导和老师视为学生,如正常上课那样讲。
3. 说课不是"背课",也不是"读课",要突出"说"字。既不能按教案一字不差地背下来,也不能按说课稿一字不差地读下来。一节成功的说课,一定是按自己的教学设计思路,有重点,有层次,有理有据。
4. 说课的时间不宜太长,也不宜太短,通常可以安排一节课的

$1/3 \sim 1/4$ 的时间(即 15 分钟左右)。

5. 注意发挥教师自身的教学个性和创新精神,防止生搬硬套参考资料上的内容。

6. 注意运用教育理论来分析研究问题,防止就事论事,使说课还处于"初级阶段"的层次水平。

7. 注意避免过分表现"理论依据",脱离新课标、教材、学生、教师实际,空谈理论。

8. 说课与评课结合。说课者固然要充分准备,听说者、看课者也要做一定的准备,评才有发言权,评才能评到点子上,不走过场,不流于形式,才能集思广益,相互交流,共同提高。

第十九章 微课、微课视频及课件制作艺术

一、微课

1. 什么是微课

微课是以微型教学视频为主要载体,教师针对某个学科知识点(如重点、难点、疑点、考点等)或教学环节(如学习活动、主题、实验、任务等)而设计开发的一种情景化、支持多种学习方式的新型在线网络视频课程。

2. 微课的作用

(1) 动摇了教师权威

教师不是学生唯一的知识来源,不是学生知识的唯一提供者,更不是知识的唯一权威。微课等信息化教学资源的应用,使得学生有众多的知识获取渠道。因此,教师不再是教室和课堂的主宰者,其统治垄断的地位已经动摇。

(2) 改变了师生关系

"师者,传道、授业解惑也。"一直以来学生对教师是言必听、计必从,师徒关系是不能颠倒或改变的。然而,利用微课等开展的新型教学中,教师除了是学生知识的提供者以外,更重要的是学生学习方法的提供者,是学生学习的帮助者、监督者、评价者、指导者,是学生学习的牵手人与引路人。因此,师生之间形成了一种新的教学相长的关系。

(3) 颠倒了教学模式

微课改变了传统的教学模式,实现了翻转课堂。许多基础性的内容放到了课外,让学生在课外根据自己的学习基础和接受能力,自主学习相关的教学内容,整理收获、提出困惑,然后到课堂上展示交流、探究协作、科学实验和完成学习任务。微课不是用在课堂上代替教师讲课的,微课是用在翻转教学模式上的,微课应用给师生增加了课堂交流互动的机会,把问题解决放在了课堂上。

(4) 转变了教学使命

教学除了知识的传授之外,还有德性的培养、能力的提升和审美品格的培养。而当前在教学中普遍重视知识的传授,而忽视了其他的培

养,尤其是学生学习能力的培养。微课的应用,大大增加了学生自主学习的内容,提升了学生自己管理学习和对自己学习负责任的要求,从而将学生培养的目标从重知识转为重能力。

(5) 再造了教学环境

微课主要是在移动学习环境下使用的。微课的应用,打造了学习者全新的移动学习的空间。移动学习具有可用性、联结性、情境性、持续性、个性化、学习设计、嵌入性、群体性等特点,可以为学习者构建一个能够将正式学习与非正式学习相联结、能够跨越个人学习与社群学习、能够衔接现实学习与网络学习的无缝学习空间。

(6) 推倒了校园围墙

微课带来的是一种开放教育,给学生提供的大量高质量和有针对性的学习资源,打开了传统教学的封闭之门,学生在校内或校外都可以进行学习,而且可以在没有教师的批评、没有家长的训斥、没有同学的讥笑的情况下愉快地学习,大大激发了学生学习的热情,促进了学生个性化地成长。微课以及相关的辅助学习材料和学习管理与评价功能可以有效地管理和评价学习过程,培养学生自律的学习习惯和能力,增强了学生的自信心和认同感,从而激发学生不断好好学习的动力和潜能。

(7) 改造了评价机制

多元智能理论提倡的是以全面评价为基础的"学生观""发展观"和"教育观",要使评价成为优化教学效果、促进学生发展和改进教学改革的重要手段,要将诊断性评价、形成性评价和总结性评价形成一个整体,全面衡量学习的学习质量和效果。微课的应用有效地拓展了评价的手段与空间,改造了评价机制,使多元过程性评价成为可能。

3. 微课的主要特点

(1) 教学时间较短

教学视频是微课的核心组成内容。根据中小学生的认知特点和学习规律,微课的时长一般为5~8分钟左右,最长不宜超过10分钟。因此,相对于传统的40分钟或45分钟的一节课的教学课例来说,微课可以称之为"课例片段"或"微课例"。

(2) 教学内容较少

微课主要是为了突出课堂教学中某个学科知识点(如教学中重点、难点、疑点内容)的教学,或是反映课堂中某个教学环节、教学主题的教与学活动,相对于传统一节课要完成的复杂众多的教学内容,微课的内容更加精简,因此,又可以称为"微课堂"。

(3) 主题突出、内容具体

一个课程就一个主题,研究的问题来源于教育教学具体实践中的具体问题:或是生活思考,或是教学反思,或是难点突破,或是重点强调,或是学习策略、教学方法、教育教学观点等具体的、真实的、自己或与同伴可以解决的问题。

(4) 草根研究、趣味创作

正因为课程内容的微小,所以人人都可以成为课程的研发者;正因为课程的使用对象是教师和学生,课程研发的目的是将教学内容、教学目标、教学手段紧密地联系起来,不是去验证理论、推演理论,所以,决定了研发内容一定是教师自己熟悉的、感兴趣的、有能力解决的问题。

(5) 成果简化、多样传播

因为内容具体、主题突出,所以研究内容容易表达、研究成果容易转化;因为课程容量微小、用时简短,所以,传播形式多样(网上视频、手机传播、微博讨论)。

(6) 反馈及时、针对性强

由于在较短的时间内集中开展"无生上课"活动,参加者能及时听到他人对自己教学行为的评价,获得反馈信息。较之常态的听课、评课活动,"现炒现卖",具有即时性。由于是课前的组内"预演",人人参与,互相学习,互相帮助,共同提高,在一定程度上减轻了教师的心理压力,不会担心教学的"失败",不会顾虑评价的"得罪人",较之常态的评课就会更加客观。

4. 微课的类型

(1) 讲授类

适用于教师运用口头语言向学生传授知识。这是最常见、最主要的一种微课类型。

(2) 问答类

适用于教师按一定的教学要求向学生提出问题,要求学生回答,并通过问答的形式来引导学生获取或巩固检查知识。

(3) 启发类

适用于教师在教学过程中根据教学任务和学习的客观规律,从学生的实际出发,采用多种方式,以启发学生的思维为核心,调动学生的学习主动性和积极性,促使他们生动活泼地学习。

(4) 讨论类

适用于在教师指导下,由全班或小组围绕某一种中心问题通过发表各自意见和看法,共同研讨,相互启发,集思广益地进行学习。

(5) 演示类

适用于教师在课堂教学时,把实物或直观教具展示给学生看,或者作示范性的实验,或通过现代教学手段,通过实际观察获得感性知识以说明和印证所传授知识。

(6) 练习类

适用于学生在教师的指导下,依靠自觉的控制和校正,反复地完成一定动作或活动方式,借以形成技能、技巧或行为习惯。

(7) 实验类

适用于学生在教师的指导下,使用一定的设备和材料,通过控制条件的操作过程,引起实验对象的某些变化,从观察这些现象的变化中获取新知识或验证知识。

(8) 表演类

适用于在教师的引导下,组织学生对教学内容进行戏剧化的模仿表演和再现,以达到学习交流和娱乐的目的,促进审美感受和提高学习兴趣。

(9) 自主学习类

适用于以学生作为学习的主体,通过学生独立分析、探索、实践、质疑、创造等方法来实现学习目标。

(10) 合作学习类

合作学习是一种通过小组或团队的形式组织学生进行学习的一种策略。

(11) 探究学习类

适用于学生在主动参与的前提下,根据自己的猜想或假设,运用科学的方法对问题进行研究,在研究过程中获得创新实践能力、获得思维发展,自主构建知识体系的一种学习方式。

设计每个微课前,根据所要讲解的知识点选择适当的微课类型,有助于提高微课堂的效果。

5. 微课摄制的方法

(1) 外部视频工具拍摄(摄像机+黑板或电子白板)

一是针对微课主题,进行详细的教学设计,形成教案;二是利用黑板展开教学过程,利用便携式录像机将整个过程拍摄下来;三是对视频进行简单的后期制作,可以进行必要的编辑和美化。

优势:可以录制教师画面,教师按照日常习惯讲课,无须改变习惯,黑板上的内容与教师画面同步。

不足:需要专门的演播环境,设备造价高,需要多人合力才能完成微课视频的拍摄,效率低,后期编辑需要专业人士配合。

(2) 便携视频工具简单拍摄(手机、相机+白纸)

一是针对微课主题,进行详细的教学设计,形成教案;二是用笔在白纸上展现出教学过程,可以画图、书写、标记等行为,在他人的帮助下,用手机将教学过程拍摄下来。尽量保证语音清晰、画面稳定、演算过程逻辑性强,解答或教授过程明了易懂。三是可以进行必要的编辑和美化。

优势:工具随手可得。

不足:录制效果粗糙,声音和画面效果较差,只能表现手写的内容,无法实现其他多种效果。

(3) 屏幕录制(屏幕录制软件+PPT)

一是针对所选定的教学主题,搜集教学材料和媒体素材,制作PPT课件;二是在电脑屏幕上同时打开视频录像软件 Camtasia Studio 等录屏软件、教学 PPT,执教者带好耳麦,调整好话筒的位置和音量,并调整好 PPT 界面和录屏界面的位置后,单击"录制"按钮,开始录制,执教者一边演示一边讲解,可以配合标记工具或其他多媒体软件或素材,尽量使教学过程生动有趣。三是对录制完成后的教学视频进行必要的处理和美化。

优势:录制微课较快捷方便,个人 PC 上即可实现。

不足:Camtasia Studio 软件的应用较复杂,不支持直接手写,要实现手写功能还需安装和启动手写设备的配套软件,对教学应用缺乏一定针对性。

6. 微课的评价标准

1. 聚焦

微课只讲述一个教学知识点,这个知识点是供学生自主学习时,必须教师讲述才能理解的内容,是学习的重点或者难点、易错点;学生能够自己通过阅读教材理解的内容,不需要教师制作成微课。

2. 简明

一个微课的时间控制在 10 分钟以内,抓住学生注意力的最佳黄金时段,简明扼要地概述知识点,点拨难点,突出注意点。

使用规范学术用语,语言文字表述清晰、有条理,易于学生理解;画面合理布局,成像清晰,无质量缺陷。

3. 技术

针对不同的主题,选取合适的一种或者多种方法,恰当运用信息技术,激发学生的学习兴趣,帮助学生流畅顺利地进行自主学习。

4. 创新

教育理念创新，教学模式创新，运用技术创新，丰富教学策略，给学生创造一个富有乐趣，有益于学习的微课程。

二、慕课

1. 什么是慕课

MOOCs 是 massive open online courses 的缩写，译为慕课。其中"M"代表 Massive(大规模)，指的是课程注册人数多，每门课程容量可达数万人，第二个字母"O"代表 Open(开放)，指的是学习气氛浓厚，以兴趣导向，凡是想学习的，都可以进来学；第三个字母"O"代表 Online (在线)，指的是时间空间灵活，使用客观、自动化的线上学习评价系统，像是随堂测验、考试等，而且还能运用大型开放式网络课程网路来处理大众的互动和回应，自我管理学习进度，自动批改、相互批改、小组合作等，保证教学互动，全天开放，提出问题 5 分钟后能得到反馈。这一课程不同于传统的透过电视广播、互联网、辅导专线、函授等形式的远程教育，也不完全等同于近期兴起的教学视频网络共享——公开课，更不同于基于网络的学习软件或在线应用。

2. 慕课的主要特点

(1) 大规模的

不是个人发布的一两门课程："大规模网络开放课程"(MOOCs)是指那些由参与者发布的课程，只有这些课程是大型的或者叫大规模的，它才是典型的MOOCs。

(2) 开放课程

尊崇创用共享(CC)协议；只有当课程是开放的，它才可以称之为MOOC。

(3) 网络课程

不是面对面的课程；这些课程材料散布于互联网上。人们上课地点不受局限。无论你身在何处，都可以花最少的钱享受一流课程，只需要一台电脑和网络联接即可。

3. 慕课的六大发展趋势

慕课在快速发展，其所带来的变化是信息技术诞生以来的重大变革之一，将深刻影响未来的高等教育。就目前所见，我们大致可以预见到其未来发展有大致如下六大趋势。

(1) 慕课的规模将进一步扩大

慕课规模将会进一步扩大,慕课的供应商也会继续增多。除了现在三大供应商(勇敢之城、课程时代与教育平台)还在继续竭力扩展外,类似的机构也在迅猛发展,如可汗学院、点对点大学、人人学院等。

(2) 新型慕课将走向独立

慕课的雏形,实际上是将传统的课堂教学用现代技术进行加工,再搬到网络上。学生的学习更多的是被教师个人魅力以及新型教学方法所吸引。而随着人们将先进的网络技术用于高等教育,人们不仅发现了新天地,更充分发挥了人在慕课中的作用(而不仅仅是技术在慕课中的作用),从而将慕课的发展推向了新的高度。

目前,几大慕课供应商所提供的课程主要还是传统的课程,即以教师课堂教学为主,只是通过现代的技术方式表达出来。但这样的慕课已无法满足人们的需求,更加新颖的慕课正在出现。新型的慕课强调的是关联主义的教育理念。著名网络教育与新媒体的设计师和评论家史蒂芬·道恩斯将这两类分别命名为"关联慕课"和"传统慕课"。

所谓关联慕课,即遵循关联主义教学法的慕课,其不同于传统的教学特征和结构。有以下特点:强调聚合体,保证学习内容可通过网络让学习者随时接触。重组性,讲究课程内部人员间分享各种学习资源。重新定位,梳理与重组各种不同的学习资源,以适应不同学习者的个性需求。正向输送,将重新定位、重组过的学习资源与其他人员分享,并传递给世界上所有感兴趣的人。专家认为,关联慕课最有助合作对话与知识建构。

由此可以看到,关联慕课在走向独立、成熟,传统慕课在未来网络教育中所发挥的作用将会逐渐减少,而关联慕课将会成为未来慕课的发展方向。

(3) 教师教育理念与方法将产生巨变

慕课无疑将会改变教师,而这种改变是从网络技术改变教学方法开始的。最初,由于网络课程吸引大批网民,授课可以影响更多的学生,这是很多教授愿意将自己的课程放到网上的原因。而一旦成为慕课课程,教师很快会发现,自己已不再是课程的唯一建设者了,而只是课程组的一员,唯有与技术员、传媒顾问、视觉专家等一起,才能制作出一期慕课课程。这就使课程成为一种合作产品。这无形中也促进了现实课堂教学中的平等关系。

由于课程是全程录像,也使教师能回头观察学生学习情况,而不再像过去那样只能依靠测验、考试或论文考查学生。千百年来,教师授课究竟如何,只有学生才知道。但现在不同了,放在网络上,所有人都能说三道四。由此一来,教师可以更清晰地认识自身的优缺点。换句话说,教师也可以成为观众——学生,有机会反省自己的教学及其效果。这对教师能力的提高,同样具有积极作用。

(4)学生的学习方法将大为改观

慕课的发展也将对学生如何学习、怎样有效学习产生重大影响。过去的课堂教学,学生只能聆听主讲教授授课,而现在则可以在网上搜寻众多的网络课程。更为重要的是,他们不需要再从头听到尾,而是可以跳过自己已掌握的内容,重复播放难懂或还没有掌握的部分。而且目前很多网络课程不仅能自动回复学习者的问题,还可以根据学习者的提问提供相应的帮助。

慕课的广泛流行,使人们在认识到技术、网络在教育上的重要性以及快捷便利之处的同时,将会更加依赖技术,也会出现更多基于网络的学习方法。比如有些学校将在线学习与离线学习结合起来,已经出现了被称为"翻转课堂"的教学方法,即要求学生在家或课下观看网络视频课程,完成相应的学习项目,课堂上则主要与教师进行互动,解决在线与离线时所遇到的问题。这实际上是一种传统与现代的结合体,但其效果远好于传统教学。

(5)网络技术将推动教育的巨大变革

网络技术对教育的影响将会进一步加大,甚至会推动整个教育的巨大变革。

慕课发展的一个重大结果,将会是用现代网络技术取代现有教科书。阅读教科书是传统的学习方法,除了使人学习新知识外,教科书还具有保鲜知识的作用。但现在,先进的网络技术既能使人产生学习的兴趣,也同样能够达到传递知识的作用,其所具有的艺术乃至动漫效果,已经远远超越了传统教科书所能带给读者的愉悦感。而有些人认为,慕课所提供的视频以及相关材料本身,就是新型的教科书。

三、翻转课堂

1. 什么是翻转课堂

所谓翻转课堂,就是教师创建视频,学生在家中或课外观看视频中教师的讲解,回到课堂上师生面对面交流和完成作业的这样一种教学模式。

(1) 翻转课堂究竟翻转了什么

采用录制教学视频的方法，让学生在家观看教学视频，在课堂上完成作业，遇到困难的时候，教师会及时介入，给予一对一的个性化帮助。这样一来，就把传统教育学习知识主要在课堂、内化知识主要在家里的教学结构改造成为学习知识主要在家里、内化知识主要在课堂的新型教学结构。正好把教学结构颠倒了。

(2) 翻转课堂的典型做法是什么

翻转课堂怎样实现教学结构翻转？依靠的是微型教学视频。原因有二：

第一，视频能够方便地暂停、倒退、重播、快进，为学生提供一个人性化的学习方式。需要停顿下来思考或做学习笔记可以暂停播放；碰到观看了一遍还没有理解的内容可以重新播放，一遍又一遍，直到理解为止。因此，能够有效提升学习绩效。

第二，翻转课堂赖以提升学习绩效的教学视频是短视频，国内有人称之为"微课"。这种短视频的播放长度一般以5~8分钟为佳，符合人眼视觉驻留规律，不易使人产生视觉疲劳而降低学习效率。短视频采取边写边讲、边讲边写的方式录制，能够方便视觉、听觉把相同的信息传送到大脑中枢加工，取得事半功倍的效果。

2. 翻转课堂的特点

(1) 教学视频短小精悍

大多数的视频都只有几分钟的时间。每一个视频都针对一个特定的问题，有较强的针对性，查找起来也比较方便；视频的长度控制在学生注意力能比较集中的时间范围内，符合学生身心发展特征；通过网络发布的视频，具有暂停、回放等多种功能，可以自我控制，有利于学生的自主学习。

(2) 重新建构学习流程

通常情况下，学生的学习过程由两个阶段组成：第一阶段是"信息传递"，是通过教师和学生、学生和学生之间的互动来实现的；第二个阶段是"吸收内化"，是在课后由学生自己来完成的。由于缺少教师的支持和同伴的帮助，"吸收内化"阶段常常会让学生产生挫败感，丧失学习的动机和成就感。"翻转课堂"对学生的学习过程进行了重构。"信息传递"是学生在课前进行的，教师不仅提供了视频，还可以提供在线的辅导；"吸收内化"是在课堂上通过互动来完成的，教师能够提前了解学生的学习困难，在课堂上给予有效的辅导，同学之间的相互交流更有助于促进学生知识的吸收内化过程。

（3）复习检测方便快捷

学生观看了教学视频之后，是否理解了学习的内容，视频后面紧跟着的四个到五个小问题，可以帮助学生及时进行检测，并对自己的学习情况作出判断。如果发现几个问题回答得不好，学生可以回过头来再看一遍，仔细思考哪些方面出了问题。学生对问题的回答情况，能够及时地通过云平台进行汇总处理，帮助教师了解学生的学习状况。另外，就是便于学生一段时间学习之后的复习和巩固。评价技术的跟进，使得学生学习的相关环节能够得到实证性的资料，有利于教师真正了解学生。

3. 翻转课堂教学模式的优势

（1）"翻转"让学生自己掌控学习

翻转课堂后，利用教学视频，学生能根据自身情况来安排和控制自己的学习。学生在课外或回家看教师的视频讲解，完全可以在轻松的氛围中进行；而不必像在课堂上教师集体教学那样紧绷神经，担心遗漏什么，或因为分心而跟不上教学节奏。学生观看视频的节奏快慢全在自己掌握，懂了的快进跳过，没动的倒退反复观看，也可停下来仔细思考或笔记，甚至还可以通过聊天软件向老师和同伴寻求帮助。

（2）"翻转"增加了学习中的互动

翻转课堂最大的好处就是全面提升了课堂的互动，具体表现在教师和学生之间以及学生与学生之间。

由于教师的角色已经从内容的呈现者转变为学习的教练，这让教师有时间与学生交谈，回答学生的问题，参与到学习小组，对每个学生的学习进行个别指导。当学生在完成作业时，教师会注意到部分学生为相同的问题所困扰，于是就组织这部分学生成立辅导小组，往往会为这类有相同疑问的学生举行小型讲座。小型讲座的美妙之处是当学生遇到难题准备请教时，教师能及时地给予指导。

（3）"翻转"让教师与家长的交流更深入

翻转课堂改变了教师与家长交流的内容。多年以来，在家长会上，父母问得最多的是自己孩子在课堂上的表现，比如：安静地听讲，行为恭敬，举手回答问题，不打扰其他同学。这些看起来是学习好的特征，教师回答起来却很纠结。在翻转课堂后，课堂上这些问题不再是重要的问题。现在真正的问题是：孩子们是否在学习？如果他们不学习，教师能做些什么来帮助他们学习呢？这个更深刻的问题会带领教师与家长商量：如何把学生带到一个环境，帮助他们成为更好的学习者。

4. 翻转课堂的实施步骤

(1) 创建教学视频

(2) 组织课堂活动

内容在课外传递给了学生,课堂内更需要高质量的学习活动,让学生有机会在具体环境中应用其所学内容。包括:学生创建内容;独立解决问题;探究式活动;基于项目的学习。

第一,先给班级划分小组。一个班级一般有54个人左右,根据成绩均分成9组,每组划分出3个层次,通过量化评价来激发学生的学习积极性。

第二,根据绝大多数学生能力选取适合学生自主学习的知识点,明确学生必须掌握的学习目标,考虑不同教师和班级的差异来收集和创建视频;同时,视频的制作过程中必须考虑到不同学生的学习方法和学习习惯。

第三,课前视频学习应分层次呈现思路步骤,同时体现学习的趣味性。在上新课前先安排一节自学质疑课。在课堂上,老师先对本节课的自主学习目标与要求作简单的介绍,然后安排这节课的主要内容:学案导学15分钟,微课助学8分钟,合作互学8分钟,在线测学10分钟。学生能根据自身预习情况来看教师的视频讲解,学生学习完相关内容之后,学生根据自己的学习情况跟自己小组的同学讨论。自习课上通过在线测学,了解学生自学情况,并把不会的内容写成纸条交给老师。

第四,针对学生暴露的问题,在课堂上教师进行集中讲评,并加以巩固训练,保证学生当堂掌握相关知识点。次日,安排训练展示课。老师把学生昨天做的在线测学结果公布给大家,把错的比较多的题目再重现,让学生共同探讨。然后,针对学生不会的问题进行讲解,部分内容进行知识拓展,引导学生思考,相互讨论得出结论。学生主要在课外学习教学内容,因此,课堂内则需要高质量的有针对性的学习活动,学生并能在具体环境中应用相关知识。

第五,当堂检测学生对重难点的掌握情况。学生根据自己所学知识做当堂练习,六个组上黑板写出小组答案,三个组对这六个小组的答案进行评价。学生此时的学习积极性最高,组内讨论比较热烈,评价的学生讲得比较透彻,讲解的同时也提高了自身的语言表达能力;上台评价的学生应该已经把这部分知识掌握好了。最后学科课代表对这节课的主要内容做出总结。

第六,根据本节课的重难点知识,布置少量有针对性的作业,以达到复习巩固的目的。

5．翻转课堂教学模式给教师的启示

（1）要教会学生利用自由支配的时间

给学生提供自由支配的时间，并不是说让他们有可能爱干什么就干什么，放任自流会养成无所事事、懒散疲沓的不良习气。

要尽可能做到让有趣的、使学生感到惊奇的东西，同时成为学生的智慧、情感和全面发展所需要的，必不可少的东西。

阅读应当成为吸引学生爱好的最重要的发源地，而学校应当成为书籍的王国。

（2）要使知识"活起来"

应努力做到，使知识既是最终目的，又是获取新知识的手段或工具。要使知识在学生的脑力劳动中、在集体的精神生活中、在学生之间的相互关系中活起来，在急速发展的、经常不断的精神财富的交流中活起来。

6．翻转课堂的局限

在知识传授中，翻转课堂的局限是：

（1）教师肢体语言、人格魅力缺失。

（2）新课、巩固课、复习课、讲评课，教学目标难以定位。

（3）受制于学生的学习内驱力，没有预习，课堂就成为空中楼阁。

（4）课堂起点提高后，不同程度学生可能拉大差距。

四、翻转课堂与传统课堂的区别

比较内容	翻转课堂	传统课堂
教学特征	先学后练	先教后练
学习教材	或录制或制作的关于课程知识的视频	教科书
教学模式	学生按照自己的时间和进度通过视频学习，课堂时间用来为学生答疑解惑，将家庭作业的一部分搬到课堂上。	在课堂上，老师负责讲，学生负责听；放学后学生回家做作业。
课内学习活动	展示交流、协作探究、科学实验、完成作业。	新课导入、知识讲解、布置作业。

续表

比较内容	翻转课堂	传统课堂
课外学习活动	自主学习（自定进度）、整理收获（提出困惑）。	课外作业
教师作用	学习的指导者、解惑者	知识灌输者
优点	1. 学习者可以自定进度学习；2. 对于不懂的问题可反复观看视频，直到看懂为止；3. 在课堂上有更多的时间与老师交流。	1. 在课堂上教师能够直接看到学生对课程内容的反应；2. 课堂上教师带动学生一起学习迫使学生不受其他干扰；3. 学习环境单纯。
缺点	1. 学生尤其是低年级的学生自主学习能力差，没人监督的学习，效果难以控制；2. 在观看视频时容易被电脑上的其他东西所干扰。	1. 忽视学生接受能力的差异；2. 课堂上，教师与学生互动时间少；3. 在课外的家庭作业中，教师不能及时为学生答疑解惑。
存在问题	1. 怎样保证学生在课堂前会观看视频？2. 对于角色的过渡，教师应怎样去适应，能够更完美地掌控课堂节奏？	1. "一个版本"的教学模式并不适合于接受能力存在差异的每个学生；2. 教师事先设定好的教学计划不能灵活应对没有完全掌握课程知识的学习者。

五、微课教学设计脚本

微课结构	教学环节	设计思路
一、片头 （5~10秒）	呈现微课信息	展示微课主题；主讲讲师姓名、单位、职称等信息，提供舒缓的背景音乐，营造轻松愉快的学习氛围。
二、导入 （10~20秒）	揭题设问，激趣导入	您一定给孩子讲过故事吧？"从前有个女孩……后来她和王子幸福地生活在一起"。这个故事还能怎么讲？（产生认知冲突，引发思考）
二、正文讲解 （4分钟）	提出问题，逐步引导，引发思考，概括提升	
三、小结 （1分钟）	教学回顾与小结，提出新的问题，引发新思考和行动。	1. 表格小结：五次提问，五次引导。2. 设问：讲故事仅仅是照本宣科，教师又在关注什么？3. 行动：不是结束，仅是开始。这个故事还能怎么讲？请教师换个新角度为自己的学生和孩子再讲一遍这个故事。

六、微课课件制作能力的培养

1. 微课课件制作要求

课件的字体必须足够大,以保证微课里的字容易辨认、识别,以下为课件制作(以 PPT 为例):

(1)动静结合。充分利用 PTT 的动作效果,可以给人动态感、空间感的美。

(2)图文并茂。图版率在 50%～90%;插图表现出的亲和力要比照片好,照片表现出的专业性要比插图好。

(3)图片合适。表现力最强的图片:如脸部图片,适合表现主题,但不适合做背景。

表现力最弱的图片:如云海,适合做背景,但不适合做主题。

(4)字体搭配。微软雅黑(标题)+宋体(正文),黑体(标题)+楷体(正文),艺术字不乱用。

(5)字号搭配。PPT 字体标配:标题字号是 44 号,一级文本 32 号,二级文本 28 号,最好不要有三级文本。

(6)颜色搭配。一般来讲,除了黑色和白色外,最多搭配 3 种颜色。

(7)错落有致。行距 1.3～1.5 倍,段间距大于行间距。

(8)使用的文字尽量少。一页不超过五个要点,每个要点字数越少越好,页面上下左右有 1cm 的留白。

2. 课件制作的原则

(1)教育性原则

第一,选题适当,内容紧扣课程标准。

第二,教学目标明确,教学重点突出,通过多媒体教学,有助于讲明重点、突破难点。

第三,能够体现多媒体教学的辅助性、形象性、启发性等原则。

第四,表现形式合理、新颖,符合学生认知规律。

第五,适应教学需要,教学效果突出,能够起到传统教学手段所不能起到的作用,充分体现多媒体教学的优势。

(2)科学性原则

第一,内容正确,逻辑严谨,层次清晰,无教学内容方面的政治性、科学性错误。

第二,场景设置、素材选取、术语应用、操作示范等符合相关标准。

第三，模拟仿真符合教学规律，各种教学媒体能为学生理解教学内容、完成教学目标服务。

第四，课件展示时机恰当，展示时间适中，符合学生认知心理。

(3) 技术性原则

第一，界面人性化，操作方便灵活；没有导航、链接错误；启动、链接转换时间短；具有良好的稳定性与安全性。

第二，能根据需要选用最适当的技术手段，应用效果好。

第三，充分利用视频、音频、动画等多媒体技术，并具有相应的控制技术。

第四，课件框架结构完整、规范、合理。

(4) 艺术性原则

第一，界面布局合理，整体风格统一，色彩搭配协调，界面及界面内容简洁、美观，符合视觉心理。

第二，文字、图片、音频、视频、动画等配合恰当，符合课件主题。

第三，制作精细，吸引力、感染力强，能激发学生学习兴趣。

3. 课件制作的技巧

(1) 文字

要采用合适的字体、字号与字型。

文字内容要简洁、突出重点，以提纲式为主。因此，字号的选择很重要，文字内容的字号要尽量大，标题一般用 44 号或 40 号，正文用 32 号，一般不要小于 24 号，不能小于 20 号。检查你要用到的文字，尽量减少文字显示数量，不要把幻灯片制作得太满，底部应留白。一行字数在 20~25 个左右为好，尽量不超过 6~7 行，最多为 10 行。过多的文字阅读不但容易使人疲劳，而且干扰学生的感知。

标题字体的颜色要和文本字体区别，同一级别的标题要用相同字体颜色和大小。一个句子内尽量用一色，如果用两种颜色，要在整个幻灯内统一使用。文字颜色一般使用 3 种字体颜色，与背景形成对比，要求搭配醒目、和谐。文字和背景的颜色搭配要合理，字体的颜色选择是和背景颜色息息相关，搭配要求醒目、易读，避免视觉疲劳。一般文字颜色以亮色为主，背景颜色以暗色为主。文字颜色与背景色要形成强烈反差，才能使字迹清晰显示，一般文字应选用暖色调或亮度高的颜色，背景选用冷色调或亮度较低的颜色。

以下是几种常用的颜色搭配方案：

文字颜色	白色	白色	白色	黄色	黄色	黄色
背景颜色	黑色	绿色	红色	蓝色	黑色	红色

为提高演示效果,文字显示可采用自定义动画等形式。对于一屏文字资料,文字内容要逐步引入,随着讲课过程逐步显示,这样有利于学生抓住重点。引入时,可采用多种多样的动画效果、清脆悦耳的音响效果,以引起学生的注意。较多文字显示时,可采用滚动文本窗技术,突出文字效果。

合理字间距、行间距、水平及竖直方向的排列,合理处理。通过"绘图"按钮中的组合、叠放次序、网格和参考线、微移、对齐和分布、旋转和翻转等处理好课件中的文本。可以把几个插入的文本组合在一起,可以调节文本和其他内容的叠放次序,把水平和竖直方向的文本对齐……总之,经过处理的文字会更加错落有致,要注意尽量不要出现纯文字的页面,适当应用一些图片、图形、动画、视频等内容做好衬托。

(2) 图片

图片、图表清晰,大小要适当。图片一般使用 JPEG 和 GIF 格式,尺寸一般不超过 800×600 像素,大小不超过 200K。

图片的位置、大小、颜色等都需要符合要求,背景的选择以图片为主,界面布局要合理,整体风格要统一,色彩搭配要协调,界面及界面内容要简洁、美观,符合视觉心理。但也要注意,课件展示的画面应符合学生的视觉心理,突出重点,构图匀称、均衡。整个作品风格既要统一又要有变化,花花绿绿的动画背景自然好看,但要看是否冲击主题,只要背景统一、规范,没必要使用变化多端的动画背景,淡雅的背景模板其实也是不错的选择。同一画面对象不宜太多,注意动、静的色彩对比,前景与背景的色彩对比,线条的粗细……

(3) 声音

课件中的声音,是为了烘托气氛、渲染情绪、增强艺术感染力,是为了深化教学主题、描写背景、激发联想、组合画面、转换时空、强化节奏等。在课件中,慎重选择和使用声音,要目的明确,格调和谐。课件中恰当的音乐和音响效果,可以更好地表达教学内容,同时吸引学生注意力,增加学习兴趣。所以应根据课件内容,选择相应的乐曲。多媒体课件中的解说、音响和音乐三者之间是相互补充、相互联系、相互配合的,都从属于教学、服务于教学,都是为课件的画面内容和主题思想服务的,但同时又有各自独特的功能和表现形式,互相无法取代。正确把握解说、音响和音乐三者的关系,解说表意、音响表实、音乐表情,音响和音乐是对解说和画面内容的补充和呼应。三种声音互相配合,才能创造出一种多层面,立体感的总体效果,才能使课件得到更好的烘托,渲染和深化。

音乐和音响效果要用到当处,舒缓的背景音乐,可以很好地调节课堂的紧张气氛,有利于学生思考。注意音乐的节奏要与教学内容相符,重点处要选择舒缓、节奏较慢的音乐,以增强感染力,过渡性内容选择轻快的音乐。要设定播放开关按钮或菜单,便于教师控制。

(4) 动画

第一,预设动画的修改。在幻灯片视图下,单击幻灯片中要设置动画效果的对象。单击"幻灯片放映"菜单中的"预设动画"命令,查看子菜单中选择一种动画效果选择。对修改的那个对象的动画效果,只要选中该对象后,查看动画效果即可;如果要取消该对象的动画效果,单击"预设动画"子菜单中的"关闭"按钮即可。

第二,自定义动画的修改。在幻灯片视图下,单击幻灯片中要设置动画效果的对象。单击"幻灯片放映"菜单中的"自定义动画"命令,在效果页面中选中合适的动画效果。单击"预览"查看动画效果,满意后单击"确定",完成设置。一般我们常用百叶窗、擦除、切入、收缩、展开等少数几种动画效果。螺旋效果引入新的主题或解决方案;回旋添加悬疑或奇怪的效果;从屏幕中心放大效果表示揭示谜底;缩小效果强调观点;使用切入效果比较数据;如果是重点突出的文字,就用闪烁的效果;如果是正在读的一段文字,就用向右擦除效果;如果想控制字出现的节奏,就设定"按字母"方式擦除……

(5) 幻灯片切换

选中需要修改的幻灯片,单击"幻灯片放映"菜单中的"幻灯片切换"命令。在"幻灯片切换"对话框中查看"单击鼠标"时课件页切换效果,如速度、声音、换片方式,满意后单击"应用"。既要富于变化,又要减少观看者的视觉疲劳。我们应该谨慎使用声音,幻灯片切换时加入的声音主要是要告诉学生幻灯片已经切换;在重要的概念处加入不同的声音,强调这里很重要。在播放时应控制音量的大小,避免分散学生的注意力。

如果两页之间的内容有演变关系,就采用"溶解"方式,放完第一张后,第二张渐渐出来;如果是很长的流程图,采用"向左插入",画面连贯、流畅;在展示不重要的照片时,可以用从对角线方向"抽出"方式;如果两页内容相差不太大,标题一致,只是正文内容有些变化的,最好不要在两页之间加幻灯片切换。

(6) 超链接

第一,动作按钮链接,可以自制一些有特色的按钮代替,也可以到网上搜索,如动画格式的图片按钮,效果就不错,但不可用太多,容易分散学生注意力。

第二,图形对象链接,可以自制一些图形对象代替,也可以到网上搜索。

第三,文字的超级链接设置

利用文字的超级链接设置,可以建立漂亮的目录。设置超级链接时,建议不要设置字体的动作,而要设置字所在的边框的动作。既可以避免使字带有下划线,又可以使字色不受母板影响。具体操作为选中字框,右键单击,选取"动作设置"项,链接到所要跳转的页面。

(7) 模板

单击"格式"菜单中的"幻灯片设计"命令,重新选择合适的模板,也可在幻灯片上单击右键,通过快捷菜单选择"幻灯片设计"命令,完成模板的重新选择。

(8) 课件的操作交互

课件的操作要简便、灵活、可靠,便于控制,安装方便。操作界面上有意图明确的按钮和图标,支持鼠标操作为主。设置好各部分内容之间的转移控制,方便前翻、后翻、跳转、交互应答。对于以学生课堂自学为主的课件,学生的输入要有即时应答,并允许学生自由选择训练次数,训练难度;对于演示型课件,可以现场输入数据改变演示进程,误操作处理,如果教师执行了误操作,可以方便退出,或重新切入,避免死机现象,提高课件的可靠性。

4. 课件制作的误区

(1) 课件使用过多过滥

(2) 课件风格与教学内容不相协调

(3) 衔接过渡不自然

(4) 以课件为教案

(5) 过分追求完美

实际教学中,不必考虑到更复杂的应用时,采用 POWERPOINT(PPT)就可以了。其实多媒体课件不可能一天就做得很好,需要不断地学习、总结。最重要的是从小做起,从简单做起。总之,多媒体课件的制作是一个艰苦的创作过程。优秀的课件应融教育性、科学性、艺术性、技术性于一体,这样才能最大限度地发挥学习者的潜能,强化教学效果,提高教学质量。

参考书目

著作类

1. 贺瑞虎、孙继儒. 思想政治课课堂教学技能[M]. 高等教育出版社,2001,9.
2. 彭隆辉、孙菊如. 中学思想政治课教学与改革新论[M]. 武汉大学出版社,2003,3.
3. 孙菊如. 课堂教学艺术[M]. 北京大学出版社,2006,8.
4. 孙菊如. 新课程下中小学教师试卷编制、分析、讲评技能指导[M]. 中国出版集团世界图书出版公司,2008,7.
5. 欧阳芬,孙菊如. 课堂教学能力培养与提升[M]. 华龄出版社,2005,8.
6. 刘建芹,孙菊如. 新课程思想政治课堂教学技能的创新和发展[M]. 河北科学技术出版社,2009,12.
7. 孙菊如,高红娟. 思想政治学科课程与教材分析[M]. 江西人民出版社,2016,4.
8. 吴效锋. 新课程怎样教 II[M]. 辽宁大学出版社,2005,4.
9. 徐世贵. 新课程实施难点与教学对策[M]. 开明出版社,2003.
10. 方元山. 课堂教学改革研究[M]. 福建教育出版社,2005,4.
11. 傅道春. 新课程中课堂行为的变化[M]. 首都师大出版社,2002.
12. 宋贤良. 试论艺术教学中的兴趣培养[M]. 教育艺术,2003.
13. 方彩芬. 教学口语表达的技巧以方法[M]. 教育艺术,2004.
14. 曹栋. 课堂教学语言的运用艺术[M]. 教育与管理,2004.
15. 张宪敏. 课堂教学技能[M]. 西南师大出版社,2003,7.
16. 杨国全. 课堂教学技能训练指导[M]. 中国林业出版社,2001.
17. 徐妙中. 新课程理念下课堂教学行为操练指导[M]. 人民教育出版社,2004,7.
18. 刘旭. 新课程理念下的课堂教学——听课/说课/上课[M]. 四川教育出版社,2005,07.
19. 刘显国,刘杰. 新课程下我们怎样当老师[M]. 华语教学出版社,2007.06.
20. 钟启泉,崔允漷,张华. 基础教育课程改革纲要(试行)[M]. 解读,华东师范大学出版社,2003.
21. 刘显国.说课艺术[M].中国林业出版社,2000,8.1.
22. 郑金洲.说课的变革[M].教育科学出版社,2007,07.
23. 周勇,赵宪宇.新课程说课、听课与评课[M].教育科学出版社,2004,6.
24. 林培英.课堂决策——中学教师课堂教学行为及案例透视[M].高等教育出版社,2004,1.

期刊类

25. 王玉泰.增强课堂趣味激发学生兴趣[J].甘肃教育,2006(22).
26. 李万忠.思想政治课学习兴趣的激发[J].陕西教育,2006(11).
27. 彭玉屏.思想政治课激发兴趣浅谈[J].科技信息,2006(8).
28. 李万忠.思想政治课学习兴趣的激发[J].陕西教育,2006(11).
29. 钱卫军.谈课堂教学有效性[J].教育理论研究,2008(2).
30. 边英华,李春红.面对新课程教师该如何备课[J].河北教育(综合版),2006,03.
31. 彭玉屏.思想政治课激发兴趣浅谈[J].科技信息,2006(8).
32. 王平杰.备课在新课程背景下如何定位[J].教书育人(教师新概念),2003,11.
33. 叶澜."新基础教育"论——关于当代中国学校变革的探究与认识[M].教育科技出版社,2006.

后　　记

　　经过多年的精心准备，数月的编写修改和完善，《课堂教学艺术》书稿终于完成了。

　　三十年来，本书作者一直全身心地从事"课堂教学艺术"的教学实践，本书于 2006 年 8 月出版第一版，深受广大读者的厚爱，十年来，出版社一再加印，仍然满足不了广大读者的需要，近期应出版社的再三要求，加上自己这十年来在全国各地讲学中，也收集到了不少意见和建议，以及这十年来我国教育事业的蓬勃发展，已有许多新的教学要求，笔者有了一些新的教学思考，并通过自己和他人的教学实践来验证这些思考，从而获得了一些新的认识，逐步形成了一个相对独特的理论框架。特别是从 2016 年开始，包括高师院校教师教育专业的大学生，要想获取教师资格证，进校的新生必须参加全国统一的笔试和面试。

　　本书面向高校教师教育方向的本科生，以及准备获取教师资格的其他类大学生。对大学毕业生求职面试起着重要的指导作用。

　　本书在编写过程中，得到江西师大马克思主义学院和北京大学出版社的大力支持，也吸纳了不少专家、学者的独到见解和精辟论述。这对于指导课堂教学实践，培养和提高教师的素质，进一步深化课程改革等都具有十分重要的意义。在此，本书作者谨向这些著作的作者表示诚挚的感谢！

　　尽管我们对本书投入了很多的精力，不断讨论、修改，但书中肯定还有许多不完善之处，希望读者能给我们提出宝贵的意见，以为将来再次修订之助。

编著者
2017.5.20

北京大学出版社
教育出版中心 精品图书

21世纪高校广播电视专业系列教材

书名	作者
电视节目策划教程（第二版）	项仲平
电视导播教程（第二版）	程 晋
电视文艺创作教程	王建辉
广播剧创作教程	王国臣
电视导论	李 欣
电视纪录片教程	卢 炜
电视导演教程	袁立本
电视摄像教程	刘 荃
电视节目制作教程	张晓锋
视听语言	宋 杰
影视剪辑实务教程	李 琳
影视摄制导论	朱 怡
新媒体短视频创作教程	姜荣文
电影视听语言——视听元素与场面调度案例分析	李 骏
影视照明技术	张 兴
影视音乐	陈 斌
影视剪辑创作与技巧	张 拓
纪录片创作教程	潘志琪
影视拍摄实务	翟 臣

21世纪信息传播实验系列教材（徐福荫 黄慕雄 主编）

书名	作者
网络新闻实务	罗 昕
多媒体软件设计与开发	张新华
播音与主持艺术（第三版）	黄碧云 睢 凌
摄影基础（第二版）	张 红 钟日辉 王首农

21世纪数字媒体专业系列教材

书名	作者
视听语言	赵慧英
数字影视剪辑艺术	曾祥民
数字摄像与表现	王以宁
数字摄影基础	王朋娇

书名	作者
数字媒体设计与创意	陈卫东
数字视频创意设计与实现（第二版）	王 靖
大学摄影实用教程（第二版）	朱小阳
大学摄影实用教程	朱小阳

21世纪教育技术学精品教材（张景中 主编）

书名	作者
教育技术学导论（第二版）	李芒 金林
远程教育原理与技术	王继新 张屹
教学系统设计理论与实践	杨九民 梁林梅
信息技术教学论	雷体南 叶良明
信息技术与课程整合（第二版）	赵呈领 杨琳 刘清堂
教育技术学研究方法（第三版）	张 屹 黄 磊

21世纪高校网络与新媒体专业系列教材

书名	作者
文化产业概论	尹章池
网络文化教程	李文明
网络与新媒体评论	杨 娟
新媒体概论	尹章池
新媒体视听节目制作（第二版）	周建青
融合新闻学导论（第二版）	石长顺
新媒体网页设计与制作（第二版）	惠悲荷
网络新媒体实务	张合斌
突发新闻教程	李 军
视听新媒体节目制作	邓秀军
视听评论	何志武
出镜记者案例分析	刘 静 邓秀军
视听新媒体导论	郭小平
网络与新媒体广告（第二版）	尚恒志 张合斌
网络与新媒体文学	唐东堰 雷 奕
全媒体新闻采访写作教程	李 军
网络直播基础	周建青
大数据新闻传媒概论	尹章池

21世纪特殊教育创新教材·理论与基础系列

书名	作者
特殊教育的哲学基础	方俊明
特殊教育的医学基础	张 婷
融合教育导论（第二版）	雷江华
特殊教育学（第二版）	雷江华 方俊明
特殊儿童心理学（第二版）	方俊明 雷江华
特殊教育史	朱宗顺
特殊教育研究方法（第二版）	杜晓新 宋永宁 等
特殊教育发展模式	任颂羔

21世纪特殊教育创新教材·发展与教育系列

书名	作者
视觉障碍儿童的发展与教育	邓 猛
听觉障碍儿童的发展与教育（第二版）	贺荟中
智力障碍儿童的发展与教育（第二版）	刘春玲 马红英
学习困难儿童的发展与教育（第二版）	赵 微
自闭症谱系障碍儿童的发展与教育	周念丽
情绪与行为障碍儿童的发展与教育	李闻戈
超常儿童的发展与教育（第二版）	苏雪云 张 旭

21世纪特殊教育创新教材·康复与训练系列

书名	作者
特殊儿童应用行为分析（第二版）	李 芳 李 丹
特殊儿童的游戏治疗	周念丽
特殊儿童的美术治疗	孙 霞
特殊儿童的音乐治疗	胡世红
特殊儿童的心理治疗（第三版）	杨广学
特殊教育的辅具与康复	蒋建荣
特殊儿童的感觉统合训练（第二版）	王和平
孤独症儿童课程与教学设计	王 梅

21世纪特殊教育创新教材·融合教育系列

书名	作者
融合教育本土化实践与发展	邓 猛 等
融合教育理论反思与本土化探索	邓 猛
融合教育实践指南	邓 猛
融合教育理论指南	邓 猛
融合教育导论（第二版）	雷江华
学前融合教育（第二版）	雷江华 刘慧丽

21世纪特殊教育创新教材（第二辑）

书名	作者
特殊儿童心理与教育（第二版）	杨广学 张巧明 王 芳
教育康复学导论	杜晓新 黄昭明
特殊儿童病理学	王和平 杨长江
特殊学校教师教育技能	昝 飞 马红英

自闭谱系障碍儿童早期干预丛书

书名	作者
如何发展自闭谱系障碍儿童的沟通能力	朱晓晨 苏雪云
如何理解自闭谱系障碍和早期干预	苏雪云
如何发展自闭谱系障碍儿童的社会交往能力	吕 梦 杨广学
如何发展自闭谱系障碍儿童的自我照料能力	倪萍萍 周 波
如何在游戏中干预自闭谱系障碍儿童	朱 瑞 周念丽
如何发展自闭谱系障碍儿童的感知和运动能力	韩文娟 徐 芳 王和平
如何发展自闭谱系障碍儿童的认知能力	潘前前 杨福义
自闭症谱系障碍儿童的发展与教育	周念丽
如何通过音乐干预自闭谱系障碍儿童	张正琴
如何通过画画干预自闭谱系障碍儿童	张正琴
如何运用ACC促进自闭谱系障碍儿童的发展	苏雪云
孤独症儿童的关键性技能训练法	李 丹
自闭症儿童家长辅导手册	雷江华
孤独症儿童课程与教学设计	王 梅
融合教育理论反思与本土化探索	邓 猛
自闭症谱系障碍儿童家庭支持系统	孙玉梅
自闭症谱系障碍儿童团体社交游戏干预	李 芳
孤独症儿童的教育与发展	王 梅 梁松梅

特殊学校教育·康复·职业训练丛书

（黄建行 雷江华 主编）

书名	作者
信息技术在特殊教育中的应用	
智障学生职业教育模式	
特殊教育学校学生康复与训练	
特殊教育学校校本课程开发	
特殊教育学校特奥运动项目建设	

21世纪学前教育专业规划教材

书名	作者
学前教育概论	李生兰

学前教育管理学（第二版）	王　雯
幼儿园课程新论	李生兰
幼儿园歌曲钢琴伴奏教程	果旭伟
幼儿园舞蹈教学活动设计与指导（第二版）	董　丽
实用乐理与视唱（第二版）	代　苗
学前儿童美术教育	冯婉贞
学前儿童科学教育	洪秀敏
学前儿童游戏	范明丽
学前教育研究方法	郑福明
学前教育史	郭法奇
学前教育政策与法规	魏　真
学前心理学	涂艳国　蔡　艳
学前教育理论与实践教程	王　维　王维娅　孙　岩
学前儿童数学教育与活动设计	赵振国
学前融合教育（第二版）	雷江华　刘慧丽
幼儿园教育质量评价导论	吴　钢
幼儿学习与教育心理学	张　莉
学前教育管理	虞永平

大学之道丛书精装版

美国高等教育通史	［美］亚瑟·科恩
知识社会中的大学	［英］杰勒德·德兰迪
大学之用（第五版）	［美］克拉克·克尔
营利性大学的崛起	［美］理查德·鲁克
学术部落与学术领地：知识探索与学科文化
	［英］托尼·比彻　保罗·特罗勒尔
美国现代大学的崛起	［美］劳伦斯·维赛
教育的终结——大学何以放弃了对人生意义的追求
	［美］安东尼·T.克龙曼
世界一流大学的管理之道——大学管理研究导论
	程　星
后现代大学来临？
	［英］安东尼·史密斯　弗兰克·韦伯斯特

大学之道丛书

市场化的底限	［美］大卫·科伯
大学的理念	［英］亨利·纽曼
哈佛：谁说了算	［美］理查德·布瑞德利
麻省理工学院如何追求卓越
	［美］查尔斯·维斯特
大学与市场的悖论	［美］罗杰·盖格

| 高等教育公司：营利性大学的崛起 |
| | ［美］理查德·鲁克 |
| 公司文化中的大学：大学如何应对市场化压力 |
| | ［美］埃里克·古尔德 |
| 美国高等教育质量认证与评估 |
| | ［美］美国中部州高等教育委员会 |
| 现代大学及其图新 ［美］谢尔顿·罗斯布莱特 |
| 美国文理学院的兴衰——凯尼恩学院纪实 |
| | ［美］P.F.克鲁格 |
| 教育的终结：大学何以放弃了对人生意义的追求 |
	［美］安东尼·T.克龙曼
大学的逻辑（第三版）	张维迎
我的科大十年（续集）	孔宪铎
高等教育理念	［英］罗纳德·巴尼特
美国现代大学的崛起	［美］劳伦斯·维赛
美国大学时代的学术自由	［美］沃特·梅兹格
美国高等教育通史	［美］亚瑟·科恩
美国高等教育史	［美］约翰·塞林
哈佛通识教育红皮书	哈佛委员会
高等教育何以为"高"——牛津导师制教学反思
	［英］大卫·帕尔菲曼
印度理工学院的精英们	［印度］桑迪潘·德布
知识社会中的大学	［英］杰勒德·德兰迪
高等教育的未来：浮言、现实与市场风险
	［美］弗兰克·纽曼等
后现代大学来临？	［英］安东尼·史密斯等
美国大学之魂	［美］乔治·M.马斯登
大学理念重审：与纽曼对话
	［美］雅罗斯拉夫·帕利坎
学术部落及其领地——当代学术界生态揭秘
（第二版）	［英］托尼·比彻　保罗·特罗勒尔
德国古典大学观及其对中国大学的影响（第二版）
	陈洪捷
转变中的大学：传统、议题与前景	郭为藩
学术资本主义：政治、政策和创业型大学
	［美］希拉·斯劳特　拉里·莱斯利
21世纪的大学	［美］詹姆斯·杜德斯达
美国公立大学的未来
	［美］詹姆斯·杜德斯达　弗瑞斯·沃马克
东西象牙塔	孔宪铎
理性捍卫大学	眭依凡

学术规范与研究方法系列

如何为学术刊物撰稿（第三版）
　　　　　　　　　　　［英］罗薇娜·莫瑞
如何查找文献（第二版）　［英］萨莉·拉姆齐
给研究生的学术建议（第二版）
　　　　　　　　　　　［英］玛丽安·彼得 等
社会科学研究的基本规则（第四版）
　　　　　　　　　　　［英］朱迪斯·贝尔
做好社会研究的10个关键［英］马丁·丹斯考姆
如何写好科研项目申请书
　　　　　　　　　　　［美］安德鲁·弗里德兰德 等
教育研究方法（第六版）［美］梅瑞迪斯·高尔 等
高等教育研究：进展与方法
　　　　　　　　　　　［英］马尔科姆·泰特
如何成为学术论文写作高手　［美］华乐丝
参加国际学术会议必须要做的那些事
　　　　　　　　　　　　　　［美］华乐丝
如何成为优秀的研究生　　　［美］布卢姆
结构方程模型及其应用　　易丹辉　李静萍
学位论文写作与学术规范（第二版）
　　　　　　　　　李　武　毛远逸　肖东发
生命科学论文写作指南　　　　［加］白青云
法律实证研究方法（第二版）　　　白建军
传播学定性研究方法（第二版）　　　李　琨

21世纪高校教师职业发展读本

如何成为卓越的大学教师　　［美］肯·贝恩
给大学新教员的建议　　［美］罗伯特·博伊斯
如何提高学生学习质量［英］迈克尔·普洛瑟 等
学术界的生存智慧　　　［美］约翰·达利 等
给研究生导师的建议（第2版）
　　　　　　　　　［英］萨拉·德拉蒙特 等

21世纪教师教育系列教材·物理教育系列

中学物理教学设计　　　　　　　　　　王　霞
中学物理微格教学教程（第三版）
　　　　　　　　　　张军朋　詹伟琴　王　恬
中学物理科学探究学习评价与案例
　　　　　　　　　　　　　　张军朋　许桂清
物理教学论　　　　　　　　　　　　邢红军
中学物理教学法　　　　　　　　　　邢红军
中学物理教学评价与案例分析　王建中　孟红娟
中学物理课程与教学论　　　张军朋　许桂清
物理学习心理学　　　　　　　　　　张军朋
中学物理课程与教学设计　　　　　　王　霞

21世纪教育科学系列教材·学科学习心理学系列

数学学习心理学（第三版）　　　　　　孔凡哲
语文学习心理学　　　　　　　　　　董蓓菲

21世纪教师教育系列教材

教育心理学（第二版）　　　　　　　　李晓东
教育学基础　　　　　　　　　　　　庞守兴
教育学　　　　　　　　　　　余文森　王　晞
教育研究方法　　　　　　　　　　　刘淑杰
教育心理学　　　　　　　　　　　　王晓明
心理学导论　　　　　　　　　　　　杨凤云
教育心理学概论　　　　　　　连　榕　罗丽芳
课程与教学论　　　　　　　　　　　李　允
教师专业发展导论　　　　　　　　　于胜刚
学校教育概论　　　　　　　　　　　李清雁
现代教育评价教程（第二版）　　　　吴　钢
教师礼仪实务　　　　　　　　　　　刘　霄
家庭教育新论　　　　　　　　闫旭蕾　杨　萍
中学班级管理　　　　　　　　　　　张宝书
教育职业道德　　　　　　　　　　　刘亭亭
教师心理健康　　　　　　　　　　　张怀春
现代教育技术　　　　　　　　　　　冯玲玉
青少年发展与教育心理学　　　　　　张　清
课程与教学论　　　　　　　　　　　李　允
课堂与教学艺术（第二版）　　孙菊如　陈春荣
教育学原理　　　　　　　　　靳淑梅　许红花
教育心理学　　　　　　　　　　　　徐　凯

21世纪教师教育系列教材·初等教育系列

小学教育学　　　　　　　　　　　　田友谊
小学教育学基础　　　　　　　张永明　曾　碧
小学班级管理　　　　　　　　张永明　宋彩琴
初等教育课程与教学论　　　　　　　罗祖兵
小学教育研究方法　　　　　　　　　王红艳
新理念小学数学教学论　　　　　　　刘京莉
新理念小学音乐教学论（第二版）　　吴跃跃

教师资格认定及师范类毕业生上岗考试辅导教材

教育学	余文森 王 晞
教育心理学概论	连 榕 罗丽芳

21世纪教师教育系列教材·学科教育心理学系列

语文教育心理学	董蓓菲
生物教育心理学	胡继飞

21世纪教师教育系列教材·学科教学论系列

新理念化学教学论（第二版）	王后雄
新理念科学教学论（第二版）	崔 鸿 张海珠
新理念生物教学论（第二版）	崔 鸿 郑晓慧
新理念地理教学论（第三版）	李家清
新理念历史教学论（第二版）	杜 芳
新理念思想政治（品德）教学论（第三版）	胡田庚
新理念信息技术教学论（第二版）	吴军其
新理念数学教学论	冯 虹
新理念小学音乐教学论（第二版）	吴跃跃

21世纪教师教育系列教材·语文教育系列

语文文本解读实用教程	荣维东
语文课程教师专业技能训练	张学凯 刘丽丽
语文课程与教学发展简史	武玉鹏 王丛华 黄修志
语文课程学与教的心理学基础	韩雪屏 王朝霞
语文课程名师名篇案例分析	武玉鹏 郭冶锋等
语用性质的语文课程与教学论	王元华
语文课堂教学技能训练教程（第二版）	周小蓬
中外母语教学策略	周小蓬
中学各类作文评价指引	周小蓬
中学语文名篇新讲	杨 朴 杨 旸
语文教师职业技能训练教程	韩世姣

21世纪教师教育系列教材·学科教学技能训练系列

新理念生物教学技能训练（第二版）	崔 鸿
新理念思想政治（品德）教学技能训练（第三版）	胡田庚 赵海山
新理念地理教学技能训练（第二版）	李家清
新理念化学教学技能训练（第二版）	王后雄
新理念数学教学技能训练	王光明

王后雄教师教育系列教材

教育考试的理论与方法	王后雄
化学教育测量与评价	王后雄
中学化学实验教学研究	王后雄
新理念化学教学诊断学	王后雄

西方心理学名著译丛

儿童的人格形成及其培养	［奥地利］阿德勒
活出生命的意义	［奥地利］阿德勒
生活的科学	［奥地利］阿德勒
理解人生	［奥地利］阿德勒
荣格心理学七讲	［美］卡尔文·霍尔
系统心理学：绪论	［美］爱德华·铁钦纳
社会心理学导论	［美］威廉·麦独孤
思维与语言	［俄］列夫·维果茨基
人类的学习	［美］爱德华·桑代克
基础与应用心理学	［德］雨果·闵斯特伯格
记忆	［德］赫尔曼·艾宾浩斯
实验心理学（上下册）	［美］伍德沃斯 施洛斯贝格
格式塔心理学原理	［美］库尔特·考夫卡

21世纪教师教育系列教材·专业养成系列
（赵国栋主编）

微课与慕课设计初级教程
微课与慕课设计高级教程
微课、翻转课堂和慕课设计实操教程
网络调查研究方法概论（第二版）
PPT云课堂教学法
快课教学法

其他

三笔字楷书书法教程（第二版）	刘慧龙
植物科学绘画——从入门到精通	孙英宝
艺术批评原理与写作（第二版）	王洪义
学习科学导论	尚俊杰
艺术素养通识课	王洪义